EDWARD POSNETT

DIE KUNST DER ERNTE

SIEBEN KLEINE NATURWUNDER UND IHRE GESCHICHTEN

Aus dem Englischen
von Sabine Hübner

Carl Hanser Verlag

Titel der Originalausgabe:
Harvest. The Hidden Histories of Seven Natural Objects.
London, The Bodley Head 2019

Die vorliegende Übersetzung wurde durch ein Stipendium des
Deutschen Übersetzungsfonds e. V. gefördert

Mit diesem Buch unterstützen wir das Projekt
»Bäume pflanzen in Deutschland«

1. Auflage 2020

ISBN 978-3-446-26581-3
Copyright © Edward Posnett, 2017.
First published as HARVEST by Bodley Head, an imprint of Vintage.
Vintage is part of the Penguin Random House group of companies.
Edward Posnett has asserted his right to be identified as the author of this Work
in accordance with the Copyright, Designs and Patents Act 1988.
Alle Rechte der deutschen Ausgabe:
© 2020 Carl Hanser Verlag GmbH & Co. KG, München
Umschlag: Anzinger und Rasp, München, nach einem Entwurf von
Penguin Random House US/Elizabeth Yaffe
Motive von links oben beginnend im Uhrzeigersinn: © antiqueimgnet/Getty Images,
© Elizabeth Yaffe, © Nastasic/Getty Images, © Proctor/Lynch, Manual
of Ornithology, Yale University Press, © ilbusca/Getty Images, © Hein Nouwens/
Shutterstock.com, © Morphart Creation/Shutterstock.com, © gameover/Alamy Stock Foto
Satz: Kösel Media GmbH, Krugzell
Druck und Bindung: Friedrich Pustet, Regensburg

Printed in Germany

FÜR GABRIELLA

INHALT

Einleitung 9
Eiderdaunen 17
Essbare Vogelnester 49
Katzenkaffee 103
Muschelseide 127
Vikunjafaser 175
Tagua 217
Guano 245
Epilog 275

Dank 279
Anmerkungen 287
Bildnachweise 325
Register 327

EINLEITUNG

Einige Jahre bevor ich diesen Text schrieb, arbeitete ich in Canary Wharf in einem Glasgebäude voller Experten für Zahlen und Systeme. Es gehörte zu meinem Job, Berichte über Firmen, Märkte und politische Bedingungen in fernen Ländern zu schreiben. Bei meinen Recherchen ging es um schwerwiegende Themen: Millionen-Dollar-Ölgeschäfte in Afrika, Skandale um kriminelle Wertpapiergeschäfte, Bestechungsvorwürfe im nordamerikanischen Baugewerbe. Blickte ich aber aus den Fenstern – beziehungsweise durch die Glaswände – meines Büros auf den Londoner Norden, empfand ich nicht diesen Ernst, sondern nur die trostlose Kluft zwischen den Worten, die ich schrieb, und ihrer Bedeutung.

Canary Wharf, eines der beiden Londoner Finanzzentren, hat seinen Sitz im Herzen der alten westindischen Docklands in einer Themseschleife. Hier in die Docks zwängten sich einst Schiffe, deren gelöschte Fracht – Rum, Zucker und Kaffee aus Westindien – in Backsteinhallen gelagert wurde, die heute Restaurants und Wohnungen sind. Die Docks waren fast zweihundert Jahre lang ein lebendiger Umschlagplatz, bis sich die Schifffahrtsindustrie Ende der 1960er-Jahre mit dem Aufkommen des Containers mehr nach Osten hin orientierte. 1983 wurde der größte Teil des Areals an einen Bauunternehmer verkauft; binnen weniger Jahre wurde die Geschichte der Docks unter Schichten von Glas und Stahl begraben, der Architektur eines liquideren Finanzplatzes. Wer je das Canary Wharf-Areal besucht hat, weiß, wie leicht man sich dort verirren kann. Dem ungeschulten Auge scheint das Viertel gesichtslos; die Glasgebäude in den Straßen sind kaum zu unterscheiden, nur jeweils unterschiedlich angeordnet.

In seiner Erzählung *Die Bibliothek von Babel* stellt Jorge Luis Borges sich eine riesige Bibliothek vor, die alle denkbaren, aus fünfundzwanzig

Zeichen und 410 Seiten bestehenden Bücher umfasst. Zahllose hexagonale Galerien enthalten in Regalen, die jeweils vier Wände bedecken, Borges' imaginäre, aus verschiedenen Buchstabenkombinationen bestehende Bücher. Irgendwie erinnerte mich mein Arbeitsalltag in Canary Wharf an diese Erzählung. Jeder Bericht, den ich damals schrieb, verschmolz mit den vorangegangenen Berichten; denn schließlich ging es um die immer gleichen Begriffe: Shareholder, Ölblock, Konzession, Akquisition, Investigation; sie unterschieden sich nur in ihrer Anordnung, ihrer Syntax.

Während meiner Mittagspause joggte ich auf der Isle of Dogs und dachte an die Schiffe, die hier einst einliefen, und an die Rohstoffe, die sie aus fernen Erdteilen mitbrachten: Elfenbein, Zuckerrohr, Wolle und Tierfelle. Der Wind wehte die Aromen all dieser Waren von der Themse her ins Hafenviertel. Atmete man damals diese mit Gerüchen geschwängerte Luft, bekam man vielleicht ein Gefühl dafür, wie die Welt kleiner wurde; alles, was man sah, zeugte von den neuen Handelsverbindungen, von den Entfernungen, die die Schiffe der Ostindischen Kompanie mit großer Geschwindigkeit überwanden. Dieses exotische Flair muss berauschend gewesen sein, aber auch verstörend, weil sich die sichere und vertraute Welt mit dem Unbekannten, Fremden mischte.

In London, Antwerpen, Venedig und anderen Zentren des internationalen Handels versuchten sich Denker einen Reim auf diese neue Welt zu machen, auf all die Gerüche, Eindrücke und Texturen. Manche schrieben über diese neuen Verbindungen und reisten in ferne Länder, andere wiederum fanden eine Möglichkeit, sie durch Objekte zu repräsentieren. Männer wie Hans Sloane, John Tradescant und Ole Worm sammelten Objekte aus aller Welt, stellten sie in einzelnen Räumen, sogenannten Wunderkammern, aus und schufen »eine Welt der Wunder, eingeschlossen in ein Kabinett«.[1] Diese Kabinette waren nicht nur exzentrische Sammlungen, sondern wollten die sich weitenden Grenzen des Wissens repräsentieren, Zusammenhänge veranschaulichen und das Geflecht von Beziehungen begreiflich machen. Wie der Historiker Mark Meadow schreibt: »Auch in der Welt des Kuriositätenkabinetts waren, wie an jedem anderen Ort, in jeder anderen Zeit, die Stränge des Bluts, des Handels, der Obrigkeit und Behörden sämtlich präsent und alle miteinander verflochten. Berührt man einen dieser Stränge, versetzt man alle anderen in sympathetische Schwingung.«[2]

Meine liebste Wunderkammer gehörte dem dänischen Arzt und Altphilologen Ole Worm.[3] Im Jahr 1605 brach Worm zu einer Kavalierstour auf, die acht Jahre dauern sollte, und reiste nach Deutschland, Italien, Frankreich, England und in die Niederlande. Auf dieser Reise sammelte er Objekte und traf sich mit Gelehrten, etwa dem berühmten Sammler Ferrante Imperato in Neapel. Samen, Muscheln und Horn, aber auch Mirabilien – Wunderdinge, unter anderem ein »magisches Ei«, das angeblich von einer Frau in Norwegen gelegt worden war. Worm konservierte diese Gegenstände, wie er schrieb, »mit dem Ziel, nicht nur kurz die Geschichte zahlreicher Dinge zu skizzieren, sondern meinem Publikum die Möglichkeit zu bieten, die Dinge eigenhändig zu berühren, mit eigenen Augen zu sehen, sodass jeder selbst beurteilen kann, wie das Gesagte mit den Dingen übereinstimmt und sich detailliertere Kenntnisse von ihnen erwerben kann«.[4]

Im sechzehnten und siebzehnten Jahrhundert sammelten viele Einzelpersonen Naturobjekte: Athanasius Kircher und Ulisse Aldrovandi ebenso wie Imperato.[5] Kinder der Renaissance, blickten sie meist auf klassische Texte, um die Objekte ihrer Sammlungen zu erklären, und verfolgten deren Erscheinen etwa in der *Naturgeschichte* des Plinius oder der *Tiergeschichte* des Aristoteles. Ole Worm war von diesen Sammlern beeinflusst, aber auch fasziniert von der Berührung, der sinnlichen Erfahrung, mit den Objekten in Beziehung zu treten.[6] In seinem Vorwort zum Katalog seiner Sammlung, der *Musei Wormiani historia*, schrieb er von »der klaren Absicht, [die Menschen] durch direkte Beobachtung zum Wissen zu führen, weg von hohlem Geschwätz«[7]. Wenn man ein Objekt in Händen hielt, mit dem Finger darüberstrich, daran roch, konnte man die Wahrheit erkennen und Mythen entlarven.

Wäre mir damals, als ich noch in Canary Wharf arbeitete, das Museum Wormianum schon ein Begriff gewesen, hätte ich in den Arbeitspausen vermutlich stundenlang den Museumskatalog studiert. Im siebzehnten Jahrhundert befand Worm sich am Beginn des Prozesses der Kommerzialisierung der Natur, der in unserem Zeitalter seinen Höhepunkt erreicht hat. Während Worm schrieb und sammelte, die Welt bereiste und Dinge berührte, fuhren Schiffe privater Eigner wie der Virginia Company zum indischen Subkontinent oder in die Neue Welt und handelten mit Gewürzen, Samen, Tabak und Fasern. Viele der Objekte in Worms Museum erzählten eine simple Geschichte und zogen eine direkte Linie von der »Welt der Natur« zu seinem Museumsraum, andere wiederum zeugten von den komplexen neuen Handelsrouten, verwoben Muster, Kontakte und Beziehungen und verzweigten sich während ihrer langen Reise aus der Wildnis bis in Worms Hände auf vielfältige Weise.[8]

Mich faszinierte die Vorstellung, was Worm wohl von unserer Zeit gehalten hätte, in der sich fast alles zur Konsumware, zum Handelsobjekt gewandelt hat; einer Zeit, in der das Exotische zum Einheimischen geworden ist und, wie spontan erzeugt, in Läden und Lagerhallen auftaucht. Im Rahmen meiner Arbeit in Canary Wharf verfolgte ich die Bewegungen von Objekten und beschrieb, wie Materialien und Dinge über Grenzen hinweg getauscht werden, von Flugzeugersatzteilen über Unterwäsche bis hin zu Ölderivaten. Wenn Worm seine neuen Objekte sinnlich wahrnahm, empfand er so etwas wie einen radikalen Bruch mit den alten Sichtweisen, durch die Konfrontation mit der Beschaffenheit der Dinge. Ich selbst erlebte bei meiner täglichen Routinearbeit keinen Bruch, nur einen kontinuierlichen Warenstrom, der sich in abstrakten Zahlen messen ließ.

Die Zeit zu messen ist allerdings schwierig, wenn man in Canary Wharf arbeitet. Der Markt lebt ewig in der Gegenwart; jedes unvorhergesehene, unvergessliche Ereignis verschlingt das vorangegangene und wird seinerseits verschlungen und ersetzt. Hinzu kommt der Mangel an Tageslicht. Man kann vom Augenblick der Ankunft mit Zug oder U-Bahn bis zum Ende des Arbeitstages stets im Untergrund oder im Inneren der Gebäude bleiben. Ich maß das Vergehen der Zeit, indem ich die Fortschritte beim Ausbau der Crossrail Station auf dem nördlichen Dock beobachtete, etwa 50 Meter tiefer als mein Schreibtisch, eine Wasserfläche, die einst bis zu zweihundert Schiffen aus Westindien Platz geboten hatte. Zuerst war da nur ein riesiger Kubus unterhalb des Wasserspiegels, stabilisiert durch dicke Metallrohre. Allmählich füllte sich der Abgrund mit Baukränen, Männern, Zementblöcken und Tragbalken. Als die Baukräne auf Höhe meines Bürofensters angekommen waren, war es für mich an der Zeit, weiterzuziehen.

Nachdem ich die Finanzwelt hinter mir gelassen hatte, versuchte ich dies und das: Ich arbeitete als Lehrer, betrieb Archivrecherche, war als Anwalt für eine Stiftung tätig, engagierte mich in einem Obdachlosenheim. Je nach Tagesform empfand ich entweder tiefe Erleichterung oder das lähmende Gefühl, versagt zu haben. Ich begann mich über die Geschichte der Rohstoffgewinnung zu informieren, befasste mich intensiver mit Artikeln, die ich in Canary Wharf nur überflogen hatte. Doch statt mit dem Thema abschließen zu können, blieb mir das vage Gefühl, allein schon dadurch, dass ich existierte, aß, atmete und verdaute, in Zusammenhänge involviert zu sein, die ich nicht begriff. In seinem Buch *Die unsichtbaren Städte* stellt sich Italo Calvino einen Ort namens Ersilia vor. »In Ersilia spannen die Einwohner Schnüre von Haus zu Haus, um die Beziehungen festzulegen, die das Leben in der Stadt regeln: weiße, schwarze, graue oder schwarz-weiße Schnüre, je nachdem, ob sie Verwandtschaftsverhältnisse, Handel, Autorität oder Repräsentanz bezeichnen.«[9] Diese Fäden waren in meinem eigenen Leben offenbar so überreichlich vorhanden, dass sie sich zu einem dunklen Stoff verwoben, in dem alles zugleich verbunden und getrennt war.

Einmal besuchte ich am Wochenende das London Wetland Centre in Barnes, ein künstlich angelegtes Feuchtgebiet, das, verborgen in einer anderen Themseschleife, auf dem Areal von vier stillgelegten viktorianischen Reservoirs lag. Ich fand es belebend, das Feuchtgebiet zu durchstreifen, und blieb immer wieder stehen, um all die Lagunen und Inselchen zu betrachten. Ich sah Kanadagänse, Regenpfeifer, Stockenten und Eiderenten, Wildtiere aus mehreren Kontinenten, alle auf einer Fläche von einhundertfünf Morgen versammelt. Ich blieb vor den Eiderenten stehen, großen Tauchenten, die wie Hausgeflügel ruhig im Gras saßen. Sie sind exzellente Taucher, halten sich meist draußen auf dem Meer auf und suchen auf dem Meeresgrund nach Muscheln oder Krabben. Es war seltsam, sie hier zu finden, mit gestutzten Flügeln, eingeschlossen mitten in London, umgeben von Teichwasser statt vom Salzwasser des Nordatlantiks. Auf einem Schild vor den Eiderenten las ich, dass die Isländer die Enten jahrhundertelang geschützt hätten, im Austausch gegen ihre zarten Daunen, einem kostbaren Rohstoff, mit dem Island weltweit Handel trieb.

In den 1880er-Jahren trat mein Urgroßvater Robert Posnett eine Stelle in Runcorn, Cheshire, an, als Werkmeister in einer kleinen Gerberei, die seinem Onkel gehörte. Bis zu diesem Zeitpunkt waren die meisten meiner Vorfahren wesleyanische Prediger gewesen, doch Robert zog es mehr zu den Gerbergruben von Cheshire als auf die Kanzel. Praktisch und eigensinnig veranlagt, taugte er gut für die Arbeit im Ledergewerbe, das Einweichen, Abschaben und Trocknen der Felle, die Verwandlung borstiger Tierhaut in Stiefelsohlen, Maschinenriemen und Gurtzeug für Tiere. Und er hätte für seinen Einstieg in das Berufsleben keinen günstigeren Zeitpunkt wählen können. Während der industriellen Revolution explodierte die Nachfrage nach Leder, und Runcorns Gerbereien produzierten am laufenden Band harte Riemen für die Baumwollspinnmaschinen von Lancashire. Später übernahm Robert dann die Gerberei und erwarb noch eine weitere in Runcorn, und beide Betriebe lieferten im Ersten Weltkrieg robustes Sohlenleder für die alliierten Truppen. Bei Kriegsende produzierte mein Großvater neuntausend Häute pro Woche und verwandelte meinen Nachnamen, den man einst mit Predigten und Kirchenbänken assoziiert hatte, in ein Synonym für die Lederproduktion.

Bevor die synthetischen Materialien ihren Siegeszug antraten, war Leder lange Zeit durch seine Haltbarkeit unentbehrlich für die Baumwollproduktion gewesen und kriegswichtig für die Alliierten. Roberts Gerbereien brachten Hunderte von Menschen in Lohn und Brot und stärkten bei den Menschen in Runcorn das Gefühl der Zusammengehörigkeit. Ein gewisses Unbehagen wurde ich angesichts dieser Zahlen allerdings nie los: Tausende von Häuten pro Woche, Hunderttausende pro Jahr, Millionen im Lauf von Jahrzehnten, eine endlose Reihe von Fellen und Kadavern, die sich von den Pampas Argentiniens bis zu den Gerbereien Cheshires erstreckte.

Ganz anders die Geschichte der Eiderdaune. Hier herrschten ungeschriebene Regeln der Kooperation, und so erschien mir die Daunengewinnung fast wie eine jener Symbiosen, die es in der Natur gelegentlich zwischen verschiedenen Arten gibt: der Putzerfisch, der die Körperoberfläche des Riffbarschs reinigt; der Regenpfeifer, der die Zähne des Krokodils säubert; der Muschelwächterkrebs, der in der Steckmuschel haust. Über eine spezielle Erntemethode hinaus ermöglichte die Eiderdaune eine andere Beziehung zur Natur, die eher auf Kooperation als auf Dominanz beruht. Die Isländer und die Enten waren ebenbürtige Partner: Falls eine der beiden Parteien den Vertrag verletzte, konnte die andere Partei einfach gehen oder vielmehr davonwatscheln.

Inspiriert von dieser Verheißung beschäftigte ich mich mit Methoden zur Rohstoffgewinnung, die auf ähnlich ausgeglichenen Beziehungen basieren. Es kamen sieben seltsame Objekte zusammen: die Daunen einer Tauchente, ein winziges gelatineartiges Nest, eine deftige Kaffeebohne, goldbraune Seidenfäden, eine feine, zimtbraune Faser, eine Art elfenbeinfarbener Kieselstein und ein ammoniakhaltiges Pulver. Ich fand es elektrisierend, diese merkwürdigen Objekte in der Hand zu halten und mir die Tiere oder Pflanzen vorzustellen, von denen sie stammten. Die Gerüche und Texturen waren seltsam fremd, doch ihre Fremdheit transzendierte ihre Form und zeugte von den Möglichkeiten des Zusammenwirkens. Jedes dieser Objekte diente in der Natur einem wichtigen Zweck – als Isoliermaterial, Schutz, Abfallprodukt, Verankerung oder Nahrung –, doch die Gewinnung, die Ernte dieser Rohstoffe, musste nicht zwangsläufig Qual, Verstümmelung oder Tod bedeuten.

Anders als Worm hätte ich gar nicht weit reisen müssen, um meine sieben Objekte zu finden: Längst sind sie in unser eigenes Leben verwoben und wären größtenteils wohl im Supermarkt zu finden gewesen, in geringer Entfernung zu meiner Wohnung in London oder später dann Philadelphia. Dass diese Dinge heutzutage per Flugzeug oder Containerschiff in unsere Städte befördert wurden, spiegelte die globale Vernetzung wider. Die allerletzten Winkel wurden erreicht, von der endlos weit entfernten Höhle bis zum dichtesten Urwald. Gehandelt, getauscht oder verschenkt waren diese Dinge durch zahllose Hände gegangen, die Hände von Erntearbeitern, Händlern und Verkäufern, bevor meine eigenen Hände sie berührten. Welche Bedeutung lag darin, dass es diese Dinge hier gab? Was sagte dies über unsere Beziehung zur Natur und über unsere Beziehung zueinander aus? Wenn ich mit diesen Objekten umging oder an ihnen roch, spürte ich, dass sie Geheimnisse bargen, Empfindungen und Verheißungen – in ihren Widerhäkchen aus Protein, ihren Fäden, Fasern, Büscheln oder in ihrer pulverisierten Form. Ich hätte gern enthüllt, welche Geschichten in ihnen verborgen lagen, mit welchen Menschen sie in Berührung gekommen waren.

EIDERDAUNEN

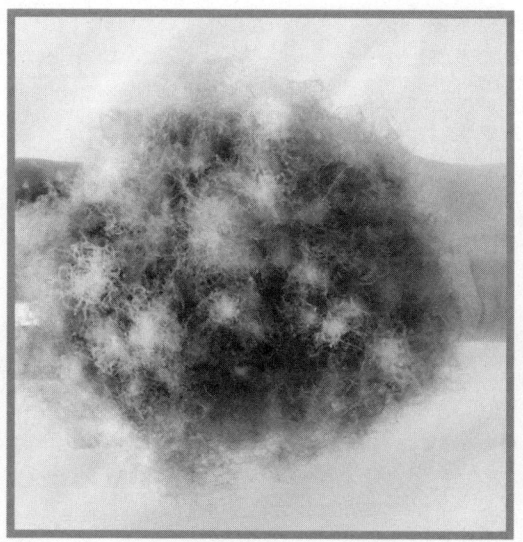

In Ísafjörður, dem Wirtschafts- und Verwaltungszentrum der abgelegenen Westfjorde Islands, verglich ein evangelisch-lutherischer Pastor die Eiderdaunen mit Kokain. »Manchmal denke ich, uns geht es wie den Kokabauern in Kolumbien«, sagte er. »Wir [die Daunensammler] bekommen nur einen Bruchteil des Preises, den das Produkt dann kostet, wenn es auf die Straßen Tokios gelangt. Unsere Daunen sind die kostbarsten der Welt, und wir exportieren sie in schwarzen Müllsäcken.«

In einer Sprache, die als Inbegriff des Leichten die Feder kennt, ist es schwierig, das Gewicht von Daunen zu beschreiben. Während bei einer Feder rund um einen festen Kiel Federäste mit feinen Widerhäkchen angeordnet sind, wirkt die Eiderdaune unter dem Mikroskop völlig chaotisch: Hunderte weicher Federästchen sprießen strahlenförmig aus einem einzigen Punkt hervor und winden sich umeinander. Jedes dieser Fädchen weist zahllose Häkchen auf, die sich zu einem feinen Vlies verhaken und wärmende Luftkammern bilden.

Nach meiner Rückkehr aus Island bat ich meine Frau, die Augen zu schließen und die Hände zu öffnen. Nachdem ich ihr einen entengroßen Daunenballen hineingelegt hatte, fragte ich sie, was sie spüre. »Wärme«, erwiderte sie. Als sie die Augen öffnete, sah sie die Daunen als geisterhaft graues Gebilde über ihren Handflächen schweben; sie zupfte die Daunen auseinander, wodurch sich die Häkchen lösten. Es knisterte wie elektrisiert und roch leicht nach verbranntem Haar. Jetzt drückte meine Frau die Hände zusammen, und die Daunen verschwanden zwischen ihren Fingern, zusammengepresst zu einem winzigen Ball, kleiner als der Schnabel eines Entchens.

Seit Jahrhunderten werden Eiderdaunen von den Menschen, die ihre

Ländereien mit den Eiderenten teilen, hochgeschätzt.[1] Schon die Wikinger füllten ihre Betten mit Eiderdaunen,[2] mittelalterliche Steuereintreiber akzeptierten sie als Zahlungsmittel, und es ist durchaus möglich, dass auch die russischen Zaren, die Romanows, deren Herrschaftsgebiet einige der weltweit größten Eiderenten-Populationen beherbergte, die Daunen schätzten.[3] Heute werden sie weltweit an Superreiche verkauft. In Island hörte ich allerlei Geschichten – dass in den Golfstaaten die Mitglieder der Königsfamilien in der Wüste unter Eiderdaunen schlafen, und dass es russischen Politikern das Herz erwärmt, wenn man ihnen eine Daunendecke schenkt.

Die Qualitäten der Eiderdaune, ihr extrem leichtes Gewicht und ihre hohe Isolationsfähigkeit, erschließen sich aus der Lebensweise der Tiere, von denen sie stammen. Eiderenten sind massig wirkende Seevögel, mehr Pinguin als Ente, die vorwiegend am nördlichen Polarkreis leben. Besucht man die isländische Küste, sieht man Hunderte dieser Vögel gesellig im Meer schaukeln. Sie haben ein keckes Wesen, und die Isländer bewundern ihren Mut. »Die Eiderenten sind unbesungene Helden, viel kühner als die Raubvögel, die sie sogar angreifen, um ihren Nachwuchs zu beschützen«, erzählte mir ein Einheimischer.

Die Federn in unseren Bettdecken haben meist eine traurige Geschichte. Laut den Angaben verschiedener Handelsorgane sind Federn größtenteils ein Nebenerzeugnis der Fleischindustrie.[4] Noch schlechter geht es Vögeln, die bei lebendigem Leib gerupft werden, eine Praxis, die als »Lebendrupf« bekannt ist (und in China und Ungarn, beides bedeutende Daunenexporteure, weitverbreitet).[5]

Doch zu dieser verstörenden Beziehung zwischen Mensch und Vogel scheint es durchaus eine Alternative zu geben. Als ich in Island einen Ballen Eiderdaunen in der Hand hielt, erfuhr ich nämlich, dass die Eiderente, von der die Daunen stammten, höchstwahrscheinlich noch lebte – aber nicht etwa in einem dunklen Stall oder in einem Freigehege, sondern in der Wildnis des Polarkreises.

In einem Café in Ísafjörður erklärte mir der Pastor, wie er Eiderdaunen erntet. Zu seinen Pfarrerspflichten gehört die Bewirtschaftung eines kleinen Bauernhofs, ein Relikt aus früheren Zeiten, als Pfarrer in abgelegenen

Gegenden nur durch ihre eigene Landwirtschaft überleben konnten. Selbst jetzt ist man hier nicht vor Überraschungen gefeit, vor allem im Winter bei extremen Wetterbedingungen. Im Jahr 1995 wurden in den Westfjorden zwei Ortschaften unter Lawinen begraben, wobei vierunddreißig Menschen ums Leben kamen. Gemeindepfarrer gehörten zu den Ersten, die den Überlebenden Trost spendeten.[6]

Jedes Jahr im Juni, sagte mir der Pfarrer, kämen etwa fünfhundert Enten vom Meer her zu seinem Bauernhof gewatschelt. Normalerweise nisten Eiderenten zwar nicht in derart großen Kolonien, doch versammeln sie sich in der Nähe menschlicher Siedlungen, um Zuflucht und Schutz zu finden. Die Enten nisten überall: in Reifen, in Hauseingängen, ja sogar im Haus selbst. »Ich nehme immer jede Menge Wimpel mit und pflanze einen neben jedes Nest, damit ich es wiederfinde. Denn diese Enten sind unglaublich gut getarnt. Manchmal tritt man fast auf sie.« Nachts beschützt der Pastor die Enten vor Raubtieren, die ihnen gefährlich werden können: Seemöwen, Füchse und Nerze. »Mit circa zwanzig habe ich mich glücklicherweise mal eine Zeit lang für Gewehre interessiert«, sagte er. »Das war, bevor ich Theologie studierte.« Würde er einschlafen, säßen die Enten für den Fuchs wie auf dem Präsentierteller. »Das wäre mehr als nur ein finanzieller Verlust, denn irgendwie sind sie ja auf mich angewiesen. Deshalb möchte ich sie nicht im Stich lassen. Ich war früher Nachtwächter, habe also ein bisschen Übung im Wachbleiben.«

Im Mittelalter herrschte der Glaube, dass der Pelikan sich selbst die Brust aufreißt, um die Jungen mit seinem Blut zu nähren. Diese mythologische Handlung war als Selbstverwundung bekannt, ein an Christus erinnernder Akt der Selbstopferung.

Auch auf den Ländereien des Pastors bringt die Eiderente ein Opfer für ihren Nachwuchs, wenngleich es sich nicht um Blut, sondern um Daunen handelt, die sich die Enten aus dem Brustgefieder reißen. Aus diesen Daunen bauen sie ein Nest und wärmen ihre Eier mit ihrer nackt gerupften Brusthaut. Die Eiderente brütet ungefähr achtundzwanzig Tage lang und verliert dabei bis zu einem Drittel ihres Körpergewichts; manche Muttervögel verhungern sogar.[7]

Wenn die Eier ausgebrütet sind und die Küken schlüpfen, watscheln die Mütter mit dem Nachwuchs zurück ans Meer, und der Pastor sammelt ihre Daunen ein – sein Lohn dafür, dass er ihnen Schutz gewährt hat. »Ich sammle die Daunen immer erst ein, wenn sie weg sind«, sagte er. »Manche Bauern nehmen gern mal ein paar Daunen weg, [während die Enten noch nisten]. Aber ich warte lieber, um sie bloß nicht zu stören ... Wenn man sie aufschreckt, springen sie hoch und scheißen das ganze Nest voll.« Bei der »Scheiße«, von der er spricht, handelt es sich jedoch nicht um Exkremente, sondern um eine ölig braune Flüssigkeit, deren Geruch an gebratene Leber erinnert. »[Der Geruch ist] so stark«, schrieb ein belgischer Eider-Enthusiast, »dass ein damit in Berührung gekommenes Ei selbst vom hungrigsten Hund verschmäht, ja verabscheut wird.«[8]

Die vom Pastor geschilderte Szene war in Island jahrhundertelang ein gewohnter Vorgang. Daunen wurden hier wahrscheinlich schon seit der Ankunft der altnordischen Siedler im neunten Jahrhundert gesammelt. Der Anblick Tausender zahmer Eiderenten in der Nähe menschlicher Siedlungen versetzte frühe europäische Reisende in Erstaunen. C. W. Shepherd, ein Engländer, der 1862 die Insel Vigur in den Westfjorden besuchte, schilderte ein von Eiderenten belagertes Gehöft: »Die Lehmmauern, die es umgaben, und die Fensterbänke waren voller Enten. Auf dem Boden rund ums Haus saßen Enten ebenso wie auf dem geneigten Torfdach; eine Ente saß sogar auf dem Fußabstreifer. Eine Windmühle wimmelte nur so von Enten; und auch alle Nebengebäude, Erdhügel, Felsen und Klüfte. Enten überall.«[9]

Umweltschützer, Ökonomen und Ornithologen sind von der isländischen Daunenernte begeistert. Die Beziehung zwischen den Menschen, die die Daunen ernten, und den Eiderenten ist von unwiderstehlicher Schlichtheit: Kümmert sich ein Mensch um die Enten, kommen immer mehr Enten zum Nisten und erhöhen somit die Daunenmenge, die ihr menschlicher Beschützer einsammeln kann. Zeitweise kann diese Beziehung allerdings durchaus auf die Probe gestellt werden. Wie ich vom Pastor erfuhr, können manche Leute der Versuchung nicht widerstehen, einen Teil der Daunen einzusammeln, solange sie noch frisch und sauber sind, also vor dem Schlüpfen der Küken, und ersetzen die Daunen durch Stroh. Kein schöner Anblick, wenn Eiderenten beim Brüten aufgescheucht werden, und doch kehren sie rasch wieder in die Nester zurück und scheinen nicht nachtragend zu sein; dieselben Enten kehren Jahr für Jahr wieder.

Im Jahr 1914 untersuchte Charles Wendell Townsend, ein Arzt und Amateur-Ornithologe aus Massachusetts, die sinkende Zahl der Eiderenten in Labrador, Neufundland und Neuschottland und begeisterte sich für die isländische Methode. Erschüttert von der Entenjagd in Nordamerika, empfahl er zur kommerziellen Daunengewinnung die Einrichtung von Schutzgebieten für Eiderenten. In Reiseberichten hatte er von der isländischen Daunenernte gelesen und träumte nun von einem Ökologie und Handel umfassenden utopischen Modell, das er entlang der Küste der Vereinigten Staaten und Kanadas realisieren wollte. »Der Balzruf, an so vielen Orten kaum noch vernehmbar, würde wieder über das Wasser hallen«, schrieb Townsend 1914 in einem »dringenden Gesuch, die Eiderente zu schützen«.[10] »Und das Beste daran ist, aus praktischer Sicht, dass uns die Vögel für diesen Schutz mit Eiern und kostbaren Eiderdaunen reichlich entlohnen würden.«

Ich fragte mich, wie fragil die Beziehung zwischen den Isländern und ihren Tieren ist und ob das Streben nach Profit die goldene Gans vielleicht irgendwann umbringen würde. Falls die Nachfrage nach Daunen irgendwann ebenso groß sein würde wie die nach Rhinozeroshorn, Bärengallenblasen und Elefantenelfenbein – könnte die Eiderente dann vom Aussterben bedroht sein? Würde man in Island Methoden der Massentierhaltung entwickeln müssen, um die Daunenmenge zu steigern und womöglich die illegale Jagd einzuschränken?

Diese Möglichkeiten scheinen in Island, wo man die Eiderente seit Jahrhunderten respektiert, vollkommen abwegig. Ich selbst habe dies auf der abgelegenen Insel Vigur erlebt, die an den Polarkreis grenzt. Dort lernte ich einen sechzehnjährigen Jungen kennen, dessen Familie dort seit dem neunzehnten Jahrhundert einen Bauernhof besitzt. Auf den Unterarmen des Jungen bemerkte ich Dutzende kleiner Narben. Diese Verletzungen hatten ihm Papageientaucher beigebracht, die er mitten im Flug mit einem großen Schmetterlingsnetz zu fangen pflegte. Ohne Bedenken brach er Hunderten von Papageientauchern wegen ihres Fleischs das Genick, die Eiderente jedoch galt ihm als unantastbar, als heiliger Vogel.[11] Sein Onkel erklärte mir später, Eiderdaunen machten mehr als ein Drittel des Familieneinkommens aus.

Sollte sich die Beziehung der Isländer zu den Enten eines Tages doch wandeln, dann eher aus anderen Gründen. Die Norweger ernteten einst ebenfalls Daunen, entlang ihrer gesamten Küstenlinie, entdeckten dann aber in den 1960er-Jahren eine wesentlich profitablere natürliche Ressource – Öl – und begannen sich aus abgelegenen Küstengebieten zurückzuziehen.[12] »Die Eiderenten wollten mit, weil sie sich von den Menschen beschützt fühlten«, erzählte mir einer der Eiderbauern. »Die Enten wollten lieber mit Katzen und Hunden zusammenleben als mit Seemöwen.«

Auf Öl ist man in Island zwar noch nicht gestoßen, doch verfügt das Land über ungenutzte Reserven an Wasserkraft und Erdwärme, die jetzt ausgeschöpft und exportiert werden sollen. (Es gibt Pläne für ein Seekabel zwischen Island und Schottland, das europäische Haushalte mit Strom versorgen würde.)[13]

Die Zukunft von Islands erneuerbaren Energiequellen weckt starke Emotionen in diesem Land, wo bereits unberührte Naturlandschaften großräumig geflutet wurden, um geeignete Bedingungen für die Stromerzeugung durch Wasserkraft zu schaffen.[14] Wenn Island sich entschließt, die erneuerbaren Energiequellen voll auszuschöpfen und Strom zu exportieren, so wie die Norweger Öl, könnte die Tradition der Daunenernte allmählich an Bedeutung verlieren.

Die unerfreulichste und destruktivste Phase im Zyklus einer natürlichen Ressource ist der Prozess ihrer Gewinnung. Um in einem Entwicklungsland Rechte an einem Erdölblock zu erwerben, fließt womöglich Schmiergeld in die Tasche eines Funktionärs. Zur Ertragssteigerung mag der Besitzer einer Gänsefarm es profitabel finden, lebenden Vögeln die Federn auszureißen. Die Geschichte der Daunenernte unterscheidet sich grundlegend von diesen Narrativen destruktiver Rohstoffgewinnung. Allerdings funktioniert die Vermarktung der Daunen dann wieder wie bei jedem anderen Rohstoff. »Was von außen betrachtet wie ein nettes, kleines, nostalgisch-friedliches Gewerbe wirkt, ist in Wirklichkeit ein Krake aus Monopol und Manipulation«, sagt Jón Sveinsson, ein isländischer Geschäftsmann. »Kratzt man an der Oberfläche und folgt der Spur des Geldes, wandelt sich das Bild sehr rasch, und aus einem idyllischen Hobby wird mörderische Ausbeutung.«

Sveinsson, ein ehemaliger Marineoffizier, hat sein Leben der Eiderdaune gewidmet. Im Gegensatz zu vielen anderen Produzenten ist er mit allen Stadien des Lebenszyklus einer Daune befasst, vom Entennest bis zur Bettdecke des Oligarchen. Seit seiner Kindheit hat er auf der familieneigenen Farm in den Westfjorden Daunen geerntet und später dann Hunderttausende Euro in die Entwicklung eigener Maschinen zur Trocknung und Reinigung der Daunen investiert. Vor allem aber kümmert er sich um den Vertrieb. Als passionierter Leser Edgar Allan Poes verglich er seine Marketingbemühungen mit Detektivarbeit, »bei der ich nach potenziellen Kunden fahnde, wie ein Jäger ein seltenes Wild bis ans Wasserloch verfolgt«.

Sveinsson erklärte, schon die Produktion eines einzigen Kilos gereinigter Daunen bedeute einen kolossalen Arbeitsaufwand. Es müssten etwa sechzig Nester gesammelt, getrocknet und gereinigt werden, um Schmutz, Seetang und Pflanzen zu entfernen. Dieser Prozess wurde in den 1950er-Jahren mechanisiert, als die Isländer ihre eigene Technologie zum Trocknen und Reinigen entwickelten. Trotz dieses großen Arbeitsaufwands werden die in Island produzierten und gereinigten Daunen zu einem Bruchteil des Ladenpreises an Zwischenhändler verkauft. Japanische und europäische Grossisten kaufen die gereinigten Daunen in riesigen Mengen auf. Dann werden sie in Kopfkissen, Federbetten und Kleidungsstücke gefüllt und landen in Läden in Japan, China, Deutschland und Russland. Die Isländer erhalten etwa drei Millionen Euro für die durchschnittlich drei Tonnen Daunen, die sie pro Jahr exportieren, doch Sveinsson zufolge liegt der Ladenpreis oft zehnmal höher. »Tatsächlich bekommen die Eiderbauern einen niedrigeren Prozentsatz vom Einzelhandelspreis als ein afrikanischer Kaffeebauer«, sagt er.

Seine Worte erinnerten mich an das, was die Schriftstellerin Rebecca Solnit (in einem 2008 erschienenen Essay für *Harper's Magazine*) Islands »rückwärts erzähltes Märchen« nannte, in dem die Menschen »ihrer wunderbaren Gaben und ihres Geburtsrechts beraubt wurden«.[15] Laut Solnit begann dies alles vor etwa drei Jahrzehnten, als Island die Fischereirechte privatisierte und Fangquoten einführte und damit Quotenhandel und Akkumulation ermöglichte. Heute wird die Fischereiindustrie durch große Firmen kontrolliert. 2006 wurde dann eine abgelegene Hochebene im Osten Islands überflutet, um ein riesiges Reservoir zu schaffen, als Stromquelle für eine Aluminiumhütte. Die Kosten dieses Wasserkraftwerks betrugen etwa 2 Milliarden Dollar, die größtenteils von internationalen Banken geliehen wurden. Angesichts der paar Hundert Arbeitsplätze, die dabei abfielen, finden Kritiker sowohl diesen exorbitanten Betrag als auch den Preis für die Umwelt zu hoch.

Die billig verkauften Eiderdaunen schienen nur ein weiteres Kapitel dieser Geschichte zu sein. Der Schriftsteller Andri Snær Magnason verweist darauf, dass das isländische Wort für »Fallobst« *hvalreki* lautet, wörtlich übersetzt *ein gestrandeter Wal*.[16] Während wir bei Fallobst an vom Baum gefallene Früchte denken, meint die isländische Übersetzung einen gestrandeten Meeressäuger, Fleisch als ein Geschenk der Natur.

Als er mir erklärte, warum die Isländer beim Daunenverkauf so unfair behandelt werden, verwies Sveinsson auf die historische Beziehung Islands zu seinem größten Exportgut, dem Fisch. »Reiche Fanggründe waren eine Ressource, die die isländische Wirtschaft ebenso geformt hat wie unsere Mentalität, Segen und Fluch zugleich«, sagte er. »Es entwickelte sich eine Art Von-der-Hand-in-den-Mund-Mentalität – man konnte sich immer darauf verlassen, dass sich der Sturm eines Tages legen würde und das Boot auslaufen konnte, um wieder einen reichen Fang einzuholen.«[17]

In Sagen, Fabeln und Hagiografien liest man oft von Menschen, die die Fähigkeit besitzen, wilde Tiere zu zähmen, womit ihre Tugendhaftigkeit, Sensibilität oder Heiligkeit betont werden soll. Angeblich soll der hl. Cuthbert, ein Missionar im siebten Jahrhundert, der sich auf den Farne-Inseln vor der Küste Northumberlands niederließ, Eiderenten beschützt und gezähmt haben.[18] (Heutzutage werden die Eiderenten in Northumberland auch manchmal St.-Cuthbert-Enten oder Cuddy-Enten genannt.) Viele solcher Geschichten dienten der Ausschmückung oder entsprangen purer Fantasie, doch was Island betrifft, bestätigten Reiseberichte immer wieder, dass es diese seltsame Beziehung zwischen den Isländern und den Enten tatsächlich gab.[19] Im Jahr 1875 bemerkte der englische Forschungsreisende Richard Burton, dass Eiderenten »Stalltür-Vögel« seien, »zahm wie Hausgänse«.[20] »In Reykjavik dürfen keine Salutschüsse abgegeben werden«, schrieb er, »aus Angst, ›Somateria mollissima‹ zu erschrecken.«[21]

Ich las alles über Eiderdaunen, was ich kriegen konnte, durchsuchte Bücher und Artikel, verschlang Berichte unbekannter Reisender und Aufsätze von Biologen und befragte Eiderentenbauern. Ich wollte wissen, wie diese Beziehung funktioniert, wie es sein konnte, dass sich ein Wildvogel verhielt, als sei er domestiziert. Wie war diese seltsame Tradition entstanden? Wie hatte man diese Beziehung in die Zeit der globalen Marktwirtschaft hinübergerettet? Ließ sich die isländische Tradition einfach auf andere Küstenregionen übertragen? Konnte uns die Eiderdaunenernte etwas über unsere Beziehung zu anderen Arten sagen? Während frühere Schriftsteller das Phänomen der isländischen Daunenernte mit ergriffenem Staunen betrachtet hatten, suchte ich fieberhaft nach Antworten.

Zurück in Ísafjörður erzählte mir der Pastor von einer japanischen Filmcrew, die eine Dokumentation über ihn gedreht hatte. Mehrere Wochen lang hatten sie ihn auf seiner Farm begleitet, ihn dabei gefilmt, wie er gemeinsam mit seinen Kindern Eiderdaunen einsammelte und dabei einen großen Bogen um nistende Eiderenten machte. Das Interesse des Teams schien den Pastor zu verwirren, ebenso wie meines. Schließlich, sagte er, seien die Daunen doch nur *brauð*, sein täglich Brot.

Die Gemeinde des Pastors lag eine kurze Autofahrt von Ísafjörður entfernt in einem anderen Fjord, Önundarfjörður. Einst war man hierher nur über eine kurvenreiche Bergstraße gelangt, doch seit 1996 sind beide Fjorde durch einen riesigen Tunnel miteinander verbunden, der sich direkt in die Bergflanke bohrt. Eines Morgens fuhr ich aus dem Tunnel ins Freie, geblendet vom subarktischen Licht, und hielt auf die Kirche des Pastors zu, um mit ihm eine Rundtour durch das Nistgebiet der Eiderenten zu unternehmen.

Wie dies bei evangelisch-lutherischen Pfarreien ja oft der Fall ist, zählt das Grundstück des Pastors zu den wertvollsten Ländereien der Westfjorde. Im Schatten einer steilen Gletscherwand gelegen, überblicken Pfarrhaus und Kirche eine Flussaue, die sich bis zur Küste erstreckt. Nach einer zehnminütigen Fahrt durch den finsteren Tunnel überwältigten mich die intensiven Farben des Fjords. Im subarktischen Licht erschienen mir die Farben fast unwirklich – das Blau des Himmels und des Meers verschmolzen zu einem einzigen Aquamarin-Ton. Vom Weiß des Strandes hob sich eine pinkfarbene Boje ab, hingetupft wie ein nachträglicher Einfall.

Einen friedlicheren Ort konnte man sich für eine Familie kaum vorstellen, und doch wirkte das Pfarrhaus irgendwie verlassen. Kinderspielzeug lag am Boden verstreut, die Arbeitsflächen waren mit einer Staubschicht bedeckt, die Bücher des Pfarrers (Werke über Kriegshelden und Bergsteiger) lagen unberührt im Regal. Im vorigen Winter, erklärte er, sei das Wetter so schlecht gewesen, dass er mit seiner Familie die Pfarrei verlassen und nach Ísafjörður ziehen musste, wo sie jetzt in einer Wohnung lebten. Er verbrachte kaum noch Zeit im Haus. »Einmal haben wir hier ganze sechsunddreißig Stunden festgesessen, ohne Strom, ohne Telefon«, sagte er. »Das kann ich nicht verantworten.«

Wie zum Beweis zeigte er mir die Sturmschäden: ein ramponierter Zaun, die vom Blizzard beschädigte Fassade einer Scheune und das verbogene Kirchturmkreuz, mehr Wetterfahne als religiöses Symbol. In der Ferne erkannte ich Flateyri, das Fischerdorf an der Mündung des Fjords, das beim Lawinenabgang 1995 zum Teil zerstört wurde. Hinter dem Dorf sah ich einen riesigen Lawinenschutzdamm, eine ständige Erinnerung an die Gefahren, die das Leben in diesen abgelegenen Fjorden mit sich bringt.

Die Eiderdaunensaison war zwar schon vorbei, aber der Pastor bot mir trotzdem an, mich auf dem Grundstück herumzuführen und sein alljährliches Sommerritual nachzustellen, so wie er es für das japanische Filmteam getan hatte. In einer alten polnischen Militäruniform ging er über die flache Ebene Richtung Strand und suchte nach Nestern, die er womöglich übersehen hatte. Es war ein ruhiger Tag, nur der Warnruf eines aufgescheuchten Austernfischers zerriss die Stille.

Beim Gang durch diese flache Landschaft hatte ich das Gefühl, ein großes Festgelage verpasst zu haben. Ringsum sah ich Hunderte kleiner Häufchen ausgespiener Muschelschalen, die Überreste des Festmahls der Eiderenten, von ihren starken Kaumägen geknackt und als Speiballen wieder ausgeschieden. Diese quarzartig im Licht glitzernden Überreste, waren von subtiler Schönheit. »Gegen Ende der Saison bricht Chaos aus«, sagte der Pastor. »Enten und Küken rennen umher, ständig attackiert von Küstenseeschwalben. Ein Besenstiel leistet da gute Dienste.«

Auf unserem Weg zum Strand bemerkte ich, dass es im Fjord außer der Boje praktisch keinerlei Müll gab. »Ja, sehr wenig«, erwiderte der Pastor, »aber manchmal taucht plötzlich etwas Interessantes auf. Vor zwei, drei Jahren fand ich zum Beispiel diese grüne Röhre.« Er führte mich zu einer ausrangierten Windentrommel, wie sie von industriellen Trawlern verwendet werden, und zog darunter eine hellgrüne Plastikgurke hervor. »Im ersten Moment dachte ich: Was ist denn das? Eine Bombe aus dem Zweiten Weltkrieg?« Als er den Deckel abschraubte, kam ein Gummi-Dildo zum Vorschein.

Dass am Ufer dieses abgelegenen Fjords zwischen ausgespienen Muschelschalen und Seepflanzen ausgerechnet ein angeschwemmter Dildo liegen würde, hatte ich nun wirklich nicht erwartet. »Ich vermute mal«, fuhr der Pastor fort, »irgendwo wurde von einem großen Containerschiff Sexspielzeug über Bord gespült.« Gestrandet auf dem Weg zu seinem Pendant aus Fleisch und Blut, gehörte dieses schlaffe Gummiteil zu einer ganz anderen Welt als die Eiderenten. Aber es würde länger existieren als all die anderen Dinge hier am Strand: während die Eiderdaunen verfaulten, alte Geschütze verrosteten und Holz vermoderte, würde der Gummi-Dildo überdauern, als bleibende Erinnerung an eine Schiffspanne und die gigantische Gewalt der arktischen Gezeiten.

Nachdem wir den Dildo wieder in seiner Hülle verstaut hatten, gingen wir zur Kirche zurück und zählten unterwegs die Muschelquarzhäufchen. Plötzlich ein Aufschrei, und der Pastor zeigte auf ein Nest, das er bei früheren Rundgängen übersehen hatte. Von Moos, Gras und zerbrochenen Eiern bedeckt, sah es aus wie ein pelziges Omelette, ein grauer Pfannkuchen. Der Pastor schob seinen Stock unter die Daunen, löste sie sanft vom Gras und hob den Ballen auf. Voller Seetang, Zweige und Schmutz erinnerte er mich an den Inhalt eines Staubsaugerbeutels, Flusen, Krümel und sonstige Abfälle. Anders als der gereinigte Daunenballen, den meine Frau in Händen gehalten hatte, verströmten diese Daunen einen stechenden

Modergeruch, der an die Ente erinnerte, von der sie stammten. Beim genaueren Hinsehen entdeckte ich im Flaum Eierreste. Durch den Regen zäh wie Gummi geworden, waren diese Fragmente der Beweis für die Worte des Pastors, dass er mit dem Einsammeln der weichen Daunen immer wartete, bis die Küken geschlüpft seien.»Nehmen Sie es als Geschenk«, sagte er.

Ungefähr fünfzig Jahre vor meinem Islandbesuch faszinierte auch den britischen Schriftsteller Gavin Maxwell, der damals in Sandaig, einer Bucht im abgelegenen Westen Schottlands, lebte, die isländische Eiderdaunenernte. Er las alles, was er darüber finden konnte, und unternahm sogar eine Forschungsreise nach Island, um den bekannten isländischen Ornithologen Finnur Guðmundsson kennenzulernen.[22] Am bekanntesten wurde Maxwell für die Beziehung zu seinen zahmen Fischottern, doch er liebte auch Eiderenten, über die er schrieb, dass sie ihn eher an »Säugetiere als an Vögel« erinnerten.»Vielleicht«, sinnierte er,»sind es ihre seltsam rauen Stimmen oder die Art, wie ihre kräftigen Schnäbel in direkter Linie zum Schädel hinauf verlaufen, ohne irgendeine ›Kelle‹ dazwischen. Oder vielleicht ist es ihr sehr eigentümlicher Geruch, der so gar nicht zu einem Vogel zu passen scheint.«[23]

Im Gegensatz zu Reiseschriftstellern vor ihm, die über Eiderdaunen geschrieben hatten, träumte Maxwell davon, das Erfolgsmodell der Isländer nachzubilden.[24] Von seinem Cottage aus bemerkte er Eiderenten, die ganz in der Nähe auf einer kleinen Insel nisteten; er zählte insgesamt nur dreißig Paare, stellte sich aber vor, dass er diesen Ort in eine Art »Entenmagnet« verwandeln könnte, der, so wie ein Magnet Eisenspäne anzieht, Tausende von Enten anlocken würde. Inspiriert durch die isländische Methode schlug er vor, Wimpel, Windräder, Vogelscheuchen und Erpelattrappen aufzustellen, künstliche Nistplätze und windgeschützte Areale einzurichten, um die Enten anzulocken. Er plante, die Enten mit Muscheln zu füttern und sie – offenbar – sogar mit Musik zu unterhalten.

Maxwell ist berühmt für sein Erinnerungsbuch *Im Spiel der hellen Wasser*, in dem er von seinem Leben mit mehreren Fischottern erzählt. Zuvor allerdings war seine Beziehung zu wilden Tieren eher blutrünstiger Natur gewesen. Nach dem Militärdienst kaufte er die kleine schottische Insel Soay und betätigte sich als Riesenhai-Fischer. Er jagte diese riesigen Meerestiere mit der Harpune, färbte die schottischen Gewässer blutrot und schilderte seine Erfahrungen später in *Harpoon at a Venture*. Strotzend von grausamen Details verherrlicht das Buch den Kampf des Menschen gegen diese sanften Riesen, die sich nur von Plankton ernähren. »Darin demonstriert Maxwell – ein Queequeg mit einem Oerlikon-Gewehr, ein Ahab mit einer Erbschaft – einen erstaunlichen Mangel an artübergreifender Empathie und eine absolute Rohheit, die ans Psychopathische grenzt«, schreibt Robert Macfarlane.[25]

In seinen späteren Lebensjahren sah Maxwell die Eiderdaunen mit anderen Augen. Wie viele seiner Kollegen schilderte auch er die Daunenernte in utopischen Begriffen, beschrieb, wie frühe Siedler die Eiderenten angelockt hatten, mit »dem Entfalten flatternder Flaggen, mit kleinen klappernden Windrädern und Blasinstrumenten aus Schilfrohr, die je nach Windstärke seufzten, stöhnten oder trompeteten«.[26] Die Isländer, so glaubte er, verfügten über eine ans Mystische grenzende Fähigkeit, die Enten zu verstehen. Während Maxwell selbst wiederum versuchte, den Erfolg der Isländer zu verstehen, indem er sich umfangreiche Notizen zur isländischen Methode machte, räumte er ein, diese Methode habe »etwas *Mystisches*«. »Manche Männer«, schrieb er, »scheinen bezüglich der Eiderenten ›einen grünen Daumen‹ zu haben.«[27]

Als ich den Pastor besuchte, war ich ganz von Maxwells Vision erfüllt und betrachtete das isländische Modell als Kontrast zu all den Geschichten von Ausbeutung und Erniedrigung. Der geduldige, sensible Pastor schien perfekt zu Maxwells Vision zu passen, ein heroischer Beschützer der Eiderenten, der die das Nest polsternden Daunen niemals zu früh entnahm. Und doch hatte ich ein komisches Gefühl dabei. Im neunzehnten Jahrhundert begannen Briten, Franzosen, Skandinavier und Amerikaner, darunter viele Wissenschaftler, Island zu bereisen, das damals noch eine dänische Kolonie war. Sie durchwanderten Islands Vulkanlandschaft, bewunderten den Körperbau der winzigen Pferde und die riesigen Eiderenten-Populationen, lauschten der isländischen Sprache und beschrieben Island in magischen Begriffen. Der Forschungsreisende Richard Burton, der all dieser »Szenen voll packenden Schreckens, majestätischer Erhabenheit und himmlischer Schönheit« überdrüssig war, beschrieb einen Zustand, den er »Island im Gehirn« nannte.[28] Vermutlich war ich selbst drauf und dran, in diese Falle zu tappen und eine weitere Figur in diesem Drama einfach unerwähnt zu lassen.

Der Polarfuchs – *Vulpes lagopus* – ist in Island das einzige Säugetier, das es hier schon vor der Besiedlung im neunten Jahrhundert gab. Viel kleiner als sein roter Cousin, hat der Polarfuchs winzige weiche, ganz mit Pelz bedeckte Pfötchen (darum sein lateinischer Name, der übersetzt »Hasenfuß« bedeutet). Perfekt an die verschiedenen Jahreszeiten angepasst, streifen die Füchse oft Tausende von Kilometern weit umher, wobei sich ihr Winterfell von Weiß zu Braun färbt, und in den Sommermonaten sogar zu Blau. Man nimmt mittlerweile an, dass diese flinken Tiere vor Tausenden von Jahren im Holozän aus Grönland oder Nordeuropa übers arktische Meereis nach Island zogen.[29]

Als im neunten Jahrhundert die Siedler mit ihrem Vieh eintrafen, kam es unweigerlich zum Konflikt mit dem Polarfuchs. Aus Angst um ihre Nutztiere lockten die Bauern die Füchse in Fallen und schlugen sie tot; später wurden sie vergiftet und erschossen. Die Isländer hatten so große Angst vor den Füchsen, dass der Mythos entstand, die Tiere seien vom norwegischen König geschickt worden, um die Siedler zu bestrafen, weil sie ihrem Heimatland den Rücken gekehrt hatten.[30] Die Gesetze zur Ausrottung des Polarfuchses reichen bis ins Jahr 1295 zurück, und selbst heute noch ist jede Kommune in Island verpflichtet, einen Fuchsjäger einzustellen, der alle in der Gegend bekannten Fuchshöhlen aufsucht und ihre Bewohner tötet.[31]

Als ich von der Farm des Pastors nach Ísafjörður zurückfuhr, konnte ich mir kaum vorstellen, dass der Pastor, dieser freundliche Mann, der die Eiderenten in Frieden nisten ließ, ein Fuchsmörder sein sollte. Obwohl er eine Militäruniform trug, einen Feldstecher umhängen hatte und über Gewehre sprach – die Tötung eines Fuchses hatte er noch nie geschildert. Später fragte ich seinen Freund und Nachbarn, selbst seit langer Zeit Eiderentenbauer, wer denn nun eigentlich die Füchse im Fjord töte. »Ich«, erwiderte der Mann lächelnd. »Der Pfarrer hat noch nie einen Fuchs geschossen.« Ich fragte mich, ob mir der Pastor beim Rundgang nicht vielleicht eine entschärfte Version der Daunenernte geschildert hatte, die Version für den japanischen Markt. Neugierig fragte ich in den Westfjorden herum und versuchte den Namen eines erfolgreichen Fuchsjägers in Erfahrung zu bringen. Immer wieder fiel der gleiche Name: Valdimar Gíslason. In den Westfjorden für seine Schläue und Kaltblütigkeit berühmt, hatte er eine Privatarmee aufgebaut, eine Bande von Killern, die die lukrativen Eiderenten beschützen sollten. Eiderenten-Bauern sprachen mit gedämpfter Stimme von ihm und verehrten ihn für seinen Einsatz beim Ausrotten der Füchse.[32]

Valdimar lebte in Dýrafjörður, im Fjord hinter dem des Pastors. In der folgenden Woche besuchte ich ihn in seinem spärlich möblierten Bauernhaus, das den Fjord überblickte. Während mich Edda, seine dänische Ehefrau, willkommen hieß, vermischte sich der Klang von Chormusik mit dem Dröhnen eines Eiderdaunentrockners draußen in der Scheune. Valdimar, in seinen Siebzigern, stellte sich in gebrochenem Englisch vor, gestikulierte, wenn ihm die Worte fehlten. »Kennen Sie isländische Sagen?«, fragte er mich und zeigte auf ein Bücherregal mit einer Gesamtausgabe. »Die schönste Sage ist die von *Snorra Edda*«, sagte er und lächelte seiner Frau zu.

Valdimar, ein pensionierter Mathematiklehrer, lebte schon seit sieben Jahrzehnten im Fjord. Seit seiner Kindheit sammelte er auf diesem Grundstück Eiderdaunen, war einst der größte Daunenproduzent Islands gewesen und verfolgte immer noch Füchse, die es auf seine Enten abgesehen hatten. »Fünfundsechzig Jahre, fünfzig Nächte jedes Frühjahr«, sagte er, als denke er über ein mathematisches Problem nach. »Da können Sie sich ausrechnen, wie viele Nächte ich wach geblieben bin.« Durch die intensive Jagd hat sein Gehör Schaden genommen.

Jedes Frühjahr wird Valdimar zum *gran comandante*, indem er eine Privatarmee aus benachbarten Eiderdaunenbauern rekrutiert. Gemäß seinen schriftlichen Anordnungen fahren sie, bewaffnet mit Gewehren und Walkie-Talkies, in ihren Autos los, um Füchse zu jagen. Eine gute Ausbeute, so Valdimar, seien zwei Fuchsschwänze die Woche. »Wir haben dieses Frühjahr vierzehn Füchse erlegt«, erzählte er mir bei meinem Besuch. »Letztes Jahr achtzehn.« Ein gewisses Konkurrenzdenken hält das Team wach; niemand darf vor acht oder neun Uhr vormittags ins Bett.« Er geht schlafen, wenn ich aufstehe«, sagte mir Edda damals, als sei sie mit einem Schichtarbeiter verheiratet.

Maxwell schrieb, die Beziehung zwischen den Isländern und ihren Enten basiere auf dem ästhetischen Empfinden der Tiere, ihrer Vorliebe für bestimmte Objekte und Farben. Valdimars Erfolg jedoch gründete sich auf eine andere Logik. Er war mehr Wildpfleger als Entenflüsterer und konnte die eine Spezies dadurch bewahren, dass er andere Arten vernichtete. »Einmal [vor Jahrzehnten] haben wir im Frühling dreihundert Raben getötet«, erzählte mir Edda fröhlich. »Wir haben Köder mit Schlafmittel ausgelegt. Wenn sie dann schliefen, kam er [Valdimar] und hat sie mit einem Schlag auf den Kopf erledigt.« Dass Fressfeinde der Eiderenten vergiftet oder betäubt wurden, war in Island weitverbreitet und wurde sowohl von Bauern als auch von Regierungsbeamten praktiziert. Derlei Methoden mögen zahllosen Eiderenten das Leben gerettet haben, fügten aber dem Ökosystem der Insel im Lauf der Geschichte großen Schaden zu. Anfang der 1980er-Jahre wurden im Rahmen des nationalen Programms zur Schädlingskontrolle jährlich über viertausend Raben getötet.[33] Und, noch gravierender, auch das Verschwinden des isländischen Seeadlers, der in den 1960er-Jahren beinahe ausgestorben war, ging teils wohl auf die Maßnahmen der Eiderdaunenbauern zurück.[34] Obwohl sich die Zahl der Adler inzwischen erholt hat, spricht ihre einst drastische Dezimierung von der, wie Andri Snær Magnason, selbst Eiderdaunenbauer, sie nennt, »dunklen Seite« des Eiderdaunenhandels.[35] So gut die Bauern die Eiderenten behandeln, so stark ist ihr Impuls, jede Spezies zu töten, die den kostbaren Vogel bedroht.

Nach einer langen Jagdnacht gehen die Fuchsjäger morgens zu Valdimar nach Hause und rezitieren bei Kaffee und Kuchen Gedichte. »Jeden Morgen«, sagte er, »muss jeder ein Gedicht mitbringen. Er muss es uns vorlesen. Nach jeder Nacht ein Gedicht. Über die Füchse, die Blumen, die Enten, die Eiderdaunen. Viele Gedichte über die Füchse, jeweils mit Namen.« Valdimar holte einen Ordner herbei, prallvoll mit Gedichten, das

Produkt zahlloser Arbeitsnächte. Die meisten Gedichte drehten sich mehr um die Füchse und Jäger, als um die Enten. »Wir hassen sie [die Füchse] nicht«, sagte er. »Die wollen auch nur leben.«
Meist versucht man Geschöpfe, die man töten will, ihrer Würde zu berauben. In den Worten *Ungeziefer* oder *Schädling* sind die verschiedenen Nuancen, die ein Lebewesen ausmachen, auf einen einzigen Farbton reduziert. Valdimar und seine Gefährten hingegen hauchten den Füchsen ganz bewusst Leben ein, während sie es ihnen gleichzeitig raubten. Sie gaben den Füchsen Namen, schrieben und scherzten über sie und sprachen von ihnen wie von Haustieren. An der Wand hing das Foto eines Grabsteins mit vier Pfotenabdrücken und das Foto eines toten Fuchses namens Kusi. »Über diesen Fuchs gibt es hundert Gedichte«, sagte Valdimar liebevoll. »Er konnte über Hecken springen. Das ist der einzige Fuchs, bei dem wir das beobachtet haben.«

Während Valdimar weiter von den Füchsen schwärmte, beschlich mich das Gefühl, dass er sie seinen Schützlingen, den Enten, eigentlich vorzog. Anders als die Eiderenten machten die Füchse die Bauern zu Beschützern, zu Helden. Ohne den Fuchs wäre die Eiderdaunenernte so prosaisch gewesen wie das Einkassieren der Miete. Es gab aber noch einen anderen Grund, warum Valdimar die Füchse mochte, das wurde mir erst klar, als er sein Notizbuch zückte. In rotes Leder gebunden war hier verzeichnet, wie viele Enten er im Lauf von fünf Jahrzehnten auf seiner Farm beherbergt hatte. Anfang der 1960er-Jahre waren es noch über sechstausend Enten gewesen, doch allmählich begann diese Zahl zu schrumpfen. Heutzutage, sagte Valdimar, gebe es nur noch eineinhalbtausend Nester, ein Bruchteil der früheren Ausbeute. Ich vermutete, die Füchse seien schuld, was er jedoch verneinte; vielmehr hätten die Nachbarn, seine Jagdgenossen, seinen Anteil reduziert. »Früher [hatte unsere Familie] hier die einzige Eiderentenkolonie [im Fjord]«, erklärte mir Valdimar. »Jetzt sind es fünf oder sechs Kolonien. Die Vögel sind von uns zu den anderen gegangen.«

Als die Siedler im neunten Jahrhundert, auf der Flucht vor politischen Umbrüchen, aus Norwegen nach Island kamen, sahen sie sich mit einer rauen subarktischen Landschaft konfrontiert, in der es keine großen Säugetiere gab.³⁶ Im Gegensatz zu anderen Siedlern trafen sie nicht auf Ureinwohner, die sie nachahmen konnten, sondern wiederholten die ihnen aus Norwegen vertrauten Strukturen und brachten ihre eigenen Nutztiere und -pflanzen mit. Zusätzlich zu diesen Ressourcen sammelten Siedler entlang der ausgedehnten Inselküste Treibholz, Mollusken, essbare Pflanzen, Eiderdaunen und gestrandete Wale. Derlei Geschenke der Natur waren einerseits willkommen, andererseits bargen sie großes Konfliktpotenzial. Tatsächlich beschäftigt sich die frühe isländische Gesetzgebung speziell mit dem Ernterecht für diese raren Güter, um Gewalt zu vermeiden.³⁷

In Valdimars Regal lag ein ganzer Stapel Sagenbücher. Diese blutigen Geschichten aus Islands Siedlungsperiode erzählen von erbitterten Rechtsstreitigkeiten, die zwischen den Siedlern um das Strandgut entbrannten, insbesondere um gestrandete Wale. In *Grettirs Saga* zum Beispiel eilen mehrere Stammesführer mit ihren Leibeigenen zu einem gestrandeten Wal, worauf ein brutaler Kampf um dessen Fleisch entbrennt und die Männer mit Schlachtäxten und Messern, Walrippen und Fleischstücken aufeinander losgehen.»Die Kämpfer schleuderten tödliche Wurfgeschosse aus Walfleisch aufeinander«, schreibt der Autor der Saga.»So kämpfen diese ungehobelten Kerle gegeneinander.«³⁸ Wie der gestrandete Wal waren auch die Enten in Valdimars Fjord eine begrenzte und äußerst kostbare Ressource; freute ein Bauer sich über einen größeren Ertrag an Eiderdaunen, fiel für einen anderen entsprechend weniger ab. Und doch war es kaum vorstellbar, dass es einen Konflikt um Daunen gegeben hätte, dass die Männer zu den Nestern gerannt wären, mit Waffen aufeinander losgegangen oder sich mit Enteneiern beworfen hätten. Die Konkurrenz, die natürlich bestand, wurde durch den Fuchs verschleiert, die Bauern einte ein gemeinsames Ziel: ein Massaker an den Enten zu verhindern.

Im Jahr 1965 begann Gavin Maxwell mit seinem Projekt, Eiderenten auf seine Insel zu locken. Er schrieb an verschiedene Ornithologen, den Scottish Council for Development and Industry, den Scottish Wildlife Trust, die Royal Society for the Protection of Birds (RSPB), an den Umweltschützer Sir Peter Scott, die Nature Conservancy und einen größeren Federhändler, um Ratschläge einzuholen und sich Unterstützung für sein Eiderenten-Projekt zu sichern. Die Reaktionen waren gemischt. Harry Milne, ein Eiderenten-Experte von der Universität Aberdeen, bot Maxwell zwar seine Hilfe an, sprach aber auch von seinen »ernsten Zweifeln, ob es wirklich funktionieren könne, die an einem Ort gegebene Situation auf einen anderen Ort zu übertragen, ohne dass die evolutionären Zwischenschritte stattgefunden« hätten.[39] Maxwell jedoch ließ sich von derlei praktischen Fragen nicht abschrecken und machte weiter, angetrieben von einer unbestimmten inneren Kraft. »Ich führe das Projekt fort«, schrieb er 1965 an die RSPB, »und damit hat sich's sozusagen.«[40] Er sicherte sich die Erlaubnis des National Trust for Scotland, die Insel zu nutzen, und legte für das Experiment ein Budget von 2100 Pfund von seinem eigenen Geld beiseite.[41] Im Herbst 1967, nach jahrelanger Forschung, begann Maxwell die Insel auf die Ankunft Tausender Enten vorzubereiten. Zwei seiner Assistenten setzten die Insel in Brand, um alle Dornen und Ranken zu entfernen, die die Enten in ihrer Fortbewegung behindern konnten; es wurden Regenwasserreservoire ausgehoben, damit die Vögel nicht Durst leiden mussten.[42] Die letzten Vorbereitungen fanden im März 1968 statt, wenige Monate bevor sie eintreffen sollten. Maxwells Freund, Richard Frere, installierte flächendeckend alle möglichen Objekte, um die Enten anzulocken und Seemöwen abzuschrecken, zum Beispiel kleine grüne Zelte, zwischen zwei Pfosten gespannte bunte Wimpelketten, Glöckchen und winzige Windrädchen (Maxwell erzählte Frere, die Enten seien fasziniert von klingelnden Glöckchen und surrenden Windrädchen).[43] Es war, schrieb Frere später, »quasi die Reproduktion einer isländischen Siedlung«,[44] und als der Sommer kam, fehlte nur noch eines: Tausende von Enten, mit denen Maxwell eigentlich gerechnet hatte.[45]

In seinen Erinnerungen hält Maxwell sich nicht lang damit auf, dass die Enten ausblieben, obwohl er Frere gestand, dass die Dürre des für sie vorgesehenen Terrains die Enten abgeschreckt haben könnte. Im vorangegangenen Herbst war die Brandrodung, mit der Maxwells Assistenten die Insel von Dornen und Rankengestrüpp befreien wollten, außer Kontrolle geraten. Laut Frere wütete das Feuer zwei Tage lang und verwandelte die

Insel in eine schwarz verbrannte Wüste. »Wir hofften, im Frühling würde üppig junges Heidekraut sprießen«, schrieb er, doch »im März herrschte immer noch deprimierende Ödnis«.[46] Maxwell erklärt, die Eiderenten hätten sich »allzu ausgesetzt und unsicher« gefühlt.

Maxwell gab dem Feuer die Schuld, aber ich frage mich, ob sein Plan überhaupt funktioniert hätte. Im Gespräch mit Valdimar sah ich ein, dass unser Teil der Abmachung darin bestand, jeden Gegner, der die Enten bedrohte, effizient und rasch zu töten, und zwar über einen langen Zeitraum hinweg. Im Gegensatz dazu betrachtete Maxwell die isländische Daunengewinnung eher als eine Technologie, die sich verpacken, verschiffen und reproduzieren ließ, und nicht so sehr als eine Beziehung, die auf systematischem Töten beruhte. Trotz seiner Ambitionen bekam er nie die Chance, sein Experiment zu wiederholen; er starb im darauffolgenden Jahr an Krebs und hinterließ eine Fülle unvollendeter Projekte: ein Buch über wild lebende Säugetiere, den Bau eines kleinen Zoos und seinen lang gehegten Plan, Eiderenten an die schottische Küste zu locken. »Der Zauber, der die Welt von Camusfeàrna [Sandaig] vergoldet hatte, hatte sich schon seit Langem abgenutzt«, schrieb er kurz vor seinem Tod. »Jetzt schimmert nur noch das Basismetall der Fehler durch, nackt und hässlich.«[47]

Dass Maxwells Versuch, isländische Methoden zu neuem Leben zu erwecken, scheiterte, kann man durchaus tragisch nennen, doch empfand ich auch Erleichterung darüber. Maxwell, der ja sogar plante, die Enten zu füttern und mit Musik zu beschallen, wollte die gut austarierte Beziehung zwischen Eiderenten und Menschen verändern, indem er die Enten – so wie die wilden Fischotter, die bei ihm lebten – der Domestizierung ein ganzes Stück näher brachte. Andererseits verunsicherte mich Maxwells Scheitern. Bei keinem der Eiderbauern, denen ich begegnete, spürte ich Grausamkeit, sondern einfach nur die unsentimentale Kälte eines Volks, das sich von der Landwirtschaft ernährt und die Wahl hat entweder zu töten oder zu hungern. Davon abgesehen favorisierte ich immer noch Maxwells Version, sein Bild der Isländer »mit dem grünen Daumen«. Beim Gang durch das Hornstrandir-Reservat, das abgelegenste Gebiet der Westfjorde, sah ich oft Polarfüchse an Flussufern oder an der Küste entlangstreifen, auf der Suche nach Vögeln und Eiern. Nachts lauschte ich von meinem Zelt aus ihren hohen Schreien und träumte von spielenden Kindern. Wie die Birken, die einst die ganze Insel bedeckten, erinnerten auch die Füchse daran, wie Island ausgesehen hat, bevor im neunten Jahrhundert die Besiedelung einsetzte. Sie zu töten folgte einer Logik, die der Verheißung der Eiderdaune zuwiderlief, der mit ihr verknüpften Balance, und so begann ich in den Westfjorden fieberhaft nach Orten zu suchen, die zu Maxwells Vorstellung passten.

Durch eine kleine Landzunge mit dem Festland verbunden, scheint die Halbinsel der Westfjorde beinahe zu Grönland zu gehören, das etwa 200 Meilen nordwestlich liegt. Geologisch ist die Halbinsel viel älter als der Rest Islands, bietet aber keine spektakulären Vulkane und wabernden Lavaströme. Anstelle von Hitze und Feuer sprechen tiefe, hufeisenförmige Täler von der ungeheuren Macht gewaltiger Gletscher; sie formten die Felsen der Insel zu tiefen Fjorden, die sich wie Finger nach außen erstrecken. Von den Wikingern ebenso geschätzt wie von den Eiderenten, bieten die Fjorde zwar Schutz vor dem rauen Wetter, nicht aber vor den Polarfüchsen, die auf ihren Hasenpfoten jeden Punkt der Halbinsel erreichen. Ausnahme sind kleine Inseln in den Westfjorden, wie etwa Vigur und Æðey. »Die Inseln Vigur und Æðey ... sind das Hauptquartier [der Eiderenten] im Nordwesten Islands«, schrieb C. W. Shepherd. »Hier leben sie in ungestörter Ruhe. Sie sind mittlerweile fast zahm, und man findet sie in großer Zahl, da ihre Jungen am Geburtsort bleiben und später selbst dort brüten.«[48]

In Schriften über die Eiderdaunen nimmt die Insel Æðey aufgrund ihrer riesigen Eiderenten-Population unter den Niststätten eine herausragende Stellung ein. In den Sommermonaten erobern Tausende und Abertausende Eiderenten die Insel, die Grasflächen sind braun und weiß gesprenkelt, und man hört die geradezu ohrenbetäubenden Balzrufe der Erpel.

»Der Polarfuchs treibt sie [die Enten] quasi auf die Insel«, sagte mir Alexíus Jónasson, einer der Eigentümer der Insel, als er mich in seinem kleinen Boot vom Ufer abholte. »Sie finden hier mehr Frieden.« Der Ernteertrag ist so groß, dass der isländische Bekleidungshersteller 66°North schon Jacken im Angebot hatte, die ausschließlich mit Eiderdaunen aus Æðey gefüllt waren.[49] Erst nach gut fünfstündiger Autofahrt erreichte ich die Stelle, wo er mich abholen wollte, um nach Æðey überzusetzen. Nur 24 Kilometer Wasser trennen die Insel von Ísafjörður, aber die Küstenstraßen der Westfjorde winden sich wie aufgerollte Bänder an den Fjordfingern entlang. Während dieser Fahrt glaubt man immer wieder, das Ziel schon erreicht zu haben, merkt dann aber, dass man noch weit davon entfernt ist. Als ich schließlich am vereinbarten Treffpunkt angelangt war, von dem aus man die Insel sah, überschlug ich den Benzinverbrauch für die Fahrt an diesen abgelegenen Ort; und mein Unbehagen wurde durch die Anhalter, die ich mitgenommen hatte – eine junge französische Förderschullehrerin und einen Amerikaner mit isländischer Staatsbürgerschaft, der sich für den nächsten Papst hielt –, auch nicht kleiner.

Alexíus war Mitte dreißig und sprach perfekt Englisch. Seine Sprachkenntnisse hatte er sich durch jahrelange Lektüre von Tolkien und Clancy erworben, außerdem las er an seinem Arbeitsplatz in Ísafjörður Betriebsanleitungen für Fischverarbeitungsmaschinen. Seine Familie lebte schon seit sieben Generationen auf Æðey. Alexíus gehörte der sechsten von sieben Generationen an und betrieb die Daunenernte gemeinsam mit seinen beiden Brüdern Jónas und Magnús. Eigentlich jedoch, so erzählte mir Alexíus, sei ihre Mutter Katrín für die Daunenernte verantwortlich, was daran erinnert, dass in diesem Gewerbe Frauen, Familienmatriarchinnen, traditionell eine bedeutende Rolle spielen und vom Nest bis zur Daunenverarbeitung für alles verantwortlich sind. (Tatsächlich erfuhr ich später, dass eine clevere Geschäftsfrau namens Erla Friðriksdóttir als führende Daunenverarbeiterin des Landes circa eine Tonne Daunen pro Jahr handelt, ein Drittel der isländischen Gesamtproduktion.) Umsichtig und routiniert steuerte Alexíus das Boot über das schmale Gewässer und scheuchte die schwimmenden Seevögel auf. Als wir uns der Insel näherten, hörte ich das Juchzen seiner Kinder, die unter den wachsamen Blicken ihrer Mutter im Wasser spielten. »Sie genießen diese Freiheit«, sagte Alexíus, als plötzlich schrilles Geheul ertönte. »Und gelegentlich gibt es eben Streit.«

Im achtzehnten Jahrhundert befasste sich der französische Naturforscher Georges-Louis Leclerc mit dem Unterschied zwischen den isländischen Bauern, die die Eiderdaunen ernten, und den Menschen, die sich schließlich von den Eiderdaunen wärmen lassen: »In diesem rauen Klima [Islands] genießt der abgehärtete Jäger, in einen Bärenfellmantel gehüllt, in seiner einsamen Hütte einen friedlichen, vielleicht tiefen Schlaf, während in gesitteten Nationen der Ehrgeizige, gewärmt von Eiderdaunen, unter einem vergoldeten Dach vergeblich die Wonnen erholsamen Schlummers herbeisehnt.«[50] Leclercs Worte scheinen bis heute zu gelten. Wenn ich Alexíus und seine Familie betrachtete, konnte ich sie mir schwerlich in 8000 Dollar teuren Daunenjacken aus Æðey vorstellen. Alexíus trug lieber einen verwaschenen grauen Overall.

Die Insel Æðey wirkte wie eine große Farm: Da gab es einen Schafstall und eine Ladebucht, von der aus die Schafe zum Schlachten nach Ísafjörður transportiert werden konnten. Und etwas entfernt, vor einer Scheune, lag die diesjährige Eiderdaunenernte zum Trocknen ausgebreitet: zwei riesige graue Quadrate voller Daunen. Während ich Alexíus und Magnús zusah, wie sie sie von Hand wendeten, hätte ich mich am liebsten auf die Daunen gelegt, mich in sie eingekuschelt. Alexíus' Tochter, ein achtjähriges Mädchen mit rotblondem Haar, gesellte sich zu uns. »Wir haben Kaminchen!«, verkündete sie. »Kaninchen«, stellte Magnús klar. »Wir haben Kaninchen.«

Zusammen mit Alexíus wanderte ich über die Insel. Er hielt einen Stock hoch und vertrieb so die Seeschwalben, die uns im Sturzflug angriffen, um ihre Küken zu schützen. Diese Vorsichtsmaßnahme bewahrte uns vor den heftigen Attacken ihrer scharfen Schnäbel, die einem blutige Hiebe beibringen können. Auf Alexíus' Pfiff hin kam von der anderen Seite der Insel eine Gruppe Islandponys angetrottet, schlank und scheu. »Die gehen gern an die Nester und fressen die Eier«, sagte er. »Und wenn die Eier zerbrechen, verteilt sich ihr Inhalt über die Eiderdaunen.« Wir näherten uns dem Leuchtturm der Insel und wichen vorsichtig den Nestern der Papageientaucher aus, in den zahllosen Spalten, von denen die Insel übersät ist. An der Inselspitze setzten wir uns auf einen Felsen und bewunderten die Fontänen der Buckelwale, die sich nach ihrer weiten Reise, von ihrem Brutgebiet im Golf von Mexiko bis hierher nach Island nun in den nährstoffreichen Gewässern stärkten.

Ich glaube, Maxwell hatte, als er über die Eiderdaunen schrieb, als Modell die Insel Æðey – »Eider-Insel« – im Sinn. Während ich in der Ferne die Walfontänen emporsteigen und zerstieben sah, glaubte ich ohne Weiteres an diesen Ort als ländliche Utopie, einen Ort, wo Eiderenten in Frieden nisten und Kinder zwischen Gänsen, Kaninchen, Papageientauchern und Pferden umherstreifen konnten. Ringsum wimmelte es von Leben – im Wasser, am Himmel und in den Felsspalten. Man musste es nur wahrnehmen, geduldig warten und Eiderdaunen sammeln. Doch dann begegneten wir Tása, der Familienhündin, deren Aufgabe es war, jeden Nerz zu fangen, der vom Festland herüberschwamm. »Sie ist eine freundliche Familienhündin«, sagte Alexíus, »aber wenn sie einen Nerz sieht, rastet sie aus. Ziemliche Sauerei, wenn sie einen erwischt. Sie fängt an einem Ende an und bricht ihm alle Knochen.«

Die jüngere Geschichte der Westfjorde ist eigentlich die Geschichte ländlicher Entvölkerung, die Geschichte einer schwindenden Kultur unweit des Polarkreises. Im Lauf der letzten zehn Jahre gaben immer mehr Bauern auf und verließen die Region, weil sie einfach genug hatten; vom Wetter, von der Isolation und den schlechten Straßen. Die Tunnel und Brücken der Region, eigentlich dazu gedacht, die Mobilität zu erhöhen, dienten eher als Fluchtrouten und zogen die Menschen aus den Fjorden ab. »Die Regierung macht es den Leuten immer schwerer«, sagte Magnús. »Als Bauer verdient man so wenig, das wird zu einer Frage des Lebensstils.« Im Gegensatz zu vielen Viehfarmen in den Westfjorden sind die Eiderentenfarmen noch bewohnt, denn die Daunen stellen eine stabile Einkommensquelle dar. Konfrontiert mit steigenden Kosten und rückläufigen Gewinnen, haben die Brüder in den 1990er-Jahren die Schafhaltung aufgegeben. Sie haben sich stattdessen auf die Eiderdaunenernte spezialisiert und halten jetzt Enten statt Schafe. »Es ist ein Familienunternehmen«, sagte Alexiús. »Jeder hilft mit.«

In *Die Botanik der Begierde* untersucht Michael Pollan unsere Beziehung zum Apfel, zur Kartoffel, zu Marihuana und zu Tulpen und stellt die

Frage: »Wer domestiziert da wen?« Er zeigt auf, wie jede dieser Pflanzen sich entwickelt hat, um den Wünschen des Menschen gerecht zu werden, dabei aber wiederum auf unser eigenes Leben zurückgewirkt hat: »All diese Pflanzen, die ich immer als Objekte meiner Begierde angesehen hatte, waren umgekehrt also auch Subjekte, die mit mir etwas anstellten, die mich dazu bewogen, Aufgaben für sie zu übernehmen, die sie nicht selbst erledigen konnten.«[51] Bei diesen Worten dachte ich an die Beziehung der Bauern zu den Eiderenten. Während die Isländer die Eiderenten zu den menschlichen Siedlungen locken, weil sie dort Schutz finden, fesseln wiederum die Enten die Bauern an diese abgelegene Gegend. »Es ist, als hielten uns die Enten fest«, sagte mir Magnús. »Wenn es die Eiderenten nicht gäbe, wären wir nicht hier.«

Aber noch etwas anderes ist immer gegenwärtig und spukt in der Fantasie der Bauern herum, genährt durch Romane und Fernsehfilme: der Gedanke an die wohlhabenden Männer und Frauen, die Daunenjacken tragen oder unter Daunendecken schlafen. Anders als isländische Wollpullover, isländischer Joghurt oder das isländische Finanzwesen war die Eiderdaune im Lauf ihrer Geschichte fast immer internationale Handelsware. Zuerst handelten die Dänen damit und nach Islands Unabhängigkeit dann Zwischenhändler in Europa und Japan. Islands dreihundertfünfzig Eiderentenfarmen sind keineswegs isoliert, sondern mit fernen Großstädten verbunden. Ein unsichtbarer Faden verknüpft die Enten und Bauern mit den Käufern, deren Reichtum wohl meist auf ganz anderen Formen der Ressourcengewinnung beruht, weit entfernt von den sanften Rhythmen der Daunenernte.

Im Lauf der Arbeit an diesem Buch besuchte ich Menschen in vielen abgelegenen Dörfern, durch die zerklüftete Landschaft, durch Wasserläufe oder Felswände von den urbanen Zentren abgeschnitten. Oft war zu spüren, welche traumatischen Auswirkungen der Kontakt dieser Dorfgemeinschaften zum Weltmarkt hatte und dass er zum Zusammenbruch der alten Lebens- und Sichtweisen führte, ein großer Wandel. Doch auf den Eiderentenfarmen, die ich besuchte, war von solchen Erschütterungen nichts zu spüren, auch nicht auf Æðey. Trotz des Gerüchts, die Chinesen kauften Eiderentenfarmen auf, gab es kaum Anzeichen dafür, dass die

Spekulation mit Eiderdaunen die Grundbesitzverhältnisse ins Wanken bringen könnte. Jede Saison kamen die Enten, ihre Daunen wurden geerntet und zu einem stabilen Preis an Zwischenhändler geliefert, wie seit Jahrhunderten schon.

Die Kontinuität der Kultur seit der Besiedelung Islands war Historikern und Soziologen lange Zeit ein Rätsel. Wie der Soziologe Richard Tomasson schreibt: »Seit der Zeit, als in Norwegen der Schwarze Tod wütete (1349), bis zum Ende des achtzehnten Jahrhunderts, war Island in einem mit keiner anderen westlichen Gesellschaft vergleichbaren Maß kulturell isoliert«.[52] Island, das niemals Invasionen unterworfen war, stellte bis in die relativ jüngste Zeit eine Art Petrischale dar, in der die Kultur über die Zeiten hinweg unberührt bewahrt blieb – Islands Institutionen, seine Gesetze, Sprache und Architektur zeugten von seiner Isolation. Die Eiderdaunengewinnung schien noch ein weiteres Zeichen dieser einzigartigen Situation zu sein, der tiefen Bindung an das Land und an seine Traditionen, die bis auf die Zeit der Besiedlung zurückgehen.

Wie ungewöhnlich diese Situation ist, zeigt das Beispiel eines anderen Landes, in dem es Eiderenten im Überfluss gibt: Russland.[53] Anders als Island blickt Russland nicht auf eine Geschichte der Symbiose zurück. Jahrhundertelang wurden die Eiderenten hier zu Tausenden geschlachtet, ihre Nester geplündert, ihre Federn gerupft, um die Plumeaus der russischen Aristokratie zu füllen. »Diese unglücklichen Kreaturen, endlos gequält, fliehen ihre bevorzugten Inseln und lassen sich in friedlicheren Gebieten nieder«, schrieb der russische Chirurg Franz Ul'rikh während seiner Stationierung 1877 in Murmansk. »Sie fliegen nach Norwegen.«[54]

Ich stelle mir vor, dass Eiderdaunen nach der russischen Revolution von 1917 verpönt waren und das Schicksal jener Gesellschaftsschicht teilten, die sie einst gewärmt hatten. Die Daunen waren mit dem Makel des verschwenderischen Luxus behaftet, und so war es eher unwahrscheinlich, dass sie Lenins Federbett füllten. Erst später versuchten die Sowjets für die Eiderdaune einen Platz in ihrem neuen Universum zu finden, als Rohstoff, der der Nation von Nutzen sein konnte. »Sie brauchten [die Eiderdaune] für Piloten- und Astronautenuniformen und für militärische Zwecke«, erklärte mir Jón Sveinsson, »jedenfalls andere Zwecke als Luxus.«

Während der Zeit der Sowjetherrschaft spielten russische Biologen mit dem Gedanken, landwirtschaftlichen Kollektiven die Eiderdaunengewinnung in der Arktis zu überlassen.[55] Es gab zwar zahlreiche Pläne, Eiderentenfarmen einzurichten, aber nur einen einzigen erfolgreichen Versuch, in großem Stil Daunen zu ernten. In den 1940er-Jahren gelang dies einer bemerkenswerten russischen Biologin namens Nina Demme. Auf Nowaja Semlja, einem Archipel im Nordpolarmeer, gelang es der jungen Wissenschaftlerin, binnen fünf Jahren über fünf Tonnen Eiderdaunen zu ernten. Demme, spezialisiert auf Eiderenten, bediente sich der isländischen Methode, bot den Enten Unterschlupf, tötete ihre Fressfeinde und rekrutierte die Einheimischen zum Daunensammeln. Sie beendete ihr Experiment 1945, knapp zehn Jahre bevor Nowaja Semlja zum Testgelände für Nuklearwaffen wurde. Während die isländischen Eiderentenkolonien davon zeugen, dass hier ein immer gleicher Rhythmus herrschte und es keine Katastrophen gab, spiegelt die Geschichte der Eiderdaune in Russland die ständigen politischen Umbrüche wider, den steten Wechsel zwischen Aufbruch und Stagnation. Die russische Biologin Alexandra Goryashko, die sich jahrzehntelang mit der Beziehung der russischen Bevölkerung zu den Eiderenten befasst hat, erzählte mir, sie sei skeptisch gewesen, ob die isländische Methode in Russland je funktionieren könne. Die gescheiterten oder kurzlebigen Versuche, dort Eiderdaunen zu ernten, sah sie nicht als isolierte Ereignisse, sondern als Beweis für ein bestimmtes Muster, durch das sich Russlands fortwährende politische Instabilität äußerlich manifestierte.

»Die Eiderente ist ein konservativer Vogel«, schrieb sie, »und eine erfolgreiche Kooperation mit ihm ist nur in einer konservativen Gesellschaft mit etablierten Traditionen möglich, in einer Gesellschaft ohne soziale Unruhen. Leider waren diese Bedingungen weder in der damaligen UdSSR gegeben noch herrschen sie im heutigen Russland.«[56]

Und doch gab es Anzeichen dafür, dass die Beziehung Russlands zu den Eiderenten an Bedeutung gewinnen könnte, da Island immer noch unter den Folgen der Finanzkrise, unter Millionen von Touristen und der Entvölkerung ländlicher Regionen leidet. Wie die Schafzüchter hatten auch die Eiderdaunenbauern irgendwann genug von der rauen Witterung und der Isolation. »Bei den Eiderdaunenbauern gibt es Veränderungen, es werden weniger, und sie werden älter«, erzählte mir Jón. »In unserem Fall können wir das ausgleichen, indem wir ausländische Helfer einstellen.« Viele Eiderdaunen-Farmen seien nur Sommerhäuser gewesen, Ferienhäuser für Stadtbewohner. »Die neuen Besitzer sind an dem Hungerlohn, den ein paar Kilogramm Eiderdaunen abwerfen, nicht interessiert. Sie sind aufs Land gekommen, um auf der Terrasse ein Bier zu trinken, den Grill anzuwerfen und sich am Wochenende zu entspannen; die haben keine Lust, herumzurennen und stinkende, von Flöhen wimmelnde Eiderdaunen einzusammeln.«[57]

Ich überlegte, wie wohl die Westfjorde in etwa fünfzig Jahren aussehen mochten, brauchte mich aber gar nicht besonders anzustrengen, um mir zumindest ein mögliches Szenario vorzustellen. Als ich die Gespräche mit den Bauern einmal für einen kurzen Trip unterbrach, fuhr ich mit dem Boot nach Hornstrandir, dem einsamen nördlichsten Finger der Westfjorde, vom Rest der Halbinsel durch einen mächtigen Gletscher getrennt. Einst lebten hier Walfanggemeinschaften und Eiderdaunenbauern, doch heute liegt Hornstrandir, bis auf die Sommermonate, verlassen, ein Ort, an dem es scheue Eiderenten und riesige Polarfuchs-Populationen gibt, hin und wieder auch einen Eisbären, den das rasch schmelzende Meereis von Grönland herübergetragen hat. Dort verbrachte ich vier Tage, wanderte allein die karge Ostküste entlang, durchquerte tiefe Täler, sah unterwegs das weiße, von der Sonne gebleichte Treibholz aus Sibirien, alte verrostete Minen aus dem Zweiten Weltkrieg und einen Friedhof, wo die letzte Beerdigung 1949 stattgefunden hatte.

Als ich Furufjörður erreichte, eine Bucht auf der Ostseite der Halbinsel, erblickte ich in der Ferne etwas wie einen im seichten Wasser gestrandeten Heißluftballon, der sanft in der Brandung schaukelte. Ich ging darauf zu, fand aber nicht etwa einen Korb, sondern den Leib eines gestrandeten jungen Blauwals; er lag im Sand, die Zunge vom Methangas, das bei der Verwesung entsteht, riesig aufgebläht. Wie ich später erfuhr, war der Wal einige Tage zuvor verendet. In der Bucht breitete sich schon fauliger Fischgestank aus, und das Wasser war von weißem, fettigem Abschaum bedeckt, der meine Wanderschuhe und Hosen mit einer klebrigen Schicht überzog. Trotz des aufgeblähten Leibs wirkte der Kadaver seltsam unversehrt. Niemand hatte ihn zerlegt, niemand hatte Anspruch auf ihn erhoben, obwohl ich sah, dass ich nicht der Erste war, der ihn entdeckt hatte. Als ich nämlich seine schon halb im Sand vergrabene Schwanzflosse näher betrachtete, bemerkte ich, dass jemand ein kleines quadratisches Stückchen Fleisch herausgeschnitten hatte, eine symbolische Geste aus alter Zeit, ein Glückszeichen. Binnen einiger Monate würde von dem Wal nur noch wenig übrig sein, schon jetzt ragten seine Rippen wie die Überreste eines Schiffswracks aus dem Sand. Vielleicht würde mit den isländischen Eiderdaunen das Gleiche passieren, vielleicht würden sie vom Wind davongeweht, während die Eiderenten den Isländern bis nach Reykjavik folgten.

»Es ist nicht traurig«, erklärte mir Jón, »nur anders. Die Welt wird kleiner.« Aber ich war doch traurig bei dem Gedanken, dass es mit dieser Tradition allmählich zu Ende ging. Zurück in Großbritannien, machte ich es mir zur Regel, das Angebot in Warenhäusern auf Eiderdaunendecken oder -kissen hin zu überprüfen. Entdeckte ich solche Produkte in einem Schaufenster, war ich jedes Mal beruhigt, dass es mit dem Daunenhandel weiterging, dass diese Tradition auch in unserem Jahrhundert der Kunststoffe und der Massentierhaltung noch ihren Platz fand. Von Seide umhüllt, blieben die Daunen stets dem Blick verborgen, ihre komplexe Geschichte war kurz und bündig auf dem Etikett zusammengefasst. Manchmal juckte es mich in den Fingern, die seidenen Bettbezüge aufzureißen und die Daunen und ihre Geschichten in die Welt zu entlassen.

ESSBARE VOGELNESTER

DIE SCHWARZNEST-SALANGANE

Im Juni 1910 unternahmen die britischen Forscher Henry Bowers, Bill Wilson und Apsley Cherry-Garrard eine Expedition, die Cherry als »verrückteste Vogelnist-Expedition« bezeichnete, »die jemals unternommen wurde«.[1] Vor zwei hintereinander gekoppelte Schlitten gespannt, je 2,70 Meter lang, brachen sie in totaler Finsternis von ihrem Basislager in der Antarktis auf, in der Hoffnung, das Ross-Schelfeis zu überqueren und Kap Crozier zu erreichen. Dort wollten sie in einer Kaiserpinguin-Kolonie angebrütete Pinguineier einsammeln. Die Reise, die sich in völliger Dunkelheit vollzog, dauerte fünfunddreißig Tage. Die Männer hatten mit Schneestürmen, Gletscherspalten und Temperaturen von minus 60 Grad Celsius zu kämpfen. Als sie ins Basislager zurückkehrten, drei sorgsam gehütete Eier im Gepäck, waren die Forscher kaum wiederzuerkennen. Immerhin hatten sie über einen Monat an einem der menschenfeindlichsten Orte der Welt verbracht. Cherry, so seine Biografin Sara Wheeler, »wirkte etwa dreißig Jahre älter als beim Aufbruch, sein ausgemergeltes Gesicht zerschrammt und von den Anstrengungen gezeichnet, die Nase dunkel verfärbt, die Augen stumpf, die Hände fahl und faltig«.[2]

Cherry schaffte es von den dreien als Einziger zurück nach England; seine Gefährten erfroren später in ihren Schlafsäcken, ebenso wie Robert Falcon Scott, während seines gescheiterten Versuchs, als erster Mensch den Südpol zu erreichen. Cherry blieb im Basislager zurück und somit vor ihrem Schicksal bewahrt; sein später verfasster Bericht über die Expedition, *Die schlimmste Reise der Welt*, war ein flammender Appell an alle Abenteurer, die bereit sind, für ein großes wissenschaftliches Ziel ihr Leben zu riskieren. »Denn wir sind eine Nation von Krämern«, schrieb er, »und kein Krämer wird sich der Forschung widmen, die nicht binnen eines Jahres Dividende verspricht. Und so werden Sie fast ganz allein Schlitten fahren, aber die, die mit Ihnen fahren, werden keine Krämer sein – und das allein ist schon eine ganze Menge wert. Wenn Sie zu Ihrer Winterreise aufbrechen, wird immer eine Belohnung auf Sie warten, solange Sie nach dem Ei eines Pinguins suchen.«[3]

In viktorianischer Zeit hatten Naturobjekte in einem bestimmten populären Genre, der Queste als abenteuerlicher Mission, oft eine wichtige literarische Funktion. Dem Kritiker Robert Fraser zufolge liegen die Wurzeln dieses Genres in antiken Mythen, wo ein meist männlicher Protagonist mit einer Schar auserwählter Gefährten aufbricht, um ein kostbares Objekt wie etwa ein »goldenes Vlies oder das Fell eines Fabeltiers« wiederzufinden.[4] In diesen Geschichten spielte es eine wichtige Rolle, dass das Objekt so fremdartig wie möglich war und irgendeine essenzielle Wahrheit erhellte. So betrachtet, war das Pinguinei geradezu genial gewählt. Da »der Kaiserpinguin wahrscheinlich der primitivste lebende Vogel ist«, könnte der Embryo eines Kaiserpinguins, so mutmaßte Cherry, »die fehlende Verbindung zwischen Vögeln und Reptilien beweisen, von denen die Vögel abstammen«.[5]

Ich dachte an mein eigenes erstes Objekt zurück, die Daunen einer weitverbreiteten Ente. Kein viktorianischer Abenteurer wäre jemals aufgebrochen, um Eiderdaunen zu finden, und auch von Autoren wie Haggard, Conan Doyle, Stevenson und Kipling werden sie nicht erwähnt. Vielleicht fanden die Leser Daunen einfach zu vertraut und verknüpften sie eher mit den Inhabern von Luxusläden als mit Abenteurern auf der Suche nach dem Missing Link. Als ich in Island zum ersten Mal Eiderdaunen in der Hand hielt, war ich zwar fasziniert von ihrer Leichtigkeit und Kohärenz, konnte mir aber ohne Weiteres vorstellen, woher diese Daunen stammten, nämlich aus dem Brustgefieder einer Ente oder Gans, die irgendwo friedlich auf dem Polarmeer schaukelte. Vom Ursprung des nächsten Objekts, das ich fand, hatte ich hingegen keinerlei Vorstellung. Ich stand im Basement des Penn Museums in Philadelphia, und die Kuratorin der Ozeanischen Abteilung öffnete auf einem weißen Tisch, steril wie im OP-Saal, eine Kiste. Darin lagen über dreißig Nester, chaotische, halbtassenförmige Gebilde; sie schienen aus kleinen schwarzen Federn und einer spröden, leimartigen Substanz zu bestehen, deren Färbung von Weiß über Orange bis Rot variierte. Der Leim schien wichtiger als die Federn, die eher so wirkten, als seien sie aus einer künstlerischen Laune heraus hinzugefügt worden.

Während ich die Nester bewunderte, fühlte ich mich hin- und hergerissen: Einerseits deuteten die schwarzen Federchen auf Vögel hin, andererseits erinnerten die transparenten Fäden an Meerestiere, etwa an die Nesselfäden von Quallen oder an Byssusseide aus dem Sekret, das Muscheln absondern, um sich im Meeresboden zu verankern. Derlei Assoziationen mit dem Meer haben schon frühe Naturforscher fasziniert, die das Baumaterial dieser Nester untersuchten. In der Art forensischer Ermittler führten sie mit ihren Präparaten endlose Versuchsreihen durch, verbrannten die ausgehärteten Speichelfäden und imprägnierten sie mit Ammoniak, um sie später unterm Mikroskop zu studieren.[6] »[Die Nester] schienen«, schrieb ein englischer Botaniker des achtzehnten Jahrhunderts, »aus feinen Fäden zu bestehen, eingebettet in eine zähe, transparente Substanz, so ähnlich wie das, was die Gischt der Brandung auf Steinen hinterlässt, oder jenen gelatineartigen tierischen Substanzen, die man oft an der Küste im Wasser treiben sieht.«[7] Andere Forscher wiederum spekulierten, die Nester könnten aus koagulierten Meeresmuscheln gebaut sein, aus Agerbaumharz oder zur Gattung Gelidium gehörenden Meerespflanzen, aus Austern, Quallen, »Meer-Polypi«, aus Fischleim – der getrockneten Schwimmblase eines Störs – oder dem Sperma von Walen oder Fischen.[8]

Die Nester gehörten zur Sammlung von William Henry Furness III., einem in Philadelphia geborenen Arzt. Im Mai 1896 reiste er im Alter von neunundzwanzig Jahren mit einem seiner Studienkollegen, Hiram Hiller, in den bornesischen Bundesstaat Sarawak.[9] Angeblich hatte Furness' Reise wissenschaftliche Gründe: Mit finanzieller Unterstützung seines Vaters, des Shakespeare-Gelehrten Horace Howard Furness, wollte der Forscher Präparate und Objekte für das erst wenige Jahre zuvor gegründete Penn Museum sammeln. Doch eigentlich trieben ihn und seine Gefährten die Abenteuerlust und der Wunsch, sich einen Namen zu machen. »Sie haben die Absicht, eine Reise quer durch Borneo zu unternehmen«, berichtete eine in Honolulu erscheinende Zeitung. »Da ein Großteil des

Landes noch nie von Weißen besucht wurde, drohen auf der Reise beträchtliche Gefahren. ... Sie werden bisher nie gekannte Härten erleben.«[10]

Für viele junge amerikanische und britische Reisende des neunzehnten Jahrhunderts war das Land Sarawak ein Synonym für Romantik, Abenteuer und Gefahr. Ungefähr so groß wie England, lag es an der Nordküste Borneos, im Herzen des Malaiischen Archipels. Zum Zeitpunkt von Furness' Reise stand Sarawak unter der Herrschaft von Charles Brooke, einem in Somerset geborenen ehemaligen Offizier der Royal Navy, der Sarawak von seinem Palast in der Hauptstadt Kuching aus regierte.[11] So wie man einen Familienbesitz erbt, hatte Charles den Staat Sarawak und dessen Einwohner von seinem Onkel James geerbt. James Brooke hatte einst – in der Tradition der kolonialen Abenteurer – den Dienst in der britischen Ostindien-Kompanie quittiert, einen Schoner gekauft, dem Sultan von Brunei bei der Unterdrückung eines Aufstands geholfen und war dafür 1841 mit dem Posten des Statthalters von Sarawak belohnt worden, was ihn zum ersten »Weißen Radscha« machte.

Angelockt von der Verheißung einer Zivilisierungsmission, standen junge Männer Schlange, um die Uniform von Brookes Beamten zu tragen, Stammesstreitigkeiten zu schlichten, Steuern für den Radscha einzutreiben und das Landesinnere Borneos zu erforschen. Am Ende des neunzehnten Jahrhunderts war Sarawaks Küste schon recht bevölkert, hier lebten indigene Dayak und Malaien sowie chinesische, arabische, indische und europäische Händler. Doch das Landesinnere war immer noch weitgehend unerforscht. »Im Landesinneren«, schrieb im neunzehnten Jahrhundert der Verwaltungsbeamte Charles Hose, »gibt es zahlreiche Eingeborenenstämme, regelrechte Barbaren mit vielen primitiven und grausamen Instinkten.«[12] Trotz aller Bemühungen Brookes wurde dort immer noch die Kopfjagd praktiziert, und die Langhäuser der Einheimischen waren mit den Schrumpfköpfen ihrer Feinde dekoriert.[13]

Abgesehen von seinem medizinischen Wissen war Furness kaum auf diese fremde Welt vorbereitet. Er wusste so gut wie nichts über die Völker Sarawaks, deren sprachliche und kulturelle Unterschiede oder über Borneos außergewöhnliche Artenvielfalt, die bereits den großen viktorianischen Naturforscher Alfred Russel Wallace fasziniert hatte. Die jungen

Männer trafen also im Mai 1896 in Kuching ein. Da Furness zweifellos bewusst war, mit welchen Erwartungen das Vortragspublikum in Philadelphia seiner Rückkehr entgegenblickte, konzentrierte er sich auf die exotischen Aspekte des Stammeslebens. In Begleitung eines Regierungsbeamten reisten Furness und seine mittlerweile drei Gefährten die Flüsse Sarawaks entlang, besichtigten die Langhäuser der Eingeborenen und dokumentierten allerlei Details, von den Tätowierungen bis hin zu Praktiken wie der Kopfjagd. Auf ihrer Reise sammelten die Männer eine erstaunliche Vielzahl von Präparaten und ethnografischen Artefakten, mit denen sie dann später in Amerika ihre Vorträge vor voll besetzten Sälen illustrierten: Schilde, Blasrohre, Arzneien, Gifte, Insekten, Fische, Orang-Utan-Skelette und besagte Vogelnester.

Furness sammelte die Nester gegen Ende seines Borneo-Aufenthalts. Im August 1896 ließ er Hiller zurück und reiste den Dapoi, einen Nebenfluss des Baram, entlang zur Großen Höhle von Niah. Diese Höhle, die zu den größten Asiens gehört, spielte in der viktorianischen Vorstellungswelt eine besondere Rolle, seitdem Wallace angedeutet hatte, eine bestimmte Höhle auf Borneo berge womöglich einen Beweis für das »Missing Link« zwischen Menschen und Affen.[14] Die riesigen gewölbten Kavernen der Höhle, mit einer Grundfläche von 10 Hektar, werden oft mit einer Kathedrale verglichen, aber vielleicht wird der Vergleich mit den kantigen Winkeln von Notre-Dame oder der St.-Pauls-Kathedrale diesem ungeheuren Raum gar nicht gerecht. Unzählige Gänge, Kuppelgewölbe und Spalten verwirren den Besucher, Monumente der schöpferischen Kraft des Wassers, wimmelnd von kleinen Vögeln und Fledermäusen. »Wahrlich empfindunglos«, schrieb Furness, »muss derjenige sein, den nicht sprachlose Ehrfurcht packt, wenn er aus strahlendem Sonnenschein in diese unauslotbare Wohnstatt der Stille und der Nacht eintritt.«[15]

Obwohl Niah nicht weit vom Meer entfernt lag, waren die Kalksteinhöhlen, durch riesige Urwälder von der Küste abgeschnitten, Heimat von Orang-Utans, Gibbons, Schlangen und Myriaden von Vögeln jeder Größe und Gestalt. »Es ist das Idealbild eines Urwalds«, schwärmte Furness, »wo alte, majestätische Bäume in jeder Himmelsrichtung einen unermesslichen, erhabenen Anblick bieten.«[16]

Bei der Reise durch dieses »unberührte Land« begegnete er dem Volk der Penan, mit Lendenschurzen bekleideten Jägern und Sammlern, die vom Wald lebten und ihre Beute – Affen, Schlangen und Stachelschweine – mit Blasrohr und Giftpfeilen jagten. »Sanfte, einfältige Kreaturen, glaubten sie, es bringe ihnen Glück, wenn sie uns streichelten oder von uns gestreichelt wurden. ... Sie inspizierten und bewunderten alles, was wir dabeihatten oder an uns trugen; unsere Mäntel, unsere Hüte, unsere Schuhe, die Knöpfe und Knopflöcher unserer Kleidung – all dies erregte ihre tiefe Verwunderung.«[17]

Als Furness sich der Höhle näherte, beschrieb er sie als Ort des Todes und der Finsternis. »Es schien wahrlich der Eingang zur Hölle zu sein«, schrieb er. »Als das Licht von der Mündung her da und dort die massiven Vorsprünge beleuchtete und lange, tiefschwarze Schatten warf, wurde [die Höhle] zu einer Mondlandschaft, während die schreckliche Todesstille wirkte wie der Vorbote einer verheerenden Naturkatastrophe.«[18] Die Höhle kam ihm so unbegreiflich vor wie die Oberfläche eines anderen Planeten, ein endloser schwarzer Tunnel, der nur zu Tod und Verfall führte. »Die Ausdehnung in tiefster Finsternis schien grenzenlos.«[19]

Die Wurzel des Worts Höhle – hohl, also leer, nicht ausgefüllt – führt in die Irre. Denn in der feuchten Dunkelheit der Höhlen hat sich eine Vielzahl an Tieren entwickelt, die Naturforscher bis heute verblüffen: der Olm, ein im Wasser lebender Salamander, der im siebzehnten Jahrhundert erst als kleiner Drachen beschrieben wurde; der blinde Höhlenkrebs, von dem es hieß, seine Lebenserwartung betrage 175 Jahre; Netzpythons, die auf Beutesuche steile Wände überwinden. Die Niah-Höhlen bildeten da keine Ausnahme: Hier gab es die größte Kolonie von Nacktfledermäusen in Sarawak, die seltenen Borneo-Taubwarane und, wie später entdeckt wurde, eine bestimmte Geckoart. Als Furness die Höhle betrat, scheuchte er unzählige kleine schwarze Vögel auf, die sich wie Insekten verhielten. »Unsere Gegenwart, der Widerhall unserer Stimmen erschreckten die Schwalben, und sie stoben aus der Dunkelheit auf uns zu, Myriaden und Abermyriaden flogen über unsere Köpfe hinweg und um den Höhleneingang herum wie schwärmende Bienen; das Schwirren ihrer Flügel und ihr Gezirp erinnerte an das Geräusch von Wellen an einem Kiesstrand.«[20]

Bei den Vögeln, die Furness aufgescheucht hatte, handelte es sich in Wirklichkeit nicht um Schwalben, sondern um die Schwarznestsalangane, *Aerodramus maximus*.[21] Dieser kleine Vogel aus der Familie der Segler kommt in ganz Südostasien vor; er nistet tief im Inneren von Höhlen, die er nur verlässt, um Insekten zu fangen. Im Gegensatz zu anderen Seglern ist die Schwarznestsalangane speziell an das Leben in Höhlen adaptiert: Sie hat winzige Füße, mit denen sie sich am Kalkstein festhalten kann, und große schwarze Augen, die auch aus schlechten Lichtverhältnissen noch das Beste herausholen. Furness wusste das damals nicht, aber das Geräusch, das er in der Höhle hörte, die »Wellen auf einem Kiesstrand«, war das Klicken der Echoortung dieser Vögel, eine Adaptation, die es ihnen erlaubt, sich in der völligen Finsternis der Höhle zu orientieren, so ähnlich wie die Ultraschallortung der Fledermäuse, doch in viel tieferen Frequenzen, noch im Bereich des menschlichen Gehörs. Die Vögel erzeugen diese Klicklaute durch Kontraktion der Muskeln auf beiden Seiten ihrer Syrinx, einer Vergrößerung dort, wo die Luftröhre sich in die beiden Bronchien gabelt.

So wie die winzigen Füße, die großen Augen und die Klicklaute weisen auch ihre an die Höhlenwand geklebten Nester die Vögel als Höhlenbewohner aus. Ein französischer Missionar schrieb, beim Betreten einer Höhle auf einer Insel in der Nähe von Java habe er »gesehen, dass die Decke der Höhle komplett mit kleinen Nestern in Form von Weihwassergefäßen bedeckt« gewesen sei.[22] Obwohl allgemein angenommen wurde, die Nester bestünden aus marinen Naturstoffen, sezierte im Jahr 1817 der britische Chirurg Sir Everard Home eine »Javaschwalbe«, untersuchte ihre Drüsen und brachte derlei Theorien zum Schweigen: »Der Magen der Salangane, namentlich die Ausführungsgänge der Magendrüsen, sind ganz eigentümlich gestaltet. Die Mündung derselben ist röhrenförmig und verlängert, in mehrere Lappen wie eine Blume zerteilt. Es sind zweifellos diese Lappen, die den Schleim ... absondern.«[23] Mit anderen Worten, die Substanz, aus denen das Nest besteht, wird von den Vögeln selbst produziert.

In der Brutsaison beginnen männliche und weibliche Vögel zu würgen und zu kauen und kleine Stränge einer zähflüssigen, gelatineartigen Substanz abzusondern, aus ebenjenen modifizierten Speicheldrüsen, die unter ihrer Zunge liegen. Diese Substanz verteilen sie bogenförmig auf der Höhlenwand und betten dunkelbraune oder schwarze Federn darin ein. Nach dreißig Tagen ist der ursprüngliche Bogen ausgehärtet und hat nun die Form einer flachen Tasse, in die das Weibchen ein Ei legt. Auch andere Seglerarten verwenden ihren Speichel zum Nestbau und kleben damit Zweige, Pflanzenteile und andere Materialien so zusammen, dass tassen- oder kugelförmige Gebilde entstehen. Bei den Nestern im Museum jedoch stellte ich verblüfft fest, dass die Schwarznestsalangane ihr Nest *komplett* aus körpereigenen Materialien baut, nämlich Speichel und Federn. Ich beugte mich über die Nester, um festzustellen, ob sie noch ganz entfernt nach der Höhle rochen, doch die Kuratorin dämpfte meinen Eifer mit der Warnung, sie könnten noch Spuren des Arsens enthalten, mit dem Furness die Präparate konserviert hatte.

In seinem Reisebericht verschwendet Furness keine Zeit mit Reflexionen über die Nester, ihr gummiartiges Material, ihre geheimnisvolle Fremdheit, sondern erwähnt nur, dass sie einen gewissen Einfluss auf die Penan hätten, indem sie sie aus dem Regenwald lockten. Denn die Nester waren, ähnlich wie Rhinozeroshorn, Bienenwachs und Kampfer, bei chinesischen Händlern so begehrt, dass die Penan ihre wildbeuterische Lebensweise aufgaben und tief im Inneren von Höhlen hohe Holzpfähle aufstellten, um die Nester zu erbeuten. »Diese Pfähle«, schrieb Furness, »klettern die behenden [Penan] wie Affen hinauf – eine Hand vor die andere, einen Fuß vor den anderen setzend. Oben angekommen, kratzen sie die in Reichweite befindlichen Nester von der Wand; dies geschieht mithilfe eines langen Pfahls, an dem vorn eine Art Hacke angebracht ist, an der sie wiederum eine selbst gemachte Wachskerze befestigen, die ihnen zeigt, wo sich die Nester befinden.«[24]

Es ist nicht genau bekannt, wann in China der Handel mit Salanganennestern – und deren Verzehr – begann.[25] Man hat vermutet, dass der Nesthandel vielleicht bis in die Tang-Dynastie (618–907) oder Sung-Dynastie (960–1279) zurückreichte, auch wenn die allererste Erwähnung der Nester in der chinesischen Literatur später erfolgte, nämlich zu Beginn der Ming-Periode (1368–1644).[26] Trotz des Mangels an historischen Quellen gibt es zahlreiche Geschichten, die sich auf den Ursprung des Nesthandels beziehen. Obwohl keine schriftlichen Beweise vorliegen, glauben viele Chinesen, dass der chinesische Admiral Zheng He im fünfzehnten Jahrhundert Vogelnester aus Südostasien als Geschenk für den Kaiser mitbrachte.[27] Auch wenn zeitgenössische Autoren dies nicht erwähnen, nicht einmal der Schreiber des Admirals selbst, ist der Handel mit Salanganennestern im heutigen Bewusstsein mit der großen Ära der chinesischen Entdeckungsfahrten verknüpft, als das Ming-Reich Flotten nach Asien und Ostafrika aussandte.

Ungeachtet des Wahrheitsgehalts dieser Geschichten wurden die Nester ab dem siebzehnten Jahrhundert zu einer wichtigen Exportware und tauchten überall auf: in den Listen der dem Kaiser geschuldeten Tributabgaben aus Südostasien, in populären Romanen, in Handelsregistern und bei kaiserlichen Banketten.[28] Assoziiert mit Kaisertum und Dekadenz, verkörperten die Salanganennester wie kein anderes Objekt Reichtum und Prestige. Doch hatten sie angeblich auch magische Heilkräfte, vergleichbar den Metall-Elixieren, die einst von chinesischen Kaisern eingenommen wurden. In China und Hongkong glauben bis heute viele Menschen, dass die Nester, traditionell in Brühe gekocht, die Körpersäfte kräftigen, das Blut nähren, den Stoffwechsel unterstützen, Krebs und Aids heilen und die »geschwächte Konstitution« von Opiumrauchern stärken.[29] »Kurzum«, so das Resümee des holländischen Historikers Leonard Blussé, »Vogelnester wurden beinahe als Allheilmittel betrachtet.«[30]

Nehmen wir etwas aus seinem natürlichen Zusammenhang, dann ändern wir zwar oft seine Form, nicht aber seine Funktion. In einen Bettüberzug gefüllt, schenkt uns die Eiderdaune Wärme; ein Glas Milch nährt uns. Doch wer ein Nest verspeist, verändert dessen ursprüngliche Funktion, verwandelt die Wohnstätte eines Vogels in ein Nahrungsmittel. »Man kann sich kaum etwas vorstellen, das weniger schmackhaft ist«, schrieb der Ornithologe und Amateurarchäologe Tom Harrisson 1960 in seinem Essay »Vögel und Menschen auf Borneo«.[31] »Diese kleinen, harten, meist schmutzigen sichelförmigen Körbchen scheinen besser zur Möbelherstellung als für die Suppenzubereitung geeignet.« Amerikanische und europäische Forscher haben die Nester auf ihren Nährwert hin untersucht, aber nichts Besonderes gefunden: Ein Ernährungswissenschaftler stellte fest, dass der im Nest verarbeitete Speichel 60 Prozent Protein, 25 Prozent Kohlenhydrate und 10 Prozent Wasser enthält und die restlichen 5 Prozent aus anorganischer Asche bestehen.[32] »Ich bin ... der festen Überzeugung«, hielt Francesco Redi, ein italienischer Arzt des siebzehnten Jahrhunderts, fest, »dass wir diese raffinierte Erfindung einzig dem Epikureismus späterer Epochen zu verdanken haben, deren steter Hunger nach Neuerungen immer gerade das besonders zu schätzen weiß, was aus der Ferne stammt und schwer zu beschaffen ist.«[33]

Im Jahr 1922 nahm es der amerikanische Biologe Albert M. Reese auf sich, zahlreiche »tierische Speisen [zu kosten], die von Amerikanern normalerweise nicht verzehrt werden«. Im Namen der Wissenschaft aß er Affenfleisch (»sehr gut verträglich«), Buschschwein (»zäh, aber köstlich«), Opossum (»ganz annehmlich«), Murmeltier (»wildartig«), Bisamratten (so ähnlich wie Eichhörnchen und Kaninchen) und Salamander-Eier (»sehr angenehmer Geschmack«). Eine Kostprobe jedoch enttäuschte ihn zutiefst: das Nest der Salangane. Reese schrieb: »Richtig zubereitet soll das essbare Vogelnest ja eine ausgesprochene Delikatesse sein. Der Verfasser bereitete, gemäß dem einzigen existierenden Rezept, ein Nest zu, das aus der Nähe der Insel Palawan auf den Philippinen stammte. Das Resultat war eine gelatineartige Masse, die nach nichts schmeckte. Entweder handelte es sich um ein verdorbenes Nest oder um die falsche Zubereitungsmethode, jedenfalls riss sich niemand um eine zweite Portion.«[34]

In den Schriften vieler Historiker, Wissenschaftler und Kolonialverwalter symbolisierte das Vogelnest zunehmend alles, was »den Orient« und »den Westen« unterschied, und stand für eine unüberbrückbare Kluft. Während die Eiderdaune bei Reisenden und Schriftstellern utopische Visionen erweckte, führte der Handel mit Vogelnestern oft zu einem Gefühl der Entfremdung und Distanz. Furnesss' Schilderungen bilden da keine Ausnahme. Wenn er über Vogelnester schreibt, ist er *perplex* und fühlt sich buchstäblich »in die Wildnis gelockt«. Er schildert die Höllenfinsternis der Höhle und erzählt von den Männern, die im Auftrag chinesischer Feinschmecker affenartig behände die hohen Holzpfähle hinaufklettern. Jahre später schrieb er, die Penan seien »von allen Inselbewohnern der primitivste Menschenschlag«, und ihre Wesensart führte ihn zu der Frage, wie groß der »Schritt« zwischen Menschen und Affen eigentlich sei, etwa dem Orang-Utan und den Schimpansen.[35] Angeregt durch seine Beobachtungen auf Borneo, kehrte er nach Philadelphia zurück und versuchte dort jahrelang von seinem Wohnsitz in Wallingford aus, Orang-Utans das Sprechen beizubringen.[36]

Und im Grunde hat sich seitdem wenig geändert. Welcher Leser amerikanischer oder britischer Presseartikel wäre nicht ebenso wie damals Furness perplex angesichts des Handels mit »Vogelspucke«, für die muskulöse Männer in tiefen Höhlen Nester ernten und dabei ihr Leben riskieren. Während die Vereinigten Staaten für Milliarden von Dollar Pharmazeutika nach China exportiert hatten, gelangten von jenseits des Pazifiks nur winzige Mengen Salanganenspeichel nach Amerika.[37] Trotz des Versuchs, das Leben in China in all seinen Facetten zu begreifen – von den Mechanismen innerhalb der Kommunistischen Partei über die komplizierte Schrift bis hin zu Chinas Keramiktradition –, konnte die Bedeutung der Vogelnester nicht so recht entschlüsselt werden und bleibt bis heute ein Symbol für die Unterschiede. Angesichts der aktuellen Nachrichten über Handelskriege, Strafzölle, den Vorwurf der Währungsmanipulation und Spannungen im Südchinesischen Meer steht zu befürchten, dass das Vogelnest in all diesen Konflikten als stummes Requisit dient und als Beweis dafür, dass die Gegensätze zwischen diesen beiden so unterschiedlichen Zivilisationen unüberbrückbar sind.

Nach ihrer Rückkehr nach Philadelphia hielten Furness und seine Gefährten regelmäßig Vorträge, etwa in der American Philosophical Society und der Geographical Society of Philadelphia. Furness' Reisebericht *Bei den Kopfgeldjägern von Borneo*, der die Stammesriten und das Leben dieser Jäger und Sammler schilderte und Bilder von Höhlen und barbusigen Frauen enthielt, war in den Vereinigten Staaten ein großer Erfolg und bescherte Furness zeitweilig den Status eines berühmten Abenteurers und Borneo-Kenners. Und doch missfiel mir seine Darstellung der Vogelnester. Wie in Cherry-Garrards Expeditionsbericht das Pinguinei, schien auch hier das Nest der Salangane als autobiografisches Requisit zu dienen – es ließ Borneo fremd und gefährlich wirken und betonte so Furness' eigenen Wagemut. Statt die Geschichten der Nestpflücker, Händler und Gourmets zu kombinieren, hatte er die Nester nur um einer Geschichte willen auf ihrem Weg nach China abgefangen und zu Museumsstücken gemacht. Wo wären diese Nester wohl gelandet, wenn sie es bis nach China geschafft, Grenzen überschritten hätten, von Hand zu Hand gewandert und schließlich verspeist worden wären? War es möglich, unseren Blick auf das Nest zu verändern und es von etwas Fremdem in etwas Begreifbares zu verwandeln? Ließ sich die Kluft zwischen dem »schmutzigen sichelförmigen Körbchen« und dem »Kaviar des Ostens« überbrücken?

Einmal flog ich im Sommer nach Sarawak, zunächst nach Miri, ins brodelnde Zentrum von Malaysias Ölindustrie. Anders als zu Furness' Zeiten war der Besuch der Niah-Höhlen weder logistisch kompliziert noch nervenaufreibend – es genügte ein Ansprechpartner in Sarawaks Forstverwaltung, Haidar Ali. Haidar trug zwar den gleichen Namen wie im achtzehnten Jahrhundert ein südindischer Feldherr und Gegner der britischen East India Company, war aber ein sanfter, ruhiger Mann, der den größten Teil seiner beruflichen Laufbahn damit verbracht hatte, Sarawaks Nashornvögel, Salanganen und Geckos zu studieren. Kurz zuvor hatte er seinen Job als Leiter des Niah National Park aufgegeben, wo ihm die Aufsicht über die zahllosen Höhlen und Salanganen-Populationen oblegen hatte, und schien erleichtert, dieser Verantwortung enthoben zu sein.

Früher kam man am schnellsten über die windungsreichen Flüsse ins Landesinnere, doch heute verbindet Miri mit Niah eine asphaltierte Küstenstraße, die nah am Eingang des Höhlensystems vorbeiführt. Während ich neben Haidar im Wagen saß, dachte ich an Furness' Beschreibungen von Sarawaks »Urwald«. Zwischen 1963 und 1985 wurden Schätzungen zufolge 30 Prozent des Waldes gefällt.[38] Angesichts fallender Holzpreise entschied sich die Regierung Sarawaks für Ölpalmen und verwandelte weite Landstriche in Monokulturen. Die Küstenstraße führte durch neu entstandene Palmölplantagen, deren Monotonie nun die bunte Vielfalt des primären Regenwalds ersetzt. Man sah keine nomadisch lebenden Jäger mehr, keine Lendenschurze und Blasrohre, nur noch den unablässigen Strom der Palmöl-Lkws aus Batu Niah, die indonesischen Arbeiter aus

Kalimantan und nur noch wenige der chinesischen Händler, die sich während des Holzbooms in den 1970er-Jahren zahlreich in dem Gebiet niedergelassen haben.

Ich wollte nach Niah, um einen der berühmtesten Vogelnestpflücker der Region, Nuar bin Haji Jaya, kennenzulernen. Halb Penan, halb Malaye, stammt er von den Pflückern in der Großen Höhle ab, die Furness beschreibt. Nuar, ein exzellenter Kletterer, hat sein ganzes Leben lang in den Kalksteinhöhlen von Sarawak gearbeitet und sich den Spitznamen »Spiderman« erworben. Die Kletterer, die ich kannte, waren mager und muskulös gewesen, ohne ein Gramm überschüssiges Fett auf den Rippen; Nuar hingegen erwies sich als ein recht stämmiger Mann, dessen schwarzes Sportshirt sich ebenso über dem stattlichen Bauch spannte wie der Schultergurt seiner schräg umgehängten kleinen schwarzen Tasche. Er hatte einen stampfenden Gang.

Nach einigen Präliminarien auf Malaiisch lud er mich in seine Höhle ein, Lubang Perintah, zwanzig Gehminuten entfernt. Während wir durch den Wald gingen, fiel mein Blick immer wieder auf den hölzernen Handlauf, der den Weg säumte und mit wunderschönen Miniaturwesen übersät war: pelzige Raupen, leuchtend weiße Käfer, orangefarbene Tausendfüßler und Hammerkopfwürmer. Ende der 1950er-Jahre beschrieb Tom Harrisson sehr anschaulich die Atmosphäre der bornesischen Wälder: »Der Lärm umstürzender Bäume, Zikadengezirpe, Ziegengemecker, das Keckern der Mungos, das Pfeifen der Borneobuschwachteln, Millionen wuselnder Termiten, vorbeihuschende Fledermäuse, Ferkel, Malayen-Uhus.«[39] Ich jedoch hörte auf dem Weg zur Höhle nur Nuars dröhnendes Gelächter, während er mir seine Heldentaten erzählte, vom Höhlenklettern bis zum Schwimmen in Sarawaks krokodilverseuchten Flüssen. Er war kühn und furchtlos und nannte als sein Lebensmotto die malaiische Redewendung »Wenn du einem Tiger begegnest, musst du brüllen«.

Irgendwann erreichten wir eine Kalksteinklippe. Auf halber Höhe befand sich die Mündung zu einer großen Höhle, und an diesem Höhleneingang lag eine Holzhütte. Man erreichte die Hütte vom Waldboden aus über eine wacklige, 30 bis 40 Meter hohe Holztreppe. Kurz nach unserer Ankunft brach ein Unwetter los, und wir suchten instinktiv Zuflucht in

Nuars Hütte am Höhleneingang. Draußen sah ich einen Nashornvogel mit mächtigen Schwingen über den Wald segeln. Wie verlockend war es, sich diesen Ort als Inbegriff unberührter Natur vorzustellen, doch das dumpfe Dröhnen der Palmöl-Lkws und die in der Ferne von einem Kalksteinbruch aufgewirbelten Staubwolken zerstörten die Illusion. In der Höhle fühlte ich mich zwar vor dem Regen geschützt, der weiter unten auf das Baumkronendach des Urwalds prasselte, aber schon bald bemerkte ich, dass wir einer anderen Art von Niederschlag ausgesetzt waren, nämlich den Ausscheidungen der Fledermäuse und Vögel, dem Guanodung. In dicken Schichten lag er weich, feucht und torfig rund um die Hütte, wimmelnd von Insekten und sterbenden Vögeln. Beim Gang über diese Guanoschichten sanken meine Stiefel ein und hinterließen tiefe Abdrücke, wie in braunem Schnee. Der Guano bedeckte alles. Meine Hände wurden schmutzig, und auch das weiße Leinenhemd, das ich unbedachterweise angezogen hatte.

Einen unwirtlicheren Ort konnte man sich kaum vorstellen, und doch hatte Nuar sich am Höhleneingang wohnlich eingerichtet. Mit nackter Brust, einen Sarong um die Hüfte geschlungen, ging er in der Hütte umher, sang vor sich hin und schaute sich auf seinem Smartphone Videos an. Er hatte sich mit dem Guano abgefunden und verfügte in einer Nebenkammer, wo eine Fledermausfamilie wohnte, sogar über eine provisorische Dusche. Bei dieser Dusche handelte es sich um eine ausgeklügelte, von einem tropfenden Stalaktiten gespeiste Vorrichtung. Eine große Plastikplane fing das herabrinnende Wasser auf und leitete es zu einem Rohr. Nur die vielen Insekten, von denen die Exkremente geradezu wimmelten, nervten Nuar – zahllose Grillen, Fliegen, Tausendfüßler und Ameisen. Deshalb bewahrte er Lebensmittel auf einer großen Ablage unter seinem Tisch auf, dessen Füße in wassergefüllten Blechdosen standen; ansonsten zog er gegen die Insekten mit einer Dose Fliegenspray und einem Geschirrtuch zu Felde.

Historisch wurden tropische Höhlen als gefährliche, menschenfeindliche Orte betrachtet. Im Jahr 1956 verwarf der deutsche Paläontologe Ralph von Koenigswald die Vorstellung, menschliche Tropenbewohner der Frühzeit könnten ein Interesse gehabt haben, in »feuchten, von

Schlangen, Fledermäusen und bösen Geistern bevölkerten Höhlen« zu wohnen.[40] Doch noch im selben Jahrzehnt betrachtete Tom Harrisson die Höhlen von Niah aus einer völlig anderen Perspektive. Inspiriert von Alfred Russel Wallaces Schriften, vertrat er die Theorie, die frühen Menschen hätten in der Großen Höhle gelebt und sich von den darin lebenden Salanganen und Fledermäusen ernährt. »Falls es jemals frühe Höhlenbewohner gegeben hat«, fragte er, »wo hätten sie besser leben können als hier?«[41] Im Gegensatz zu anderen Gelehrten beschrieben er und seine zweite Frau, die Archäologin und Kunsthistorikerin Barbara Harrisson, Niah als »Speisekammer«, die »Nahrungsmangel abhalf, Schutz vor den Elementen und die Möglichkeit zum Rückzug bot«.[42]

Während ich Nuar beobachtete, dachte ich unwillkürlich an Harrissons Vorstellung, die Höhle sei für die Menschen früher ein Ort der Geborgenheit gewesen. Nuar, der Vogelnestpflücker, lief in seinen Flipflops über den Guano und schien sich hier, wo er vor den Ansprüchen seiner Familie ebenso sicher war wie vor dem heftigen Monsunregen, pudelwohl zu fühlen. Und doch war es nicht die Aussicht auf Nahrung – das Fleisch von Fledermäusen oder Salanganen –, die ihn an diesen dunklen Ort lockte, sondern der Tauschwert der Nester. Indem er sie an Händler verkaufte, war er im Lauf der Jahre zu fantastischem Reichtum gelangt, hatte in eine kleine Ölpalmenplantage investiert, ein zweites Mal geheiratet und einen Diener eingestellt, der in der Höhle kochte und putzte. Nuar fühlte sich hier wohl, doch war die Höhle ja auch ein Arbeitsplatz, und der ermöglichte ihm nicht nur ein Auskommen, sondern bescherte ihm Reichtum.

Da er mir unbedingt die Quelle seines Wohlstands zeigen wollte, führte Nuar mich über die Guanoschichten tief in die Höhle hinein. Die grünen Flechten auf dem Kalkstein färbten sich immer dunkler und verschwanden schließlich ganz. Hier und da sahen wir ein Vogeljunges, das im Guano feststeckte und beim Versuch, sich flatternd aus den klebrigen Exkrementen zu befreien, immer tiefer hineingeriet. Über uns hörten wir ein elektrisches Klicken, wie das Geräusch von tausend schallgedämpften Schreibmaschinen. Über eine glitschige Kalksteinzunge kletterte Nuar dem Geräusch entgegen, rief meinen Namen und zeigte nach oben: Im Strahl seiner Taschenlampe sah ich endlose Reihen von Nestern hoch oben an der Höhlenwand; darin eingezwängt die Salanganen, ihre kleinen Flügel nach oben gepresst. In winzige Zwischenräume und Spalten geschmiegt, wirkten die Nester wie Auswüchse des Kalksteins, schwarz-weiße Körbchen, an die blassen Grautöne des Calciumcarbonats geklebt.

Zwischen 1854 und 1856 reiste Alfred Russel Wallace durch den Südwesten des modernen Sarawak, sammelte Präparate, fotografierte Orang-Utans und entwickelte, zeitgleich mit seinem Landsmann Charles Darwin, aber unabhängig von ihm, seine Theorie der natürlichen Selektion. Nach Niah kam er nicht, empfahl nur Ausgrabungen in Borneos Höhlen, um Überreste frühmenschlicher Hominiden zu finden, doch habe ich mich immer gefragt, was dieser brillante Beobachter wohl zu den Salanganennestern gesagt hätte. Beim Verfassen seiner Reiseberichte erquickte Wallace sich an den süßen, großen Durian-Früchten, die für ihr köstliches Fleisch gepriesen wurden und hoch oben auf riesigen Bäumen wuchsen. Es verblüffte ihn, dass eine so kostbare Frucht so schwierig zu ernten sein sollte; oft fielen ihre harten Schalen herab und töteten jeden, der das Pech hatte, gerade unter dem Baum zu stehen. »Bäume und Früchte«, scherzte er, »scheinen ebenso wenig wie die verschiedenen Erzeugnisse der Tierwelt ausschließlich zur Annehmlichkeit des Menschen geschaffen.«[43]

Vielleicht hätte Wallace über die Vogelnester ganz ähnlich gesprochen. Ebenso wie die Durianfrucht waren ja auch die Nester kostbare Objekte, um ihrer besonderen Eigenschaften willen begehrt, klebten jedoch hoch droben an Höhlenwänden, außer Reichweite von Schlangen, großen, fleischfressenden Insekten, die im Guano nach Beute suchten, und den Händen der Pflücker. Nuar konnte sie nur mithilfe eines komplizierten Systems aus Bambuspfählen und Holzleitern erreichen, das er innerhalb der Höhle errichtet hatte. Hoch droben im Kalkstein verkeilt, ähnelten die Pfähle Streichhölzern oder Fischknochen, dem Werk eines verrückten Zimmermanns. Beim Hinaufspähen wurde mir schwindlig, mein Gleichgewichtsgefühl geriet durch die verschiedenen Winkel der hölzernen Stangen durcheinander. Ich dachte an die Holzpfähle im sardischen Serbariu, die das Dach dieser weiträumigen verlassenen Kohlenmine gestützt hatten, und plötzlich überkam mich das beängstigende Gefühl, das ganze Höhlengefüge könnte zusammenbrechen, falls Nuars Konstruktion entfernt würde.

Nuar bot mir zwar grinsend an, mich mit hinaufzunehmen, doch ich zögerte. Selbst mit jahrzehntelanger Erfahrung ist das Pflücken von Vogelnestern extrem gefährlich. »Immer wieder fällt mal jemand herunter«, konstatierte Harrisson nüchtern.[44] »Und so ein Sturz endet immer gleich, sofern nicht ein Wunder geschieht.« Es mag nicht weiter überraschen, dass es in den letzten Jahrzehnten jede Menge Dokumentarfilme über die Vogelnesternte gab. Im Jahr 2011 kletterte der Fernsehkoch Gordon Ramsay in Sabah, Malaysia, tief in eine Höhle, um ein Vogelnest zu ergattern. »Ich habe mir ja schon früher manchmal extreme Belastungen zugemutet, um an irgendwelche ungewöhnlichen Produkte zu gelangen«, bemerkt er im Film zu seinem Führer, »aber ich sag Ihnen mal was: Die Dinger hier schmecken hoffentlich wirklich lecker!«.[45] Bevor ich nach Niah kam, habe ich ziemlich viele solcher Sendungen gesehen, aber jetzt, wo ich in der Höhle stand, wurde mir klar, dass jeder Versuch, die Vogelnesternte zu fotografieren oder zu filmen, unweigerlich am Wesentlichen vorbeigehen musste. Nuars Arbeit vollzieht sich größtenteils in völliger Dunkelheit; leuchtet man aus filmtechnischen Gründen die Höhle aus, verharmlost man zwangsläufig die Risiken, die mit dem Pflücken der Nester verbunden sind.

Im Jahr 1956 machten sich Tom Harrisson und der Filmemacher Hugh Gibb auf, um für eine Folge der BBC-Fernsehserie *The Borneo Story* einen Dokumentarfilm über die Vogelnesternte in der Niah-Höhle zu drehen.[46] Im Auftrag der BBC reisten die beiden Männer zur Großen Höhle, ausgestattet mit elektrischen Lampen und zwei Generatoren, um die Höhle zum ersten Mal auszuleuchten. Zur damaligen Zeit, lange bevor die Wälder Sarawaks verschwanden, war dies eine logistisch komplizierte Operation – der Transport geschah teils auf dem Wasserweg, man brauchte Träger, und es waren umfangreiche Planungen erforderlich. »[Harrisson] leitete diese Operation wie eine Militärexpedition«, erinnerte sich Sir David Attenborough, der den Film später in London schnitt.[47] »Sie segelten von Kuching aus die Küste entlang, dann ging es weiter flussaufwärts. Sie mussten sich mit Macheten den Weg durch den Dschungel bahnen, einen Steg bauen und dann ihre ganze Ausrüstung, einschließlich riesiger Generatoren, in die Höhlen transportieren.«

Im *Who's Who* von 1975 beschrieb Harrisson, wie er den größten Teil seiner Freizeit verbrachte: »Ich lebe unter merkwürdigen Menschen und höre ihnen zu, wie sie über sich selber reden.«[48] Damals, als er die Vogelnester filmte, begann er gerade seine fünfte oder sechste Karriere, nachdem er sich zuvor schon einen Namen als Ornithologe, Forschungsreisender, Radiokritiker, Anthropologe und Soldat gemacht hatte. Aufmerksam wurde man zum ersten Mal auf ihn, als er im Alter von neunzehn Jahren eine landesweite Untersuchung über den Haubentaucher in Großbritannien durchführte. Nachdem er sein Studium in Cambridge abgebrochen hatte, nahm er an verschiedenen Expeditionen zu den Neuen Hebriden und nach Borneo teil und gründete 1937 *Mass-Observation*, ein Pionierprojekt, um das Leben in britischen Städten zu dokumentieren.

In Harrissons und Gibbs BBC-Beitrag »Bird's Nest Soup« folgt die Kamera einer Schar muskulöser Männer, die lange Eisenholzpfähle mit sich führen, um in den Tiefen der Höhle Vogelnester zu ernten. Man merkt, wie vertraut ihnen ihr Arbeitsplatz ist, denn sie bewegen sich so gelassen wie Pendler auf dem morgendlichen Weg ins Büro. Gerade als sie die Höhle betreten, kommt ihnen eine Schar Guanosammler entgegen, die ihre Nachtschicht beendet haben. Sie haben sich den schwarzen Guano auf den Rücken gepackt, um ihn als Dünger zu verkaufen. Von Höllenfinsternis oder Totenstille ist nichts zu spüren; die Höhle lebt, ein riesiges pulsierendes Organ, das je zur Hälfte aus atmenden Vögeln und Fledermäusen besteht. Wir sehen die Salanganen, die sich mit ihren winzigen Füßchen wie mit Haken an eine Höhlenwand klammern; wir sehen in Großaufnahme die Flügel einer Fledermaus, aufgespannt von Harrissons Assistent, dessen Finger im Vergleich zu den Flügeln unseres fernen Säugetierverwandten winzig wirken. Die Salanganen und die Fledermäuse – zwei ganz verschiedene Wesen, die sich doch gleichen, weil sie ähnliche Lösungen für diesen beschränkten Lebensraum gefunden haben, für die verwinkelten Strukturen, den Mangel an Licht. Wir hören die Geräusche der Höhle, das in der Dunkelheit widerhallende Piepsen, Klicken, Kreischen, und man glaubt als Zuschauer beinahe, den Guano zu riechen.

In der Höhle stellen die Nestpflücker einen Mast auf und binden ihn mit Hanfseilen an im Guano steckenden Pflöcken fest. Die Kamera folgt einem der Männer, Johari, der über 100 Meter weit emporklettert. Während man ihm nachblickt, hat man das Gefühl, die eigene Perspektive hätte sich um 90 Grad gedreht; mit seinen muskulösen Gliedmaßen klettert Johari den senkrechten Pfahl empor, als laufe er auf allen vieren über eine Fläche. Die Greifzehen des Kletterers sehen aus wie zusätzliche Finger, die den Pfahl umklammern und den Mann vorwärtstreiben. In dieser Szene hätte Harrisson, wie Furness, auf Affen anspielen können, doch verglich er Johari lieber mit einem Zirkusakrobaten. Obwohl das Pfahlklettern durchaus den Gedanken an unsere baumbewohnenden Vorfahren wachrufen könnte, hat der heutige Nestpflücker eine gewölbte Fußsohle mit nicht opponierbaren Großzehen, also Füße, die sich von denen des beschuhten BBC-Zuschauers nicht unterscheiden.

Harrissons erstes großes Buch, *Savage Civilization*, veröffentlicht in den 1930er-Jahren, beschreibt ausführlich seine Erfahrungen bei den Kannibalen der Neuen Hebriden.[49] Es ist eine Mischung aus persönlicher Beobachtung, Geschichte und Reisebericht, doch vor allem versucht es die konventionelle Spaltung zwischen Unzivilisiertheit und Zivilisation zu untergraben und verweist darauf, welches Unrecht Kolonialherrschaft und Missionierung den »sogenannten primitiven Völkern« zugefügt haben und wie komplex deren gesellschaftliche Strukturen sind. Auf ihre Weise tut dies auch die Dokumentation »Bird's Nest Soup«. Anders als Furness, der die Nestpflücker mit Affen vergleicht, sieht Harrisson in der Vogelnesternte mehr als schiere Muskelanstrengung und physischen Mut. Er zeigt uns starke Eisenholzpfähle, Rattanseile, die diese Pfähle stabilisieren, und lange, mehrteilige Bambusschaber, deren einzelne Segmente so reibungslos ineinandergleiten wie geformtes Metall; er demonstriert, dass der gesamte Erntevorgang auf Technologie und Arbeitsteilung basiert – mit anderen Worten auf kulturellen Errungenschaften.

Oben am Pfahl, mehr als 100 Meter über dem Höhlenboden, erreicht der Nestpflücker eine mächtige Kalksteinkuppel, schwarz von nistenden

Salanganen. Riesige Vogelschwärme umschwirren den Pflücker und verdunkeln die fahlen Farben des Gewölbes. Auf dem Pfahl balancierend löst der Pflücker die an der Wand klebenden Nester ab, und zwar mithilfe eines Schabers, der an einer Bambusstange montiert ist. Wie geerntete Früchte prasseln sie auf den Höhlenboden hinab, wo sie von einem Assistenten aufgesammelt werden. Als sei dies der Heldentaten noch nicht genug, berichtet Harrisson von der Dunkelheit in der Niah-Höhle, »eine vierundzwanzig Stunden lange Nacht«, und ist sich dabei vollkommen bewusst, dass er einen privaten Arbeitsvorgang in eine öffentliche Akrobatikvorführung verwandelt hat.

Nach der Ernte zeigt uns Harrisson die Verwandlung des Nests in ein Nahrungsmittel. Wir sehen, wie die Nester aus den Tiefen der Höhle zum Fluss Niah transportiert werden, den ich auf dem Weg zu Nuars Höhle überquert hatte. Ganz in der Nähe weicht eine junge Chinesin die schwarzen Nester dann in Wasser ein, und sie quellen zu gelatineartigen Klumpen von doppelter Größe auf. Akribisch entfernt die Arbeiterin Federn und Schmutz, verwandelt die Nester in transparente flache Pfannkuchen und breitet sie in der sengenden Sonne aus. Sind die Nester getrocknet, legt ein chinesischer Händler einen großen Haufen dieser flachen Nester auf eine Waage, bevor uns Harrisson in eine Küche führt; dort wird ein gerupftes Huhn mit den gelatineartigen Speichelfäden der Salanganen gefüllt und in heißem Öl gesotten. In einer der Schlussszenen sieht man eine Gruppe speisender Chinesen in eleganter Abendkleidung, vor denen auf einem makellos weißen Tischtuch Suppenteller stehen. »Wie jedes andere Volk essen auch die Chinesen gern ungewöhnliche, exotische Dinge«, erklärt Harrisson.

Es faszinierte mich, dass Harrisson anhand eines Objekts wie dem essbaren Vogelnest die Unterschiede zwischen den Kulturen erörterte und eine Brücke vom Wohnzimmer der BBC-Zuschauer ins Innere der Großen Höhle schlug. Doch als ich über die Metaphern nachdachte, die gemeinhin verwendet werden, um das Einsammeln der Nester zu beschreiben – der Nestpflücker als Kletterer oder Akrobat –, riefen sie mir doch nur das Trennende ins Gedächtnis, machten mir nur bewusst, wie sehr sich das Pfahlklettern der Nestpflücker von der Bergsteigerei oder Zirkusakrobatik unterschied. Die Kletterer in Harrissons Film erobern weder einen Gipfel noch unterhalten sie ein Publikum; sie klettern Pfähle empor, um Vogelnester zu pflücken, die dann zu dem verarbeitet werden, was das Thema des Films ist, *Suppe*. Mit Mühe versuchte ich mir vorzustellen, wie ich mir eins dieser Nester in den Mund schieben und mein eigener Speichel sich mit dem Salanganenspeichel vermischen würde. Mir gefiel Harrissons Film, aber im Rückblick beschleicht mich doch ein gewisses Unbehagen. Es wurde manchmal gesagt, Harrisson habe nie aus seiner Haut als Ornithologe herausgekonnt und Menschen stets so betrachtet, wie er Vögel zu betrachten pflegte. Und tatsächlich hört man, obwohl in »Vogelnestsuppe« alle Akteure Malaien oder Chinesen sind, nur *eine* eindringliche Erzählerstimme, nämlich die Harrissons. Geschmeidig bewegt sich der Film von einem Schauplatz zum nächsten. Von den Höhlen über die Verarbeitungsstätte bis zu einem Restaurant zeichnet er in einem Atemzug den Weg der Nester nach. Vielleicht verhielt es sich mit meiner eigenen Arbeit auch nicht anders. Da ich nicht Malaiisch spreche, war ich auf einen jungen Übersetzer angewiesen, der Nuar zu seinem Leben befragte und die Fragmente wie Filmschnipsel aneinandermontierte. Auch die Pfähle bin ich nie selbst hinaufgeklettert, habe das Pflücken der Nester also nicht persönlich erlebt. In der Fantasie hatte ich mir zwar ausgemalt, auf eins dieser Gerüste zu steigen, doch als Nuar es mir anbot, schüttelte ich den Kopf, weil ich mich in Gedanken schon abstürzen und mit einem dumpfen Geräusch auf dem Guano aufschlagen sah.

Vor der Erfindung des Bienenstocks wurde Honig wild gesammelt, und man vertrieb die Bienen oft mit Rauch. Im spanischen Valencia gibt es eine Höhlenzeichnung, die schätzungsweise achttausend Jahre alt ist und eine bemerkenswerte Ähnlichkeit mit der Nesternte in Harrissons Film aufweist. Man sieht eine menschliche Gestalt, die eine Leiter erklimmt, um Honig zu erbeuten, und diese Gestalt umschwärmen Bienen, wütend über die Zerstörung ihrer Wohnstatt.[50] »Offenbar«, schreibt die Kulturhistorikerin Bee Wilson, »war Honig so kostbar, dass die Menschen dafür sogar ihr Leben riskierten.«[51] Ebenso wie das Sammeln wilden Honigs ist auch das Entfernen der Salanganennester zwangsläufig destruktiv, weil es die Tiere ihrer Wohnstätte beraubt und brütende Vögel auch ihrer Eier. Diese Methoden gefährden Salanganen-Populationen vor allem in Höhlen; werden zu viele Nester entfernt und die Eier zerstört, bricht die Vogelpopulation zusammen.

Unter der Brooke-Regierung gab es in der Niah-Höhle eine Beschränkung der Vogelnesternte, die behördlich überwacht wurde.[52] Während bestimmter Jahreszeiten war die Höhle geschlossen, damit die Salanganen ungestört brüten konnten. Nuar betrachtete die Höhlen, obwohl er in der Hütte so geprahlt hatte, als heilige Orte und benannte sie nach Geistern, die ihn einst zu den verborgenen Höhleneingängen geführt hatten. Die Höhle, in der er lebt, gehört ohnehin dem Bundesstaat Sarawak, der Nuars Ernte genau kontrolliert. Kurz nachdem Nuar die Höhle entdeckt hatte, erstellte Lim Chan Koon, ein malaysischer Ornithologe und Salanganen-Experte, ein detailliertes Gutachten, um sicherzustellen, dass die Vogelnester nachhaltig geerntet wurden. Unter Dr. Lims Leitung wird die Vogelnesternte nun strikt kontrolliert[53]: Die Höhle wird alljährlich für vier Monate geschlossen und regelmäßig von Müll und Unrat befreit; selbst Spidermans Bankkonto unterliegt staatlicher Kontrolle.

In seinem Essay »Vögel und Menschen auf Borneo«, dokumentiert Harrisson das breite Spektrum dieser Beziehung und bezeichnet »Vögel als Omen, Führer, Indikatoren, Kulturhelden und Symbole«. Er schreibt: »Vermutlich sind in keinem anderen Teil der Welt Vögel und Menschen stärker verbunden als in Borneo. Hier sind Vögel mit Glaube und Weltanschauung verwoben.«[54] Während der Zeit mit Nuar wurde mir klar, dass seine Beziehung zu den Salanganen Teil dieser einzigartigen Verflechtung zwischen den Volksstämmen im Landesinneren und den Salanganen war. Allerdings entsprang diese Tradition, anders als in Island, nicht der Isolation, sondern dem Umstand, dass Sarawak schon seit Jahrhunderten in ein Handelssystem eingebettet war. Ebenso wie die Eiderdaunensammler machte auch Nuar kaum je selbst Gebrauch von dem geernteten Produkt, naschte nur hin und wieder mal an einem Nest. (»Deshalb habe ich so gute Haut!«, sagte er zu mir.) Die Nester in seiner Hütte werden von chinesischen Händlern abgeholt, verarbeitet und schließlich von »gut betuchten Männern und Frauen« auf dem chinesischen Festland oder in

Hongkong verzehrt. Mit einer Ausnahme. Bevor ich ging, schenkte Nuar mir nämlich eins der Nester, die er von der Höhlenwand geschabt hatte. Ich kramte in meinem Rucksack nach einer Gegengabe, fand aber nur meine ziemlich billige Taschenlampe. Er beäugte sie skeptisch und meinte dann, in ungefährer Übersetzung: »Der gute Wille zählt.«

Wenn es gegen sechs Uhr abends in der Höhle dunkel wurde, verhielt Nuar sich immer ganz leise und briet niemals Zwiebeln, aus Angst, die Vögel zu belästigen. Allmählich kehrten die Salanganen dann mit insektengefüllten Bäuchen von der täglichen Futtersuche zurück. Zuerst schoss nur hin und wieder ein winziges schwarzes Etwas an uns vorbei, bald aber erinnerten die Massen von Vögeln an schwarzes Schneetreiben. In riesigen Schwärmen stoben sie zwischen den uralten Korallenriffen hindurch, entlang der Pfade, die das säurehaltige Wasser gegraben hatte. Sie flogen so dicht beieinander, dass in dem Gewoge unmöglich einzelne Tiere auszumachen waren. Nuar saß an seinem Lieblingsplatz auf einer Holzbank, dem schönsten Platz der Hütte, der auf das Baumkronendach des Urwalds ging, und verfolgte mit bewunderndem Blick die Heimkehr der Vögel.

Als ich am nächsten Morgen wieder am Eingang des Nationalparks ankam, fiel ich in einer der Hütten nach einer schlaflosen Nacht in Nuars Behausung völlig erschöpft aufs Bett. Hier, außerhalb der Höhle, war die Hitze unerträglich, der Ventilator in meinem Zimmer konnte die heiße Luft nur durcheinanderwirbeln. Nach dem Erwachen duschte ich mehrere Male, um mich abzukühlen, und mühte mich ab, die klebrige Schmiere unter meinen Nägeln zu entfernen. Doch auch nach dem Duschen kratzte ich mich noch unaufhörlich, und untersuchte meine Achselhöhlen auf Insekten, die ich aus der Höhle mitgebracht haben könnte. Harrisson beschrieb die Höhle als willkommenen Zufluchts- und Rückzugsort, ich aber war froh, ihrem Lärm endlich entronnen zu sein, wollte nur noch die Gerüche und das Jucken loswerden und nach Miri zurückkehren. Dennoch wusste ich, dass ich Niah nicht verlassen würde, ohne die Große Höhle besucht zu haben, in der Furness damals seine Nester gesammelt und Harrisson später seinen Film gedreht hatte.

Es heißt, ein Penan-Jäger, Melibong, habe die Große Höhle in den 1840er-Jahren von Neuem entdeckt, nachdem ihr Eingang seit langer Zeit zugewuchert gewesen war. Laut Überlieferung verwechselte Melibong die Nester ursprünglich mit Pilzen. »Überall an an den Höhlenwänden«, schrieb Harrisson, »fand er Gebilde, die er für Pilze hielt.« Wie ein Goldgräber brachte ein malaysischer Händler Proben »dieses wiederentdeckten Schatzes« zum Sultan von Brunei, was letztlich dann zur Ernte der schwarzen Nester in der Niah-Höhle führte.⁵⁵ Seit der Wiederentdeckung durch Melibong gehört die Große Höhle zu den Zentren der Weltproduktion, eine riesige Fabrik mit Tonnen von Nestern pro Jahr, 1931 schätzungsweise 70 Prozent der Ernte in Sarawak.⁵⁶ Kurz nachdem Harrisson seinen Film gedreht hatte, äußerte er die Vermutung, in der Höhle lebten etwa eine Million Salanganen-Paare.⁵⁷

Fast alle Niah-Besucher, deren Reiseberichte ich gelesen habe, kamen durch das Höhlenerlebnis verwandelt zurück, als berge die Höhle tiefe Geheimnisse. Als Harrisson und der Archäologe Michael Tweedie im Oktober 1954 im Guano zu graben begannen, fanden sie frühzeitliche menschliche Überreste und waren überzeugt, Niah habe unseren fernen Vorfahren als Heiligtum gedient.⁵⁸ Die meisten namhaften Archäologen hielten die beiden für verrückt, bis sie 1958 einen menschlichen Schädel fanden, in einer so tiefen Guanoschicht der Höhle vergraben, dass sie sein Alter auf über vierzigtausend Jahre schätzten, damals der älteste menschliche Schädelfund in Südostasien. Nun entbrannten heftige Debatten, nicht zuletzt deshalb, weil Harrisson die modernen archäologischen Methoden verachtete. Und doch erwies sich seine Datierung später als ungefähr korrekt.⁵⁹

Ich wollte die Höhle früh am Morgen besuchen, wenn die Salanganen ausflogen. Und so vereinbarte ich mit einem Bootsführer, dass er mich über den Fluss Niah setzen sollte, das einzige Hindernis auf dem Weg zur Höhle. Nachdem ich in Batu Niah zu Abend gegessen hatte, eine chinesische Meeresfrüchtesuppe, fiel ich in meiner Hütte in tiefen Schlaf, erleichtert, Nuars Reich entkommen zu sein. Am nächsten Morgen trat ich gegen fünf Uhr den Fußmarsch zur Großen Höhle an, nachdem der Bootsführer tatsächlich wie vereinbart auf mich gewartet und mich übergesetzt hatte.

Es war stockfinster, und meine Ersatztaschenlampe leuchtete noch schwächer als die Feuerfliegen im Wald. Ich folgte dem hölzernen Steg durch den Karstwald und versuchte die verschiedenen Laute zu erkennen, das Summen der Zikaden, das lang gezogene Heulen eines Gibbons, wurde jedoch bald durch fernes Donnergrollen und das Geräusch des Regens abgelenkt, als sich vor mir das Baumkronendach lichtete. Obwohl es regnete, war ich schweißgebadet und empfand eine vage Angst.

Ich drängte weiter, die Kleidung klebte mir an der Haut, und schließlich erreichte ich zu meiner Erleichterung Gunung Subis, den riesigen Kalksteinkomplex im Zentrum des Nationalparks, wo ich Schutz vor dem Regen fand. Nun folgte ich einem ansteigenden Holzsteg, gelangte in die Traders' Cave, einen Vorraum unter einem großen Felsvorsprung, wo sich einst Vogelnestpflücker niederließen, und lauschte dem Regen draußen. Im Schein meiner Taschenlampe erkannte ich auf dem blassen Stein die unterschiedlich gefärbten Flechten, die hier durch das in die Höhle dringende Licht gediehen. Nun ging es weiter in die Große Höhle, die ich durch den Westeingang betrat. Die Luft war erfüllt vom Kreischen und Klicken Tausender Salanganen und Fledermäuse. Ich versuchte mit meiner Funzel hinaufzuleuchten, aber genauso gut hätte man einen Lichtstrahl in den Himmel richten können. Ich konnte die Kolonien der Vögel und Fledermäuse nicht sehen, ihre Zahl im laut hallenden Höhlengewölbe nur erahnen. Während ich lauschte, schossen mir Bilder durch den Kopf: ein Geigerzähler, eine Schreibmaschine, auf Stein prasselnder Regen.

An der Westmündung setzte ich mich auf den Guano, festgetreten von den Füßen Tausender Vogelnestpflücker. Von meinem Guanositz aus konnte ich im Dunkeln ungefähr die Stelle ausmachen, wo Harrissons Ausgrabungen stattgefunden hatten, tiefe Gräben im Höhlenboden zu meiner Rechten. Ich dachte an Harrissons Worte, seine Überzeugung, dass dieser Ort einst ein Gefühl der Behaglichkeit vermittelt habe. Ich hätte auch gern so positiv empfunden, fühlte mich hier aber wie ein Fremdkörper und konnte es kaum erwarten, bis endlich Licht in diese Höhlensäle fiel. In der Dunkelheit ließ sich kaum abschätzen, wo die Höhle begann und wo sie endete, man hatte gar keinen Anhaltspunkt bis auf das winzige Licht in der Ferne, wo ein Mann in den Tiefen der Höhle mühsam Guano schürfte. Es hatte etwas Beruhigendes, als er näher kam und der Lichtschein seiner Lampe größer wurde; als er auf einem Holzsteg an mir vorbeiging, weil seine Schicht zu Ende war, grüßte ich ihn etwas zu laut, und meine Stimme klang inmitten der Klicklaute ganz fremd.

Irgendwann ging zu meiner Erleichterung endlich die Sonne auf. Breite Strahlenbündel drangen in die Höhle und erhellten mächtige Stalaktiten, die am Höhleneingang wie Zähne von oben herabwuchsen. Ich hatte gedacht, der Kalkstein sei weiß, leichenblass, doch stattdessen waren die Höhlenwände samtartig mit Flechten ausgekleidet, deren Färbung von Blassgrün bis zu sattem Dunkelgrün reichte. Jetzt erschien am westlichen Eingang der Höhle ein weiterer Besucher, eher ein Tourist als ein Guanoschürfer, und meine Zuversicht wuchs. Ich drang weiter in die Höhle vor und spähte immer wieder zu den Klettergerüsten der Nestpflücker empor, dicke Eisenholzpfähle, die die Mitte der Höhle durchbohrten. Ich wusste zwar, dass sie denselben Durchmesser hatten wie die Bäume, von denen sie stammten, aber trotzdem wirkten sie in der riesigen Höhle wie Streichhölzer. Sogar in den höchsten, unzugänglichsten Höhlenabschnitten sah ich diese Konstruktionen und fand es verblüffend, dass dieser so riesige, so dunkle Ort vermessen, kartografiert, ja beinahe eingerüstet war.

Ich verharrte einen Moment unter den Gerüsten und blickte zum Westeingang, um zu beoachten, wie die Salanganen die Höhle verließen. Ich hatte von den riesigen schwirrenden Vogelschwärmen in Niah gelesen, hatte gelesen, dass die Kammern der Höhle »von zwitschernden Vögeln wimmeln, die zu Tausenden in der heißen Dämmerung umherschwirren«.[60] Ich hatte gelesen, dass in der Höhle einst wie am Fließband tonnenweise Nester entstanden waren. Ich hatte gelesen, die Höhle sei eines der großen Naturwunder, ein mächtiger pulsierender Organismus, der Vogelschwärme ein- und ausatmete. Doch als das Licht eindrang, sah ich nur einzelne Salanganen, die nach und nach ausflogen, um Nahrung zu suchen. Die Klicklaute über mir verstummten allmählich. Es war, als hätte sich die Höhle ganz geleert.

Zum Zeitpunkt von Harrissons Dokumentarfilm waren Vogelnester für die meisten chinesischen Familien unerschwinglich. Die teuersten Produkte, die sich eine chinesische Familie leisten konnte, waren Fahrräder, Armbanduhren und Nähmaschinen. Unter Maos Herrschaft wurde der Verzehr von Vogelnestern missbilligt, da sie ein inakzeptables Symbol für Reichtum darstellten.[61] In den 1980er-Jahren jedoch wandelte sich die Einstellung der Chinesen zu den Vogelnestern. 1978 begann Chinas Übergang vom Kommunismus zum Staatskapitalismus, Wirtschaftswachstum wurde wichtiger als Ideologie. »Es spielt keine Rolle, ob die Katze weiß oder schwarz ist«, wird Chinas neuer Präsident Deng Xiaoping zitiert.[62] »Solange sie Mäuse fängt, ist sie eine gute Katze.« Nun besserte sich rasch der Lebensstandard, und eine neue Mittelschicht strebte nach Konsumgütern: Waschmaschinen, Fernsehgeräte und Vogelnester. Historisch gesehen waren Vogelnester schon immer kostbar gewesen, und ihr Wert wurde oft mit dem von Silber verglichen.[63] Doch in den 1980er-Jahren gab es eine nie da gewesene Preissteigerung, die den Vergleich mit Silber weit hinter sich ließ. Den Ornithologen Lord Cranbrook (Gathorne Gathorne-Hardy) und Lim Chan Koon zufolge stieg der Einzelhandelspreis eines Kilos gereinigter schwarzer Nester in Hongkong im Jahr 1999 auf bis zu 1800 Dollar, während ein Kilo weißer Nester, die von einer anderen Salanganenspezies stammen, sogar über 6600 Dollar kosten konnte.[64] Für Cranbrook und Lim kann es an der Ursache dieses steilen Aufschwungs kaum Zweifel geben. »Die Preise für Vogelnester«, schreiben sie, »taugen besser als Barometer für den wirtschaftlichen Wohlstand in Ostasien als der Hang-Seng-Index oder jeder andere Börsenindex!«[65]

In den Tiefen der Großen Höhle nahm die Logik des Markts erschreckend effizient ihren Lauf.[66] Angespornt durch die hohen Preise, drangen Hunderte von Nestpflückern ins Innere der Höhle vor, schabten die Nester von den Kalksteinwänden und ließen das Klicken der Salanganen verstummen. Die seit Furness' Besuch geltende Vereinbarung, die Ernteerträge zu begrenzen, wurde gebrochen und durch die Logik des Untertagebaus ersetzt. Erst verschwanden die gut zugänglichen Nester an den Rändern, sozusagen die tief hängenden, leicht zu pflückenden Früchte.

Als der Nachschub knapper wurde, stiegen die Nestpreise weiter und trieben die Pflücker in immer größere Höhen, in die unzugänglichsten und gefährlichsten Höhlenbereiche. Die traditionellen Eigentümer der Höhlen, nämlich die sesshaft gewordenen Penan des Dorfs Niah, verloren die Kontrolle über ihre Schätze und verzichteten in einem komplizierten System von Pacht und Weiterverpachtung auf ihre Ansprüche. Einst sichere Eigentumsrechte waren jetzt für jeden zu haben; Auseinandersetzungen in den Höhlen endeten oft gewalttätig.

Jetzt, wo die Vögel keine Nester mehr hatten und der Guanoboden mit zerbrochenen Eiern bedeckt war, ging die Population stark zurück. Wie mir Lim Chan Koon berichtete, reduzierte sich die Salanganen-Population in der Niah-Höhle um 80 bis 96 Prozent. Die vielen Menschen, die plötzlich in der Höhle ein und aus gingen, raubten ja nicht nur die Nester, sondern brachten auch etwas mit: Bakterien, Fäkalien, Müll und Lärm. Getrieben von den Begehrlichkeiten weit entfernt lebender Konsumenten, begannen die Nestpflücker in der Höhle zu campen. Sie verwandelten das Habitat der Salanganen in einen Schauplatz von Glücksspiel und Drogenkonsum, das Klicken der Salanganen ging im Musiklärm unter. In dem verzweifelten Versuch, wieder Ordnung zu schaffen, verschloss man die Höhle mit Eisentoren und entsandte sogar die Armee. »Damals«, erinnert sich Lord Cranbrook, Harrissons ehemaliger Assistent im Sarawak Museum, »herrschte dort nur noch Gestank; alles war mit Guano bedeckt. Und es wimmelte von Soldaten.«

Die Geschichte von Niah wiederholte sich in ganz Asien: in den Höhlen Thailands, Vietnams, Indonesiens, auf den Nikobaren und den Philippinen. Während des Vogelnest-Booms wurden die Erntetechniken überall dorthin exportiert, wo man die Vögel fand – von den unzugänglichsten Höhlen im Landesinneren bis zu den gefährlichsten Meeresklippen. In einer Umkehrung von Gavin Maxwells utopischem Traum verwandelte diese neue Form der intensivierten Nest-Ernte einige der einsamsten Orte der Welt in Behausungen für Nestpflücker, angelockt durch den hohen Tauschwert der Salanganennester. Höhlen mit großen Salanganen-Populationen findet man inzwischen kaum noch; Lubang Perintah, die Höhle, die ich mit Nuar besuchte, bleibt eine Ausnahme, Resultat eines Experiments zwischen den einheimischen Nestpflückern und der Staatsregierung, ein kleines Hoffnungszeichen.

Der isländische Autor Andri Snær Magnason mailte mir, er habe einmal mit dem Gedanken gespielt, eine Kurzgeschichte über eine 50 000 Dollar teure Eiderdaunendecke zu schreiben. »Das sollte auf die Ultrareichen zielen, die nach Island kommen, etwa Bill Gates oder die Kardashians«, schrieb er. »Dann aber dachte ich daran, was ein eventueller Erfolg anrichten könnte; dass er das Gleichgewicht in den Familien zerstören könnte, wo die Tante sich abrackert und dafür den ›Profit‹ behalten darf, und dass dies im kleinen Bereich zu einem Beispiel dafür werden könnte, wie wir unsere Ressourcen zerstören.«[67] Andri Snær Magnason schrieb die Geschichte zwar nie, doch sein Entwurf schildert, was passieren kann, wenn die steigende Nachfrage nach einem raren Produkt Familienbande zerreißt oder zum ökologischen Kollaps führt. In Island bleibt dies Fiktion, in Niah jedoch ist es ganz konkret Geschichte geworden.

Wenn ich über die Niah-Höhlen las oder mit Leuten sprach, die die zerstörerische Entwicklung der 1980er- und 1990er-Jahre miterlebt haben, fühlte ich mich nach Canary Wharf zurückversetzt, als säße ich wieder in meinem Büro und informierte mich über Rohstoffgewinnung. Statt ein Geheimnis zu entdecken, etwa die Beschaffenheit des Missing Links, hatte ich ein vorhersehbares Narrativ gefunden, hatte entdeckt, was geschieht, wenn grenzenlose Gier auf begrenzte Ressourcen trifft. Wie aufgelassene Bergwerke oder ferne Inseln mit erschöpften Phosphatvorkommen wurden auch die Höhlen in verlassene Abbaustätten verwandelt. Und doch beschlich mich ein seltsames Gefühl: Ursache dieser Plünderung im großen Stil war ja nicht der Bedarf an Kohleenergie oder wärmenden Eiderdaunen, sondern nur der Geschmack eines in Suppe aufgelösten Nests. Während ich in der Großen Höhle saß, machte ich mir Sorgen um Island und fragte mich, ob Islands Traditionen und die Bindung seiner Menschen an ihr Land eher durch den Preis diktiert wurden, als auf Dauer geschmiedet zu sein.

DIE WEISSNEST-
SALANGANE

Verlässt man das Penn Museum und geht in östlicher Richtung die South Street entlang, überquert dann den Schuylkill River Richtung Philadelphia-Mitte und folgt in südlicher Richtung der Washington Avenue, findet man einige Supermärkte, die südostasiatische und chinesische Lebensmittel anbieten. Am liebsten mag ich Hung Vuong, einen vietnamesischen Laden zwischen der 11th und 12th Street. Nach meiner Ankunft in der Stadt hatte ich dort Stunden zugebracht und die große Vielfalt der angebotenen Lebensmittel bewundert: stachelige Durian-Früchte in Basketballgröße, gedörrten Fisch, lebenden Fisch, Mondkuchen – und Vogelnester, in samtbezogene Schachteln gebettet, präsentiert wie Goldmedaillen. Leicht und kompakt, ließen sie sich diskret einem Verbündeten zustecken, um einer Verpflichtung nachzukommen oder den anderen zu verpflichten.

Bei Hung Vuong hielt ich eine Schachtel mit weißen Nestern in der Hand. Damals, in Nuars Reich in Sarawak, hatte ich ein schwarzes Nest untersucht. Die weißen Nester in der Schachtel wirkten wie helle Brotrinde. Sie fühlten sich so spröde an wie Krabbenchips; doch als ich sie gegen das Licht hielt, sah ich, dass sie aus zahllosen feinen Fäden bestanden, durchsichtig wie Gelatine. Aus flüssigem Speichel produziert, ist so ein Gebilde sehr klebrig und haftet selbst auf ganz rauem Untergrund. Eigentlich wollte ich die Packung kaufen, doch dann sah ich den Preis: 99 Dollar für drei Nester. Ich fragte mich, wie diese Nester aus den Tiefen einer Höhle in diese flache Schachtel geraten waren: Hatte ihre Position in luftiger Höhe sie vorher unerreichbar gemacht, so sorgte jetzt der exklusive Preis dafür.

Jedes Mal, wenn ich diese Nester in New York, Chicago oder Philadelphia entdeckte, war ich verblüfft über das riesige Angebot und die Vielzahl von Produkten, zu denen sie weiterverarbeitet wurden: Vogelnestdrinks, Süßigkeiten, Hautcremes und sogar Kaffee. Ich hatte an abgelegenen Orten nach diesen Nestern gesucht, etwa in Höhlen auf Borneo, doch nun waren die Großstädte damit überschwemmt, als handle es sich um teure Seife oder Pralinen. Im neunzehnten Jahrhundert schrieb John Crawfurd, ein schottischer Reisender und Diplomat, die Zahl der Nester sei »von Natur aus begrenzt und keinesfalls zu steigern«.[68] Dem riesigen Angebot nach zu urteilen schien der Nachschub jedoch offenbar *unbegrenzt*. Der Salanganen-Experte Lord Cranbrook klärte mich auf: Mithilfe einer neuen Produktionsform habe man die natürlichen Beschränkungen der Höhle überwunden. Vergleichbar dem Prinzip von Bienenkästen, habe man in hohen Gebäuden Vogelnistkästen aufgestellt, um die Salanganen in die Städte zu locken. »Die Vögel kamen einfach«, sagte er, »und die Menschen öffneten ihnen ihre Häuser.«

Auf dem archäologischen Fundplatz Tel Rechov, einer Eisenzeitsiedlung im Tal von Bet Sche'an, entdeckte ein Team israelischer Archäologen im Jahr 2007 etwa fünfundzwanzig ungebrannte Tonzylinder, jeder etwa einen Meter lang. Darin befanden sich Überreste von Honigwaben und Bienen. Schwer zu sagen, wann die Menschen einst aufhörten, wilden Honig zu sammeln, und mit der Imkerei begannen. Es gibt Hinweise auf Bienenhaltung im alten Ägypten; auf den Wänden des Sonnentempels von Ne-user-re aus der fünften Dynastie sind Arbeiter abgebildet, die Rauch in Bienenstöcke blasen, während sie Honigwaben entnehmen.[69] Die Bienenstöcke in Tel Rechov jedoch, die auf das neunte bis zehnte Jahrhundert v. Chr. datieren, gelten als die ältesten, die man je entdeckt hat, und lassen auf eine Jahresproduktion von bis zu einer halben Tonne Honig schließen.[70]

Diese Vorgeschichte erwies sich als nützlich, als ich mich über den Ursprung der weißen Nester informierte, die ich bei Hung Vuong entdeckt hatte.[71] Im Gegensatz zu den Nestern in Niah stammen sie von der Weißnestsalangane, einer anderen Spezies, die für den Nestbau ausschließlich Speichel verwendet, ohne Zusatz von Federn. Lord Cranbrook erzählte mir, dass in den 1880er-Jahren in Sedayu, Ost-Java, einige Vögel zum ersten Mal ihre Höhlen verließen und sich in Häusern ansiedelten. Da dies Glück verheißen sollte, gab es kaum Versuche, aktiv auf die Vögel einzugehen, bis dann Mitte des zwanzigsten Jahrhunderts der eine oder andere Hausbesitzer Umbaumaßnahmen ergriff, um der Vorliebe der Vögel für Dunkelheit entgegenzukommen. Nach der Preissteigerung in den 1980er-

Jahren begann diese Methode zu boomen; javanesische Geschäftsleute kamen auf die Idee, die Vögel mit elektronischem Gezwitscher anzulocken und in ihren Häusern Höhlenbedingungen zu schaffen, mit spektakulären Resultaten. In London bekämpft man in großem Maßstab die Nachfahren der Felstauben, die Stadttauben, weil sie Gebäude und Denkmäler mit ihren säurehaltigen weißen Exkrementen beschädigen.[72] Die Londoner Stadtverwaltung verbot das Taubenfüttern, setzte Wüstenbussarde ein und versah die Landeplätze der Tauben mit Stacheln. Ganz im Gegensatz dazu versuchen Nestpflücker in Südostasien, Vögel aktiv in die Großstädte zu locken. Angespornt durch die hohen Nestpreise, haben sie Wohnungen, Läden, Hotels und Banken in Vogelhäuser verwandelt. Die Skylines der Städte wurden durch die Türme verändert, und über den Verkehrslärm hinweg ertönt das elektronische Gezwitscher. Der Gesamtwert der in diesen Häusern produzierten Nester wird auf Milliarden von Dollar geschätzt und stellt den Ertrag der Höhlenproduktion bei Weitem in den Schatten.

Wie den Höhlen sieht man auch den Vogelhäusern von außen kaum an, was sich in ihrem Inneren verbirgt. Vogelhäuser können sich über Banken, Wohnungen und Läden befinden. Eine Betonwand trennt den Geschäfts- oder Wohnbereich vom Lebensraum der Salanganen. Bei meinem Gang durch malaysische Städte entwickelte ich einen Blick dafür, lernte auf verdunkelte Fenster zu achten, auf Vogelgezwitscher und Salanganenschwärme, die von den Dächern aufstoben. Allerdings waren diese Häuser hermetisch abgeschottet. Auf meine Bitte, mir Zugang zu gewähren, reagierten die Besitzer, als hätte ich sie um Einsicht in ihre Bankauszüge, ihren Kleiderschrank oder ihren Browserverlauf gebeten. Vogelhäuser sind private Räume und bergen Geheimnisse ihrer Besitzer, hinsichtlich ihres Reichtums, ihrer Vorlieben und Fähigkeiten; es herrscht große Angst vor dem Diebstahl geistigen Eigentums durch Konkurrenten, sei es bezüglich der Bauweise eines Hauses, des optimalen Standorts für einen Vogelturm oder die Art des elektronischen Gezwitschers. Frustriert schrieb ich an Lord Cranbrook und bat ihn um Rat.

Der Zoologe Cranbrook hat sich den Salanganen verschrieben, sein

Leben ist eng mit ihnen verquickt.[73] Im Jahr 1956, nach dem Abschluss seines Studiums der Natur- und Geisteswissenschaften, lernte er auf einer Party Tom Harrisson kennen. Harrisson, betrunken und »in allerbester Laune«, bot ihm einen Job im Sarawak Museum an. Cranbrook, der unbedingt aus England wegwollte, fuhr per Schiff nach Singapur, dann nach Kuching, um im Sommer 1956 seinen Posten als Harrissons Assistent anzutreten. »Ich konnte den Gedanken, sesshaft zu werden, einfach nicht ertragen«, erinnerte er sich. »Ich musste fliehen.« Wie andere junge Engländer, die nach Sarawak gekommen waren, sprach auch Cranbrook mit dem Akzent der britischen Upper Class und hatte ein Vermögen geerbt, und doch unterschied er sich von Brookes uniformierten Beamten. Inspiration bekam Cranbrook weniger von Sir Stamford Raffles, dem Gründer Singapurs, oder James Brooke als vielmehr von Alfred Russel Wallace. Wie Wallace faszinierten ihn Details, die die großen Mysterien der Natur offenbarten: die Funktion der von den Salanganen produzierten Klicklaute, das Verbreitungsgebiet des Malaysia-Tigers oder die Frage, wann das Wildschwein domestiziert wurde. In Borneo eingetroffen, ging Cranbrook erst einmal nach Kuching, um in Harrissons Nähe zu wohnen, doch nach einer Weile zog es ihn nach Niah. Lange vor dem Holz- und Palmölboom bot ihm Niah die perfekte Gelegenheit zu Flucht und Abenteuer. Er lebte unter den Iban und Penan, schlief, wie es sich gerade ergab, und verzehrte alles, was sich ihm bot, von Fledermäusen bis hin zu Flugfüchsen (»ein deutlicher Hautgout«, wie er sich erinnerte). Stammesangehörige kennzeichneten ihn als einen der ihren, indem sie ihm zwei bornesische Rosen auf die Schultern tätowierten. Harrisson, der Cranbrooks Begabung erkannte, betraute ihn damit, über Borneos Salanganen in der Großen Höhle zu forschen. Mit kaum mehr als einem Hanfseil, einem Vogelnetz und einem Paar Turnschuhen ausgestattet, erforschte Cranbrook Borneos Höhlen und zwängte seine schmale Gestalt durch Kalksteingänge, um Nester und Salanganen zu zählen.

Touristen sind Höhlen mit weit offenen Eingängen gewohnt, viele Höhlen Borneos jedoch sind nur durch kleine Spalten oder Löcher im Kalkstein zugänglich. Da diese Öffnungen oft zugewuchert sind, passiert es nicht selten, dass Vieh hineinstürzt und auf dem Kalksteinboden zerschmettert. Liest man Cranbrooks Notizen über seine Exkursionen in diese Höhlen, bekommt man den Eindruck eines Abenteurers, der bereit ist, für die Entdeckung eines Vogelnests alles zu riskieren. Er stapfte durch den Guano, stieg in Erdlöcher hinab und brachte jedes Mal etwas mit, nicht nur Nester, sondern irgendwelche Objekte für ein Kabinett oder ein Museum. Er besuchte Hunderte, wenn nicht Tausende von Höhlen, zeichnete sorgfältig die Zahl der Vögel und Fledermäuse auf, erforschte die Geheimnisse ihrer Lebenszyklen und veröffentlichte zahllose Arbeiten. Schon kurz nach seinem ersten Besuch begannen ihn die Klicklaute so zu faszinieren, dass er ihre Funktion ergründen wollte. Zu diesem Zweck ließ er im Dunkelraum des Sarawak Museums einige Salanganen fliegen, schaltete dann das Licht an und lauschte. »Das Klicken verstummte«, sagte er. »Es musste sich also um Echoortung handeln!«

Wann auch immer ich mit Cranbrook zusammentraf, ich brachte ihn fast nie dazu, von sich selbst zu erzählen. Bei einer Gelegenheit traf ich ihn in einem italienischen Restaurant am Londoner Victoria Embankment. Er war für einen Tag nach London gekommen, direkt von seinem Familiensitz in Suffolk, trug einen Nadelstreifenanzug und hatte eine knappe, präzise Art, sich auszudrücken. Auf der Straße hätte man ihn für ein Mitglied des Londoner Establishments halten können, einen pensionierten Diplomaten oder Richter, der sich noch einen Spaziergang gönnt, bevor er sich in seinen Club nach St. James begibt. Mir bereitete es ein gewisses Vergnügen zu wissen, dass die großen Hände, die jetzt das Essbesteck hielten, in Harrissons Dokumentarfilm die Flügel der Fledermaus ausgespannt hatten; dass sich unter dem Nadelstreifenstoff zwei bornesische Rosen befanden, die ihm die Iban in die Haut tätowiert hatten; dass ihn die Funktionsweise der Echoortung bei Salanganen mehr interessierte als Politik, Gesetze oder die Mechanismen der Macht.

In den 1980er- und 1990er-Jahren hielt Cranbrook sich immer öfter in den großen Städten Südostasiens auf, um den Weg der Vögel von den Höhlen in die Häuser nachzuverfolgen. Er traf die neuen Vertreter und Vertreterinnen der Industrie, von denen viele durch den Handel mit Salanganenspeichel reich geworden waren. Einer seiner Kontakte in der Vogelnestbranche war ein indonesischer Geschäftsmann namens Dr. Boedi

Mranata. Dr. Boedi, studierter Biologe, zählte in den 1990er-Jahren zu den Ersten, die sich näher mit der Salanganenhaltung befasst und mit verschiedenen Vogelhaustypen und Vogellockrufen experimentiert hatten. Dass er mit der Biologie der Salanganen vertraut war, verhalf ihm zu fantastischem Erfolg – er lockte Massen von Vögeln in seine Häuser. Inzwischen zählt er zur reichen Oberschicht Indonesiens und herrscht über ein Empire von Salanganen-Hotels, das sich von Java bis nach Kalimantan erstreckt und unter den Markennamen *Xiao Niao* oder *Pristine Nests* Vogelnester nach China und Hongkong verkauft. Auf der Website von Xiao Niao wird Dr. Boedi als »Nesterkönig« bezeichnet, ein Titel, den ich bald aus eigener Anschauung bestätigen konnte.[74]

Eines Sommers begleitete ich Lord Cranbrook auf einer Reise nach Jakarta, um Dr. Boedi zu besuchen. Im Rahmen seiner Salanganenforschung wollte der britische Zoologe aus einem von Dr. Boedis Vogelhäusern Proben entnehmen. Am Tag nach unserer Ankunft ließ Dr. Boedi uns im Hotel abholen und zu einem großen Gebäude in einer Gated Community am Stadtrand chauffieren. Sein mit Schätzen vollgestopftes Heim glich einem Miniaturmuseum von ausschweifender Opulenz – eine Feier seines intellektuellen Ehrgeizes und ein Monument seines Erfolgs in der Vogelnestbranche. Wie Schulkinder schlenderten wir durch das Gebäude, bewunderten alte Kanonen, berührten hier einen Fliegenwedel, der aus einem weißen Yakschwanz hergestellt war, strichen dort mit der Hand über Hartholzmöbel, bestaunten eine riesige Sammlung chinesischer Keramik in einem alarmgesicherten Raum und draußen im Freien einen rekonstruierten hölzernen Tempel. In einem schlicht und geschmackvoll angelegten Steingarten sahen wir einen mächtigen versteinerten Baumstamm und einen Pfau, dessen Kreischen das Plätschern des Brunnens übertönte.

Dr. Boedi war ein kleiner Mann mit Brille und sanfter Stimme, dem man schon auf den ersten Blick den Wissenschaftler und Biologen ansah. Wie Lord Cranbrook schien auch ihn das Wissen um seiner selbst willen zu faszinieren. Begeistert sprach er vom Lebenszyklus der Salanganen und von den Großtaten der frühen chinesischen Kaufleute. Als renommierter Keramikexperte hatte er kürzlich eine detaillierte Studie über

Martaban-Gefäße verfasst, große Vorratsbehälter, die chinesische Händler einst mit den im Landesinneren lebenden Stämmen Borneos gegen Salanganennester tauschten. Doch hinter Boedis gelehrtem Äußeren blitzte gelegentlich eine andere Persönlichkeit auf, die des bodenständigen Unternehmers, der sich über fast drei Jahrzehnte hinweg ganz oben in einer skrupellosen Branche behauptet hat.

Kurz nach unserer Ankunft hielt Lord Cranbrook in Dr. Boedis Wohnzimmer einen Vortrag über die Domestizierung der Salanganen. Der Raum war brechend voll. Indonesische Studenten, Geologen und Geschäftsleute saßen in einem Kreis um den Zoologen herum. Außer Dr. Boedi waren noch zwei weitere indonesische Vogelnest-Magnaten anwesend, die zusammen mit ihm den größten Teil Indonesiens unter sich aufgeteilt hatten, die »Großen Drei« der Salanganenhaltung und Vogelnesternte. Sie verfügten über ebenso großes Selbstvertrauen wie Dr. Boedi, ordneten sich ihm aber wie einem weisen Lehrer oder Guru unter. Machte Dr. Boedi einen Witz, was oft geschah, fiel auf, dass seine Entourage etwas zu laut lachte, mit Ausnahme Lord Cranbrooks, der nur vor sich hin grinste. »Warum lacht Lord Cranbrook nicht?«, fragte einer der Großen Drei sichtlich verblüfft. »Wir versuchen ihn immer zum Lachen zu bringen.«

Diese Geschäftsleute wirkten vollkommen anders als Nuar, der Kletterer und Nestpflücker in Niah. Lässig gekleidet, mit Batikhemd und italienischen Lederschuhen, wussten sie alles über die Extravaganzen des chinesischen Luxusmarkts, Schwankungen im Währungskurs, Preismodelle und Überwachungssysteme für Vogelhäuser. Von Jakarta oder Medan aus konnten sie ihre Vogelhäuser bequem kontrollieren, ohne sich vom Schreibtisch zu erheben, geschweige denn einen Eisenholzpfahl in schwindelerregende Höhen emporzuklettern. Sie waren mit den Höhlen und den dort lebenden Vögeln nicht vertraut, scheuten die Finsternis und die Gerüche. Das wurde mir klar, als wir später einen ganzen Nachmittag lang gemeinsam eine Höhle in Java besichtigten, um weitere Proben zu nehmen. Als wir die Höhle verließen, war Cranbrooks T-Shirt durchgeschwitzt und voller Staub, die Batikhemden und italienischen Schuhe der beiden anderen hingegen wirkten makellos.

In Dr. Boedis Wohnraum herrschte eine beschwingte Stimmung. Einige Monate zuvor hatte China ein Einfuhrverbot für Vogelnester aus Indonesien aufgehoben, das 2011 aufgrund angeblich zu hoher Nitritwerte in den Nestern erlassen worden war. Als Vorsitzender der Indonesian Bird's Nest Traders and Farmers Association hatte Dr. Boedi an vorderster Front für die Aufhebung des Verbots gekämpft und erfolgreich auf die chinesischen Behörden eingewirkt. Nun bereiteten sich indonesische Anbieter darauf vor, die Nester direkt an China zu verkaufen und von einer Lieferkette ohne Zwischenhändler zu profitieren. Über das allgemeine Geplauder im Wohnraum hinweg hörte ich Dr. Boedis Kinder, Harry und Ariani, intensiv über Marketingstrategien diskutieren, zu denen auch zählte, für den chinesischen Markt Videos über die Nestfarmen ihres Vaters produzieren zu lassen.

Gegen Ende der Woche besichtigten wir Dr. Boedis Vogelhaus in West-Java. Nach stundenlanger Fahrt erreichten wir ein Grundstück voller Kokosnusspalmen und Guavenbäume, eine der raren grünen Inseln abseits der Beton- und Asphaltwüste Javas. Die exakte Lage des Grundstücks erfuhr ich zwar nie, doch es lag zweifellos am Rand eines Gebiets mit intensiver vulkanischer Aktivität, was man am Schwefelgeruch der sprudelnden Quellen merkte. Im Zentrum des Grundstücks lag Dr. Boedis Farm. Der brutalistische Block ähnelte einem riesigen Bunker. Aus einer oben angebrachten Öffnung schossen wie Leuchtspurpatronen unaufhörlich Salanganen hervor. Rund um den Gebäudesockel verlief ein kleiner Wasserkanal, ein Verteidigungsgraben, um Insekten und Nagetiere fernzuhalten. »Eigentlich bin ich ja keine Frühaufsteherin«, erzählte mir Ariani, »aber wenn ich hierher [zu diesen Häusern] komme, würde ich gerne [früher] wach, weil man bei Sonnenaufgang all die Vögel ausschwärmen sieht. Irgendwie apokalyptisch.«

Dr. Boedi stand mit ausgebreiteten Armen vor dem Gebäude. Seine aufgekratzte Stimmung hatte sich gelegt, und sein sonst eher regloses Gesicht leuchtete jetzt in fast kindlicher Freude. Nachdem er einen Schritt über den kleinen Graben gemacht hatte, schloss er die Metalltür zum Turm auf und führte uns hinein. Warme, feuchte Luft umfing uns, wir hörten das Klicken der Salanganen, und aus Lautsprechern über unseren

Köpfen ertönte Vogelgezwitscher. An hölzernen Balken klebten Hunderte von Nestern voller Jungvögel, die sich schwarz vom Weiß des ausgehärteten Salanganenspeichels abhoben. Dr. Boedi winkte uns zu einem der Balken, senkte den Finger in ein weißes Nest, den ein Salanganenküken gleich in den Schnabel nahm. Dr. Boedi begann sanft auf das Vogeljunge einzuflüstern. »Angenommen«, wandte er sich dann an mich, »manche Häuser werfen nur etwa 200 Kilo ab – manchmal 400 Kilo [alle zwei Monate]. Ein Kilo bringt 1000 Dollar. Also alle sechzig Tage mindestens 200 000 Dollar. Das ist eine kleine Bank!«

Wer Honig gewinnen möchte, kann sich übers Internet für etwa 30 Dollar Königinnen bestellen und sie in einen Bienenstock einsetzen.[75] Für erfahrene Imker ist dies ein unkompliziertes und relativ preiswertes Verfahren. Bei der Vogelnesternte verhält es sich ganz anders; auch wenn manche Salanganenhalter bereits befruchtete Eier in Vogelhäuser legen, müssen die Salanganen erst in die Häuser gelockt werden, durch Vogelrufe und die Aussicht auf eine komfortable Unterkunft.[76] Bevor sie ein Vogelhaus errichten, können Salanganenhalter den Standort erst einmal dadurch testen, dass sie das ängstliche Piepsen von Salanganenküken abspielen. Erscheinen daraufhin Salanganen, ist der Standort aussichtsreich. Dann baut man einen Turm, installiert Lautsprecher und lockt die Salanganen mit elektronischen Vogellauten zum Nisten herbei. Der Markt für Salanganenrufe boomt, im Angebot sind Aufnahmen mit Kükengepiepse, Balzrufen oder Angstrufen; sie haben ausgefallene Namen wie »Black Cloud« oder »Baby King«. Es gibt auch noch weitere Produkte, die Salanganen anlocken sollen, von Plastiknestern bis zu Pheromonsprays.

Im neunzehnten Jahrhundert gab es zahlreiche Theorien über Imkermethoden.[77] Imker experimentierten mit verschiedenen Bienenkorb-Designs, probierten alle möglichen Methoden aus, um die Insekten anzulocken. Und ganz ähnlich dachte auch Dr. Boedi viel über die Bedingungen in seinen Vogelhäusern nach, überwachte Luftfeuchtigkeit, Licht und Sound. Ariani sagte, Boedi habe eine Art »Dr. Doolittle«-Begabung und vertraue auf seinen Instinkt. »Obwohl ich Vogelhäuser auch schon seit meiner Kindheit kenne, würde ich trotzdem bis heute nicht spüren, ob sie zu trocken oder zu feucht sind. Mein Dad [sagt] immer: ›Man spürt es am Nacken.‹ Und ich: ›Wie meinst du das, am Nacken?‹ Und er: ›Der Schweiß.‹«

Ein Imker kann sogar verschiedene Honigsorten kreieren, indem er seine Bienen in blühende Felder entlässt: Lavendel, Alfalfa, Blaubeeren oder Eukalyptus. Vergleichbar können auch Vogelnestfarmer in ihren Häusern verschiedene Nesttypen kreieren, indem sie mit unterschiedlichen Bedingungen experimentieren. »Wir würden gern orangefarbene Nester produzieren, weil dafür momentan Nachfrage in Singapur besteht«, erklärte mir Ariani. »Wir nennen das die C4-Farbe.« Rote oder orangefarbene Nester können fünfmal wertvoller sein als weiße Nester, und die Produktionsmethoden sind streng geheim. Manch einer glaubt, das Blut der Vögel sei für die rote Farbe verantwortlich, doch in Wirklichkeit reagieren Salpeterbakterien in den Nestern mit dem Ammoniak des Guano.[78] Als gute Geschäftsfrau schwieg Ariani sich über Details aus: »Es hat viel mit den Bedingungen im Haus zu tun – Luftfeuchtigkeit, Temperaturen, alle möglichen chemischen Reaktionen.«

Wir stiegen in den zweiten Stock des Turms hinauf, über mit Vogelguano bedeckte Treppen bis zu einer Ebene, auf der sich ein kleines Becken mit schmutzigem Wasser befand. Alle Stockwerke des Turms waren durch große Öffnungen miteinander verbunden, und die Vögel flogen durch diese Öffnungen nach oben, dem Licht entgegen. Ich begann die Nester zu zählen, musste mich dann aber darauf konzentrieren, nicht auszurutschen. Was war das für ein Ort? Eine Farm? Eine Bank? Eine Art Bienenstock? Das englische Wort Bienenstock, »hive«, ist verwandt mit dem altnordischen *hufr*, was den Rumpf eines Schiffs bezeichnet. Dr. Boedis Vogelhäuser waren offene Schiffe, und es konnte sein, dass ihre Bewohner sie eines Tages verließen und den Wohlstand ihrer Erbauer vernichteten. »Man kann so einen Vogelturm nicht als Sicherheit bei einer Bank hinterlegen«, erklärte mir Dr. Boedi. »Vielleicht sind [die Vögel] morgen schon nicht mehr da.« Mir fiel seine große Antiquitätensammlung in dem alarmgesicherten Raum ein; im Gegensatz zu Salanganen haben Ming-Vasen nicht die Tendenz, davonzufliegen.

Ich dachte darüber nach, wie sehr sich die Vogelnesternte in der Niah-

Höhle von Dr. Boedis Unternehmen unterschied. Die Vögel in den Höhlen brauchten Nuar, den Nestpflücker, nicht. Er war ihnen gleichgültig, aber sie tolerierten seine Gegenwart, solange er darauf verzichtete, Zwiebeln zu braten, laute Musik zu spielen oder allzu viele Nester zu ernten. Hier bei Dr. Boedi jedoch war die Ernte keine einseitige Sache mehr: Genau wie die Eiderenten brauchen die Salanganen jetzt die Farmer, die ihnen Unterkunft und eventuell Schutz bieten (tatsächlich töten manche Farmer Fressfeinde der Salanganen, z. B. Eulen). Bis zu einem gewissen Grad allerdings behalten die Salanganen die Kontrolle, denn falls ihr Wirt die Abmachung verletzt, können sie das Vogelhaus jederzeit verlassen.

»Es geht nicht darum, wie man aus diesem Tier das meiste Geld herausholt«, erklärte mir Ariani. »Wenn man all diese Vögel dazu bringt, zu nisten und Eier zu legen, und sie dann merken, dass ihre Eier und ihr Nest nicht mehr da sind, fliegen sie vermutlich davon.« Deshalb lässt man neu gebaute Häuser erst einmal ganz in Ruhe, bis fünftausend Nester entstanden sind. »Ab zehntausend [Nestern] ist man auf der sicheren Seite und kann alle sechzig Tage ernten«, sagte sie. »Man möchte ja, dass es in den Häusern von Vögeln nur so wimmelt.«

Nach der Turmbesichtigung kredenzte uns Dr. Boedi in einer Laube aus Palmwedeln Erfrischungen. Während wir uns, im Schatten sitzend, an Kokosnüssen und Guaven labten, erläuterten Ariani und ihr Bruder mir die Pläne des Familienunternehmens genauer. Auf ihrem Laptop zeigten sie mir ein Werbevideo über ihre Vogeltürme in einem abgelegenen Teil Kalimantans, Borneo, und sprachen von ihrer Hoffnung, dass die Vogelnester in Europa und Amerika zu einem Verkaufsschlager würden. »Sobald es eine seriöse wissenschaftliche Publikation gibt [die den gesundheitlichen Nutzen des Verzehrs von Vogelnestern belegt], kommen sie garantiert auf den Markt«, erklärte Ariani begeistert. »Man wird sie zu Pillen, Konserven und Marmelade verarbeiten.«

Ob die Nester über medizinische Eigenschaften verfügen, ist ein hochemotionales und kommerziell sensibles Thema. Eine ständig wachsende Zahl von Arbeiten chinesischer und japanischer Forscher verweist auf den möglichen gesundheitlichen Nutzen von Vogelnestern.[79] Es heißt, dass die Nester Sialinsäure enthalten, die auch in menschlicher Muttermilch vorkommt, und dass sie das Immunsystem stärken können oder dass ein darin enthaltenes Hormon einem epidermalen Wachstumsfaktor (EGF) ähnelt. Bisher jedoch hat den Nestern meines Wissens noch keine seriöse europäische oder amerikanische Fachzeitschrift Heilwirkungen zugeschrieben. Als wir Dr. Boedis Haus besuchten, wich Lord Cranbrook dem Thema diplomatisch aus: »Nun ja, jedenfalls kann der Verzehr eines Nest sicher nicht *schaden*«, meinte er zurückhaltend.

Davon erwähnte ich Ariani gegenüber nichts, es stand mir auch gar nicht zu. Ich war dankbar für das Gespräch, in dem sie mir in aller Ruhe schilderte, welche Tücken das Geschäft mit den Vogelnestern barg. Nach der Schule in Jakarta hatte sie in Boston BWL studiert und gelernt, mit Fragen verblüffter Kommilitonen nach dem Metier ihres Vaters umzugehen. »Die kannten ja von ihrem eigenen Garten her nur Vogelnester aus Zweigen und fragten sich, wie so was Geld bringen soll.« Genau wie jene Bostoner Studenten hatte auch ich das Gefühl, Ariani nehme mich unter ihre Fittiche, voller Verständnis für meine Konfusion. Manchmal verwirrten die Implikationen der Vogelnesternte ja sogar noch sie selbst. »Ich wünschte, mein Dad hätte einfach ein Restaurant«, gestand sie mir. »Es wäre für mich um einiges leichter, das später zu übernehmen.«

Im Gegensatz zu ihr war Dr. Boedi zugeknöpft und ließ sich nicht in die Karten schauen. Als wir einmal vor einer Höhle standen und ich ihm eine bestimmte Frage stellte, bestand seine Antwort darin, dass er mir eine Keramikscherbe reichte, die er gefunden hatte. »Vermutlich Ming«, grübelte er. Und so verließ ich, trotz des freundlichen Beistands durch Ariani, Jakarta mit dem Gefühl, letztlich doch wenig darüber erfahren zu haben, wie Dr. Boedi zu seinem Vermögen gelangt war. Erst später, nachdem ich Java längst wieder verlassen hatte, fragte ich mich, ob uns der »Nesterkönig« nicht vielleicht behutsam gesteuert hatte. Nie waren wir ohne Begleitung gewesen, nie hatten wir im Restaurant bezahlen dürfen, nie hatten wir auch nur eine Sekunde für uns allein gehabt – wir hatten uns in seinen Bann ziehen lassen und nach seiner Pfeife getanzt, wie die Tausende von Salanganen, die er in seine Türme lockte.

Im neunzehnten Jahrhundert entwickelte Lorenzo Langstroth, ein amerikanischer Geistlicher, das Standardmodell des Bienenstocks. Die abnehmbaren Rahmen erlaubten es den Imkern, die Bienen zu kontrollieren und den Honig zu ernten, ohne den Tieren Schaden zuzufügen. »Das ganz Besondere an meinen Bienenstöcken ...«, schrieb er, »war die Vorrichtung, mit der die Rahmenleisten entfernt werden konnten, ohne die Bienen zu erzürnen.«[80] Dr. Boedi hatte offenbar ein System im Geiste Langstroths entwickelt, indem er sein eigenes Interesse mit dem der Vögel identifizierte. Um die Salanganen nicht zu vertreiben, entfernte er die Nester erst dann, wenn die Vögel keine Verwendung mehr für sie hatten.

Wenn die Beziehung der Farmer zu den Salanganen nun im Wandel begriffen ist, dann wohl nicht aufgrund individuellen Fehlverhaltens, sondern als Resultat einer negativen Gesamtentwicklung.[81] Die indonesische Insel Java war einst Zentrum der Salanganenindustrie, hier errichteten die Pioniere erstmals ihre riesigen Vogelhäuser. Doch aufgrund steigender Bevölkerungszahlen, verheerender Waldbrände und der Expansion der Städte verließen die Vögel nach und nach ihre Häuser und flogen übers Südchinesische Meer nach Borneo, um sich dort erneut in Städten niederzulassen. Doch selbst auf dieser riesigen Insel existieren Risikofaktoren. Borneo ist zwar nicht von dem rapiden Bevölkerungswachstum Javas betroffen, doch der Intensivanbau von Kokospalmen zur Ölgewinnung bringt den Einsatz von Pestiziden mit sich, und diese Pestizide töten die Insekten, von denen sich die Salanganen ernähren. Falls der Palmölanbau immer weiter zunimmt und immer mehr Urwald Monokulturen weichen muss, ist Borneo vielleicht nur eine weitere Zwischenstation der Vögel auf ihrem Weg zu den letzten unberührten Gebieten Südostasiens.

Bei meiner Reise durch Indonesien und Malaysia erfuhr ich, dass immer mehr Salanganen die Vogelhäuser »tot« zurückließen. »Mein Dad meint, es liege daran, dass das Großstadtleben immer weiter in unberührte Gebiete vordringt«, erklärte mir Ariani. »Die Luftqualität hat sich verändert, und die [Vogel-]Population ist drastisch zurückgegangen.« In der Stadt Johor Bahru am südlichen Ende der Malaiischen Halbinsel sah ich reihenweise verlassene Vogelhäuser, deren Hochtonlautsprecher Vogelrufe in den leeren Himmel schickten, verwahrloste Gebäude inmitten von

Abwässern und verrosteten Autowracks. Einst wertvolle Anlageobjekte, waren sie nun für Menschen und Vögel nutzlos geworden. »In der Stadt ist es das alles beherrschende Thema«, erzählte mir Lim Chan Koon, der nun Beratungen zu Vogelhäusern durchführt. In Bars, Vogelnestvereinen, an Universitäten, in Büros und Online-Foren tobte eine hitzige Debatte über die möglichen Ursachen für das Verschwinden. »Uns liegen keine Daten vor, wir beobachten es nur.«

Als sich immer mehr Vogelhäuser leerten, gaben kleinere Betriebe auf und wandten sich anderen Branchen zu, um den chinesischen Markt zu bedienen. Dr. Lim begann, Empurau zu züchten, einen großen Süßwasserfisch, der zu den teuersten Fischen Malaysias zählt. Außerhalb von Kuching, Sarawak, zeigte er mir seine geräumigen Becken, wo die Fische in kristallklarem Wasser ihre Runden drehten. Er hatte von den unvorhersehbaren Risiken des Salanganen-Business genug gehabt, andere hingegen, wie Dr. Boedi, hatten sich aus Profitgründen dafür entschieden, den Vögeln auf ihrem Weg in noch unberührte Naturgebiete zu folgen. In Kalimantan, Borneo, beobachtete ein Scout-Team in seinem Auftrag die Flugrouten und Bewegungsmuster der Vögel. Dr. Boedi erwarb so viel Land wie möglich und baute riesige Vogeltürme direkt in die Flugbahn der Salanganen. Wie mir allerdings Ariani erzählte, war so ein Vogelturm kaum errichtet, da versuchten schon andere Farmer, seine Vögel abzufangen. »Egal, wo mein Vater einen Turm baut, die anderen Farmer kriegen Wind davon. Kaum hatten wir irgendwo einen Turm gebaut, dauerte es höchstens zwei Jahre, bis uns fünf von ihnen attackierten.« Ich stellte mir vor, wie Dr. Boedi den Vögeln immer weiter in noch unberührte Gebiete folgen würde, bis Ostasien irgendwann flächendeckend mit Palmölplantagen und Städten übersät sein würde; es war, als tanze er einen seltsamen Walzer, bei dem er abwechselnd führte oder folgte.

AERODRAMUS INEXPECTATUS GERMANI – DIE WEISSNEST-SALANGANE

In seinem Essay »Gedanken über die gemeine Kröte« schwärmt George Orwell von den Freuden der Natur im städtischen Raum und von den vielen Vögeln, die man in London findet: »Ich habe einen Falken über den Gaswerken von Deptford kreisen sehen und das erstklassige Solo einer Amsel in der Euston Road gehört. In einem Umkreis von 4 Meilen müssen hunderttausende, wenn nicht Millionen Vögel leben, und es ist ein tröstlicher Gedanke, dass keiner auch nur einen halben Penny Miete zu zahlen braucht.«[82] In vielen Städten Malaysias, Thailands, Indonesiens und Vietnams herrschen andere Bedingungen; hier prägen neu erbaute Salangenentürme die Skylines der Städte, und die Vögel zahlen durchaus Miete, nämlich in Form ihrer kostbaren Nester.

Ich beobachtete sie, wie sie in neue Türme oder umfunktionierte Wohnungen strömten, ich sah sie ausschwärmen, wie damals in Nuars Reich. Die Salanganen gehörten nun offenbar zur Großstadt wie Spatzen, ihre Geschichte als Höhlenbewohner schien ausradiert. Eines Tages wird ihr Klicken womöglich überflüssig werden, nur noch eine rudimentäre Erinnerung an die verschachtelten Innenräume der Höhlen. Ich dachte an die Tauben, die die Großstädte rund um die Welt bevölkern, sich von Abfällen ernähren und in Gebäuden nisten. Man vergisst dabei leicht, dass ihre Vorfahren, die Felstauben, einst hoch über dem Meer auf Klippen nisteten.

Cranbrook beobachtete diese Stadt-Salanganen mit großem Interesse und verfolgte ihre Bewegungsmuster in der ganzen Region. Während Hunderter, wenn nicht Tausender Besuche in Vogelhäusern fiel ihm auf, dass sich die Vögel, die in Häusern nisteten, stark von den Höhlen-Salanganen unterschieden; sie waren anders gefärbt und zeigten sich nicht mehr an Kalkstein interessiert. Er hielt es sogar für möglich, dass eine neue Spezies entstanden war, genetisch so programmiert, dass sie Beton dem Kalkstein vorzog. »Was wir hier sehen, ist die jüngste Form der Domestizierung«, erklärte er mir. Seltsam, sich Salanganen in der Gesellschaft von Hunden, Schweinen oder Bienen vorzustellen, die domestiziert wurden, um dem Menschen ein Freund zu sein oder oder ihm Fleisch und Honig zu liefern, aber nicht, weil man ihren Speichel begehrt.

In den letzten Jahrzehnten haben Zoologen, Botaniker, Archäologen und Genetiker nach den wild lebenden Vorfahren domestizierter Tiere und Pflanzen geforscht, von Kühen über Katzen bis hin zum Getreide. Durch den Vergleich prähistorischer DNA-Proben mit der DNA heute existierender Tiere und Pflanzen warfen sie Licht auf Fragen, die bis dahin als unlösbar gegolten hatten. Dank ihrer Forschung wissen wir jetzt zum Beispiel, dass alle europäischen Hausrindrassen womöglich von einer einzigen Herde abstammen, achtzig Tieren, die vor etwa 10 500 Jahren in Mesopotamien lebten.[83] Oder dass das Przewalski-Pferd, das einst als letztes Wildpferd galt, der wilde Nachkomme von Pferden ist, die vor etwa fünftausend Jahren domestiziert wurden; und zwar von der Botai-Kultur, einer Gruppe von Jägern und Hirten, die auf dem Gebiet des heutigen Kasachstan lebten.[84] Seine Besuche der Vogelhäuser machten Cranbrook neugierig auf die Abstammung dieser in Häusern gehaltenen Salanganen. Wo kamen sie her?

Die intensive Suche nach wilden Vorfahren hat nicht nur taxonomische Bedeutung, entspringt nicht nur dem Wunsch, Lücken im Stammbaum auszufüllen oder die korrekte Nomenklatur zu verwenden. Während der Entwicklung von der Agrokultur zur Monokultur geht die genetische Vielfalt bei Pflanzen und Tieren größtenteils verloren, was zum Kollaps führen kann. Beispiele dafür sind die durch Kartoffelfäule verursachte Große Hungersnot in den 1840er-Jahren in Irland oder Mitte des 20. Jahrhunderts die Panama-Krankheit der Bananen. Cranbrook befürchtete, dass ebenso wie diese domestizierten Arten auch die in Häusern gehaltenen Salanganen gefährdet sein könnten. Einige Studien mit malaysischen und vietnamesischen Haus-Salanganen zeigten, dass es bei ihnen nur noch eine geringe genetische Vielfalt gab; Cranbrook fürchtete, dies könnte zu Krankheitsausbrüchen führen, die die Vögel vernichten und ihre Halter wirtschaftlich ruinieren könnten.[85] Wie aus Aquakulturen entkommene Zuchtlachse oder -shrimps, könnten sich diese Hausvögel mit wilden Vogelpopulationen paaren.

Einer der von Cranbrook identifizierten mutmaßlichen Hausvogel-Vorfahren war eine hübsche kleine Salangane, *Aerodramus inexpectatus germani* oder Mauritiussalangane.[86] Er nannte den Vogel einen »Insel-Super-Tramp«, weil das Tier zwischen den Inseln umherschweifte, von Hainan bis nach Vietnam, von Malaysia bis zu den Andaman-Inseln. Anders als die Schwarznestsalanganen von Niah, ist die Mauritiussalangane eine von zwei Salanganenarten, die die hochgeschätzten weißen Nester produzieren. In Cranbrooks Studentenzeit gab es von diesen Vögeln noch zahlreiche Exemplare, nach den Preissteigerungen der 1980er-Jahre jedoch wurden viele von Borneos Meereshöhlen, Felsenriffen und Klippen geplündert, die Nester von Landbesitzern oder Dieben geraubt. War von der Mauritiussalangane die Rede, benutzte Lord Cranbrook oft das Wort »winzig« und sprach es so zart aus, als wolle er damit andeuten, wie rar und fragil diese Vögel waren.

Im Oktober 2014 hatte er ein paar körperlich fitte Studenten losgeschickt, um die Küstenhöhlen von Sabah zu erkunden, dem an Sarawak grenzenden malaysischen Staat, und die dortigen Vogelpopulationen zu überprüfen.[87] Die Studenten fanden jedoch nur zwei Höhlen mit Mauritiussalanganen auf zwei kleinen Inseln vor Borneos Nordwestküste – Mantanani Besar und Balambangan. Im Rahmen einer britisch-malaysischen Studie über die Abstammung der Salanganen plante Lord Cranbrook nun, diese Höhlen zu besuchen, eine Mauritiussalangane zu fangen und ihr eine Feder auszurupfen. Begleiten sollte ihn ein kleines Team, dem unter anderem die Genetikerin Dr. Sarah Ball und der Filmemacher Jamie Curtis Hayward angehörten. Als Cranbrook mich beiläufig einlud mitzukommen, zögerte ich ein wenig, da er das Betreten der betreffenden Höhle als »zwar schwierig, aber nicht unmöglich« geschildert hatte. Dann jedoch tröstete mich der Gedanke, dass er ja schon fast zweiundachtzig Jahre alt war und seine besten Tage als Kletterer wohl schon hinter sich hatte.

Mantanani ist eine kleine Insel, gerade mal drei Kilometer lang, umgeben von türkisblauem Wasser. Hier lebt eine Gemeinschaft ubianischer Muslime. Ihnen zahlenmäßig weit überlegen sind Hunderte chinesischer Billigtouristen, angelockt durch weiße Strände, Tauchmöglichkeiten und Karaokebars. Wir hatten mit einem Boot von der Küste Sabahs übergesetzt und kamen morgens an. Mit Vogelnetzen ausgerüstet, liefen wir den Strand entlang, vorbei an sonnenbadenden Touristen, an Teppichen, auf denen Fische dörrten, und schließlich an Waranen und Hunderten angeschwemmter Plastikflaschen. Cranbrook berechnete ihre Anzahl pro Quadratmeter.

Die von Cranbrook ausgewählte Höhle lag an der Nordwestspitze der Insel auf einem Kalksteinhügel. Hier bekam man vom Touristenrummel und den Tauchtouren nichts mit. Bekannt als Governor's Cave, war sie die einzige der sechzehn Höhlen der Insel, die noch über eine Salanganen-Population verfügte. Wie die meisten Vermögenswerte mit hoher Rendite gehörte auch die Höhle einem weit entfernt lebenden Besitzer, wurde jedoch von einem Einheimischen betreut. Er hieß Mohd Salleh. Salleh lebte wie ein Einsiedler in einer kleinen Hütte abseits der Hauptsiedlung der Insel und ernährte sich offensichtlich von Kokosnüssen, kohlensäurehaltigen Getränken und Bohnenbrei. Als exzellenter Kletterer erklomm er gelenkig Kokospalmen, um Nüsse zu ernten, oder die Pfähle in den Kalksteinhöhlen, um Nester zu pflücken, und verehrte Tarzan als sein großes Vorbild. »Tarzan ist wie ein Gott für ihn«, bemerkte Cranbrook.

Ob er in Höhlen abstieg, auf Kokospalmen kletterte oder im Dorf eine Hochzeit besuchte, Salleh trug stets ein Bandana und eine Schutzbrille und erinnerte Cranbrook an einen Piloten im Ersten Weltkrieg. Salleh, der Lord Cranbrooks gesellschaftlichen Status kannte, sprach ihn mit Tan Sri an, einem malaysischen Ehrentitel, der ungefähr der Ritterwürde entspricht. Und doch herrschte zwischen den beiden Männern eine Ungezwungenheit, die fast freundschaftlich wirkte. Salleh lachte sich fast kaputt über das Schuhwerk des erlauchten Gastes, ein paar ramponierte Turnschuhe, die seiner Meinung nach eher zu einem Holzfäller gepasst hätten. Cranbrook wiederum neckte Salleh mit seinem Filmhelden Tarzan und erläuterte aus der Sicht des Botanikers, warum es keine so gute Idee sei, sich von Baum zu Baum zu schwingen. »Das Problem, wenn man sich an Lianen hängt«, erklärte er, »besteht darin, dass man einen der verdorrten Teile erwischen könnte.«

Nach ausgiebigen Diskussionen mit Cranbrook erklärte Salleh sich schließlich bereit, uns zur Höhle zu führen. Wir wanderten über vergrabene Kokosnüsse durch eine verlassene Kokosplantage auf den Kalksteinhügel zu. Mithilfe zweier Wanderstöcke kam Cranbrook in seinen Turnschuhen zügig voran, blieb jedoch immer wieder stehen, um ein Blatt oder ein Samenkorn zu betrachten und uns den lateinischen Namen des betreffenden Baums oder der Pflanze zu nennen. Dann wieder blickte er nach unten auf das dichte Wurzelgeflecht, das den Dschungelboden bedeckte. »Die Bodenqualität ist hier so schlecht«, erklärte er, »dass die Bäume ihre Wurzeln über den Boden erstrecken müssen, um Nährstoffe zu finden.« Während er rüstig voranschritt, blieb ich, durch meine schweren Lederstiefel behindert, etwas zurück. »Ist Ihnen nicht schrecklich heiß in diesen Stiefeln?«, erkundigte er sich, was mir auch nicht gerade weiterhalf. Ich hätte mich vor Schlangen schützen wollen, erwiderte ich. »Auf dieser Insel gibt es ziemlich genau drei Schlangenarten«, scherzte er, »und keine davon ist giftig.«

Dann folgte ein anstrengender Anstieg den Kalksteinhügel hinauf, über den dicht mit Primärvegetation und Insekten bedeckten Boden. Schweißüberströmt kamen wir oben an. Unsere Augen brannten vom Insektenschutzmittel, und ich bemerkte, dass die chemische Substanz auch meinen Plastikkugelschreiber angegriffen hatte, der jetzt meine Fingerabdrücke trug. Cranbrook schlug vor, Jamie und ich sollten vorausgehen, um den Abstieg zum Höhleneingang zu erkunden, einen Einschnitt in der Kalksteinklippe, 30 bis 40 Meter über dem Meer. In der Nacht zuvor hatte ein Sturm getobt, und der durch viele Wurzeln ohnehin brüchig gewordene Kalkstein fühlte sich jetzt glitschig an. Es war ein schwieriger Abstieg, und wir fanden beide, dass Cranbrook, immerhin fast dreimal so alt wie wir, ihn lieber nicht wagen sollte. Doch unsere Bedenken ließen Cranbrook kalt. »Sie heißt Governor's Cave«, meinte er leicht gereizt, »also hat vermutlich irgendwann einmal der Gouverneur sie besucht.« Wenn im neunzehnten Jahrhundert ein Kolonialgouverneur die Höhle erreicht hatte, war der Abstieg für Cranbrook natürlich Ehrensache.

In viktorianischer Zeit passierte es ständig, dass Forscher beim Versuch, in den Tropen Präparate zu sammeln, zu Tode kamen oder verkrüppelt wurden. Jamie und ich blickten Cranbrook an in seinem schweißnassen grauen Hemd, den Kopf mit einem roten Tuch geschützt. Ich fragte mich, ob wir die nächsten Opfer auf dieser Liste sein würden, andererseits beruhigte mich der simple Umstand, dass der Zoologe, nachdem er ein halbes Jahrhundert lang solche Höhlen erforscht hatte, offensichtlich noch am Leben war. »Mancher Baum, den ich gepflanzt habe, ist vor mir eingegangen«, hatte er einmal scherzhaft geäußert.

Die Dicke des Stammes einer Bananenstaude sagt nichts darüber aus, wie robust sie ist. Den malaysischen Rengas-Baum kann man leicht mit zahllosen anderen verwechseln, und die Wurzeln des Schraubenbaumes haben Dornen. All diese botanischen Fakten lernte ich aus eigener Anschauung kennen, als ich während des Abstiegs zur Höhlenmündung nach etwas zum Festhalten suchte. Über mir suchte Cranbrook in seinen Turnschuhen nach einem festen Stand, teilweise gesichert durch Sallehs altes Rattanseil. Unter mir gähnte die Höhlenöffnung, und es schien ratsam, hier nicht auszurutschen – ein Absturz hätte einen direkt ins guanobedeckte Höhleninnere befördert. Schwitzend und erschöpft kauerten wir auf dem Felssims vor der Höhlenmündung. Cranbrook knüpfte ein Vogelnetz an zwei Lianen fest, die Salleh abgehackt hatte, und installierte es dicht beim Höhleneingang. Es war eine schwierige, knifflige Arbeit, zusätzlich erschwert durch die extrem hohe Luftfeuchtigkeit und Schwärme von Insekten.

Bis zu diesem Punkt hatte ich noch nichts zum Erfolg unserer Exkursion beigetragen, doch jetzt kam der Moment, wo meine vergleichsweise jungen Beine gefragt waren. Auf Cranbrooks Bitte hin stiegen Jamie und ich in die Höhle hinab, um die Nester zu zählen. Während wir den engen, zum Ausgang hin mit dem Vogelnetz gesicherten Gang hinabkletterten, ertönte hinter uns Sallehs Stimme und sein schrilles Gelächter: »Schlangen, Schlangen!« In diesen Höhlen gibt es oft Pythons, die sich von Fledermäusen und Vögeln ernähren, aber es war nicht klar, ob Salleh uns vor ihnen warnte oder sich nur über uns lustig machte.

Anders als in Niah drang hier kaum Licht in die Höhle, der enge Innenraum wurde nur vom Strahl unserer Taschenlampen erhellt. Ohne Flechtenbewuchs wirkten die Höhlenwände hier fast leichenhaft fahl. Das einzige Lebenszeichen war das gelegentliche *Klick-klick* einer Salangane, die sich in der Dunkelheit orientierte. Jamie, der die Höhlenwände sorgfältig absuchte, war in der klaustrophobischen Enge der Kalksteinhöhle eindeutig ruhiger als ich. Im Gegensatz zu mir hatte er als Zoologe praktische Erfahrungen in Kalimantan gesammelt, wo er unter Cranbrooks Anleitung Vögel seziert hatte. Ohne Angst vor potenziellen Gefahren entdeckte er weit oben an der Höhlenwand bald eine kleine Anzahl weißer Nester und die Umrisse von Salanganen, auf die er durch frische Guanoablagerungen auf dem Höhlenboden aufmerksam geworden war.

Ich fühlte mich genauso unbehaglich wie damals in der Großen Höhle, was hier aber nicht mit der Dunkelheit oder dem Guanogestank zusammenhing. Oben an der Höhlenwand erspähte ich nur zwei kleine Nester – in einer kleinen Höhle auf einer kleinen Insel, die einer großen Insel vorgelagert war – ein Gefühl, als hätten wir ein Set ineinandergeschachtelter russischer Matrjoschka-Puppen geöffnet, um schließlich zu entdecken, dass der innerste, kleinste Behälter aufgebrochen war und sein Inhalt sich wohl schon unterwegs zum chinesischen Festland oder nach Hongkong befand. Ich fragte mich allmählich, was wir hier taten, und war in Sorge, dass wir den Vögeln, indem wir sie erfassten und womöglich der Öffentlichkeit präsentierten, vollends den Garaus machten.

Diese Sorge verflog jedoch rasch, als ich sah, wie Cranbrook mit diesen winzigen Wesen umging. Als wir die Höhle verließen, befreite er vorsichtig einen Vogel, der sich wie ein Fisch im Netz verfangen hatte und verzweifelt flatterte. In seinen großen Händen wirkte das Tier mit seinen riesigen Augen wie ein Insekt. Grinsend steckte Cranbrook den Vogel in einen cremefarbenen Beutel, der das Logo eines exklusiven Schweizer Schuhherstellers trug. Im Schatten standen schon zwei weitere Schuhbeutel, die sanft pulsierten; der Fischzug war also ein Erfolg gewesen. Da wir an der Höhlenmündung kaum Platz gefunden hätten, entschied Cranbrook, die Proben oben auf dem Felsvorsprung zu entnehmen. Schweißüberströmt kletterten wir also wieder hinauf, und die Schuhbeutel mit den Vögeln baumelten wie Pulverbeutel an Jamies Gürtel. Oben angelangt, öffnete Cranbrook die Beutel, nahm die Maße der Vögel, zupfte jedem eine kleine Feder aus, die Dr. Sarah Ball in kleine Probeflaschen steckte. »Kluges Kerlchen«, flüsterte Cranbrook einem der Vögel zu, bevor er ihn fliegen ließ.

Cranbrook ist kein emotionaler Mensch, aber irgendwie wirkte er traurig, als er den winzigen Vögeln die Federchen ausriss. Ende des neunzehnten Jahrhunderts hatten Vogelnester zu den wichtigsten Handelsgütern von Sabah gehört, hatten 19 Prozent des Exportertrags der North Borneo Chartered Company ausgemacht, doch jetzt war klar, dass die meisten Höhlen, die der großen Insel vorgelagert waren, keine Salanganennester mehr enthielten.[88] Und obwohl jetzt in ganz Asien immer mehr Vögel in Häusern und Türmen gehalten werden, hat sich die Zahl der Höhlen-Salanganen nicht erholt. Ich musste an die Wildlachse denken, deren Zahl immer weiter abnimmt, während die Zahl der Aquakulturen in Netzgehegen exponentiell steigt.[89] Mit jedem Schritt, den ich mich von der Höhle entfernte, wurden mir die Vogelnester vertrauter, fast schon so vertraut wie Kaviar, Lachs und Rind. Solange ich kein Nest verzehren musste.

Auf der Heimreise machte ich Station in der Hafenstadt Johor Bahru, um Dr. Tan Boon Siong zu treffen. In einem Gebäude, das er sich mit einer Kosmetikfirma teilt, verarbeitet er Vogelnester. Dr. Tan Boon Siong erzählt, sein Interesse an Vogelnestern gehe auf die Zeit zurück, als seine Mutter schwer an Krebs erkrankt war. Während ihres Klinikaufenthalts ließ Dr. Tan sie Vogelnestsuppe essen, von deren vielfältigen Heilwirkungen er gehört hatte. Seine Mutter genas tatsächlich, und seitdem trinkt er die Suppe jeden Abend, als eine Art Anti-Aging-Kakao. »Deshalb sehe ich mit sechzig noch so jung aus«, erklärte er. Er führte mich in einen Raum im Untergeschoss, so steril wie damals der Raum im Penn Museum, wo man mir die Vogelnester gezeigt hatte. Hier fand die Verarbeitung der Nester statt, die dann größtenteils über die Straße von Johor nach Singapur gingen. In Singapur, das Johor Bahru genau gegenüberlag, wurden sie dann von wohlhabenden Chinesen verspeist. Dr. Tan, der unbedingt wollte, dass ich den Geschmack auch einmal selbst erlebte, nahm eins der Nester aus der Plastikbox und warf es in sprudelnd kochendes Wasser. Es wurde weich, die getrockneten Speichelfäden quollen zu einer transparenten gelatineartigen Masse auf. Nach einer halben Stunde hatte sich das Nest vollständig aufgelöst, das Werk eines Vogels war zerstört. Dr. Tan goss die Brühe in Suppentassen. »Wie Milch«, sagte er. Ich brachte es nicht übers Herz, ihm zu sagen, dass ich überhaupt nichts schmeckte.

KATZENKAFFEE

Im Jahr 1692 stand Daniel Defoe vor dem finanziellen Ruin. Lange bevor er *Robinson Crusoe* schrieb, war er Kaufmann und Spekulant, ein »Projektemacher« oder Hasardeur.[1] Der Ausbruch des Kriegs gegen Frankreich hatte sich nachteilig auf seine Geschäfte ausgewirkt – französische Freibeuter attackierten britische Handelsschiffe, die Inflation nahm zu, und britische Kaufleute gerieten in Bedrängnis. Nach diversen geschäftlichen Misserfolgen schuldete er einhundertvierzig Gläubigern eine Summe von insgesamt 17 000 Pfund. Da es damals noch nicht die Möglichkeit eines Schuldenerlasses gab, stand Defoe mit einem Bein im Schuldgefängnis. Angesichts der drohenden Verhaftung ließ er sich auf allerlei abenteuerliche Unternehmungen ein. Er handelte mit Wein, Spirituosen und Herrenunterwäsche; er importierte Feuerholz, Tabak und Schnupftabak; er gründete ein Ziegeleiwerk; und er investierte in eine Taucherglocke, um gesunkene Schätze zu heben. Doch seine kurioseste Unternehmung bestand darin, dass er für einen Kaufpreis von 852 Pfund siebzig Zibetkatzen erwarb, kleine nachtaktive Tiere aus Afrika und Südasien.

Die Zibetkatze entzog sich einer exakten Klassifizierung und wurde mit mindestens fünf anderen Säugetieren verglichen. In seiner *Geschichte der vierfüßigen Kreaturen*, erschienen 1607, zitiert Edward Topsell folgende Beschreibung:

> Sein Gestalt ist größer denn ein Katz und kleiner denn ein Dachs, mit einem spitzigen Gesicht als wie ein Marder, das Ohr kurtz, rund und plump, außen schwartz, innen jedoch hellicht und so gleycherweis an den Rändern, die Augen ein Blau von der Farb des

Himmels, Beinen und Füß schwartz und breiter oder stärcker gespreitzt als bei einer Katzen: ebenso eine schwartze Krallen, alswelche weder so krumm ist noch so im Fuße verborgen als wie bei einer Katze, freylich sind die Zähne scharpffer und schrecklicher.²

Seit Topsells Beschreibung der Zibetkatze tobte die Debatte über ihren angemessenen Platz im Tierreich. Im Jahr 1752 folgerte der britische Arzt John Hill, dass sie »anfangs der [Gattung] Katze zugeordnet wurde, dann den Hunden, doch eigentlich gehört sie zur Spezies der Dachse«.³ Im Jahr 1821 schlichtete John Edward Gray den Streit, indem er der Zibetkatze eine separate Unterfamilie innerhalb der Familie der Schleichkatzen *(Viverridae)* zuwies,⁴ die heute etwa achtunddreißig Arten umfasst.⁵

Dass Defoe ausgerechnet in dieses nicht klassifizierbare Tier investierte, mag uns heute seltsam erscheinen; seine Zeitgenossen im England des siebzehnten Jahrhunderts überraschte es sicher nicht. Eines der Merkmale der Zibetkatze sind »Drüsensäcke« unterhalb des Afters, die ein gelbliches Sekret absondern, den Zibet, dessen Konsistenz an Honig oder Butter erinnert. Der Geruch, häufig mit dem von Käse, Erde oder Körperflüssigkeiten verglichen, ist sehr intensiv und wurde lange Zeit als Grundbestandteil bei der Parfümherstellung oder als Fixierungsmittel für Düfte verwendet.⁶ Üblicherweise wurde der Zibet verdünnt, er diente der Imprägnierung von Perücken und Laken und der Aromatisierung von Schnupftabak, und sein Duft evozierte Eleganz und Reichtum. »Es gab eine Zeit, als das Erzeugnis vom Hinterteil der Zibetkatze höchste Wertschätzung bei den Damen und bei weibischen Männern genoss«, schrieb im Jahr 1800 der Geistliche William Fordyce Mavor, ein ehemaliger Lehrer.⁷

Ganz ähnlich wie das Salanganennest ließ auch dieses Sekret seine physikalischen Grenzen hinter sich und wurde zum Heilmittel. Man betrachtete Zibet als Antidot gegen allerlei Krankheiten und gegen die Miasmen und Strapazen des Großstadtlebens und sprach ihm umfassende Heilwirkung zu, von Depressionen bis hin zu erektiler Dysfunktion. »Gib mir ein Loth Zibet, Freund Apotheker, Die Phantasie zu würzen!«, ruft Shakespeares König Lear in einem Anfall von Wollust.⁸ Im sechzehnten Jahrhundert schlug der sienesische Dichter Pier Andrea Mattioli vor, Zibet solle auf den Nabel gerieben werden, um »Verschlingungen des Uterus« zu kurieren, oder auf den Penis, um die Wonnen des Geschlechtsakts zu steigern.[9]

In der georgianischen Periode war Zibet in Großbritannien zu einem der teuersten Konsumgüter geworden, kostbarer als Bärenfett oder Schildkrötenfleisch.[10] Nach Angaben des Historikers Christopher Plumb kostete ein Gran Zibet – ausreichend für die Imprägnierung eines Bettlakens oder den Tagesbedarf an Eau de Toilette – zwei Pence, so viel wie in London eine warme Mahlzeit oder der Tagesbedarf an Kohle; man schätzte, dass eine einzige Zibetkatze pro Jahr Drüsensekret im Wert von 2 Pfund produzierte.[11] Üblicherweise wurde der Zibet aus Kairo, Basra, Kalkutta und Äthiopien nach Großbritannien importiert; doch erzielte Zibet aus den Niederlanden oder von den Britischen Inseln einen höheren Preis, weil man hier sicher sein konnte, dass es sich um das reine, unverfälschte Produkt handelte. Wenig überraschend also, dass Defoe für jede Zibetkatze 12 Pfund bot.

Welch seltsame Vorstellung, dass dieses Tier bei den Schachzügen und Feinheiten der Verführung und bei gesellschaftlichen Manövern in Tanzsälen, Landsitzen oder an Königshöfen eine unsichtbare Rolle spielte. Wie Biber oder Wale – auch Bibergeil und Ambra waren als Fixiermittel bei der Parfümherstellung geschätzt – stahl sich auch die Zibetkatze in das gesellschaftliche Leben des Bürgertums und Adels. Es lag etwas wunderbar Demaskierendes in dem Gedanken, dass dieses kostbare Sekret, das im Geschlechtsleben wilder Tiere eine Rolle spielte, unter der Maske der Höflichkeit in der Liebeswerbung der Menschen auftauchte.

Defoe hielt seine Zibetkatzen in einem Haus in Newington Green, heute im Norden Londons, das er seit seiner Kindheit kannte. Laut einer Beschwerde, die später beim Londoner Court of Chancery eingereicht wurde, war das Haus »eingerichtet & schicklich geeignet nur zur Haltung & Fütterung« der Zibetkatzen, die untergebracht waren in »etlichen ihrer Fütterung dienenden Verschlägen mit Trögen und Wasserbottichen, auch hatten etliche Räume beheizbare Öfen, um besagte Katzen am Leben zu erhalten«.[12] Solche Bedingungen waren typisch für die Zibetkatzenhaltung: Offenbar steigerten hohe Temperaturen die Produktion des Sekrets, weil die Tiere »schwitzten«. Die Zibetkatzen wurden in engen Kisten gehalten, ihre Perianaldrüsen mit einem speziellen langen Holzspatel ausgekratzt, ähnlich dem Löffel, der benutzt wurde, um Mark aus einem Knochen zu lösen.[13]

Die Vogelnesternte wurde durch eine Übereinkunft reguliert, die maßlose Gier oder Grausamkeit verhinderte. »Die Vögel«, hatte Ariani Mranata erklärt, »sind unser Boss.« Anders als die Nistplätze in den Vogelhäusern setzten die Zibetkatzenkäfige der Habgier und Grausamkeit keine Grenzen. Skrupellos wurde oft zu viel Zibet aus den Drüsen geschabt, wodurch man den Tieren großes Leid zufügte oder sie sogar zu Tode molk. Pietro Castelli, ein römischer Arzt des siebzehnten Jahrhunderts, dokumentierte die Melkmethode in Córdoba: »Ein [Diener] zog an der Kette, mit der die Zibetkatze gefesselt war, ein anderer hielt die Hinterbeine fest, und ein dritter wärmte die [Drüsen]säcke und holte mit einem großen Ohrlöffel den Zibet sauber heraus, schabte auf allen Seiten und wischte dann beide mit kurzem Fell bedeckten Säcke mit Watte ab.«[14] Um eine Kastanienschale mit Sekret zu füllen, musste diese Prozedur dreihundertmal wiederholt werden.

Heute duftet unser Bad oder Parfüm höchstwahrscheinlich nicht mehr nach Zibet. Die Menschen im georgianischen Zeitalter wurden des Geruchs irgendwann überdrüssig, ekelten sich beim Gedanken an seinen Ursprung oder bei der Assoziation mit Luxus und Überfluss. »Was ihr Parfüm bei höfischen Zibetkatzen nennt / ist Wohlgeruch für euch, für mich ist's Exkrement«, schrieb Alexander Pope in seinen *Satiren* von 1738.[15] Statt die Drüsen der Zibetkatzen auszukratzen, kehrten die Engländer zu Blumendüften zurück. Diese Düfte fanden bei empfindsamen Londonern, die die Verknüpfung von Zibet mit Exkrementen, Dekadenz und Sexualität immer mehr verstörte, größere Akzeptanz. »Zugunsten des guten Geschmacks und der Eleganz«, bemerkte William Fordyce Mavor im Jahr 1800, ging der »gar beträchtliche« Handel mit Zibet stark zurück.[16]

Obwohl auch noch einige Parfüms des zwanzigsten Jahrhunderts auf Zibet basierten, allen voran Chanel No. 5, werden mittlerweile fast nur noch chemische Fixiermittel verwendet.[17]

Ich empfand Erleichterung darüber, dass Zibet heute nicht mehr gefragt ist, die Zibetkatze im gesellschaftlichen Leben heute keine Rolle mehr spielt, der Handel mit diesen Tieren und ihre Gefangenhaltung der Vergangenheit angehörten. Die Geschichte der Stoffe im zwanzigsten Jahrhundert ist die Geschichte der Substitution natürlicher durch synthetische Materialien: Elfenbein wurde durch Kunststoff ersetzt, Tierdung durch synthetischen Dünger. Dass Zibet keine Verwendung mehr fand, schien Teil dieses Prozesses zu sein, ich betrachtete es als Zeichen des Fortschritts in unserer Beziehung zur Natur – bis ich dann in meine eigene Küche blickte. Zwischen abgelaufenen Vitamintabletten, Lebertran und Safran entdeckte ich auch in meinem Küchenschrank die Spuren eines anderen Mitglieds der Familie der Schleichkatzen, zu der auch die Zibetkatze gehört, nämlich Spuren des Fleckenmusangs.

Nicht in einer Parfümflasche, sondern in einer Plastikpackung. Sie enthielt Kaffeepulver, das nach Früchten duftete; laut Packungstext bestand es aus Kaffeekirschen, die von Fleckenmusangen gefressen und wieder ausgeschieden worden waren und dabei deren Verdauungssäfte absorbiert hatten. Anders als das butterartige Sekret, um das es Defoe ging, war diese Substanz nicht im Körper der Schleichkatze entstanden, sondern hatte ihre Innereien passiert.

Im neunzehnten Jahrhundert ersannen die Holländer ein skrupelloses und innovatives System, um ihre kurz zuvor von der Dutch East India Company erworbenen imperialen Besitzungen auszupressen. Im Rahmen dieses 1830 eingeführten Systems, des *cultuurstelsel*, wurden javanische Bauern gezwungen, an die niederländische Staatskasse nicht mehr nur Pacht zu zahlen, sondern zusätzlich Frondienste zu leisten und Abgaben in Form landwirtschaftlicher Produkte zu entrichten, zum Beispiel Zucker, Indigo oder Kaffee.[18] Nach Angaben einiger Kaffeeproduzenten begannen die einheimischen Bauern in dieser Zeit des *cultuurstelsel* zum ersten Mal die von Fleckenmusangen gefressenen und ausgeschiedenen Kaffeebohnen zu sammeln. Angeblich hatten die holländischen Kolonialisten den Einheimischen verboten, gewöhnlichen Bohnenkaffee zu trinken – da die Bohnen ein wertvoller Exportartikel waren –, und so sammelten die Bauern stattdessen den Kot des Fleckenmusangs.[19] Das entsprechende Getränk wurde als *kopi luwak* (Katzenkaffee) bekannt. Der Fleckenmusang (indonesisch *musang luwak*) wähle »nur die reifsten und vollkommensten Früchte«, schrieb Thomas Horsfield, ein amerikanischer Naturforscher, »und die Bohnen werden von den Einheimischen eifrig gesammelt, da man so Kaffee gewinnt, ohne in einem langwierigen Prozess den membranartigen Samenmantel [der Kaffeekirsche] entfernen zu müssen.«[20]

Zur Herstellung normalen Kaffees werden die Kaffeekirschen üblicherweise zum Trocknen in der Sonne ausgebreitet (Trockenverfahren) oder in spezielle Flotationstanks gegeben (Nassverfahren), um Schale und Fruchtfleisch zu entfernen.[21] Die Verdauungssäfte des Fleckenmusangs übernehmen im Wesentlichen die gleiche Aufgabe, was dem Menschen Zeit und, wie Horsfield meinte, Arbeit spart.[22] Wie auch immer die Ursprungsgeschichte lauten mag, fest steht, dass der Katzenkaffee – oder zumindest manche Sorten – einen ausgeprägten Eigengeschmack hat, der wohl auf die Wechselwirkung zwischen den Bohnen und den Verdauungsenzymen des Fleckenmusangs zurückzuführen ist.[23] Liebhaber des Katzenkaffees beschreiben den Geschmack als »modrig« oder »erdig« mit »einer Kopfnote von aromatischer dunkler Schokolade«.[24] Andere Urteile klingen weniger schmeichelhaft. Der Kaffeehistoriker Jonathan Morris erwähnt, es heiße oft, dass Katzenkaffee nur wenig Säure und Bitternoten habe, was eher so klingt, als verteidige man einen schlechten Kaffee, nicht so, als preise man eine Spezialität an.[25]

Es war mir peinlich, dass ich diesen Kaffee in meinem Besitz fand und dieses viel misshandelte Tier plötzlich in meinem eigenen Haushalt auftauchte. Der eigene Küchenschrank kommt einem oft wie ein Kuriositätenkabinett vor, das ein Netzwerk verschiedenster Beziehungen offenbart. In meinem Schrank fanden sich Verbindungen zu Dorsch, zum Atlantischen Umberfisch und zu Palmöl, doch dass ich in meiner Küche einem so exotischen Objekt beggnen würde, hätte ich nicht erwartet. Ich dachte an die chinesischen Gourmets, die sich in Harrissons Dokumentarfilm an Vogelnestsuppe laben oder auch schon mal an Larven oder Skorpionen, was mir Prinz Philips Scherz in Erinnerung rief: »Wenn es vier Beine hat und kein Stuhl ist, wenn es Flügel besitzt und kein Flugzeug ist, wenn es schwimmt, ohne ein U-Boot zu sein, dann wird es von den Kantonesen verspeist.«[26] Wenn ich an den Inhalt meines eigenen Küchenschranks dachte, war ich ja vielleicht auch so ein Alles-Esser.

»Auf dem Papier ergab es Sinn«, erzählte mir begeistert Matthew Ross, ein britischer Produzent von Katzenkaffee. »Mir gefiel diese Geschichte. Man besorgt sich eine Schleichkatze, die viel mehr Talent zur Kaffeebohnenauswahl hat als jeder Mensch. Sie wird nur die absolut reifen Früchte fressen, auf die sie gerade Lust hat. Ich stelle mir [die Schleichkatze] gern als einen Meister der Champagnererzeugung vor, der durch die Weinberge schreitet und die besten Trauben auswählt.«[27] Matthews Interesse am Katzenkaffee geht auf seine Zeit in Hongkong zurück, wo er als Derivatehändler arbeitete. Als er einmal während einer Geschäftsreise nach Japan Klienten zum Essen einlud, überraschte ihn die schlechte Qualität des japanischen Kaffees. »Es war ganz klar, dass es dort keinen guten Kaffee gab«, erinnerte er sich. »An diesem Abend beschloss ich, den besten Kaffee der Welt zu produzieren.«

Er kehrte nach Hongkong zurück und begann über verschiedene Kaffeesorten zu recherchieren. »Ich wollte etwas Seltenes, ich wollte Aroma, Kunst und Handwerk. Ich wollte alles. Und dann fand ich *kopi luwak*.« In den nächsten Jahren widmete er diesem Thema fast seine gesamte Zeit. »Was ursprünglich als Nebenprojekt gedacht war, nahm mein ganzes Leben ein. Dann wurde ich 2011 arbeitslos ... Und da beschloss ich, meinem Herzen und dem Kaffee zu folgen.« Andere Repräsentanten des Mainstream-Kaffeemarkts waren da nicht so überzeugt; Matthew erinnert sich, dass der Chef eines Kaffeeverbands *kopi luwak* einmal als Kaffee bezeichnete, der »von Arschloch zu Arschloch« geht. Doch Matthew ignorierte solche Reaktionen, ertrug Skepsis und Spott. Er verließ den Finanzsektor und tauschte seine Stadtwohnung in Hongkong gegen eine Hütte im Hochland Sumatras, zu 6 Dollar Miete im Monat. »Eigentlich wären es 4 Dollar gewesen, aber da ich weiß bin, gingen sie mit dem Preis nach oben. Ich legte mir da Strom und Wasser rein. Wusch mich in einem Eimer. Da niemand Englisch sprach, musste ich fließend Bahasa lernen.«

Matthew erzählt die Geschichte lässig, fast wie bei einer Präsentation für Investoren oder in einem Werbespot. Kaum je ein Zögern, kaum je ein

Zweifel, jedes Detail fügt sich perfekt ins Ganze. In mancher Hinsicht erinnerte mich seine Geschichte an das viktorianische Genre der Queste als abenteuerlicher Mission; wie Furness hatte er sich auf eine Reise begeben, um ein Naturobjekt zu finden; allerdings erwies sich dieses Objekt – die Exkremente eines wilden Tieres – als so exotisch, dass es alles, was Conan Doyle oder Haggard hätten ersinnen können, noch übertraf.»Es ist fast sogar ein bisschen unfair, von Exkrementen zu sprechen, denn in frischer Form riecht das sehr angenehm«, informierte er mich.»Draußen in der Natur wirkt es fast wie ein halb transparenter gelatineartiger Sirup. Ich spreche gerne von Rohdiamanten.«

So gesehen war Nord-Sumatra die reinste Diamantenmine, also eine clevere Wahl. Nachdem die Dutch East India Company 1696 zunächst Arabica-Kaffee aus Indien importiert hatte, machte sie Java zum Zentrum ihrer Kaffeeplantagen.[28] Heute jedoch ist Sumatra das Zentrum der indonesischen Kaffeeproduktion. Als Matthew im Norden der Insel eintraf, merkte er gleich, dass die meisten Kaffeebauern im Gayo-Hochland über eine Einkommenssteigerung froh waren und gerne für ihn sammeln wollten.»Sie [die Bauern] sind heute ärmer denn je«, sagte er mir.»Manche von ihnen haben Kaffee an jemanden verkauft, der ihn dann an Starbucks weiterverkaufte. Und bei dem Kilopreis, den die Bauern erhielten, konnten sie selbst sich nicht mal den billigsten Kaffee leisten ... Das ist wirklich nicht fair.«

Als ich damals die Eiderdaunenfarmer in Island besuchte, verglichen sich die Farmer, durch ihren geringen Anteil am Endpreis des Produkts stark benachteiligt, oft mit Kaffeebauern, die ja exemplarisch für die ungerechten Verhältnisse im Welthandel stehen. Im Gespräch mit Matthew begriff ich warum. Bitterarm, versuchten die Bauern von Gayo verzweifelt von den Bohnen zu leben, die sie an Mittelsmänner verkauften. Matthew sah seinen Gourmet-Kaffee als Möglichkeit, diese Situation zu ändern, und bot ihnen anständige Preise:»Ich stellte zuerst den Bugatti her und dann den Fiat 500. Und die DNA, die den Bugatti ausmacht, konnte die Pyramide hinuntersickern. Und dann konnte ich nicht nur einem Bauern etwas anbieten, sondern allen Bauern weltweit, weil ich ein Modell erprobt habe, das bis auf jeden Level hinuntersickern kann.« Matthew griff auf seine akademische Ausbildung als Mikrobiologe zurück und lehrte die Bauern, wie man den Kot des Fleckenmusangs beschafft und dieses Naturprodukt sammelt, bevor es eintrocknet. »Wenn die Umgebungstemperatur auf ungefähr dreißig Grad steigt, werden all die Magenenzyme aktiviert, die das Aroma mindern«, sagte er. »Man muss das frisch sammeln.« Also machten sich die Bauern morgens zwischen fünf und sechs auf den Weg und suchten an bestimmten Plätzen ihres *kebun*, ihrer Farm, nach Fleckenmusang-Exkrementen. Diese Schleichkatzen »hängen stark an ihrem Territorium und koten deshalb meist am selben Platz, [zum Beispiel] in der Nähe umgestürzter Bäume«. Die Bauern wollen die Tiere auf keinen Fall erschrecken und nehmen deshalb nicht alles mit, sondern lassen einen Teil der Ausscheidungen da. »Sonst denkt der Fleckenmusang: ›Hm, komisch, alles weg, nicht mehr mein Territorium.‹« Ich musste an die Melkmethoden früherer Zeiten denken, die Qualen, denen eine andere Schleichkatzenart, nämlich die gefangenen Zibetkatzen in London, ausgesetzt gewesen war. Matthews Erntemethode unterschied sich davon, sie hatte mehr mit Nahrungssuche als mit Massentierhaltung zu tun.

Im Lauf der vier Jahre erhielt Matthew von den Bauern in Sumatra über 400 Kilo Schleichkatzenkot. Die Produktion dieses Kaffees war eine Sisyphos-Aufgabe; die Bohnen, die seine Farmer normalerweise von den Kaffeesträuchern ernten, sind immer einheitlich, was man von den Bohnen im Kot des Fleckenmusangs absolut nicht behaupten kann. »Der Fleckenmusang kann jede Frucht fressen, jede Bohnensorte«, erklärte mir Matthew. »Soviel ich weiß, bewegt sich das Tier in einem Radius von 3–5 Kilometer um den Ort, an dem es gekotet hat, was auf eine Verdauungszeit von 6–8 Stunden schließen lässt.« Abweichungen in der Dichte der Bohnen können zu großen Problemen bei der Röstung führen. »Beim Rösten [von Bohnen unterschiedlicher Dichte] werden sie entweder zu Kohle oder [schmecken] unreif und bitter.« Matthew verbrachte Jahre mit der Entwicklung einer geeigneten Methode, verpackte Bohnen einzelner Farmen in Tüten und lagerte sie an hoch gelegenen Orten. »Man lässt die Bohnen also 3–6 Monate lang in einem Beutel, und sie geben Feuchtigkeit ab. Plötzlich steigt die Gaußkurve steil an. In einer Schale mit hundertvierzig [Bohnen] hatte ich unter Umständen fünfzehn, die vom Soll abwichen.«

Nach dem Rösten gingen zehn Kilo an Harrods, das Kilo zu 2000 Pfund; Harrods erklärte sich bereit, den Kaffee zu lagern. »Er schmeckt überhaupt nicht bitter«, sagte Matthew stolz. »Ein rundes, sanftes Aroma mit Melasse- und Schokoladennoten. Nach dem Trinken bleibt [der Geschmack] im Mund.«

Außer Eiderdaunen und essbaren Vogelnestern[29] befindet sich unter den Objekten des Dänen Ole Worm eine einzelne Kaffeebohne, die ihm der holländische Sammler Bernhard Paludanus aus Anlass seines Besuchs in Enkhuizen im Jahr 1610 schenkte. Dem dänischen Philologen Henrik Schepelern zufolge ist Worms Kommentar zu diesem Exponat faktisch die erste Beschreibung einer Kaffeebohne in Europa (obwohl ein Deutscher, Leonhard Rauwolf, 1583 der erste Europäer war, der Kaffee als Getränk erwähnte).[30] Als Worm seine Bohne bekam, galt Kaffee in Europa noch als Kuriosität, getrunken höchstens von Sufi-Mystikern im Jemen, ottomanischen Soldaten, Beamten und Händlern. Der Kaffee hatte sich von Äthiopien nach Jemen, Kairo, Damaskus und Mekka verbreitet, galt aber zunächst nur als Einstiegsdroge zu mystischen Erfahrungen, bevor er zum Stimulans des Kapitalismus wurde, begehrt von Kaufleuten und Schriftstellern, einschließlich Daniel Defoe.[31]

Es ist schwer, Worms Bohne mit dem heutigen Kaffee in Einklang zu bringen, diesem überall verbreiteten Massenprodukt. Seit Worms Zeiten hat sich die Kaffeeproduktion über die ganze Welt verbreitet: Kaffee wird nun kommerziell auf vier Kontinenten angepflanzt und bringt, von der Bohne bis zur Tasse, Millionen von Menschen in Lohn und Brot.[32] »Statt wie früher in erster Linie das Getränk spiritueller Kontemplation, des Handels oder der Muße zu sein, wurde Kaffee nun zum Wecker, der das Industriezeitalter kennzeichnete«, schreibt der amerikanische Historiker Steven Topik.[33] Heute ist der Kaffeehandel industrialisiert und konsolidiert und wird durch einige wenige Handelshäuser kontrolliert, wie etwa ECOM, Neumann und Volcafe.[34] Arabica-Bohnen bilden den größten Anteil des Welthandels, zunehmend gewinnt aber auch Robusta, ein preiswerter, widerstandsfähiger Vetter der Arabica, an Boden, vor allem in den sogenannten sich entwickelnden Märkten.³⁵ Vor diesem Hintergrund lässt sich nachvollziehen, warum Katzenkaffee so attraktiv ist. Wie viele Gourmetkaffees bot er nicht nur Geschmack, sondern das Flair des Besonderen. Hier hatte man nicht nur die Kaffeebohne, sondern zusätzlich ein wildes Tier, den Fleckenmusang – den Champagnerexperten, der die besten Trauben auswählt.

Im Gegensatz zu Matthew fand ich die Geschichte des *kopi luwak* keineswegs faszinierend. Eher teilte ich die sarkastische Ansicht des vorhin zitierten Kaffeeverband-Chefs. Es gelang mir einfach nicht, mich mit diesen Rohdiamanten, wie Matthew sie nannte, oder dem Fleckenmusang anzufreunden. Ich konnte Matthews Frustration über die Gleichförmigkeit des Kaffees nachvollziehen, sah aber keine Notwendigkeit, warum man etwas so Exotisches für den Markt produzieren oder neu kreieren und sich auf diesen Wettlauf einlassen sollte. Ich bevorzugte die Bohnen von Defoes Kaffeehaus, dieses Stimulans, das Menschen zusammenführte, statt sie durch krasse Preisdifferenzen zu trennen. Als ich den Katzenkaffee in meinem Küchenschrank inspizierte, empfand ich weder Verblüffung wie bei den Vogelnestern, noch kam mir der idealistische Aspekt der Eiderdaunengewinnung in den Sinn, sondern ich verspürte nur Ekel. Und doch hatten diese Rohdiamanten einen verführerischen Glanz: Anders als Vogelnester oder Daunen war der Kot des Fleckenmusangs eine natürliche Ausscheidung, die man einsammeln konnte, ohne das Tier zu behelligen. Ich hoffte, in meinem Schrank noch einmal so etwas wie die Eiderdaune zu finden, aber ohne die damit verbundene Verpflichtung – ein Objekt, das für eine risikolose Beziehung steht: Man folgt einem Tier und sammelt sein Produkt ein.

Nachdem ich die Gesellschaft der Vogelnestpflücker verlassen hatte, flog ich zur Insel Bali, die, wie ich gelesen hatte, ein bedeutender Schauplatz der Katzenkaffee-Produktion geworden war. Im Lauf der letzten zehn Jahre sind zahllose Plantagen entstanden, die Touristen Einblick in die Produktion des *kopi luwak* gewähren. Als Teil Indonesiens liegt Bali zwar nicht weit von Java entfernt, dennoch gibt es mehr Gegensätze als Gemeinsamkeiten: Auf Bali leben überwiegend Hindus, und Balis Hauptexportartikel sind nicht etwa Palmöl oder Kaffee, das Land lebt vielmehr vom Tourismus und Reis-Export. Bei meiner Ankunft in Ubud wurde ich nicht vom Gebetsruf begrüßt, sondern vom Gehupe der Taxis, die um die Aufmerksamkeit der ihre Lonely-Planet-Führer umklammernden Touristen buhlten.

Balis *kopi luwak*-Plantagen liegen an einer der Hauptstraßen zwischen Ubud und Kintamani. Riesige Reklametafeln werben dafür. Auf der ersten Plantage, die ich besuchte, begrüßte mich ein Fremdenführer, der mir zunächst einmal die verschiedenen Kaffeesorten der Insel vorstellte. Der Arabica-Kaffee hat seinen Weg nach Bali vermutlich aus Äthiopien gefunden, über Jemen, Indien und Java. *Coffea arabica* ist eine sehr widerstandsfähige Pflanze, die, wenn man sie sich selbst überlässt, bis zu sechs Meter hoch wird, normalerweise aber auf einen Bruchteil dieser Höhe zurückgestutzt wird. Die Pflanze hat circa 15 Zentimeter lange Blätter, weiße, duftende, jasminartige Blüten und rote kirschenartige Früchte, an denen sich die Fleckenmusange laben.

Vor mir stand eine Batterie von etwa sechs Käfigen, in denen sich die Fleckenmusange wie in Trance unaufhörlich vor und zurück bewegten. Weit von Matthews Geschichte entfernt, erinnerte mich dies eher an Defoes Haus in Newington Green. Die Tiere loteten nicht etwa die Grenzen ihres Käfigs aus und erkundeten die Ecken, sondern sie vollführten unablässig diese eine stereotype Bewegung, wie ein schwingendes Pendel. An manchen Stellen hatten die Fleckenmusange den Metalldraht durchgenagt. Wenn sie sich am Gitter aufrichteten, sah man, dass ihre Füße fast wie Hände geformt waren, und dabei hatte ich Katzenpfoten erwartet. Als ich mich vorbeugte, um die Tiere näher zu betrachten, stieg mir der ekelhafte Gestank ihres Drüsensekrets in die Nase.

Während ich die Gefangenen besichtigte, schilderte mir der Mann, wie der Katzenkaffee gewonnen wurde. »Wir füttern sie mit Bananen und Papayas«, sagte er, als lese er widerwillig einen Text ab. Die Fleckenmusange seien zwar gefangen, würden aber nachts aus dem Käfig gelassen, um von den nahe gelegenen Kaffeesträuchern fressen zu können. »Wir lassen sie mitten in der Nacht im Dschungel frei. Sie fressen die Kaffeebohnen, und danach sammeln wir die Exkremente ein.« Wie bei Matthew klang auch diese Geschichte nach Harmonie, da die Fleckenmusange ja Zeit außerhalb des Käfigs verbringen durften. Allerdings fragte ich mich, warum sie in der Nacht nicht einfach davonliefen. »Wir müssen ihnen die Krallen schneiden, damit sie nicht klettern können«, erklärte mir der Mann.

Ich sah mich um, betrachtete die einzelnen Bestandteile der Kaffeeproduktion: der Kaffeestrauch im Topf, die verstörten Fleckenmusange im Käfig, der Angestellte, der seinen Text herunterleierte. Schwer vorstellbar, dass all dies auf magische Weise miteinander verknüpft sein sollte, dass die Schleichkatzen mit ihren beschnittenen Krallen draußen herumstreunten und sich nachts an den Bohnen labten, um massenweise einheitlichen Kot zu produzieren, wie ich ihn in den Käfigen vor mir sah. Als ich den Mann bedrängte, nach dem Ursprung der Bohnen fragte, wissen wollte, ob sich alles wirklich so verhielt, wie er es geschildert hatte, brach er weinend zusammen. »Mein Boss, der hat den Kaffee einfach gekauft. Wir mahlen die Bohnen nur«, sagte er. Die Fleckenmusange durften ihre engen Käfige also nie verlassen.

Ursprünglich stammte der Mann aus einem Dorf im Norden Balis. Er habe sein Reisfeld verlassen und den Job angenommen, um die Ausbildung seines Sohnes bezahlen zu können. »Mir macht es nichts aus, hier zu arbeiten, um meine Familie zu ernähren. Aber wenn ich dann nicht mehr so viel Geld für meinen Lebensunterhalt brauche, gehe ich wieder zu meinem Reisfeld zurück«, sagte er. »Mit der Show, die hier abgezogen wird, möchte ich eigentlich nichts zu tun haben.« In seinem Buch *Bali – ein Paradies wird erfunden* schildert der Historiker Adrian Vickers, wie im zwanzigsten Jahrhundert europäische Kolonialbeamte, Künstler und Touristen das Bild von Bali als exotischem Paradies formten.[36] Balis Katzenkaffee war davon nicht ausgenommen, eine von der Tourismusindustrie beschworene Illusion. In Wirklichkeit wird *kopi luwak* auf der Insel nicht produziert; diese Schleichkatzenfarmen sind reine Show, Naturtheater für Touristen. Die Massentierhaltung findet, dem Blick der Touristen entzogen, in Sumatra statt. »Wenn Sie etwas über diesen Kaffee erfahren wollen, sind Sie hier nicht am richtigen Ort«, sagte der Mann. »Das ist einfach nur Show, um Touristen wie Sie anzulocken.«

Als sich die Besichtigungstour dem Ende zuneigte, reichte er mir eine

Karte mit verschiedenen Getränken, einschließlich Katzenkaffee, das bei Weitem teuerste davon. Ich kam mir vor wie ein Kunde in einem Stripteaseklub: Erst hatte ich die Fleckenmusange gratis tanzen sehen, jetzt war es an der Zeit, ein Getränk zu bestellen. Irgendwie fühlte ich mich verpflichtet und wählte Katzenkaffee, ein dickflüssiges Gebräu, das ich ebenso fad fand wie den Pulverkaffee, den ich immer im Büro trank. Mir schwirrte der Kopf vor Hitze, Kaffee und Zibetgestank, und so fuhr ich zu einer anderen Plantage, unsicher, was ich hier eigentlich tat – ob ich über diese Geschäfte berichtete oder sie mit am Laufen hielt.

1991 importierte ein britischer Kaffeehändler namens Tony Wild ein einziges Kilogramm *kopi luwak* als Kuriosität in der Hoffnung, Aufmerksamkeit damit zu erregen. Als Wild die Kostprobe öffentlich anbot, griffen britische Medien die Geschichte der »crap beans«, »wolf beans« oder »cat beans« auf.[37]

Kaffeefirmen begannen die Bohnen und ihren skatologischen Ursprung zu vermarkten; in Londoner Luxusgeschäften tauchten weitere bizarre Kaffeesorten auf, Kaffeebohnen, die den Verdauungstrakt thailändischer Elefanten, brasilianischer Blaukehl-Guane und Bonoboaffen durchlaufen hatten. Diese mit den Exkrementen ausgeschiedenen Kaffeebohnen hatten eine merkwürdige Verwandlung durchgemacht! Einst Symbol für die Identität einheimischer Bauern, wurde Katzenkaffee nun in teuren Cafés angeboten und bei *Oprah* diskutiert. »*Kopi luwak* zu probieren, gehörte jetzt einfach dazu«, schreibt Wild, »so wie man Angkor Wat im Mondlicht gesehen oder die Ascot-Eröffnung miterlebt haben musste.«[38] Ich musste an die Geschichte der Innereien denken, eigentlich Fleischabfälle, die vom Hackblock des Metzgers »abfallen«. Einst bäuerliche Speise für die Armen, wurden Innereien nun vom Markt neu erfunden, als Gourmetgerichte, angeboten in Luxusrestaurants zu exorbitanten Preisen.

Im achtzehnten Jahrhundert, vielleicht auch schon früher, begannen dänische Kaufleute Eiderdaunen zu exportieren und damit in fernen Häfen zu handeln.[39] Die Federn, die einst nur Menschen in Island gewärmt hatten, fanden sich nun in Schlafzimmern auf der ganzen Welt und wärmten die Eliten aller Herren Länder. Der Export der Eiderdaune änderte nichts an der Art ihrer Gewinnung in Island; dass die Daunen nun Menschen in anderen Ländern wärmten, hatte keinerlei Einfluss auf das Leben der isländischen Eiderenten. Mit der Geschichte des *kopi luwak* jedoch verhielt es sich anders. Kaum hatte der Export in andere Länder begonnen, gingen indonesische Bauern dazu über, Fleckenmusange in Käfigen zu halten, um die Produktion zu steigern. Hier handelte es sich nicht um eine einfallsreiche Weiterentwicklung von Erntemethoden, sondern um einen befremdlichen Rückfall in die Praktiken Defoes.[40]

Als Wild von den Bedingungen erfuhr, die dieser neue Wirtschaftszweig geschaffen hatte, plagten ihn Schuldgefühle. »Mir kommt es vor, als hätte ich vor langer Zeit versehentlich den Finger auf den Puls eines monströsen Zeitgeist-Phänomens gelegt, eines grotesken Krebsgeschwürs, das zu immer ekelhafteren, aggressiveren Krebsformen mutiert«, schrieb er.[41] Da er sich verantwortlich fühlte, rief er die Kampagne »Cut the Crap!« (Lass den Scheiß!) ins Leben, machte die Schandtaten des *kopi-luwak*-Handels publik und drehte mit der BBC eine Dokumentation, für die er eigens nach Sumatra reiste, um die Besitzer von Fleckmusangfarmen anzuprangern.[42] Bis zu einem gewissen Grad hatte er durchaus Erfolg: Harrods nahm den Katzenkaffee aus dem Angebot, bis auf Matthews eigene, in der Natur gesammelte Marke. Aber es gibt immer noch einen regen Handel mit Katzenkaffee, um die Nachfrage aus China und Indonesien zu befriedigen und auch die von reisenden Europäern und Amerikanern wie mir. Jedenfalls entdeckte ich, als ich am Flughafen Bali durch einen Laden des britischen Einzelhändlers WHSmith schlenderte, Verkaufsständer mit Klebeband, Kugelschreibern, Schokoriegeln und Katzenkaffee.

Trotz der Bemühungen Wilds und anderer Aktivisten konnte ich mir nicht vorstellen, dass der Katzenkaffee in naher Zukunft vom Markt verschwinden würde. Ähnlich wie bei vielen anderen illegalen Waren von Kokain bis Opium steht auch die Verbreitung von Katzenkaffee in Wechselbeziehung zu Preisschwankungen bei den Grundnahrungsmitteln.[43] Seit den 2000er-Jahren ist der Preis des Sumatra-Kaffees gefallen, was man oft dem Anstieg der von der Weltbank finanzierten vietnamesischen Kaffeeproduktion zugeschrieben hat, und der schwindenden Zahl der

Kaffeeverbände. Laut Matthew ist es kein Zufall, dass die Katzenkaffee-Produktion während dieser Periode boomte, weil die Bauern darauf bedacht waren, sich gegen volatile Preise abzusichern. »Ich bin gegen Käfighaltung in jedweder Form«, sagte mir Matthew. »Als ich mal [Kaffee von in Käfigen gehaltenen [Fleckenmusangen] getrunken habe, war mir drei Tage lang schlecht. Es war grauenhaft. [Aber] man muss mal das Große und Ganze betrachten und sich fragen: Warum gibt es diese Industrie? Weil es für die Leute, die vom System abgezockt wurden, der einfachste Weg ist, zu Wohlstand zu gelangen.«

Wie mit so vielen seiner Pläne hatte Defoe auch mit den Zibetkatzen keinen Erfolg. Mitte Oktober 1692 ritten zwei Sheriffs oder deren Gehilfen aus London nach Newington hinaus und beschlagnahmten die »siebzig unschuldigen Zibetkatzen« im Namen Seiner Majestät König Williams III. Es sickerte durch, dass Defoe die Zibetkatzen eigentlich gar nicht regulär gekauft, sondern nur knapp ein Viertel des Preises bezahlt und den Rest auf Kredit bekommen hatte. Nun überredete er seine Schwiegermutter, Joan Tuffley, die Forderungen des Gläubigers zu befriedigen, bis ein weiterer Gläubiger, Sir Thomas Estcourt, die Zibetkatzen an sich zu bringen versuchte. Die Tiere wurden Gegenstand eines Rechtsstreits zwischen Defoe und seinen Gläubigern, in den am Ende auch noch seine fassungslose Schwiegermutter verwickelt war.

Defoe erklärte sich für bankrott, ging ins Schuldgefängnis, floh dann aus Großbritannien und schrieb später *Robinson Crusoe*. Die Zibetkatzen wurden wieder zum Verkauf angeboten, um von ihrem nächsten Besitzer ausgebeutet zu werden. In späteren Jahren reflektierten Literaturkritiker und Historiker über Defoes Begegnung mit den Zibetkatzen. Was sagte der Rechtsstreit über Defoes finanzielle Seriosität aus, über sein Verhältnis zu seinen Gläubigern? War Defoe ein seriöser Geschäftspartner gewesen? Der kanadische Gelehrte Theodore Newton betrachtete ihn als eine Art George Parker. Diesem Betrüger war es gelungen, Sehenswürdigkeiten, wie etwa die Brooklyn Bridge, an ahnungslose Migranten zu »verkaufen«. »Er [Defoe] betrieb den modernen ›Statue of Liberty‹-Schwindel schon zwei Jahrhunderte früher«, folgerte Newton 1937, »denn er half anderen wissentlich, etwas zu verkaufen, über das er gar nicht verfügen durfte.«[44]

All diese Überlegungen zur Newington-Green-Affäre vernachlässigten jedoch die Zibetkatzen, den Motor des Parfümhandels. Die Tiere wurden auf den Status von Nebensachen reduziert, man sprach über sie wie über bloße Produktionsfaktoren, als seien sie ein Prüfstein zwischenmenschlicher Beziehungen. Heute hat sich da viel verändert. Nach Wilds Kampagne rückten die Fleckenmusange ins Zentrum des Diskurses über den Katzenkaffee, man diskutierte über ihre Misere, analysierte ihre Lebensbedingungen und beobachtete ihr Verhalten. Vor diesem Hintergrund wirkten die Personen, die die Fleckenmusange ausbeuteten, wie ein monolithischer Block, ein Symbol für unsere gestörte Beziehung zur Natur und für gedankenlose Grausamkeit. Ich suchte das Gespräch mit Haltern von Fleckenmusangen, stieß aber auf eine Mauer des Schweigens. Nach Wilds Dokumentation war kein indonesischer Produzent mehr zu einem Interview bereit. Selbst Produzenten, die auf natürliche Weise gewonnenen *kopi luwak* anboten, verweigerten sich, bis auf Matthew. Doch auch er hatte im Grunde kein Interesse daran, mir seine Erntemethode zu zeigen. Die Produktion des Katzenkaffees blieb schwer nachvollziehbar und ist bis heute Gegenstand von Mythen, Desinformation und Lügen.

Als größte dieser Lügen erweist sich der Mythos des Fleckenmusangs als eine Art Champagnererzeuger, der die besten Trauben auswählt. Wie ich nach meiner Rückkehr las, haben frühe holländische Botaniker, besorgt über die Verbreitung des Holzwurms, Fleckenmusang-Exkremente untersucht, um festzustellen, welche Kaffeebohnensorte sie fraßen. Dabei erwies sich, dass Fleckenmusange keineswegs die »besten« Kaffeekirschen auswählten. Vielmehr enthielten die ausgeschiedenen Bohnen sehr häufig Larven oder Käfer, die den Verdauungsprozess überlebt hatten. »Mag ja sein«, schreibt der amerikanische Anthropologe Colin Cahill, »dass Fleckenmusange immer nur die reifsten und besten Kirschen fressen, aber das Beste für sie bedeutet vielleicht nicht das ›Beste‹ für die Kaffeeindustrie.«[45]

Irgendwo unter all diesen Geschichten begraben sind die Zibetkatzen und Fleckenmusange. Sie wurden entführt, ausgekratzt, als Ware gehandelt, zur Schau gestellt und litten für die menschliche Gier nach dem Exotischen. Nachdem ich die Fleckenmusange so lange in Käfigen betrachtet hatte, wollte ich sie jetzt unbedingt auch einmal in freier Natur erleben, wollte sehen, wie sie sich an Waldfrüchten laben, statt einseitig mit Kaffeekirschen ernährt zu werden. Ich hatte den Wunsch, sie einmal unabhängig von unseren Wünschen und Projektionen zu erleben, unabhängig von der Ausbeutung für die Kaffeeproduktion. Und so fuhr ich nach Cipaganti, einem Dorf direkt neben Mount Papandayan, einem aktiven Vulkan auf West-Java.

Das Schicksal der südasiatischen Waldbewohner ist eng mit den Bäumen verknüpft, die ihr Zuhause sind. Mit Javas Wäldern sind auch die Plumploris verschwunden, kleine Primaten, die auf Bäumen leben und sich auf Ästen zusammenkringeln; der javanische Kleinkatschil, der kleinste bekannte Paarhufer, und das javanische Rhinozeros. Indem sie sich an die menschlichen Strukturen anpassten, von Telefondrähten bis zu Bewässerungsschläuchen, konnten sich die Fleckenmusange behaupten, obwohl sie von den Einheimischen, die sie als Schädlinge betrachten, oft in Fallen gelockt und getötet werden. Zu den letzten Rückzugsorten der Baumbewohner zählen Vulkan- und Berghänge: Sie sind für die Intensivbewirtschaftung oft zu steil und bilden ein Refugium in der immer mehr für die Landwirtschaft erschlossenen Umgebung.

Die Berge rund um den Mount Papandayan bilden da keine Ausnahme. Auf ihren Hängen leben Bengalkatzen, Plumploris und Fleckenmusange, und ihre Zahl wird durch das Little Fireface Project streng überwacht. Es handelt sich dabei um eine kleine Naturschutzinitiative mit Sitz in Cipaganti, die sich dem Schutz der Plumploris verschrieben hat, einer stark gefährdeten Primatenart. Die Plumploris sind etwa halb so groß wie Faultiere. Sie haben riesige Augen, die das kleine Gesicht beherrschen, und lange, starke Arme. Es sind seltsame, schöne Tiere, denen ihre Schönheit allerdings zum Verhängnis wird. Als Haustier begehrt, werden Loris routinemäßig von Bäumen geholt und an Händler verkauft.

Die in Cipaganti verbliebenen Loris werden von einem kleinen Team aus Biologen und Trackern beobachtet, mit Namen versehen und markiert. An einem kühlen Abend begleitete ich das Team in den Wald, der die Berghänge bedeckte, um Fernando, einen männlichen Plumplori, anhand der Signale seines Funkhalsbands aufzuspüren. Fernando war ein junger, vitaler Lori und dem Team als Don Juan und Unruhestifter bekannt, der auf der Pirsch nach Weibchen gern weite Streifzüge unternahm. Unsere Exkursion gestaltete sich mühsam, ging quer durch Tee-, Kaffee- und Bananenfelder. Loris sind recht behände, hangeln sich auf der Suche nach Nahrung – Insekten, Harz und Früchte – mit ihren langen Armen und kräftigen Händen von Baum zu Baum, und wir hatten alle Mühe, mit Fernando Schritt zu halten. Ich lauschte angestrengt, aber von jedem Baum schienen Geräusche auszugehen, die sich wie in einer Echokammer brachen.

Während Aconk, einer der einheimischen Führer, den Lori verfolgte, zeigte mir Robert O'Hagan, der Koordinator des Projekts, wie man Fleckenmusange aufspürt. Fleckenmusange schleichen wie Katzen umher, an Baumästen oder dünnen Bewässerungsschläuchen entlang, um Früchte und Beeren zu erbeuten. Rob und ich benutzten keinen Funkempfänger, sondern verließen uns auf unsere Augen und scannten die Bäume und Schläuche mit dem roten Strahl unserer Kopfleuchten, um die Augen der Fleckenmusange aufleuchten zu sehen. Genau wie Katzen verfügen auch Schleichkatzen über das *Tapetum lucidum* (»leuchtender Teppich«), eine reflektierende Schicht im Auge, die es den Tieren ermöglicht, im Dunkeln besser zu sehen. Für Uneingeweihte misslich ist, dass die Tiere sich diese Adaptation mit vielen anderen Urwaldbewohnern – Bengalkatzen, Plumploris, Sonnendachsen – und einer Vielzahl domestizierter Tiere teilen.

Wie Juweliere hatten Rob und die Tracker gelernt, die glitzernden Augen, diese Edelsteine des Urwalds, zu interpretieren. Fast instinktiv registrierten sie Unterschiede in der Augengröße, Unterschiede bei Intensität und Frequenz der Reflexion, und konnten so die Liste potenzieller Tiere eingrenzen. Ich hingegen war unsicher, ob ich nach einem Edelstein oder nach Katzengold suchte. Einmal machte ich in der Ferne ein paar funkelnde Augen auf Kniehöhe aus und tippte auf einen Fleckenmusang oder ein Wildschwein. »Oh«, meinte Rob gelassen, »das ist ein Hund.« Die einzigen Spuren von Fleckenmusangen, die ich fand, waren ihre Kothäufchen. Im Gegensatz zu den glimmernden Quarzhäufchen der Eiderenten waren diese Ausscheidungen leicht zu übersehen und vor allem im Gras kaum zu erkennen. Ich dachte an Matthews Geschichte, seine Suche nach diesen Rohdiamanten. Gelang es ihm wirklich, 400 Kilo dieser Ausscheidungen pro Jahr zu sammeln? Oder war auch seine Geschichte nur eine Erfindung? Woher wusste er überhaupt, dass die Ausscheidungen in der Natur gesammelt worden waren?

»Es gibt optische und geschmackliche Erkennungszeichen«, hatte mir Matthew selbstbewusst erklärt. »Eines dieser Merkmale ist, dass man Zweigstückchen im Kot findet, weil der Fleckenmusang, wenn er eine Kaffeekirsche vom Strauch zupft, normalerweise etwas von dem Zweig mitnimmt, an dem die Kirsche hängt. Bei gefangenen Katzen jedoch hat ein Mensch das Zweigstückchen [bereits vor dem Verfüttern der Kaffeekirsche] entfernt. Man findet auch eine Vielzahl anderer Samen, Nusskerne und Fruchtschalen im Kot; die Tiere fressen und schlingen gierig und verdauen die Schalen manchmal nicht.« Ich blickte auf eines der Kothäufchen. Im Unterschied zu den Ausscheidungen, die ich in Bali gesehen hatte, waren diese hier chaotisch und kantig und enthielten allerlei Samen und Zweigstückchen, nicht nur eine einzige Bohnensorte. Die Ausscheidungen waren ein Dokument des Urwalds, erzählten von seiner vielfältigen Vegetation, aber sie waren mehr als das; indem die Fleckenmusange die Früchte dieser bewaldeten Hänge fraßen, formten sie diese Hänge auch, helfen mit bei der Gestaltung eines kompletten Ökosystems. Vielleicht war Matthews Darstellung *eine* Wahrheit in dieser auf Fantasiegeschichten basierenden Branche.

Gegen Mitternacht fing Aconk, der in der kühlen Luft fröstelte, das Funksignal eines Lori auf. Wir leuchteten mit unseren Kopflampen empor und sahen hoch oben auf einem Ast, an den der Lori sich wie ein Koalabär klammerte, die riesigen Augen. Der Lori wirkte viel zierlicher und zahmer als ein Fleckenmusang, doch Rob warnte mich, er könne recht gefährlich werden. Wenn er sich bedroht fühlt, leckt der Lori nämlich an einer kleinen Drüse in seiner Achselhöhle, die ein giftiges Sekret absondert. Vermischt mit dem Speichel des Tiers, kann das Gift, wenn es mit einem kräftigen Biss verabreicht wird, tödlich wirken. Die illegalen Händler umgehen dieses Risiko durch Entfernung der Zähne, eine Maßnahme, bei der die Tiere so schwer verletzt werden, dass sie sogar an den Folgen sterben können.

Entfernt man sich von Cipaganti den Berg hinauf, werden die Geräusche immer schwächer, der Ruf zum Gebet wird zu einem leisen Wimmern, das Dröhnen der Motorräder zu einem fernen Brummen, überlagert vom Zirpen der Grillen. Die Tee- und Chayote-Plantagen weichen dem Urwald, der an diesem steilen Hang nicht kultiviert werden kann. Ungefähr in diesem Grenzgebiet sahen wir ein funkelndes Augenpaar droben in den Bäumen und auf einem schmalen Ast eine Gestalt, die Rob als asiatischen Fleckenmusang, *Paradoxurus hermaphroditus,* identifizierte. Es war nicht das ganz spezielle Glitzern, das uns auf seine Identität aufmerksam machte, sondern seine Haltung: Er überquerte den Ast wie ein Seiltänzer, den langen Schwanz ausgestreckt, sodass er als eine fünfte Gliedmaße Balance ermöglichte. Das Tier wandte uns kurz den Kopf zu und setzte dann seinen Drahtseilakt in die Dunkelheit fort.

Während ich das Tier im Baum bewunderte, musste ich an jene frühen Zoologen denken, die nicht in der Lage waren, ein Tier als neue oder eigenständige Art zu begreifen. Der Fleckenmusang überquerte den Ast behände wie eine Hauskatze, doch seine Züge waren schärfer als die einer Katze, die spitz zulaufende Schnauze und der lange, schlanke Körper erinnerten mich eher an ein Hermelin, ein Wiesel oder einen Nerz. Aus einiger Entfernung wirkte der Fleckenmusang eher wie der Bewohner einer Höhle, eines unterirdischen Baus, eher wie ein Tier, das sich in die Erde gräbt, als wie ein Baumbewohner. Wären unsere Kopflampen heller gewesen, ohne den davorgesetzten roten Filter, hätten wir die schwarzen Längsstreifen auf seinem Fell gesehen, die an eine Hyäne oder ein Stinktier erinnern. Bei meinem Besuch auf Bali war mir der Fleckenmusang als wildes Tier erschienen, ähnlich einer Ratte oder einem Frettchen, doch jetzt hatte ich einen ganz anderen Eindruck. Mitten im Wald, im Baumgeäst, statt in einen engen Käfig gesperrt, besaß die geschmeidige Gestalt eine gewisse ungezähmte Eleganz.

Fleckenmusange wurden, wie auch Zibetkatzen, als fremde, wilde, nicht klassifizierbare Tiere geschätzt, doch hier in seinem natürlichen Umfeld kam mir der Fleckenmusang nicht fremd vor. Nein, erst wir Menschen haben diese Tiere zu etwas Fremdem gemacht, indem wir sie aus ihrer natürlichen Umgebung rissen, sie in neue Strukturen zwangen, uns über ihre Herkunft stritten und aus Profitgier ihr Sekret oder ihre Exkremente verkauften.

MUSCHELSEIDE

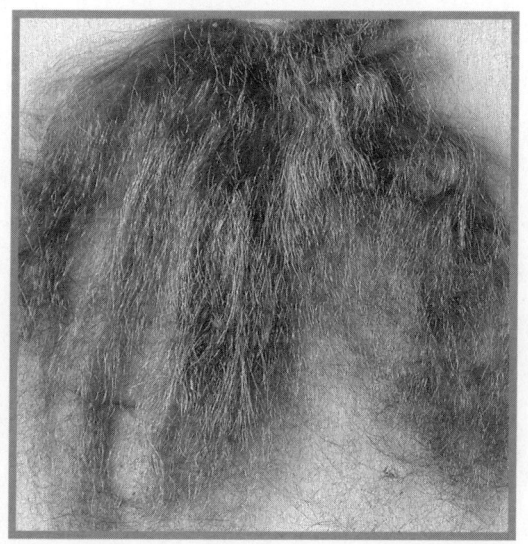

Im Jahr 2001 machte sich der britische Künstler Michael Landy daran, seine weltlichen Besitztümer komplett zu zerstören. Er tat sich mit der britischen Kunstorganisation Artangel zusammen und erstellte ein Inventar sämtlicher Objekte, die er in seinem Leben angesammelt hatte. Alles in allem dokumentierte er 7227 Gegenstände, unter anderem den Lammfellmantel seines Vaters, etliche Liebesbriefe und eine Rolle Klopapier. In einem ehemaligen Bekleidungsgeschäft in der Londoner Oxford Street platzierte er diese Objekte, einschließlich seines Saab 900, auf einem 100 Meter langen Fließband und begann sie, unterstützt von zwölf Assistenten, vor den Augen der perplexen Zuschauer zu zerstören. »Im Grunde lautete die Botschaft: Wo führt das alles hin?«, erklärte Landy dem Kunstkritiker Alastair Sooke. »Je mehr Dinge man besitzt, desto erfolgreicher wirkt man – aber wenn jeder von uns irgendwann 7227 Dinge besitzt, gibt es unseren Planeten nicht mehr.«[1]

Als ich von Landys Aktion mit dem Titel *Break Down* las, ging ich noch zur Schule. Auf mich machte die Aktion damals großen Eindruck, weil sie mir eine unkomplizierte Möglichkeit aufzeigte, mein Teenager-Ich neu zu erfinden. Doch obwohl ich nun in regelmäßigen Abständen mein Zimmer entrümpelte, merkte ich, dass ich mich kaum veränderte und die alten Gewohnheiten und Unsicherheiten keineswegs ablegte. Es handelte sich um einen sinnlosen Akt der Rebellion. Doch als ich mich dann selbst dem Alter näherte, in dem Landy damals seine Aktion durchgeführt hatte, sah ich *Break Down* mit anderen Augen. Wenn wir die genaue Herkunft der uns umgebenden Objekte kennen würden, wenn wir wüssten, mit welchen Lebensgeschichten diese Objekte in Berührung gekommen sind, welche Landschaften sie geformt haben – wären wir dann noch imstande, sie zu behalten? Nach meiner Rückkehr aus Bali entsorgte ich meinen Katzenkaffee sofort, weil ich mit seiner Geschichte, einer Geschichte der grausamen Käfighaltung, nichts zu tun haben wollte. Dass sich dieses Objekt in meinem Schrank befunden hatte, führte zu einem skeptischeren Blick auf meine Besitztümer. Was für Geheimnisse lauerten wohl noch in meinen Schubladen und Regalen?

Seit den 1990er-Jahren verfochten die Vertreter des sogenannten »enviro capitalism« die Ansicht, eine effektive Methode, die Natur zu schützen, bestehe darin, sie zu Geld zu machen.[2] Vor diesem Hintergrund könnte man den Handel mit Eiderdaunen und Vogelnestern, ja sogar den Handel mit Katzenkaffee als großen Erfolg betrachten: Die Zahl der Ausgangsarten hat sich erhöht, weil ihnen die Farmer, angespornt durch den Profit, Schutz gewähren. Doch das ist nur die halbe Wahrheit – sie klammert aus, dass die Fressfeinde der Eiderenten vernichtet, die Salanganenhöhlen geplündert, die Fleckenmusange misshandelt werden. Nachdem ich Tiere in Käfighaltung erlebt hatte, empfand ich den überwältigenden Wunsch, sie vom Markt abzuschotten und Barrieren zu errichten, die sie vor dieser unweigerlich traumatischen Begegnung bewahrten. Ich wollte mich mit einem Rohstoff befassen, der eine Sonderstellung außerhalb unseres Alltags einnimmt, einen Rohstoff, den man weder im Supermarkt noch bei Amazon findet, einen Rohstoff, den man nicht wegwerfen kann, weil man ihn nicht besitzen kann.[3]

In einem kleinen Apartment in Cagliari, der Hauptstadt Sardiniens, reichte mir eine achtzigjährige Frau eine Schachtel, in der sich zwanzig bis dreißig Locken befanden, die aussahen wie dunkles Menschenhaar. Diese Strähnen wogen leicht wie Seide, doch war es vor allem ihr eigenartiger Glanz, der meine Aufmerksamkeit erregte. »Der goldbraune Schimmer gilt als einzigartig bei den Stoffen, weich wie Vicunjawolle, glänzend, sehr dünn«, schwärmte ein französischer Schriftsteller im Jahr 1806.[4] Ich nahm eine der Locken zwischen Daumen und Zeigefinger und hielt sie ins Licht. An einem Ende war die Locke zu einer stumpfen, verfilzten, ledrigen Substanz verschmolzen, teilte sich dann aber in Hunderte und Aberhunderte von Haaren, von Dunkelbraun bis zu leuchtendem Gold.

Im achtzehnten Jahrhundert verglich ein englischer Reisender, Henry Swinburne, die Farbe solcher Locken mit dem »glänzenden Gold auf dem Rücken mancher Fliegen und Käfer«.⁵ Obwohl Swinburnes Vergleich sehr anschaulich ist, enthält er keinen Hinweis auf den Ursprung dieser Fäden; sie stammen jedenfalls nicht von einem Insekt. Schon hilfreicher ist da ein Essay über Kleidung in der römischen Gesellschaft, verfasst von dem frühchristlichen Schriftsteller Tertullian aus Karthago im Jahr 209 n. Chr. Nachdem er sich über konventionelle Textilien wie Wolle und Flachs geäußert hat, folgt ein seltsamer Verweis auf »Vlies«, das »aus dem Meer gewonnen« wurde.⁶ »Auch genügte es nicht mehr, seine Tunika zu pflanzen und zu säen, man mußte sein Gewand noch aus dem Wasser fischen.«⁷

Bei Seide denken wir oft an Insekten: Seidenraupen, Spinnen, Käfer oder Wespen. Es gibt jedoch auch, um einen Denker der französischen Aufklärung zu zitieren, »*coquillages à soye*«, das heißt Seidenmuscheln: zweischalige Weichtiere wie Miesmuscheln, Venusmuscheln, Jakobsmuscheln und Steckmuscheln, die seidenartige, *Byssus* genannte Fäden produzieren.⁸ Im Gegensatz zu Insekten, die aus Seide Kokons spinnen, benutzen Muscheln Byssus dazu, sich gegen den Sog der Strömung im Meeresboden zu verankern. »Alle Meerestiere, die nicht oder nur mühsam schwimmen können, fürchten die Bewegung des sie umgebenden Elements«, erklärte der französische Entomologe René-Antoine Ferchault de Réaumur, der als Erster enträtselte, wie Muscheln Byssus erzeugen.⁹

Während seine Zeitgenossen die Eigenschaften essbarer Vogelnester untersuchten, wählte Réaumur mit diesem aquatischen Haftmittel einen anderen Ansatz und beobachtete, wie Muscheln in Echtzeit Seide produzieren. Ganz ähnlich wie moderne Biologen setzte Réaumur die Muscheln in ein Salzwasserbecken und wartete darauf, »sie in flagranti zu ertappen«.¹⁰ Schon nach kurzer Zeit bemerkte er, wie sich aus jeder Muschel eine kleine Zunge schob. »Ich sah ihre [Zungen-]Spitzen nach rechts, links, hinten und vorne tasten, als wollten sie ihre Umgebung erkunden«, schrieb er. Kaum stießen die Zungen auf Widerstand, hielten sie inne, zogen sich plötzlich zurück und hinterließen einen dünnen Faden. Dies setzte sich stunden- und tagelang fort, bis ganz allmählich zwischen der Muschel und dem festen Untergrund ein Netz von Fäden gesponnen war. »[Das Organ] kann nicht als Arm oder Bein gelten; solche Funktionen führt es kaum jemals aus. Wir müssen es als Spinndrüse betrachten.«[11]

Réaumur faszinierte es, wie diese Tiere Material produzierten, um zu überleben, und er äußerte wiederholt die Hoffnung, ihre Technik auf die industrielle Herstellung übertragen zu können. Zu dem Zeitpunkt, als er diese Muscheln untersuchte, hatte er bereits ausführlich über die Erzeugung von Seide durch Spinnen und andere Insekten geschrieben. »Spinnen und Raupen«, hielt er fest, »produzieren Fäden beliebiger Länge, indem sie die zähe Flüssigkeit, aus der die Faser gebildet wird, durch feine Perforationsöffnungen absondern, in einem Organ, das zum Spinnen gedacht ist.« Verhielt es sich bei Muscheln genauso? Zogen die Muscheln Seidenfäden, wie ein Drahtzieher Drähte zieht? Als Réaumur eine Muschel aufschnitt, sah er, dass die Flüssigkeit von einer kleinen Drüse produziert wurde, in einen Kanal in der Zunge floss, erstarrte, dann abgesondert wurde und einen Faden bildete. Während Seidenraupen ihre Seide »zogen«, formten Muscheln, so Réaumurs Resümee, den Faden so, wie »der Gießer das Metall gießt«.[12]

Ich dachte an die vielen Plastikgegenstände an den entlegensten Orten, vom Dildo, den der isländische Pastor gefunden hatte, bis zu den am Mantanani-Strand verstreuten Flaschen – alles Objekte, die produziert werden, um unsere Wünsche und Bedürfnisse zu befriedigen. Lebte Réaumur in heutiger Zeit, würde er die Erzeugung von Byssus vielleicht mit der Spritzgusstechnik vergleichen, wo man geschmolzene Materialien, etwa Plastik, in eine Form spritzt und abkühlen lässt, damit sie die Gestalt der Gussform annehmen.[13] Doch anders als die Spritzgusstechnik bedarf Byssus keines Temperaturwechsels, um auszuhärten. Bei Kontakt mit Wasser härten die Aminosäuren im Byssus aus und bilden einen stabilen Anker. Während sich viele Klebstoffe – vom ausgehärteten Speichel des Salanganennests bis hin zu synthetischen Klebstoffen – in Wasser auflösen, bleibt der Muschelklebstoff fest und weckt bei Chemikern die Hoffnung, dass eines Tages ein synthetischer Klebstoff dieselben Eigenschaften aufweisen könnte, was im medizinischen Bereich zahlreiche mechanische Probleme lösen würde.[14]

Die Strähnen, die ich in der Hand hielt, waren viel länger als der Muschelbyssus, den Réaumur untersucht hatte. Geformt von *Pinna nobilis*, oder der Edlen Steckmuschel, einer gigantischen Verwandten der Gemeinen Flussmuschel, waren sie etwa 20 Zentimeter lang, Beweis dafür, wie groß die Zunge beziehungsweise Spinndrüse von *Pinna nobilis* ist.[15] Die Edle Steckmuschel findet sich in den Untiefen des Mittelmeers, in der Nähe der Küsten Griechenlands, Kroatiens, Tunesiens und Spaniens. Dort sitzt sie im Sand, verankert durch Hunderte von Byssusfäden. Als ich im Wasser über diese gewaltigen Muscheln hinweg schwamm, deren klar umrissene kantige Formen von riesigen grünen Wasserpflanzen getarnt sind, musste ich an verwitterte Grabsteine denken. Manche dieser Muscheln, oft mit Rankenfußkrebsen, Seetang und Korallen bedeckt, können ein Alter von zwanzig Jahren erreichen und über einen Meter hoch werden.

Antike Schriftsteller waren von *Pinna nobilis* fasziniert, die geräuschlos Nährstoffe aus dem Wasser filtert. Im vierten Jahrhundert v. Chr. beschrieb Aristoteles Muscheln, die »aufrecht an sandigen und schlickigen Stellen aus dem Meeresgrund wachsen«.[16] Zu dem Umstand, dass die Muschel im Meeresboden verankert war, meinte er, »allgemein gesprochen, ähnelt die ganze Gattung der Schaltiere den Pflanzen, wenn man sie mit Tieren vergleicht, die zur Fortbewegung imstande sind«.[17]

Diese Ansicht über Mollusken wurde kaum angezweifelt, bis im achtzehnten Jahrhundert der italienische Universalgelehrte Giuseppe Saverio Poli die Weichteile von Mollusken studierte und den komplexen Aufbau ihrer Anatomie und ihres Nervensystems darlegte.[18] So wie auch bei der Erforschung der menschlichen Anatomie üblich, formte Poli verschiedene Mollusken ab, einschließlich der *Pinna nobilis*, goss heißes Wachs in die Formen und setzte sogar ein echtes Byssusbüschel ein. Als ich Bilder dieses Abgusses betrachtete, verblüfften mich die differenzierten Organe der Molluske – Augen, Herz, Kiemen und Leber – und die seltsame Haarsträhne, die aus dem rosa Fleisch spross.

Im ursprünglichen Zustand unter Wasser hat der Faserbart der *Pinna* Ähnlichkeit mit braunem Moos, durchsetzt mit Algen und kleinen Muscheln. Reinigt und kämmt man diese Fasern jedoch, verwandeln sie sich in goldene Fäden, die man als Muschelseide bezeichnet. Spätestens seit der Zeit Tertullians vor fast zweitausend Jahren, wurden diese Fäden wegen ihres Glanzes und ihrer Exotik geschätzt. Die Schweizer Forscherin Felicitas Maeder vom Naturhistorischen Museum Basel hat schriftliche Quellen vom Altertum bis zur Moderne nach Verweisen auf Muschelseide erforscht.[19] Maeder zufolge sind die Belege lückenhaft, doch hat sie eine faszinierende Anzahl möglicher Verweise auf die Faser zusammengetragen, einschließlich der Erwähnung »eines feinen Stoffs, von dem gesagt wird, er sei aus dem Flaum von ›Wasserschafen‹ gewebt«, im *Hou Hanshu*, einer chinesischen Quelle, die die Geschichte der späten Han-Dynastie vom ersten bis dritten Jahrhundert n. Chr. schildert. Dem Historiker Prokopios zufolge, der im sechsten Jahrhundert lebte, schenkte der byzantinische Kaiser Justinian I. einst fünf armenischen Statthaltern einen »aus Wolle gemachten Mantel, nicht wie die, die von den Schafen herkommt, sondern aus dem Meer gesammelt«. Während es etliche Textverweise gibt, sind archäologische Zeugnisse auffallend rar; das älteste Objekt aus Muschelseide datiert auf das vierte Jahrhundert: ein Stück Stoff, das an der Ausgrabungsstätte von Aquincum entdeckt wurde, einer römischen Legionsstadt dort, wo sich das heutige Budapest befindet.

Fest steht, dass mit Beginn der modernen Geschichtsschreibung die Muschelseide ständig irgendwie präsent ist – in Texten, Kuriositätenkabinetten, privaten Sammlungen und Ausstellungen. Muschelseide, assoziiert mit Dekadenz und Kostbarkeit, wurde manchmal mit anderen Materialien gemischt, möglicherweise auch mit Vikunjawolle. Muschelseide taucht nicht nur in Ausstellungen auf, sondern findet Eingang in die Literatur und betritt das Reich der Fantasie. Junge Männer, oft Engländer, die auf ihrer Grand Tour nach Italien reisten, erwähnten Muschelseide in ihren Reiseberichten. Im Jahr 1804 schrieb der britische Admiral Horatio Nelson an seine Geliebte Emma Hamilton, er sende ihr »ein paar kuriose Handschuhe, sie werden nur in Sardinien hergestellt, aus den Faserbärten von Muscheln. Ich habe einen Muff in Auftrag gegeben; man sagt mir, sie seien sehr rar, und aus diesem Grund möchte ich, dass Du sie hast.«[20] Jules Verne, von den Eigenschaften dieser seltsamen Meeresfaser offenbar fasziniert, kleidete seinen Erzähler in 20 000 *Meilen unter dem Meer*,

Dr. Pierre Aronnax, in »Seestiefel, Ottermütze, Reiserock von Byssus mit Robbenfell gefüttert«.[21]

Die Geschichte der Seide ist zumeist eine Geschichte der Konsolidierung und Industrialisierung. Die Seidenraupe – *Bombyx mori* – bereits vor über fünftausend Jahren domestiziert, wird jetzt weltweit intensiv gezüchtet, vor allem in China und Indien. Die Geschichte der Muschelseide könnte nicht unterschiedlicher sein. In den 1930er-Jahren in Taranto, einer kleinen Küstenstadt am Stiefelabsatz Italiens, experimentierte ein Meeresbiologe namens Attilio Cerruti mit *Pinna*-Aquakulturen, aber es erwies sich als zu zeit- und arbeitsintensiv, die Larven der Edlen Steckmuschel wie Samen zu pflanzen.[22] Muschelseide wurde also meist mit traditionellen Methoden geerntet, indem Fischer die Muscheln mühsam mithilfe von Eisenzangen heraufzogen und die Muschelseide dann von Hand entfernten. Nun musste der spröde und stark verunreinigte Byssus gesäubert, gesponnen und verwoben werden, eine monotone Tätigkeit, die oft von Frauen ausgeführt wurde.[23] Im Jahr 1916 berichtete Giuseppe Basso-Arnoux, ein sardischer Arzt, wie er ein Bündel Muschelseide an eine Textilfabrik in der Nähe von Basel schickte, dessen Annahme aber verweigert wurde mit dem Hinweis, dass es zu lange dauern würde, sie zu reinigen.[24] Felicitas Maeder zufolge blieb das Weben von Muschelseide auf die Insel beschränkt und fand vorwiegend zu Hause, in Mädchenschulen, Waisenhäusern und Klöstern statt.[25]

Als Tom Harrisson seinen Dokumentarfilm »Bird's Nest Soup« drehte, war ihm bewusst, dass es mit dem Vogelnesthandel allmählich zu Ende ging. »Es sind eindeutig immer weniger dieser überdurchschnittlich leistungsfähigen Männer dazu bereit, die tödlichen Risiken auf sich zu nehmen, die mit dieser ungewöhnlichen und hochgefährlichen Methode des Broterwerbs verbunden sind«, klagte er 1960.[26] Die Geschichte der Muschelseide im zwanzigsten Jahrhundert zeigt eine ganz ähnliche Entwicklung, obwohl der limitierende Faktor hier nicht im tödlichen Risiko bestand, sondern in dem außerordentlichen Arbeitsaufwand, der nötig war, um die verunreinigten Strähnen in verwertbare Fasern zu verwandeln. »Die Frauen dieses Landes [Sardinien] sind nicht bereit, diese Geduldsarbeit zu leisten«, beklagte Basso-Arnoux im Jahr 1916, nachdem sein Versuch, ein Byssusunternehmen aufzubauen, gescheitert war.[27] In der zweiten Hälfte des zwanzigsten Jahrhunderts wusste kaum noch jemand, wie man Muschelseide webt, nur noch einige Frauen in Taranto und Sant'-Antioco, einer kleinen Insel vor der Küste Sardiniens. Mit jedem Jahrzehnt gab es weniger Frauen, die über diese Kenntnisse und Fertigkeiten verfügten.

Während ich mich über Muschelseide informierte, fühlte ich mich zu diesem seltsamen Material hingezogen, dessen eigene Geschichte weder mit dem gleichmäßigen Rhythmus des Eiderdaunensammelns noch mit der Hektik der Vogelnesternte vergleichbar war. Zahllose Männer und Frauen haben versucht, Muschelseide in ein Handelsobjekt zu verwandeln, und ihre magischen Eigenschaften gepriesen, und trotzdem hat sie in unserem Jahrhundert keinen Platz gefunden; die mit ihr verknüpften Geschichten wurden oft missachtet, die Byssusfasern in die Kellerräume von Museen verbannt. Harrissons Reaktion auf den Niedergang des Vogelnesthandels bestand darin, ihn zu dokumentieren und für die Nachwelt gewissenhaft die Details festzuhalten; ich wollte das Gleiche mit der Muschelseide tun, dieses Mal jedoch die Stimmen der Menschen aufzeichnen, die die Muschelseide bearbeiteten. Ich hielt Ausschau nach Weberinnen und Webern, die dieses alte Handwerk womöglich noch beherrschten, suchte in Zeitungen, Büchern und wissenschaftlichen Untersuchungen nach Hinweisen, erlebte aber immer nur Enttäuschungen. Margherita Sitzia, eine Seidenweberin aus Sant'Antioco, war 2011 im Alter von sechsundneunzig Jahren gestorben, und auch eine andere Weberin, Efisia Murroni, hatte angeblich 2013, im Alter von hundertundeins Jahren, das Zeitliche gesegnet.[28]

Langsam sank mir der Mut, aber zum Glück war noch nicht alles verloren: Wie ich las, gab es noch eine Weberin, die wusste, wie man Muschelseide verarbeitet: Chiara Vigo, die sich »l'ultimo maestro di bisso« nannte, »der letzte Maestro des Byssus« – sie nannte sich ausdrücklich nicht »Maestra«, sondern bestand auf der männlichen Form. Damals war sie Mitte sechzig und lebte auf Sant'Antioco, das durch eine von den Phöniziern errichtete Landbrücke mit Sardinien verbunden ist. Wie ich las, ging sie täglich in der Morgen- und Abenddämmerung ans Meer und stimmte dort in alten Sprachen Klagegesänge an, um ihre Vorfahren zu grüßen, die die Geheimnisse der Meerseide über Generationen hinweg weitergegeben hatten. Sie tauchte in der Lagune von Sant'Antioco zu den Muscheln hinab und stutzte deren Faserbärte. Dann reinigte und spann sie die goldenen Fasern, verwob sie zu wunderschönen Wandteppichen und Kleidungsstücken und stellte sie in ihrem kleinen Museum in der Hauptstadt aus, die ebenso heißt wie die Insel, Sant'Antioco.

Im Dezember 1938 erhielt Marjorie Courtenay-Latimer, eine einunddreißigjährige südafrikanische Museumskuratorin, einen Anruf von den Docks der Stadt East London am Ostkap Südafrikas. Als passionierte Sammlerin naturgeschichtlicher Präparate hatte sie die dortigen Fischer gebeten, ihr Bescheid zu geben, wenn sie jemals einen ungewöhnlichen Fisch fangen würden. Und tatsächlich wurde sie nicht enttäuscht. »Als ich die Schleimschichten wegzupfte, kam der schönste Fisch zum Vorschein, den ich je gesehen hatte«, erinnerte sie sich. »Er war 1,50 m lang, ein helles Grauviolett, durchsetzt mit weißlichen Flecken; und über allem lag ein silbrig blau-grüner Schimmer. [Der Fisch] war mit harten Schuppen bedeckt und hatte vier an Gliedmaßen erinnernde Flossen und einen merkwürdigen Schwanz, wie der eines jungen Hündchens.«[29]

Wie man später feststellte, wies das Exemplar einige Charakteristika auf, die es von anderen lebenden Fischen unterschieden, einschließlich einer nicht mit Luft, sondern mit einer wachsartigen Substanz gefüllten Schwimmblase und einer unvollständig ausgebildeten Wirbelsäule. Als Courtenay-Latimer das Exemplar ihrem Freund James Smith, Dozent an der Rhodes University, zeigte, identifizierte er den Fisch sofort als Quastenflosser, der eigentlich seit Millionen von Jahren als ausgestorben galt und von manchen Wissenschaftlern für den direkten Vorfahren des Menschen gehalten wurde. »Es gab nicht den Schatten eines Zweifels«, erinnerte sich Smith. »Schuppe für Schuppe, Knochen für Knochen, Flosse für Flosse war das ein echter Quastenflosser. Als sei eine dieser Kreaturen nach zweihundert Millionen Jahren wieder zum Leben erwacht.«[30]

Schriftsteller und Filmemacher, die das Byssus-Museum auf Sant'Antioco betraten, beschrieben Chiara Vigo ganz ähnlich wie diesen Quastenflosser, einen lebenden Organismus, den man seit einer Ewigkeit für ausgestorben gehalten hatte.[31] Wie eine alte Schamanin blickte Vigo auf eine Ära zurück, in der die Beziehung des Menschen zur Natur noch nicht durch den Kapitalismus zerstört war, eine Zeit, als, wie John Berger es formulierte,»die Tiere den ersten Kreis dessen bildeten, was den Menschen umgab«.[32] Mit Sardiniens Fischen, Schafen oder Wäldern verband sich die Aussicht auf Essen, Wolle und Geld, doch die *Pinna nobilis* hatte für Chiara Vigo eine viel tiefere Bedeutung; für sie war die Muschel heilig, magisch und rätselhaft. Während sich Sardinien durch die Nachkriegszeit kämpfte, aus den Bauern Fabrikarbeiter wurden und die Insel sich dem Massentourismus zuwandte, hatte diese Frau mithilfe ihrer Vorfahren die alte Tradition in ihrem Museum bewahrt.

Fasziniert von den Berichten über Vigo mietete ich in Cagliari einen Wagen und fuhr an der Südküste der Insel entlang, um den letzten Maestro des Byssus kennenzulernen. Die Küstenstraße windet sich an blendend weißen Stränden, Türmen aus dem sechzehnten Jahrhundert und der riesigen Ölraffinerie, Saras, entlang, einem der größten Arbeitgeber Sardiniens. Der Weg ist viel länger als die direkte Binnenroute, dafür werden einem atemberaubende Anblicke beschert, die charakteristische Mischung aus alten Wachtturmruinen und monumentalen Industrieschornsteinen, von denen viele während der 1960er-Jahre gebaut wurden, als sich die Insel auf dem Weg zur Industrialisierung befand. An jenem Tag fuhr ich ziemlich leichtsinnig, weil mein Blick ständig zum Strand ging, und ich war ziemlich erleichtert, als ich schließlich in Sant'Antioco eintraf.

Schriftsteller, Reisende und Touristen, die Sant'Antioco besuchen, erwähnen oft, dass die Insel wie aus einem Märchen wirke, als sei die Landbrücke nicht nur eine Brücke über das Meer, sondern eine Verbindung über die Zeiten hinweg. Wie so oft in Sardinien liegen Spuren seiner alten Geschichte direkt an der Oberfläche: steinzeitliche Hünensteine, karthagische Gräber und römische Aquädukte übersäen die Insel. Als ich die Landenge überquerte, wurde ich auf die rosaroten Flamingos und die Fischerboote aufmerksam, die Zuflucht in den flachen Lagunen suchten, Schutz vor dem starken Wind, dem aus Nordwesten wehenden Mistral. Ich sah viele Einheimische, die Muscheln sammelten, im stillen, türkisblauen Wasser nach vorn gebeugt wie bei der Reisernte, ohne Augen für die Touristen, die in Mietwagen an ihnen vorbeirasten, auf dem Weg zu den Stränden, Fischrestaurants und Museen der Insel.

Viele dieser Touristen besuchten Chiaras Museum, das auf einem Hügel in der Stadt liegt, in einem alten Palazzo, gut zu Fuß erreichbar. Im Jahr 1820 erbaut, ist dies ein geräumiges Gebäude, das einst als städtischer Kornspeicher diente. In den letzten Jahren wurde es zu einer der Hauptattraktionen der Insel und zog jährlich Tausende von Besuchern an. Als ich auf das Gebäude zuging, drängte sich gerade eine große Gruppe von Touristen vor dem Eingang, betreut von einem einheimischen Fremdenführer. Über ihnen ragte ein großes Schild auf. Es zeigte eine Frau, die eine Spindel hielt, mit gesenktem Kopf und geschlossenen Augen, wie eine Büßerin. »Das Byssus-Museum« stand auf dem Schild. »Maestro Chiara Vigo«.

Die Weberin saß mit leicht geneigtem Kopf an einem Pult, vor sich ein Büschel Byssus, eine Spindel und einen Becher, der mit einer gelben Flüssigkeit gefüllt war. Chiara trug einen blauen Pullover, eine markante rote Brille und hatte lange, perfekt manikürte Fingernägel. Sie war umgeben von allerlei kuriosen Gegenständen – wunderschönen Muschelseide-Stickereien, Briefen von Besuchern, Fotografien von Chiara am Meer, einem Leuchtturm aus Pappmaschee, einigen Papiermuscheln, einer riesigen *Pinna nobilis* aus Metall, verschiedenen weiteren Bechern, gerahmten Auszügen aus antiken Texten, einem von Silvio Berlusconi unterzeichneten Zertifikat, einem Webrahmen, einem Diorama mit Muscheln und Netzen und einer hölzernen Spendenschatulle. Es herrschte Hochbetrieb im Byssus-Museum, Touristen und Führer drängten durch die Doppeltüren, um einen Blick auf die Weberin und ihre Kunst zu erhaschen. Auf dem Steinboden klackerten die cremefarbenen Stöckelschuhe von Chiaras Assistentin, die am Handy hing. »Nein«, sagte die Assistentin gerade in scharfem Ton, »Il Maestro hat keine Zeit. Sie ist voll ausgebucht. Rufen Sie morgen noch einmal an.«

Um die Muschelseide ranken sich viele Geschichten.[33] Im zweiten und dritten Jahrhundert sprachen chinesische Händler von Wasserschafen, die aus dem Meer auftauchten, sich an den Felsen rieben und ihre Wolle zurückließen. Arabische Händler im zehnten Jahrhundert erzählten von einem Stoff, der aus den Haaren eines Seemonsters namens *abu qualmun* gemacht war.[34] Chiara hatte ihre eigenen Geschichten beizutragen. Die Chaldäer, Ägypter, Griechen und Juden benutzten Byssus, um ihre Weihegewänder herzustellen, sagte sie; sogar in der Bibel gebe es Hinweise darauf.[35] »Erinnern Sie sich an die Stelle, wo König Salomo ›in all seinem Glanz‹ in der Öffentlichkeit erschien? Was glauben Sie, was damit gemeint ist?«, fragte sie. »Er trug ein aus Byssus gewebtes Gewand, das in der Dunkelheit braun wirkt, im Licht aber golden leuchtet.«[36]

Nachdem sie die antike Geschichte des Byssus erzählt hatte, erklärte Il Maestro, wie man die Fasern säubert, färbt und webt. »Nach dem Sammeln wird die Seide fünfundzwanzig Tage lang entsalzt, das Trinkwasser mindestens alle drei Stunden ausgetauscht, Tag und Nacht«, sagte sie.[37] Dann werde der Byssus getrocknet und gekämmt, um Algen- und Muschelteilchen zu entfernen. Sie nahm ein Büschel Byssus, bürstete es durch und legte es mir in die Hand. »Was fühlen Sie?«, fragte sie. Obwohl es oft heißt, Byssus sei feiner als Seide, trifft das nicht immer zu: Der Durchmesser der Fasern kann stark variieren, zwischen 10 und 15 Mikrometer, und man kann sie mit anderen Naturfasern vergleichen, etwa Maulbeerseide.[38] Mit geschlossenen Augen fühlte sich das Büschel irgendwie rau an, aber ich hatte nicht den Mut, etwas zu Chiara zu sagen.

Im Jahr 1777 schrieb der deutsche Theologe und Muschelkundige Johann Hieronymus Chemnitz von den fantastischen Mengen der Edlen Steckmuschel im Mittelmeer und schilderte den sichtbaren Teil der Muscheln als »gleichsam unterirdische Städte und Dörfer, darinnen die ältesten Stammväter wie Thürme hervorragen«.[39] Die Anker der Fischerboote zerstörten die Fasern, mit denen sich die Muscheln im Meerboden verankert hatten; Trawlernetze rissen die Muscheln mit und Sammler lasen sie am Strand als Souvenir auf. Findet man heute in einer Seegraswiese eine *Pinna nobilis*, mag das in einem Gebiet von 100 Quadratmetern die einzige sein. Nachdem die italienische Regierung 1992 die *Pinna nobilis* zur bedrohten Art erklärt hatte, durfte sie nicht mehr gefischt werden, was offenbar das Ende der Muschelseidenweberei bedeutete.[40]

Zwei Jahrzehnte später lief das italienische Kreuzfahrtschiff *Costa Concordia* vor der Westküste Italiens auf Grund. Während der Versuche, das Wrack zu bergen, entdeckten Taucher einen Wald von über zweihundert *Pinna nobilis*.[41] Aus Sorge, die Muscheln könnten bei der Operation beschädigt werden, löste man sie vom Meeresgrund und setzte sie ein paar Hundert Meter weiter in ordentlichen Reihen wieder ab. *Der Spiegel* verglich diese Ansammlung umquartierter Mollusken mit einem Friedhof.

Beim Besuch im Museum wunderte ich mich über Chiaras große Byssusvorräte, denn die *Pinna nobilis* stand ja unter Artenschutz. Auf meine diesbezügliche Frage verriet sie mir, sie habe eine Möglichkeit gefunden, Meerseide zu ernten, ohne den Muscheln Schaden zuzufügen. Während der Sommermonate, ab dem ersten Mai-Vollmond, gehe sie ans Meer, tauche zu den Muscheln hinab und schneide einen Teil der Faserbärte ab. Eine anstrengende und monotone Tätigkeit; Chiara sagte, es seien hundert Tauchgänge nötig, um ein 300 Gramm schweres Büschel Muschelseide zu ernten, das dann 30 Gramm gereinigte Fasern ergäbe.

Auf dem Höhepunkt der Muschelseide-Produktion im achtzehnten Jahrhundert zerrten italienische Fischer die Mollusken mithilfe von Fallen, Zangen und Gabeln in ihre Boote. »Die Pinna wird mit Haken von den Felsen gerissen und wegen ihres Büschels aus Seide, Lanapenna genannt, aufgebrochen«, berichtete Henry Swinburne im neunzehnten Jahrhundert.[42] Nachdem sie die Muscheln geöffnet hatten, schnitten die Fischer die Faserbärte ab und holten das Fleisch heraus, Stücke in der Größe von Rumpsteaks. Wie anders hingegen Chiara Vigos Methode; sie erntete die Meerseide, statt die Muschel zu zerstören. Soeben hatte Il Maestro einen Besucher gefragt, auf wie viel Gramm er tippen würde, dann nahm sie ihm das Büschel, ohne auf Antwort zu warten, wieder aus der Hand, zupfte ein paar Fasern auseinander und befestigte sie am Haken einer hölzernen Handspindel. »So, jetzt sehen Sie mal, wie ich mit meinem Zauberstab einen Faden spinne«, meinte sie schelmisch. Beim Spinnen verzwirbelten sich die abgeteilten Fasern zu einem einzigen Faden, der scheinbar mühelos immer länger wurde und zwischen ihren Fingern hervorglitt wie ein Rinnsal aus dunklem Gold.

Um die Geschichte des Byssus in Sant'Antioco zu verstehen, sagte Chiara, müsse man bis zum ersten nachchristlichen Jahrhundert zurückgehen, als Berenike, die Tochter von König Herodes Agrippa I., auf Sant'Antioco eingetroffen sei. Als erster »Maestro« (Bewahrer der Geheimnisse des Byssus) gab Berenike ihr Wissen an ihre Tochter oder Enkelin weiter. Über viele Generationen hinweg wurden diese Geheimnisse weitergegeben, bis sie eine meisterhafte Weberin erreichten, Maria Maddalena Mereu. Diese gab sie wiederum an ihre Enkelin Chiara Vigo weiter, die den heiligen Eid des Byssus schwor. »Der alte Maestro verlässt [nach dem letzten Tauchgang] das Wasser«, sagte sie, »[und] reicht dem neuen Maestro eine Handvoll Schlamm. Der neue Maestro wäscht sich [und] taucht ins Wasser – in diesem Moment ist der Übergang vollzogen.«[43]

Die Bezeichnung *Maestro*, abgeleitet vom lateinischen *Magister*, wird im Italienischen oft für hochbegabte Künstler verwendet, etwa *maestro falegname* für einen hervorragenden Schreiner. Wir stellen uns einen *Maestro* oft als Lehrer vor, doch Chiara definierte das Wort anders. Ihr viel diskutiertes und doch nie klar definiertes Verständnis des Begriffs umfasste offenbar den Aspekt des Bewahrens, des Handwerks und der Mystik und eine feindselige Haltung den Märkten gegenüber. »Das ist ein bisschen wie bei Kung Fu«, veranschaulichte es einer ihrer Schüler, ein australischer Künstler. Über die Fähigkeit hinaus, ein Material zu bearbeiten, schien der Status des *Maestro* ihr gewisse Rechte zu verleihen, also das Recht, den Byssus zu ernten, zu spinnen und zu weben. Im Gegensatz zum Handwerk, das Ausbildung ermöglicht, konnte das Recht der Byssusverarbeitung nur vererbt werden, von einer Generation zur nächsten. Und tatsächlich sagte Chiara, der einzige Mensch, der das Geheimnis des Byssus je von ihr erfahren werde, sei ihre Tochter Maddalena, die damals in Dublin studierte. »In Sardinien wird künstlerisches oder medizinisches Wissen oft innerhalb der Familie weitergegeben«, sagte der italienische Künstler Giuseppe Mongiello, einer von Chiaras zehn Schülern. »Man findet dies auch in anderen Gesellschaften in Afrika und Asien.« Mongiello hatte damals bereits seit 2012 in Chiaras Museum gearbeitet, den Byssus aber nie berührt, nur andere Materialien wie etwa Wolle. »Sie darf uns das nicht lehren. Wegen des Eids.«

Schon lange beklagen Anthropologen angesichts von Industrialisierung, Landflucht und Umweltzerstörung, dass immer mehr Traditionen etwa Sagen, volkstümliche Tänze und Bräuche verloren gehen. In den 1960er-Jahren waren sich die Planer in Rom hundertprozentig sicher, die Zukunft Sardiniens – einer Insel der Bergleute, Schafhirten und Bauern – liege in der industriellen Produktion. Im Rahmen des staatlich initiierten Piano di Rinascita (Wiedergeburtsplans), der ganz Sardinien verwandeln sollte, wurden zahllose petrochemische Fabrikanlagen und Raffinerien gebaut. »Keine Pflüge mehr, die das Erdreich umgraben, keine Ochsen mehr«, schrieben Bachisio Bandinu und Salvatore Cubeddu, zwei sardische Intellektuelle. »Die konstante Produktion von Gütern hat die Unwägbarkeiten der Ernte abgelöst.«[44] Angesichts dieser historischen Entwicklung, dieses tief greifenden Wandels der sardischen Gesellschaft, fragte ich mich, wie die mündliche Überlieferung der Geschichte des Byssus überlebt hatte; die heilige Kette, die Chiara mit Berenike verband, blieb unversehrt. Vielleicht erklärte dies, warum Chiaras Kunsthandwerk 2005 immaterielles UNESCO-Kulturerbe wurde, definiert als »kulturelle Ausdrucksformen, die unmittelbar von menschlichem Wissen und Können getragen, von Generation zu Generation weitervermittelt und stetig neu geschaffen und verändert werden.«[45]

Prokopios von Caesarea berichtet, Justinian I. habe »gewisse Mönche« nach Zentralasien gesandt, die Seidenraupen-Eier nach Byzanz schmuggelten; nun konnte die Seidengewinnung im Mittelmeerraum beginnen, und Chinas Monopol war gebrochen.[46] In der Art von Schamanen, Medizinmännern oder Seidenraupenzüchtern hütet Chiara ihr Wissen streng und verweigert neugierigen Forschern, Wissenschaftlern oder Journalisten jede nähere Auskunft zur Ernte oder Verarbeitung des Byssus. »Ich habe noch nie eine Studie veröffentlicht, denn das wäre eine Gefahr für das Meer«, sagte sie. »Es kämen Designer und Modemacher hierher und würden ein Massaker [unter den Steckmuscheln] anrichten.« Selbst Giuseppe, der Schüler, der am engsten mit ihr zusammenarbeitete, durfte Chiara nicht auf ihren Beutezügen begleiten. »Sie zieht alleine los, nachts, wenn *bonaccia* herrscht«, sagte er zu mir. »Wenn das Meer ruhig ist.«

Und doch gewährte Chiara uns einen winzigen Blick auf eines der Geheimnisse, die sie von ihrer Großmutter empfangen hatte: die Methode, wie Byssus aufgehellt werden kann, die Formel, mit der man die dunkelbraune Faser in einen goldenen Faden verwandelt. »Das ist mein Familienrezept, mehr als sechstausend Jahre alt«, erklärte sie. Nachdem sie die Fäden von der Spindel gewickelt hatte, tunkte sie sie in einen Becher voll gelber Flüssigkeit. »Da sind fünfzehn Algenarten und zwei Sorten Zitronensaft drin.« Sie ging mit dem Mund ganz nah an den Becher heran und stieß einen Klagelaut aus, als hätte man in ein Meerschneckenhorn geblasen. Chiara hob wie in Trance den Kopf, nahm die Fäden aus dem Becher und drückte die gelbe Flüssigkeit aus. »Wollen Sie sehen, wie hell und golden es geworden ist?«, fragte sie. Ohne auf eine Antwort zu warten, stand sie auf und zeigte dem Publikum den gesponnenen Faden. Er schimmerte in einem wunderbaren hellen Goldton und dehnte sich, als Chiara mit den Fingern an ihm zog. »Als sei er elastisch«, flüsterte jemand entzückt.

Muschelseide war schon immer sehr kostbar, ihr leuchtender Glanz und die seltsame Herkunft faszinierten Händler, Adlige und Sammler, von denen viele bereit waren, für die goldenen Fäden einen hohen Preis zu bezahlen. Im achtzehnten Jahrhundert begann sich der Erzbischof von Tarent, Giuseppe Capecelatro, für das kommerzielle Potenzial des Byssus zu interessieren.[47] Als glühender Sozialreformer glaubte er, die kommerzielle Verarbeitung von Muschelseide könne die Situation der armen Bevölkerung Tarents zum Besseren wenden. Capecelatro nahm jede Gelegenheit wahr, den Reichen und Mächtigen Byssus zu verkaufen. Er schenkte Ferdinand IV., dem König von Neapel, und seiner Gattin Käppchen aus Muschelseide, bestellte Damenhandschuhe für den Hof von Sankt Petersburg und hat vermutlich die Lieferung unverarbeiteter Fasern an den Philosophen und Diplomaten Wilhelm von Humboldt, den Bruder Alexander von Humboldts, veranlasst.

Auch Chiara Vigo schickte ihre Kreationen an die Mächtigen: Angeblich hat sie eine Seidenkrawatte für Bill Clinton, eine Stola für Papst Johannes Paul II. und einen Rosenkranz für Benedikt XVI. gewoben.[48] Doch anders als Capecelatro lehnte sie die Kommerzialisierung der Muschelseide ab: »Byssus kann nicht gekauft oder verkauft werden und ist nicht den

Gesetzen des Marktes unterworfen, denn man kann ihn nur verschenken.« Sie verachtete all jene, die aus Byssus Profit schlagen wollten – vom sardischen Arzt Giuseppe Basso-Arnoux, der versuchte, Byssus in mechanischen Webrahmen zu verarbeiten (»so etwas konnte sich nur ein Mann ausdenken!«), bis hin zu der Weberin Rita del Bene, die in den 1930er-Jahren den Aufbau einer Byssusindustrie in Tarent vorschlug. Obwohl Museen in der ganzen Welt Chiaras Arbeiten ausstellen, hat sie angeblich noch nie Geld angenommen, sondern lebt von Spenden in ihre *cassa delle offerte*, eine Spendenschatulle. »Ich würde ja auch niemals einen Indianerhäuptling dazu überreden können, dass er seinen Kopfschmuck verkauft. Er ist einfach nicht zum Verkauf gedacht«, erklärte sie mir.

Als ich Chiaras Museum besuchte, hatte ich in Borneo abgelegene, ihrer Salanganennester beraubte Höhlen gesehen und auf Bali Kaffeeplantagen, auf denen massenhaft Fleckenmusange in Käfigen gehalten wurden. Immer wieder verblüffte mich die scheinbar grenzenlose Macht des Marktes, seine Fähigkeit, bis in die letzten Winkel der Erde vorzudringen. Nach diesen Erfahrungen reagierte ich sehr positiv auf den von Chiara geschaffenen heiligen Ort, ein Bollwerk gegen den Markt, ein wohltuender Kontrast zu Habitatzerstörung und Grausamkeit. Alljährlich kommen Tausende von Touristen, um ihr zuzuhören, Scharen von Journalisten haben über sie geschrieben, und im Jahr 2008 hat ihr die italienische Regierung den Verdienstorden der italienischen Republik verliehen. Als ich ihr gegenübersaß, zog sie auch mich gleich in ihren Bann. Mithilfe ihres Wissens über die *Pinna nobilis*, das über dreißig Generationen hinweg weitergegeben worden war, hatte sie einen Weg gefunden, eine alte Tradition fortzusetzen und gleichzeitig eine gefährdete Riesenmuschel zu schützen. »Es gibt kein einziges Schild am Strand, das besagt, dass dies eine geschützte Art ist. (...) Auch in der Schule wird dies nicht gelehrt«, sagte sie. »Wer also schützt die *Pinna nobilis*? Ich.«

Und doch gab es auch Stimmen, die eine ganz andere Geschichte des Byssus erzählten als *l'ultimo maestro di bisso*. Jahrhundertelang bot Byssus oder Meerseide Anlass zu Irrtümern, Übertreibungen und Fantasien, eine Fallstudie zu den Tücken historischer Überlieferung. 1998 veröffentlichte der amerikanische Wissenschaftshistoriker Daniel McKinley eine detaillierte Studie über Meerseide. McKinley, ein leidenschaftlicher, gewissenhafter Forscher, überprüfte all die Mythen, Fabeln und Märchen, die man sich im Lauf der Jahrhunderte über die Meerseide erzählt hatte: ägyptische Mumien, in Meerseide gewickelt; Jasons Suche nach dem Goldenen Vlies; und die Tunika Heinrichs VIII., die vermutlich aus den »Bärten der Muscheln« gemacht wurde. McKinley kam zu dem Schluss, dass viele dieser Geschichten, auch einige, die Chiara erzählte, reine Fiktion waren, das Resultat einer sprachlichen Fehlinterpretation oder einfach frei erfunden.[49]

Die Konfusion rund um die Geschichte des Byssus lässt sich auf einen sprachlichen Irrtum im fünfzehnten Jahrhundert zurückführen.[50] Damals übersetzte Theodorus Gaza, Professor für griechische Sprache und Literatur, einen schlichten Satz in Aristoteles' *Historia animalium*, der sich auf die *Pinna nobilis* bezog. Es würde hier zu weit führen, genau zu erklären, worin Gazas Irrtum bestand, jedenfalls erfand er unbeabsichtigt ein neues Wort für die Fasern der Pinna: *Byssos*. Dies wäre weitgehend folgenlos geblieben, wenn das Wort *Byssos* nicht bereits im antiken Griechenland eine festgelegte Bedeutung gehabt hätte (feine pflanzliche Fasern) und nicht bereits in zahlreichen antiken Quellen auftauchen würde, vom Rosetta-Stein bis zur Heiligen Schrift. Trotz der Einwände zeitgenössischer Naturforscher etablierte sich Theodorus Gazas Irrtum. Muschelseide wurde als Byssus bekannt, und seither wurden in alten Texten erwähnte pflanzliche Fasern mit Muschelseide verwechselt.

In Chiaras Museum jedoch ging es nicht nur um Verwechslung – sondern um einen ganz bewussten und durchaus beeindruckenden Impuls zur Mythenbildung, der über einen Übersetzungsirrtum hinausging. Ich studierte historische Berichte über Muschelseide, las Bücher über Sardiniens Archäologie, sprach mit der italienischen Küstenwache, informierte mich über die EU-Gesetzgebung, schickte Mails an Meerseide-Experten, plauderte mit Einheimischen – und fand kaum Belege für Chiaras jahrtausendealten Byssusfaden, der angeblich von Prinzessin Berenike bis zum heutigen Tag reichte. Nichts von dem, was Chiara mir erzählte, ergab Sinn. Falls ich bezüglich Prinzessin Berenike irgendwelche Zweifel hätte, sagte Chiara, empfehle sie mir, die Studie von Antonio Taramellis, einem italienischen Archäologen, der in den ersten Jahrzehnten des zwanzigsten Jahrhunderts Berenikes Grab auf Sant'Antioco freigelegt hatte. Doch als ich Taramellis Studie endlich aufgetrieben hatte, entdeckte ich, dass er zwar tatsächlich das Grab »einer Frau namens *Beronice*« erwähnt, es aber auf das vierte oder fünfte Jahrhundert datiert, lang nach der angeblichen Lebensspanne Prinzessin Berenikes.[51] Auf meine Frage nach ihrem Konzept des Maestro, verwies mich Chiara an einen Professor für Hebraistik an der Sorbonne, doch meine Erkundigung ergab, dass der Betreffende keinerlei Beziehung zur Sorbonne hatte.[52]

Und dann war da Chiaras spezielle Methode, Byssus zu ernten, ihre wiederholten Tauchgänge. In sämtlichen Berichten hatte ich gelesen, dass niemand sie bei dieser außergewöhnlichen Ernte jemals begleitet hatte. Tauchte sie wirklich hinunter, schnitt die Byssusfäden ab, zerrte die Mollusken an die Oberfläche und setzte sie wieder an ihren ursprünglichen Platz zurück? Im Jahr 1795 schilderte Giuseppe Poli, der italienische Muschelkundler, wie Taucher Muscheln vom Meeresgrund lösen. »Da man sie nicht einmal mit wiederholten Schlägen lockern kann (denn der Sand, unterstützt durch sein eigenes Gewicht und das darüberliegende Wasser, widersteht hartnäckig den Bemühungen der Taucher), setzt sich [der Taucher] auf den Meeresgrund, streicht mit den Fingern die Erde beiseite, die die Muschel umgibt, und bemüht sich nach Kräften, sie nach oben zu ziehen, indem er sie mit beiden Händen packt.«[53] So angestrengt ich auch versuchte, mir Chiara bei diesem Kraftakt vorzustellen (hinunterzutauchen, die riesigen Muscheln an die Wasseroberfläche zu zerren und sie nach der Ernte der Byssusfäden wieder hinunterzubefördern), es wollte mir nicht gelingen.

Bei der Bergung der *Costa Concordia* lösten Meeresbiologen etliche Exemplare der Edlen Steckmuschel aus ihrer Verankerung und versetzten sie an einen anderen Ort, ohne ihnen langfristig Schaden zuzufügen. Rein theoretisch konnte Chiara natürlich dasselbe tun, doch dann erhob sich die Frage, wie viele Faserbärte sie abschneiden musste. Die Meeresbiologin und Muschelexpertin Helen Scales nimmt in ihrem Buch *Spirals in Time* Chiaras Methode unter die Lupe. Sie schreibt, dass die *ganzen* Faserbärte von fünfzig Steckmuscheln nur etwa eine Unze Meerseide ergeben würden; für ihre jährliche Ernte, die Chiara auf ihrer Website kürzlich mit 600 Gramm (etwa 20 oz.) bezifferte, müsste sie also die Faserbärte Tausender Muscheln abschneiden.[54] Um einen so gigantischen Kraftakt zu stemmen, müsste sie eher eine Athletin als eine Schamanin sein. Viele in Sant'Antioco, mit denen ich gesprochen habe, hielten dies schlicht für unmöglich. Mittlerweile fiel mir bei Chiara nicht mehr der Quastenflosser ein, sondern P. T. Barnums »Meerjungfrau«, eine sorgfältig konstruierte Schöpfung, die das Publikum erfreuen sollte.

Mir war nicht wohl dabei, in Sant'Antioco Zweifel an Chiaras persönlicher Geschichte zu erwecken, ihre Behauptungen akribisch auf ihren Wahrheitsgehalt hin zu prüfen. Irgendwie hatte ich das Gefühl, es gehe am Sinn ihres Museums vorbei, eine fantasievolle Geschichte, eine lebende Legende zu hinterfragen. Was machte es schon, wenn Chiara Erfindungen um eine Molluske wob? Ich hatte Fotografien der *Pinna nobilis* studiert, wissenschaftliche Abhandlungen über das Nervensystem der Muscheln gelesen, doch erst als ich Chiara besuchte, nahm die *Pinna nobilis* Gestalt an, weit über die Verwendung ihres Fleischs oder ihrer Fasern hinaus. Viele Museumskuratoren, Geschichtenerzähler und Schriftsteller weben Narrative, verschweigen Fakten und tolerieren Unwahrheiten, um das Publikum mit einer guten Geschichte zu unterhalten oder bestimmten Objekten Bedeutung zu verleihen. Warum sollte dies nicht auch Chiara erlaubt sein? (Hier muss ich übrigens zugeben, dass ich der Versuchung nicht widerstehen konnte, einige in der Presse zitierte Äußerungen Chiaras zu übernehmen und mit meinem eigenen Material zu vermischen, um den Eindruck eines zusammenhängenden Gesprächs zu vermitteln.)[55]

Ich dachte nicht weiter über diese Fragen nach, bis ich in einer sardischen Publikation auf einen Artikel aus dem Jahr 2014 stieß, der über eine anonyme Onlinekampagne in Sant'Antioco berichtete. Er erhielt kaum öffentliche Aufmerksamkeit, zumindest im Vergleich mit den zahllosen Zeitungsartikeln, Interviews und Dokumentationen über Chiara Vigo. »Schon viel zu lange«, begann der Artikel, »wird die Wahrheit über Byssus geleugnet, verschleiert, immer mehr verdrängt und unterdrückt ... dieser irreführenden Darstellung möchten wir die unverfälschte Wahrheit entgegensetzen.«[56] Die Betreiber der Kampagne behaupteten, Chiara habe die Geschichte des Muschelseide-Webens in Sant'Antioco umgeschrieben; der wahre Meister sei ein Kunsthandwerker namens Italo Diana gewesen, der der Muschelseide-Ernte hier zu einer Renaissance verholfen habe, indem er einer Gruppe einheimischer Frauen beibrachte, wie man die goldenen Fäden webt. Über all dem Gerede Chiara Vigos über Griechen und Chaldäer, Aristoteles und aramäische Gesänge sei die Geschichte Italo Dianas vergessen, ja getilgt worden.

Der Byssus, den ich vorhin beschrieben habe, stammte aus Italo Dianas Studio in Sant'Antioco. Vor etwas mehr als zehn Jahren löste Dianas Tochter Emma das Haus des Vaters auf, nachdem das Dach eingebrochen war. Zufällig fand sie in einem Vorratsschrank zwei Tüten und alte Bücher und Dosen. »Erst dachte ich, das sei von den Handwerkern hinterlassener Müll«, sagte sie. Sie wollte die Tüten schon wegwerfen, doch um ganz sicherzugehen, schaute sie hinein. Der von Regenwasser durchnässte Inhalt erinnerte an verfilztes braunes Haar. Sie nahm die Haarzotteln mit in ihre Wohnung nach Cagliari und ließ sie draußen auf dem Balkon trocknen. In der sengenden Sonne hellten sie sich allmählich auf, und aus den wirren Strähnen wurden goldene Locken. »Sie wurden verwandelt«, sagte sie, »in das, was Sie jetzt sehen.«

Nachdem ich den Artikel über ihren Vater gelesen hatte, machte ich mich auf, um Emma Diana in ihrer kleinen Wohnung zu besuchen. Makellos sauber, mit dunklen Holzmöbeln ausgestattet, erinnerte ihr Wohnzimmer an so viele andere Wohnzimmer, die ich im Lauf der Jahre in Italien gesehen hatte, nur waren die Wände hier mit seltsamen goldbraunen Stickereien bedeckt, die verschiedene Tiere und Pflanzen zeigten. Schlagartig wurde mir klar, dass es sich um Stoff aus Muschelseide handelte, deren Fasern zu vertrauten Formen verwoben waren, zu Pfauen, Vögeln und Blumen.

Als Emma all dies entdeckte, war ihr Vater bereits seit über fünfzig Jahren tot, aber sie erinnerte sich aus ihrer frühen Kindheit noch an seine Werkstatt in Sant'Antioco. Er war ein großer Erfinder gewesen und hatte schon als Jugendlicher in einem von Frauen dominierten Haushalt weben gelernt, bevor er dann in den 1920er-Jahren in Sant'Antioco seine eigene

Textilwerkstatt aufmachte. Damals war wenig über Meerseide bekannt, doch Italo Diana begann mit den Fasern zu experimentieren.[57] Er bezahlte Fischer dafür, dass sie ihm riesige Steckmuscheln aus dem Meer holten, schnitt die Faserbärte ab, säuberte und kämmte sie und verwandelte das braune Moos in den goldenen Faden, den dann später seine Tochter auf dem Balkon vorfand, nachdem sie den Schrankfund in der Sonne getrocknet hatte. Die Fasern wurden versponnen und zu wunderschönen Objekten verwoben: Wandteppiche und Kleidungsstücke für Wohlhabende. Zur Unterstützung bei dieser anspruchsvollen Tätigkeit beschäftigte Italo Diana eine Gruppe junger Frauen aus Sant'Antioco. Eine Fotografie aus jener Zeit zeigt sie vor der Werkstatt sitzend, mit Körben voller Byssus, ganz auf die moosigen Faserbärte konzentriert. Wer die Geschichte der Muschelseide nicht kennt, würde meinen, sie säßen vor einem Friseurladen und verarbeiteten Haarballen.

Ich nahm ein weiteres Objekt in die Hand, eine winzige Kinderjacke, mit noppenartigen Schlingen aus Muschelseide bedeckt, eine traditionelle sardische Webtechnik, bekannt als *pibiones*. Als ich mit der Hand über die Noppen strich, faszinierte mich der Gedanke, dass ein Kind diese verarbeiteten Fasern getragen hatte, die Ankerfäden der Muschel, nun in kunstvolle Stickereien verwandelt. Die Menschen im viktorianischen Zeitalter waren von Meerseide fasziniert und schwärmten von ihrem Glanz. Ein Teil der Faszination, dachte ich, rührt von der haptischen Desorientierung her, dem Gefühl, dass es sich eher um menschliches Haar oder Rosshaar handelt als um die Faser einer Molluske. Wie die meisten Menschen, die zum ersten Mal Meerseide berühren, hatte ich eine bestimmte Vorstellung davon, wie sich Dinge aus dem Meer anfühlen: der Walspeck, den ich in Island gesehen hatte, die schmirgelpapierraue Haut von Haien, zerriebene Muschelschalen, Fischfleisch. Vielleicht erklärt dies, warum antike Texte als Ursprung des Byssus »Wasserschafe« oder Seeungeheuer nennen; man kann sich leichter vorstellen, dass solche Fasern von Fantasiewesen produziert werden als von Muscheln.

Italo Dianas Objekte wurden überall in Ausstellungen gezeigt. Eines der größten in seiner Werkstatt hergestellten Objekte aus Muschelseide war ein linnener Wandteppich. Über einen Meter lang, war er mit Stickereien fantastischer Tiere und Pflanzen bedeckt, aus den Byssusfäden Hunderter riesiger Mollusken.[58] Ich betrachtete eingehend eine Fotografie davon und glaubte eine exakte Symmetrie zu erkennen: Die Muster auf der linken und rechten Seite waren perfekte Spiegelungen, doch bei näherer Betrachtung gab es einen kleinen Bereich zur Mitte hin, der im Vergleich zum Rest nachlässig, ja fast chaotisch bestickt schien. Wenn man genau hinsehe, sagte Emma, erkenne man in der Mitte die Spuren einer Widmung, die mittlerweile überstickt wurde – »V V Il Duce« (Evviva [Lang lebe] Il Duce) – und diese Widmung enthüllt die verborgene Geschichte des Wandteppichs.

Im Dezember 1938, demselben Monat, als in Südafrika der Quastenflosser entdeckt wurde, dockte ein italienisches Kreuzfahrtschiff im Hafen von Sant'Antioco an und setzte einen besonderen Gast ab, Benito Mussolini, Il Duce. In Militäruniform posierte Mussolini für die Kamera des Istituto Luce, eines italienischen Filmunternehmens, das als Propagandainstrument des faschistischen Regimes bekannt war. Mussolini schüttelte verschiedenen Funktionären die Hand, während die Kanonen des Kreuzfahrtschiffs Salut schossen. In der Vergangenheit hatte Sant'Antioco eine unbedeutende Rolle gespielt, war für historische Figuren wie Admiral Nelson eher Ankerplatz als Anlaufhafen gewesen. Doch an jenem Dezembertag stand die Insel im Zentrum der historischen Ereignisse und war Gegenstand zahlloser Propagandaberichte, die in ganz Italien verbreitet wurden.

Der Duce war nach Sardinien gekommen, um die neu gegründete faschistische Stadt, Carbonia, einzuweihen, die von Sant'Antioco nur eine kurze Bahnreise über die Landbrücke entfernt lag. Es sollte bereits die dritte Stadt auf Sardinien sein, die der italienische Diktator gründete, aber sie war von besonderem Interesse für ihn, denn sie befand sich in der Nähe eines riesigen Kohlelagers. Mussolini war von Sardiniens Kohle wie besessen. Im Jahr 1935 hatte der Völkerbund Sanktionen gegen Italien eingeleitet, als Vergeltung für Mussolinis Abenteuer in Abessinien; er hoffte, Sardiniens schwarzes Gold werde ihn von Importen unabhängig machen und es ihm ermöglichen, Krieg zu führen, wann es ihm beliebte. Eine Fotografie von 1942 zeigt Mussolini, wie er mit Lederhandschuhen einen sardischen Kohlebrocken liebkost, als sei es ein Goldklumpen und die Antwort auf all seine außenpolitischen Probleme. Die Ankunft des Duce war für die Einwohner von Sant'Antioco, damals ein armes Fischerdorf, ein bedeutendes Ereignis. In Mussolinis großem Plan war die Insel als Transitstation für Sardiniens Kohle vorgesehen. War die Kohle gefördert, würde sie auf dem Schienenweg zum Hafen der Insel transportiert und dort auf Schiffe verladen werden. »Die Leute hofften auf Arbeit«, erinnerte sich Emma. »Damals gab es hier nur Fischer, Hafenarbeiter und eine Grundschule. Es herrschte bittere Armut.« In Erwartung von Mussolinis Ankunft hatte man im Hafen von Sant'Antioco einen riesigen Kohlehaufen abgeladen. Auf großen Lettern, die sich leuchtend weiß von der dunklen Kohle abhoben, wurde verkündet, dass man sich zu harter Arbeit verpflichtete, »*Duce noi dormiamo con la testa sullo zaino*« (Duce, wir schlafen mit dem Kopf auf unserem Rucksack). Doch der Duce bekam noch ein anderes, weniger augenfälliges Geschenk, nämlich jenen großen Wandteppich aus Meerseide, den Emmas Vater gemeinsam mit einer seiner Schülerinnen gewoben und mit einer Widmung für den italienischen Führer versehen hatte. »Er wollte ihn [dem Duce] im Namen der Webschule offerieren«, sagte Emma, »um zu sehen, ob der Faschismus an dieser Art Arbeit interessiert ist. Ob es eventuell Fördermittel geben würde.«

Nach seiner Ankunft in Sant'Antioco begab sich der Duce zum Hauptplatz der neu gegründeten Stadt, um eine Rede zu halten. Die Einwohner von Sant'Antioco folgten ihm, in überfüllte Zugwaggons gequetscht. Unter ihnen war auch Emma, damals gerade mal sieben Jahre alt. »Ich stieg ohne meine Eltern in den Zug, ganz allein«, erinnerte sie sich. »Alle fuhren hin.« So etwas wie diese neue faschistische Stadt hatte Emma noch nie gesehen. Die weiten Plätze, das viele Grün und die luftigen Gebäude aus sardischem Trachyt und Kalkstein griffen auf das Konzept der Gartenstadt zurück, beherrscht wurde Mussolinis Schöpfung jedoch von der Logik der Kohlemine. Die Häuser der Bergarbeiter reflektierten den jeweiligen Status, den ihre Bewohner unter Tage innehatten; die drei Straßen der Stadt führten direkt zum Eingang der Kohlegrube und beschickten sie mit

Arbeitskräften. Und damit niemand vergaß, warum die Stadt gebaut worden war, hatte Mussolini sie Carbonia genannt: Land der Kohle. »In ihrem Namen«, erklärte er den Einwohnern, »liegt ihr Ursprung, ihre Pflicht, ihr Schicksal. Ihr Wahrzeichen soll eine Grubenlampe sein!«[59]

Die Einwohner Sant'Antiocos und Tausende von Menschen aus ganz Sardinien drängten sich auf dem Hauptplatz Carbonias, der Piazza Roma. Flankiert von Schwarzhemden wandte sich der Duce an die Menge, und seine Stimme schwankte zwischen schrillem Stakkato und leiseren Tönen. Sardinien sei ein wildes, altes Land: ein »fast verlassenes Land: kein Mensch, kein Haus, keine Straße, kein Tropfen Wasser: [nur] Einsamkeit und Malaria«. Doch mit der Ankunft faschistischer Ingenieure und Architekten habe sich all dies geändert: Es seien Straßen gebaut worden, Menschen gekommen, die hier leben würden, und es sei eine neue Stadt aus dem Staub entstanden. Dieses »vergessene Land« sei nicht länger vergessen!

Nach seiner Rede verschwand Mussolini offenbar genauso rasch, wie er gekommen war. Doch der Wandbehang, so erzählte mir Emma, blieb in Sant'Antioco. Der faschistische Bürgermeister, der *podestà*, hatte darauf bestanden, dass ihr Vater dem Duce den Wandteppich im Namen der Gemeinde schenken sollte, Italo Diana wollte ihn aber im Namen der Webschule schenken. »Er lehnte also ab – die Gemeinde hat ihn nie unterstützt.«

Italo Diana war nicht der einzige Weber, der den Byssus im faschistischen Italien der 1930er-Jahre unterzubringen versuchte. In Tarent versuchte eine Weberin namens Rita del Bene die faschistischen Behörden davon zu überzeugen, dass Byssus »einen ganz maßgeblichen Beitrag zu Italiens wirtschaftlicher Unabhängigkeit« leisten könnte. Sie plante, die Byssusproduktion zu industrialisieren, Steckmuscheln an die Meeresoberfläche zu hieven und die Byssusfasern mit maschinellen Webstühlen zu verarbeiten. Byssus, der robust und mottenbeständig sei und über isolierende Eigenschaften verfüge, könne ein tauglicher Stoff für das neue Italien sein und nach dem Weben vielfältig eingesetzt werden: für Flugzeughüllen, als Möbelstoff und Pelzersatz, für Trikotagen, ja sogar für Gasmasken. »Ich bin ganz zuversichtlich«, schrieb sie, »dass die Industrialisierung gelingt und Italien hervorragende Möglichkeiten für die angestrebte wirtschaftliche Unabhängigkeit im Meer vor seiner Haustür finden wird.« Doch auch del Bene erhielt von den Faschisten keine Unterstützung und musste ihre Werkstatt schließen. Sie war ebenso wenig erfolgreich wie Italo Diana mit seinem Geschenk aus Muschelseide.[60]

Ich habe mich schon immer gewundert, dass Menschen meinten, Rohstoffe wie Muschelseide oder Eiderdaunen könnten in totalitären Systemen Verwendung finden. Abgesehen von den praktischen Beschränkungen des Byssus schien mir die Faser einfach nicht in den faschistischen Kontext zu passen, ungeeignet, eine Ideologie zu transportieren, die auf Stärke, nationaler Einheit und Gehorsam basiert. Als ich Italo Dianas Wandteppich auf einer Fotografie bewunderte, fragte ich mich, ob es nicht ein Glück war, dass der Duce ihn nicht gesehen hatte. In seiner Rede hatte er Sardinien als unbeschriebenes Blatt geschildert, als eine öde Region, deren Rückständigkeit und Isolation nur durch ihren schwarzen »Schatz« überwunden werden konnte. Doch die kunstvollen Ornamente des Wandteppichs erzählten etwas anderes über Sant'Antioco und Sardinien. Dianas Wandteppich feierte Fantasie und Handwerkskunst und war eher Bestiarium als Propaganda-Objekt. Die Muschelseide passte nicht zum Faschismus, sondern taugte ideal als Faser der Fantasie, als Trägerstoff für fantastische Geschichten und Träume, und Chiara hatte das nur allzu gut begriffen.

Statt Handschuhe oder Mützen aus Muschelseide bevorzugten der Duce und seine Entourage schwarze Uniformen aus Orbace-Webstoff, einem rauen sardischen Stoff aus Schafswolle. Er wurde oft von Soldaten getragen, weil die haltbare, wasserundurchlässige Faser gut gegen Regen schützte. Je mehr Zulauf die faschistische Partei bekam, desto mehr dunkler Stoff wurde für Schwarzhemden benötigt.[61] Sardische Handwerker begannen Orbace für den neuen faschistischen Markt zu weben, und das Material gelangte weit über die Grenzen der Insel hinaus aufs italienische Festland. Ich stelle mir vor, dass die 1930er- und 1940er-Jahre für die Handwerker damals Hochkonjunktur bedeuteten, doch es mag einen Preis für diese neue faschistische Mode gegeben haben, einen Verlust, über den die wachsende Nachfrage hinwegtäuschte; in dieser neuen Welt aus Schwarz und Grau war kaum noch Raum für Sardiniens andere Farben: das leuchtende Weiß des Leinens und das glänzende Gold der Muschelseide.

Im Jahr 1939 bekam auch Italo Diana diese neue Politik zu spüren: Offenbar wurden seine Webstühle für die Orbace-Produktion beschlagnahmt, er selbst wurde in die italienische Armee eingezogen und seine Webschule für immer geschlossen. Unwahrscheinlich, dass er jemals wieder mit Muschelseide gearbeitet hat. Nach dem Krieg lehrte er am Staatlichen Kunstinstitut in Sassari, das von Filippo Figari, einem italienischen Maler, geleitet wurde. Irgendwann beschloss er – oder jemand anderes – in seinem Wandteppich die Duce-Widmung zu übersticken und den kurzen Flirt der Muschelseide mit dem Faschismus zu verschleiern. (Den Orbace-Stoff von der faschistischen Ideologie zu lösen war da schon schwieriger. Nachdem Achille Starace, ehemals Sekretär der Nationalen Faschistischen Partei, erschossen und seine Leiche neben der Leiche Mussolinis auf der Piazzale Loreto gehenkt worden war, kursierte ein Reim in der roten Stadt Bologna: ›*Qui giace Starace / vestito d'orbace / dal volto rapace / dall'occhio merdace / vile e mendace / di nulla capace / Requiescat in pace*‹[62] [Hier liegt Starace / gekleidet in Orbace / ein gieriges Gesicht / mit verschlagenen Augen / feige und verlogen / ein totaler Versager / Ruhe in Frieden]. Selbst heute noch ist Orbace ein Synonym für die faschistischen Schwarzhemden; regendicht war der Stoff zwar, doch die Ideologie des Duce sog er ganz in sich auf.)

Von der Schule, in der der Wandteppich für den Duce entstand, und von ihren Webrahmen, ist kaum noch etwas übrig. Sie liegt an der Via Magenta, einer kleinen Seitenstraße in der Nähe des Zentrums von Sant'Antioco. Eines Tages schlenderte ich vom Hauptplatz, der Piazza Umberto, aus dorthin, begleitet von Claudio Moica, einem einheimischen Dichter und Schriftsteller, der über die Geschichte der Muschelseide auf Sant'Antioco geschrieben hat. Claudio, ein Italo-Diana-Verehrer, hatte die Nachfahren der Byssusweber interviewt und schriftliche Quellen recherchiert, um sich ein Bild von Italo Diana zu machen. »Er hat sich etwas getraut«, sagte mir Claudio. »Er hat ständig experimentiert. Er war aber auch linkisch, schweigsam, introvertiert.« Claudio erinnerte mich daran, dass es in den 1920er- und 1930er-Jahren nicht viele männliche Weber gab; damals, in einer konservativen Gesellschaft mit klaren männlichen und weiblichen Rollenbildern, muss dieser Mann eine merkwürdige Figur abgegeben haben. Wir hielten vor einem unauffälligen Haus, in dessen Erdgeschoss sich ein Schreibwarenladen befand, und gingen dann ums Haus herum nach hinten; dort fanden wir zerfallenes Gemäuer – verrostetes Schmiedeeisen, Gipsbrocken und kaputte grüne Fensterläden. Außen hing ein Schild, das vor unbefugtem Betreten warnte, und eine Notiz der Stadtverwaltung. »Es ist nicht mehr viel übrig«, sagte Claudio, »aber wenn Sie genau hinschauen, erkennen Sie noch die Hähne, aus denen das Wasser kam, das für die Verarbeitung der Textilien benötigt wurde.«

Es war eindrucksvoll, hier zu stehen, den goldenen Fäden bis zu diesem Punkt in die Vergangenheit gefolgt zu sein. Alles sprach dafür, dass sich hier die Renaissance des Byssus im zwanzigsten Jahrhundert vollzogen hatte, und doch war es ein vergessener Ort. »Es macht mich traurig, wenn meine Enkel, meine Urenkel ... nichts über Italo Diana wissen – nichts über Byssus«, sagte Claudio. »Er war einer der Ersten, der Sant'Antioco über sein Inseldasein hinaushob.« Hier ging es nicht nur darum, dass das Gebäude und die Webstühle verschwunden waren, sondern es schien, als sei eine ganze Tradition verblasst. Nach der Schließung der Webschule, sagte Claudio, seien die Frauen ihrer eigenen Wege gegangen und hätten an Schulen oder zu Hause die Kunst des Byssus-Webens weitervermittelt; die letzte überlebende Weberin aus Italo Dianas Webschule, Efisia Murroni, starb 2013. Vor meinem geistigen Auge sah ich einen Wandteppich mit einem schlichten Muster – ein Punkt, von dem aus einzelne goldene Fäden nach außen verliefen, aber sie waren abgeschnitten, ausgelöscht, da alle Weberinnen und Weber gestorben waren.

Während ich dort stand, fragte ich mich, welche Beziehung zwischen dieser Webschule und Chiaras jahrtausendealter Tradition bestehen mochte, dem einen langen Faden, der vom ersten Jahrhundert bis zum heutigen Tag reichte. Chiara Vigo hatte Italo Diana in unserem Gespräch mit keinem Wort erwähnt, obwohl sie die Versuche, in Sant'Antioco und Tarent in den 1920er- und 1930er-Jahren Byssus zu kommerzialisieren, scharf verurteilte. »Wenn jemand, der kein Maestro ist, den Byssus berührt«, erklärte sie mir, »passieren schlimme Dinge.« Ich fragte Claudio, was er davon hielte. Er erwiderte, Chiaras Großmutter sei eine von Italo Dianas Schülerinnen gewesen. Ich wusste nicht so recht, ob ich ihm glauben sollte (Claudio lag die »Esoterik« des Museums nicht), doch später las ich dann alte Interviews mit Chiara Vigo. Als man sie im Jahr 2000 fragte, woher denn ihr Wissen über die Byssusverarbeitung stamme, erwähnte sie weder Berenike noch die jahrtausendealte Kette, die Großmutter und Enkelin verband, sondern erwiderte: »Das habe ich von meiner Großmutter gelernt, Maria Maddalena Mereu, die ihrerseits eine Schülerin Italo Dianas war.«[63]

Ich verließ Claudio und machte mich zu Fuß auf den Weg nach Norden. Der *Mistral* hatte sich gelegt, und es war drückend heiß, Wüstentemperaturen. Schwalben flitzten pfeilschnell in Hüfthöhe durch Sant'Antiocos Kopfsteinpflasterstraßen und flogen an Kreuzungen blitzschnelle Kurven. Ich sah immer weniger Häuser, stattdessen hohe Hecken mit dicken, saftigen Kaktusfeigen. In der brütenden Hitze dem Delirium nahe, pflückte ich eine Frucht von einer der großen Pflanzen und zupfte im Weitergehen die Stacheln ab, ließ sie am Straßenrand fallen und genoss das Gewicht der Frucht in meinen Händen. Es machte mir Spaß, Chiaras Geschichte zu überprüfen und auszuloten, aber als ich schließlich alle Stacheln von der Frucht entfernt hatte, beschlich mich eine gewisse Sorge. Trotz Chiaras Erfindungen, Lügen und Übertreibungen war ich nicht sicher, ob ich ihre Geschichte wirklich durch mein bruchstückhaftes Porträt Italo Dianas ersetzen sollte, dieses talentierten Webers und Impressarios, der sich ja mit einer ganzen Reihe von Materialien befasst hatte, nicht nur mit dem Byssus. Hatten ihm, dem *maestro d'arte*, Lehrer am Staatlichen Kunstinstitut in Sassari, der Byssus oder die Edle Steckmuschel so viel bedeutet wie Chiara Vigo, die sich selbst *l'ultimo maestro di bisso* nannte? Warum hatte Italo Diana seinen eigenen Töchtern das Byssus-Weben nicht beigebracht?

In Island und Indonesien hatte ich direkt miterlebt, wie Frauen, oft ganz unbeachtet und fast ohne Bezahlung, einen Großteil der Schwerarbeit erledigten, die nötig ist, um einen Rohstoff in eine Kissenfüllung oder Delikatesse zu verwandeln. In großen Verarbeitungszentren zusammengepfercht, sind in Indonesien und Malaysia Abertausende Frauen damit beschäftigt, Vogelnester zu reinigen, während in abgelegenen Farmen in den Westfjorden immer noch isländische Großmütter in mühsamer Arbeit Daunen zupfen. Welch große Ausnahme bildete da Chiaras Muschelseide-Narrativ, in dem eine Frau Kontrolle über den gesamten Verarbeitungsprozess besaß und dann auch noch die Deutungshoheit! Als Mann wollte ich nicht ausgerechnet derjenige sein, der all dies infrage stellte; und deshalb hoffte ich, als ich einige Tage später erneut Chiaras Museum aufsuchte, um mit ihr zu sprechen, dass diese beiden Fäden – der Faden Berenikes und der Faden Italo Dianas – vielleicht doch parallel durch die Zeiten liefen.

Dieses Mal wollte ich Chiara gern alleine sprechen, ohne Touristen, ohne die Anforderungen ihrer täglichen Performance. Während unseres ersten Treffens hatte Chiara irgendwie verschmitzt auf mich gewirkt, als wisse sie ganz genau, dass der von ihr genannte Zeitraum mündlicher Überlieferung, die Zahl ihrer Tauchgänge und ihre aramäischen Klagegesänge ein bisschen fragwürdig seien, ein Trick, um Besucher wie mich zu unterhalten. Ich hoffte, sie würde im Gespräch unter vier Augen mehr von dieser Seite offenbaren, doch diese Hoffnung wurde enttäuscht. Im Raum befanden sich auch am späten Abend noch zahlreiche Menschen, zwar keine Touristen mehr, aber Chiaras Schüler, viele davon aus dem Ausland. Wie es der Zufall wollte, sprach Chiara ohnehin gerade von Italo Diana und lief, um des dramatischen Effekts willen, im Raum hin und her.

»Italo Diana wusste nicht, wie man webt!«, rief sie und klatschte bei jeder Silbe in die Hände. »Zeigt mir, was Italo Diana gewebt hat! Wo sind die Sachen, die Italo Diana gewebt hat? Der Wandteppich des Duce stammt von Assunta Cabras! Die Jacke und Mütze wurden von Caterina Dessi gewebt! Die Krawatte hat Efisia Murroni für ihren Ehemann gemacht!« Ich spürte, wie die Atmosphäre im Raum sich von meinen früheren Besuchen unterschied. Chiaras Charme, ihr Lächeln waren blankem Ärger gewichen, und dass ich Fragen zu Italo Diana stellte, machte alles nur noch schlimmer. Sogar ihre Stimme klang anders; tiefer, wie die Stimme einer Raucherin. »Italo Diana war kein Maestro!«, rief Chiara laut. »Er war ein Schwindler, der nicht einmal wusste, wie man webt! Er hat Frauen ausgenutzt, die das Weben beherrschten!«

Die Textilgeschichte ist größtenteils eine Geschichte der Ausbeutung weiblicher Arbeitskraft, oft durch Männer. So wie Chiara ihn darstellte, setzte Italo Diana dieses Narrativ fort als einer der vielen Männer, die Frauen ausbeuteten. In seinem Atelier sei es nicht um die Ausbildung der Frauen gegangen, sagte Chiara, sondern um reinen Kommerz, und die Frauen seien eher Opfer als Schülerinnen gewesen. »Ich habe mich überall umgesehen, aber niemals einen Beweis für eine Webschule gefunden«, sagte sie mir. Er sei nicht anders gewesen als all die anderen Byssusunternehmer des zwanzigsten Jahrhunderts, ein Scharlatan, der die heiligen Fasern zu Geld machen wollte. »Bei sogenannten Dokumenten [über Italo Diana] ist Vorsicht geboten! Es handelt sich um Erfindungen.«

Eigentlich machte es Spaß, genau zu untersuchen, aus welchen Fasern Chiaras Gespinst bestand, und es aufzudröseln. Aber hier sah ich eine dunkle Seite ihres Werks, einen Impuls zur Zerstörung, parallel zu ihren narrativen Schöpfungen. Während sie neue historische Muster wob, Geschichten über eine Byssus-Prinzessin und eine jahrtausendealte Tradition, begann sie das geschichtliche Gewebe ihres Heimatorts aufzutrennen, die Muster anderer Weber zu zerstören.

»Warum gibt es ein Byssus-Museum?«, fuhr sie fort. »Wer hat es geschaffen? Woher wissen wir hier in Sant'Antioco etwas über den Byssus? Von Italo Diana? Nein.« Hier hatte Chiara durchaus recht. Die Welt verdankte ihr Wissen vom Byssus allein Chiara Vigo. Sie hatte die komplexe Geschichte des Byssus verständlich gemacht, mit Leben erfüllt und so umgestaltet, dass ihr eigener Name damit verwoben blieb. »Dies alles existiert nur deshalb«, sagte sie und nahm einen Strang Byssus in die Hand, »weil ich existiere.«

Irgendwie bekam ich es mit der Angst zu tun – Angst nicht vor Chiara, sondern vor der Wirkung, die ihre Worte auf die Menschen ihrer Umgebung haben mussten. Ich wusste ja, dass sie log, dass der Experte, auf den sie sich berief, keineswegs Professor an der Sorbonne war und Taramelli nicht das Grab der Prinzessin Berenike entdeckt hatte, aber in Chiaras Museum fühlte ich mich isoliert. Sie kritisierte Italo Diana und wob eine neue historische Realität, und ihre Schüler nickten dazu, wogegen sie über meine Fragen nur lachten. »Um eine detaillierte Studie anzufertigen, braucht man mindestens zwei Jahre!«, rügte mich Giuseppe. »Manchmal sterben wir, wie Italo Diana«, sagte lachend ein anderer Schüler. »Dann kann jeder alles über uns sagen!«

Das italienische Wort *tessuto* (Stoff) hat dieselbe Wurzel wie das Wort *testo* (Text). Als ich später über das Museum nachdachte, fiel mir auf, wie sehr Chiara einer Hohepriesterin glich, die den Sinngehalt eines Gewebes – des Byssus – auslegte, als deute sie einen heiligen Text oder wahrsage aus Eingeweiden. Dabei war die Bedeutung des Textes oder der Eingeweide gar nicht so wichtig, entscheidend war das Konzept eines Geheimnisses, einer geheimen Information, die die Auserwählte, *l'ultimo maestro di bisso,* entschlüsseln, verarbeiten, deuten, verbreiten musste, jedoch nie offenbarte. »Ich bin Geschichte und muss Geschichte gestalten«, erklärte sie mir. »Ich muss Geschichten weitergeben. Nach mir dann Maddalena … Und so dauert es fort. Ich muss eine Geschichte fortsetzen, die auf den Anfang der Zeiten zurückgeht.«

Ich verließ das Museum und folgte der Via Eleonora d'Arborea, der Straße, die zur Piazza der Stadt führt. Während ich allein im Dunkeln durch den Ort ging, fühlte ich mich seltsam leer. Nach so vielen Besuchen in Chiaras Museum hatte ich fast nichts über das Tier erfahren, das die Muschelseide eigentlich produziert. Innerhalb der Mauern des Museums diente die wilde Molluske nur als Requisit, als totes Objekt, auf das Chiara ihre eigenen Träume projizieren konnte. Hätte es in den Lagunen von Sant'Antioco keine *Pinna nobilis* gegeben, hätte sie vielleicht irgendetwas anderes erfunden – ein Szepter, einen heiligen Text oder einen Kohlebrocken –, um Macht anzuhäufen.

Was erklärte Chiaras Hass auf Italo Diana? Warum hatte sie es nötig, die Kunst, die sein Leben bestimmt hatte, sein Können als Weber zu negieren? In allen Quellen, die ich studiert hatte, einschließlich der Zeugnisse von Nachfahren sardischer Weber, hatte niemand je so über ihn gesprochen, wie Chiara dies tat, und es gab keinerlei Beweis, dass Italo Diana nicht imstande gewesen wäre, Muschelseide zu weben. Natürlich, seine Gegenwart beschränkte Chiara in ihren Fantasien, aber immerhin standen die Grundmauern ihres Museums noch, während sein Atelier eine Ruine war und seine Arbeit missachtet oder vergessen. Fügte man Italo

Diana in Chiaras Geschichte ein, blieb Chiara ja immer noch eine versierte Weberin und fesselnde Geschichtenerzählerin. Jedenfalls waren alle Personen, die Italo Diana gelehrt hatte, wie man Byssus webt, inzwischen verstorben; Chiara war angeblich der letzte Mensch, der Byssus verarbeitete. Was hatte sie noch zu befürchten?

Ich wandte mich wieder der Flut von Interviews zu, den schriftlich fixierten Aufzeichnungen ihrer eigenen mündlichen Überlieferung, die bis in die 1990er-Jahre zurückgingen. In Chiaras erstem Interview von 1994 in einem beliebten italienischen Wissenschaftsmagazin beschreibt sie Italo Diana als den »eigentlichen und wahren ›Entdecker‹ des Byssus in diesem Jahrhundert«, der sein Wissen an Chiaras Großmutter weitergegeben habe.[64] Doch ab dem Jahr 2000 gibt es eine deutliche Veränderung: Italo Dianas Name taucht in den Artikeln über Byssus nicht mehr auf. Er wurde aus dem Narrativ entfernt und ersetzt: durch Geschichten über Berenike und Diskurse darüber, dass der Titel des Maestro erblich sei. Was war um das Jahr 2000 herum passiert?

Die Insel Sant'Antioco wurde nach dem christlichen Arzt Antiochus benannt, angeblich im ersten Jahrhundert n. Chr. in Mauretanien geboren, das damals noch zum Römischen Weltreich gehörte.[65] Es wird erzählt, dass seine heilerischen Fähigkeiten dem römischen Eroberer Hadrian zu Ohren kamen. Als er zu Hadrian befohlen wurde, betete Antiochus zu Gott, erzürnte dadurch den Herrscher, wurde aufs Grässlichste gefoltert und schließlich auf diese Insel vor der Küste Sardiniens verbannt. Dort setzte er seine guten Werke fort, bis er schließlich vom römischen Statthalter in Cagliari verhaftet und hingerichtet wurde.

Die Überreste des Heiligen werden in der Kirche aufbewahrt, die seinen Namen trägt, nur ein paar Schritte von Chiaras Museum entfernt. Während ich in der Kirche auf Assuntina Pes wartete – eine weitere Weberin, die Muschelseide zu weben versteht –, bestaunte ich die in einer Glasvitrine ausgestellten Gebeine des Heiligen. Ich erblickte Assuntina, als sie vor einer Statue Sant'Antiocos ein Rosenblütenblatt ablegte. Sie wandte sich um und gab auch mir ein Blatt. Wir fuhren zu ihrem Haus am Rand von Sant'Antioco und holten auch gleich ihre Schwester ab, die direkt ne-

benan wohnte, ebenfalls eine Muschelseide-Weberin. Auch nachdem die Schwestern geheiratet hatten, wollten sie unbedingt nebeneinander wohnen. »Besser neben meiner Schwester als neben jemand anderem«, meinte Giuseppina lachend. »Sonst gibt es nur Streit.«
Wäre ihre Haarfarbe nicht unterschiedlich gewesen, hätte man die Schwestern kaum auseinanderhalten können. Giuseppina hatte lange Locken mit roten Strähnen, während mich Assuntinas dunklere Locken von der Farbe her an Byssus erinnerten. Wenn eine von ihnen einen Satz begann, führte die andere ihn zu Ende, und als ich mir später noch einmal die Aufzeichnung des Gesprächs anhörte, kamen sie mir vor wie eine einzige Person. Nachdem wir zu Assuntinas Haus gefahren waren, führten sie mich in ein enges Atelier, das ein traditioneller Webrahmen beherrschte. Die Wände waren mit Wandbehängen bedeckt, deren Muster an die Arbeiten Italo Dianas erinnerten.

Die beiden Schwestern erklärten, sie hätten das Weben in einer Schule gelernt, die damals von Chiaras Großmutter, Maria Maddalena Mereu, geleitet wurde. Nachdem der Lehrgang beendet war, hatten die Schwestern in den 1980er-Jahren ihre eigene Kooperative eröffnet, Sant'Antioco Martire, und mit Baumwolle und Wolle gewebt und anderen Frauen das Weben beigebracht. Ende der 1990er-Jahre lernten sie Efisia Murroni kennen, eine von Italo Dianas Schülerinnen, die ihnen zeigte, wie man Muschelseide verarbeitet. »Sie hatte keine Schule, sie hatte überhaupt nichts«, erinnerte sich Giuseppina. »Da wir bereits Wolle und Leinen weben konnten, erklärte sie uns einfach nur die verschiedenen Schritte [der Byssusverarbeitung], wie man die Spindel hält, wie man sie reinigt, die verschiedenen Stadien. Bis sie dann [eines Tages] mit uns zufrieden war und sagte: Jetzt könnt ihr selbstständig weitermachen.«

Im Lauf der letzten beiden Jahrzehnte haben die Schwestern eine ganze Reihe von Werken produziert, das erste wurde im Jahr 2000 öffentlich präsentiert. Statt mit frischem Byssus arbeiteten die Schwestern offenbar mit altem Material aus Italo Dianas Webschule, jenen Byssusfasern, die von seiner Tochter in dem baufälligen Haus entdeckt wurden, oder Fasern, die ihnen ihre alte Lehrerin Efisia geschenkt hatte. Die Quantität war beschränkt, doch Giuseppina fand, so werde es zu etwas ganz Besonderem. »Es ist ein wunderbares Gefühl, zu wissen, dass [der Byssus] aus der damaligen Schule stammt und dass es andere Frauen gab, die ihn verarbeiteten.« Als ich einen ihrer Wandbehänge bewunderte, fiel mir auf, wie anders ihre Auffassung vom Byssus war als das Konzept, das in Chiaras Museum zum Ausdruck kam. Von Italo Dianas Atelier waren viele Fäden nach außen verlaufen, von hier aus hatte sich das Wissen über die Muschelseide verbreitet. Es war von Frauen an andere Frauen weitergegeben worden, ohne Rituale und Zeremonien, ohne dass sie verwandt sein mussten.[66]

Die beiden Schwestern arrangierten sechs Byssusbüschel auf einem niedrigen, mit weißem Leinenstoff bedeckten Holztisch. Das erste Büschel glich einem Klumpen Seetang, in den zahllose weiße Muscheln verfilzt waren. Ich ging um den Tisch herum, von einem Büschel zum nächsten, und sah, wie sich der Byssus allmählich veränderte: Die Fasern wurden glatter, die Muscheln verschwanden und dann lagen da dunkelbraune, lockige Fasern, jede etwa vom Durchmesser eines menschlichen Haars. »Es braucht viel Zeit«, sagte Assuntina und ihre Stimme klang erregt. »Man muss [den Byssus] sehr sanft reinigen, sehr behutsam, damit die Fasern nicht brechen.« Ich fragte die Schwestern, ob sie mir die einzelnen Schritte – reinigen, spinnen und weben – demonstrieren könnten, doch Giuseppina erwiderte, sie hätten keinen Byssus übrig. Die *Pinna nobilis* wurde 1992 zur geschützten Art erklärt; niemand darf seitdem mehr eine Muschel anrühren, geschweige denn ihre Faserbüschel ernten. »Es gibt keinen Byssus – man kann ihn nicht sammeln«, sagte Giuseppina. »Wir kämen sonst ins Gefängnis.«

Im Mittelalter entstanden viele erfundene Geschichten über Schalentiere und andere Meereswesen. Zum Beispiel hieß es, Vögel wüchsen auf Bäumen oder würden aus Entenmuscheln schlüpfen, sprössen dort wie Früchte hervor. 1356 schrieb ein gewisser Sir John Mandeville (oder jemand, der sich so nannte) von »Bäumen, die Früchte trugen, aus denen Vögel wurden, die fliegen konnten, man nennt sie Bernikel-Gänse, und ihr Fleisch ist wohlschmeckend. Solche, so ins Wasser fallen, bleiben leben und fliegen davon und solche, so auf trockenes Land fallen, sterben.«⁶⁷ Noch im siebzehnten Jahrhundert sezierte Sir Robert Moray, ein Mitglied der Royal Society, Entenmuscheln, die er angeblich auf dem toten Stamm einer Tanne gefunden hatte, und berichtete über seine Entdeckung: »An den äußeren Teilen fehlt eigentlich nichts zu einem vollkommenen Seevogel; der kleine Schnabel wie der einer Gans, die Augen deutlich ausgeprägt, Kopf, Hals, Brust, Flügel, Schwanz und Füße geformt, die Federn überall vollkommen gestaltet und schwärzlich gefärbt; und die Füße wie die anderer Seevögel, soweit ich mich erinnern kann.«⁶⁸

Die Weiterverbreitung solcher Geschichten – es gab tatsächlich den Mythos des »Bernikel-Baums«⁶⁹ – zeigt, dass es im Leben dieser Schriftsteller keine Gänse gab; nur wenige von ihnen mögen irgendwann Gänse gesehen haben, die nisteten und Eier legten.⁷⁰ Möglicherweise spiegelten diese Geschichten auch persönliche Interessen wider, den bewussten Versuch, die Wahrheit zu verschleiern. Wenn Gänse aus einem Baum sprossen, konnte man sie nicht als Fleisch bezeichnen und durfte sie während der Fastenzeit verzehren. »Die ›alten Mönche‹ und ›die barfüßigen Brüder‹, ebenso wie der Laienstand«, gab der englische Naturforscher Henry Lee zu bedenken, »mögen durchaus daran interessiert gewesen sein, diese Fiktion aufrechtzuerhalten, um das Privileg zu wahren, während der langen Fastenzeit ein so wohlschmeckendes ›Gemüse‹ oder einen leckeren ›Fisch‹ wie eine solche am Baum gewachsene Bernikel-Gans auf dem Teller zu haben.«⁷¹

Angesichts dieser alten Geschichten über Meerwesen fragte ich mich allmählich, ob Chiaras Geschichten nicht einem speziellen Zweck dienten. Wenn bekannt wurde, dass das Wissen über Byssus in Sant'Antioco ursprünglich aus Italo Dianas Schule stammte, konnte keine Einzelperson mehr das alleinige Recht beanspruchen, Byssusfasern zu ernten, zu reinigen, zu verweben und Geschichten über sie zu erzählen. Das Konzept des *ultimo maestro di bisso* und Chiaras System von Sonderrechten würden ins Wanken geraten; Chiara wäre dann nur noch eine von mehreren Weberinnen, und die Pes-Schwestern – alles andere als Ketzerinnen oder Betrügerinnen – gälten als legitime Erbinnen einer lokalen Tradition. Jetzt erschien mir die Landschaft Sant'Antiocos ganz verändert, mit klareren Konturen, aber sehr viel dunkler. Die Auslöschung der Erinnerung an einen toten Weber, die Geschichte von Berenike, der heilige Eid und die Tradition des Maestro, all dies fungierte als Mittel, um andere Weberinnen – es waren ja alles Frauen – zu beherrschen. Ließ man einmal die Gebete, die Rituale und Klagegesänge beiseite, erschien Chiara nur noch als eine ganz gewöhnliche Figur des Marktes – der Monopolist – im Gewand einer alten Schamanin. Wie ich dann 2013 erfuhr, hatte Chiara, um ihre Erbrechte zu schützen, den Pes-Schwestern tatsächlich mit rechtlichen Schritten gedroht, würden sie jemals mit Byssus arbeiten.[72]

Nachdem ich die Pes-Schwestern verlassen hatte, nahm eine ihrer Freundinnen mich im Wagen mit zurück zur Piazza Umberto. Als wir das Byssus-Museum passierten, duckte ich mich, besorgt, Chiara könne sehen, dass ich gerade von den Schwestern kam. »*Ma cosa fai?*«, fragte die Freundin lachend. »Ich verstecke mich«, sagte ich. Ähnlich der Schwerkraft war auch Chiaras Macht unmittelbar zu spüren, aber schwer zu erklären. Ich spürte diese Macht, wenn die Pes-Schwestern im Gespräch plötzlich verstummten, ich spürte sie, wenn die ehrenamtlichen Mitarbeiter des Ethnografischen Museums über manches nur widerwillig sprachen, etwa über die Geschichte des Byssus vor 1930 oder darüber, dass Italo Dianas Name in sardischen Zeitungen nie erwähnt wurde. Ich spürte Chiaras Macht daran, dass sie die nationalen Artenschutzgesetze missachtete und dass in Sant'Antioco keine anderen Byssus-Expertinnen in Erscheinung traten, ich spürte sie daran, dass Meeresbiologen zu Chiaras spezieller Methode schwiegen, und schließlich daran, dass ich selbst mich im Wagen instinktiv geduckt hatte.

Nur ganz wenige Leute auf der Insel wagten es, Chiaras Autorität herauszufordern. Eine Frau, die dies tat, war die etwa sechzigjährige Antonella Senis. Sie hatte dunkles Haar und sprach mit ruhiger leiser Stimme. Anders als die Pes-Schwestern nannte sie offen beim Namen, was auf der Insel geschah, furchtlos und zornig. Die schwülstigen Muster von Chiaras Gewirk – überladen mit Bildern ihrer Familie, tiefen Tauchgängen und ebenso tiefen Geheimnissen – bildeten für Antonella weder ihre eigene Vergangenheit noch die der Insel ab. »Das ist nicht unsere Geschichte«, sagte sie. »Wir wollen nicht, dass etwas an unsere Enkel überliefert wird, das einfach nicht wahr ist.«

In ihrer Freizeit engagierte sich Antonella mit anderen Aktivisten gegen die Umweltverschmutzung in der Region Sulcis. Auch dem Byssus-Museum warf sie Umweltverschmutzung vor, sprach von einer Dreckschleuder, die die Landschaft mit schädlichen Fiktionen verpeste. »Es ist schwer zu erklären«, sagte sie, die Arme gegen den Brustkorb gepresst, als müsse sie einen Schmerz lindern. »Ich habe das Gefühl, etwas, das uns gehört, mir gehört – dass mir das weggenommen wird.« Normalerweise sind es die Presse oder der Staat, die Monopolstellungen anfechten: Sensationsjournalisten, Aufsichtsbehörden, Wettbewerbskommissionen. In Sardinien jedoch akzeptierten die meisten Journalisten und Beamten stillschweigend die für den Byssus und für Chiaras Universum geltenden Regeln. Zeitungen brachten zahllose Geschichten über »l'ultimo maestro di bisso«, und selbst einige akademische Publikationen bezeichneten Chiara weiterhin als letzte Meisterin.[73] Da es für Weberinnen nun mal keine Wettbewerbskommission gibt, hatte Antonella auf eigene Faust versucht, das Muschelseide-Monopol zu brechen. Im Jahr 2014 gründete sie eine Facebook-Gruppe und begann, Forschungsergebnisse zum Thema Byssus zu posten, die aus Fachzeitschriften und Interviews mit Experten und Nachkommen von Weberinnen stammten. Antonella nannte die Gruppe »Die wahre Geschichte des Byssus in Sant'Antioco«.[74] Als ich ihre Beiträge las, verblüffte mich diese Sammlung von Erbstücken: die Fotografien von Italo Diana und seinen Schülerinnen, ihre Muschelseide-Objekte, biografische Informationen über andere Weberinnen und ein Brief von der Küstenwache, in dem stand, dass die *Pinna nobilis* geschützt sei: Niemand habe das Recht, sie auch nur anzurühren. Antonellas Seiten präsentierten nicht nur die andere Geschichte eines Handwerks. Sie zeigten die andere Geschichte einer ganzen Insel – eine Geschichte mit vielen Verzweigungen statt einem einzigen, sich in die Antike fortspinnenden Faden. »Es ist ein Tropfen Wahrheit in einem Meer aus Lügen«, sagte sie.

Antonellas Bemühungen, Chiaras Autobiografie als Fiktion zu entlarven, hatten kaum Erfolg. Sie stellte Primärquellen online, aber es passierte nicht viel; immer noch strömten massenweise Touristen in das Museum, es flossen weiter Spenden, und Chiaras Neuerfindung der Insel – geheimnisvoll und unbeschreiblich – breitete sich wie ein Virus immer weiter aus, in Hochglanzbroschüren, im Reiseteil von Zeitungen. »Wir leben im Lande Pinocchios«, sagte mir Claudio Moica. »Die Menschen bevorzugen den Mythos.« Und doch hatte eine Person in Sant'Antioco die Macht, die Byssus-Priesterin ihres Amts zu entheben: der Bürgermeister der Stadt, Mario Corongiu. Aufgrund einer zehn Jahre alten Vereinbarung hatte der Stadtrat von Sant'Antioco Chiara das Museumsgebäude unentgeltlich überlassen; theoretisch konnte der Bürgermeister diese Vereinbarung jederzeit aufheben. Und genau das tat er dann Ende 2015. Zwei Tage vor Weihnachten erreichte Chiara brieflich die Aufforderung des Stadtrats, das Museum zu räumen. »Die haben mir Weihnachten verdorben!«, klagte sie gegenüber der Presse, »ich fühle mich verraten, das Museum kann hier nicht weg, wenn die mich rauswerfen, gehe ich ins Ausland, wo meine Arbeit bereits geschätzt wird!«[75]

In seinem Brief an Chiara rechtfertigte der Bürgermeister seine Entscheidung mit dem Hinweis auf Sicherheitsbedenken bezüglich der Elektrik, doch die meisten Leute hielten seinen Schachzug für einen Vorwand, um Sant'Antioco von dieser umtriebigen Hohepriesterin zu befreien. Was auch immer seine Motivation gewesen sein mag, der Brief wurde von den Gegnern des Museums enthusiastisch begrüßt. Aber sie freuten sich zu früh. Chiara, eine Meisterstrategin, gewann prompt eine ansehnliche Zahl einflussreicher Unterstützer: Politiker, Prominente, einheimische Fans und Künstler.[76] Es gab Angebote, die Instandsetzungsarbeiten kostenlos durchzuführen, Bürgermeister in der Region Sulcis versprachen, Chiara Vigo aufzunehmen, vor dem Museum wurde eine Mahnwache organisiert und eine Online-Unterstützergruppe gegründet: »Nessuno tocchi il Museo del Bisso« (Hände weg vom Byssus-Museum). »Ein maestro di bisso«, sagte Chiara zu mir, »weiß sich gegen Angriffe zu verteidigen!«

Chiaras prominenteste Unterstützerin war die italienische Schauspielerin Maria Grazia Cucinotta, bekannt für ihre Rollen in *Der Postmann* und *James Bond 007 – Die Welt ist nicht genug*. Kurz nachdem Chiara den Brief des Bürgermeisters erhalten hatte, initiierte Cucinotta eine Onlinekampagne, um das Museum und »das alte Wissen, das ihre Familie seit Urzeiten besitzt«, zu retten. Die erstaunliche Dreieinigkeit von Molluske,

Maestro und Maria Grazia riss die Leute mit, und schon nach kurzer Zeit hatte die Kampagne fast zwanzigtausend Unterschriften (Klicks) gesammelt, fast doppelt so viele wie die schrumpfende Einwohnerzahl ganz Sant'Antiocos.

Das Weben wurde im Lauf der Geschichte oft mit Widerstand assoziiert.[77] Während der Amerikanischen Revolution ermutigte George Washington seine Truppen, lieber selbst gesponnene Uniformen als von den Briten produzierte Kleidung zu tragen; auch Gandhi ermutigte die Inder dazu, selbst gesponnenes Garn oder Kaki, einen strapazierfähigen Leinenstoff, zu verweben, um nicht mehr von britischer Kleidung abhängig zu sein. Im Lauf des Konflikts verfolgte ich staunend, wie Chiara sich in eine Art Heldin des Widerstands gegen die neue Kolonialmacht unseres Zeitalters, den Markt, verwandelte. Prominente, Politiker und Journalisten strömten in Scharen herbei, als sei Chiara die letzte authentische Bastion gegen den räuberischen Kommerz. »In einem Universum, das fast ausschließlich vom Markt und von eisernen ökonomischen Gesetzen dominiert wird«, schrieb Cucinotta, »macht [Chiaras Weigerung, Byssus zu verkaufen] sie zu einer Fremden im eigenen Land und verbannt sie in gewisser Hinsicht aus ihrer eigenen Gemeinschaft.«[78]

Ebenso wie Chiaras Unterstützer fand auch ich diese Deutung faszinierend, doch schien mir, als kaschiere Chiaras Weigerung, Byssus zu verkaufen, noch einen ganz anderen Akt der Vermarktung: Hier wurde kein physisches Objekt vermarktet – Byssus –, sondern die Geschichte des Byssus und die Geschichte der Insel, vor deren Küste er geerntet wurde. Genau wie ein materielles Produkt konnte man auch die Vergangenheit Sant'Antiocos korrigieren, verändern und auf die Bedürfnisse der Kunden zuschneiden, um davon kommerziell zu profitieren. »Juni, Juli, August, hier ist es immer voll«, sagte mir Chiaras Ehemann. »Sie bringt jede Menge Leute hierher. Die besuchen Restaurants, wohnen in Hotels.« Halb Kirche, halb Fabrik, war das Museum eine der Hauptattraktionen der Insel, hier paarten sich Markt und Mystizismus.

Entwirrte man den Wust von Beleidigungen, Geschrei und Prozessandrohungen, schien die Wurzel des ganzen Aufruhrs um das Museum tatsächlich diese brutale Realität zu sein. Zwar schien es durchaus Leute zu geben, die Chiara wirklich glaubten, doch letztlich lag all den Parolen, Treueschwüren und Mahnwachen eine simple Kalkulation zugrunde. Stellte man sich die Geschichte des Byssus ohne Chiara vor – welcher Tourist dächte auch nur im Traum daran, dieses kleine Museum in Sant'Antioco zu besuchen? Hätte sich überhaupt noch irgendjemand für die Byssusfaser interessiert? »Byssus heute ist Chiara«, schrieb Fabrizio Steri, ein sardischer Geschäftsmann und Gründer der Online-Unterstützergruppe, »und ohne Chiara interessiert das keinen mehr.«[79]

Bei dem Konflikt ging es nicht um vergangene Ereignisse – Namen, Daten und Fakten –, sondern um das Wesen von Geschichte selbst: ob sie heilig war und unantastbar oder formbar wie jedes andere physische Produkt. »Schauen Sie sich den Heiligen an, der dieser Insel ihren Namen gab, St. Antiochus«, sagte Fabrizio zu mir. »Dass dieser Mann existierte, steht außer Zweifel, aber können wir wirklich sagen, dass alles, was über ihn behauptet wird, wahr sei? Dass er unter Hadrian gefoltert, in einen Kessel mit siedendem Teer gesteckt, ins Exil geschickt wurde und auf dieser Insel gestrandet ist? Wir leben in einer Welt, in der alles, was wir aus der Vergangenheit ableiten, zwangsläufig eingefärbt ist, überliefert eben.«

Trotz des Versprechens, das die Bewohner Sant'Antiocos 1938 in großen weißen Lettern auf einem Haufen Kohle gegeben hatten – »Duce, wir schlafen mit dem Kopf auf unserem Rucksack« –, wurde die Insel nie zum Zentrum einer italienischen Kohleindustrie. Ihr Hafen ist jetzt verlassenes Niemandsland, ein unsichtbarer Ort. »Das war einst der wichtigste Hafen Sardiniens«, sagte Chiaras Mann. »Es gab Handel – Magnesium, Getreide, Salz, Mineralien. Der Hafen war immer voller Schiffe. Jetzt ist er verfallen.« In seiner Rede von 1938 hatte der Duce die Kohle von Sulcis als einen Schatz gepriesen, doch die Realität sah anders aus: Sardiniens Kohle enthielt zu viel Schwefel, eine Eigenschaft, die die Verarbeitung extrem erschwerte, äußerst umweltschädlich war und somit wettbewerbsunfähig. 1964, nicht einmal drei Jahrzehnte nachdem die Mine von Serbariu eröffnet worden war, wurde sie wieder geschlossen. Niemand wollte die sardische Kohle, nicht einmal die Sarden selbst.

Für die Einwohner von Mussolinis neuer Stadt, Carbonia, erwies sich der Niedergang ihrer Hauptmine als desaströs. Nach der Schließung der Mine gab es kaum noch Arbeit; viele Männer, die ja extra nach Carbonia gezogen waren, gingen ins Ausland, um Arbeit zu finden, und ließen ihre Familien zurück. »Die wenigen Leute, die noch blieben«, konstatierte der sardische Historiker Manlio Brigaglia im Jahr 1969, »wirken so, als hätten sie gerade eine Katastrophe überlebt: die es in Wirklichkeit aber nie gab, denn die Krankheit, an der Carbonia leidet, stammt nicht von heute oder gestern, sondern war schon ein Geburtsfehler.«[80]

Nach der Schließung der Mine gab es für die Region wieder etwas Hoffnung durch den erwähnten Wiedergeburtsplan, jenes Entwicklungsprojekt der italienischen Regierung, das den Bau von Fabriken und Raffinerien in ganz Sardinien vorsah.[81] In der Nähe von Portoscuso, einem Fischerdorf auf der anderen Seite der Bucht von Sant'Antioco, wurde ein riesiger Industriekomplex gebaut, um einheimische Bergleute zu beschäftigen. Nach der Privatisierung der Fabrik in den 1990er-Jahren konnte sie sich auf dem internationalen Markt nicht mehr behaupten, und man empfahl der Region, verstärkt auf den Tourismus zu setzen.

Angesichts dieser Vergangenheit ist es verständlich, warum Chiaras Byssusfantasien so attraktiv wirken. Ihre Geschichten schienen in Sant'-Antioco zu funktionieren, dienten als narrativer Kitt in einer Region, die zu teures Aluminium und zu schwefelhaltige Kohle produzierte. Indem man einen Byssusfaden zur heiligen Jahrtausendfaser erhöhte, gewann Sant'Antioco vielleicht seine ehemalige Bedeutung als Pilgerstätte zurück, nur dass die Besucher eben mit ein paar Muschelseidefasern abzogen, statt mit Reliquien eines mauretanischen Heiligen.

Im Gegensatz zu Narrativen über Kohle oder Schwerindustrie schienen Fantasien über eine Molluske keinen Preis zu fordern: keine bankrottgegangenen Fabriken, keine wertlosen Minen oder umweltschädliche Raffinerien, erträumt von Mussolini oder der italienischen Regierung in Rom. Aber ich sah ebenfalls, dass in Chiaras alchemistischem Verwandlungsprozess – die Anpassung der Identität einer Insel an den Geschmack ausländischer Touristen – auch ein historischer Verlust, ein konfliktreicher Umbruch lagen. Als die Botschaft des Museums sich ausbreitete und die Medien dessen begrenzten Rahmen sprengten, löste sich die Insel langsam von ihrer eigenen Geschichte, entwurzelt wie eine Muschel, die man von ihrem Byssusanker trennt.

Ich verließ die Stadt Sant'Antioco und fuhr weiter nach Calasetta, einem Fischerdorf am anderen Ende der Insel. Dort, so hatte man mir gesagt, würde ich in den Untiefen der Lagune die Edle Steckmuschel finden. Sant'Antiocos Lagune ist heute ein Refugium für die *Pinna nobilis*. Seitdem die Muscheln gesetzlich geschützt sind, ist ihre Anzahl deutlich gestiegen. Sie bilden kleine Gruppen, die das klare Wasser der Lagune filtern. Manche Leute glauben, der Name Calasetta habe auf sardisch ursprünglich »Seidenbucht« bedeutet, ein passender Name für den Ort, den ich jetzt ansteuerte.

Ich wollte mich durch die Begegnung mit dieser Riesenmuschel verändert fühlen – ich wünschte mir, dass die Muschel den historischen Platz einnahm, der ihr gebührte, und all die Geschichten, Mythen und Konflikte, in die man sie verstrickt hatte, hinter sich ließ. Ich hatte von Muschelbetten gelesen, die man in kalten Sickerstellen gefunden hat, kilometertief unter Wasser. In dem Kiemengewebe der Tiere fand man spezielle chemosynthetische Bakterien, die Kohlenstoff binden und Zucker produzieren und es den Muscheln so erlauben, ohne Sonnenlicht zu leben; eine Molluske barg das Potenzial, unsere Auffassung von dem, was Leben ist, zu verändern.[82]

Kurz vor dem Dorf bog ich auf einen Feldweg, der zu einem kleinen, leuchtend weißen Sandstrand führte. Vor mir erstreckte sich das türkisblaue Meer bis zur sardischen Küste; ich sah den Kamin des Kraftwerks von Portovesme, dem höchsten Bauwerk der Insel. Der Wind hatte sich gelegt und alles war friedlich. Nur am Ufer ließ eine Familie im ruhigen Meer einen Jetski zu Wasser. Als ich mich umsah, konnte ich mir kaum vorstellen, dass unter dieser klaren Wasseroberfläche ein Steckmuschelbett liegen könnte: Denn an Land war die Gegend so karg, es gab keine Vegetation, nur reihenweise Feigenkakteen.

Nachdem der Jetski gestartet war, legte ich Flossen und Tauchermaske an und watschelte rückwärts ins Wasser. Ich schwamm in die flache Lagune hinaus, deren laues Wasser meinen Sonnenbrand linderte. Ich kannte nur das trübe Wasser von Teichen oder Salzwasser, das nicht so klar aussah wie hier in der Bucht, und war überwältigt vom klaren, warmen Wasser und den Einzelheiten, die man unter der Oberfläche erkannte. Unter mir sah ich ganze Neptungrasfelder, dunkelgrünes Seegras, durch das kleine silberne Fischchen schwammen – ein richtiger Unterwasserwald.

Ich schwamm weiter, ließ das Seegras hinter mir und erreichte eine winzige Lichtung; und hier entdeckte ich, wonach ich gesucht hatte: eine junge *Pinna nobilis*, die aus dem weißen Sand ragte. Jede der beiden Muschelhälften besaß die Größe und Form eines Handfächers mit tief eingekerbten Kalkrillen. Die Muschel hatte eine klar umrissene Form, frei von Seepocken oder stoppeligem Unkraut. Als ich den Kopf hob, blickte ich über die Muschel hinweg und sah zahllose andere Muscheln, in respektvollem Abstand zueinander, jeweils etwa ein halber Meter. Ich glitt über eine Pflanzstätte mit jungen Muscheln hinweg, die lautlos Nährstoffe aus dem jungfräulichen Wasser filterten.

Während ich weiterschwamm, wurden die Muscheln allmählich größer. Bald schon bestaunte ich grabsteingroße Exemplare, mit uraltem Seegras bedeckt, von Seepocken überkrustet. Aus meiner Perspektive, über ihnen im Wasser schwebend, wirkten diese Ungeheuer reglos wie Felsen, unverrückbar wie Eichen, wie tote Dinge, umgeben von Lebendigem: Seegras, Muschelwächterkrabben, Fischen. Doch als ich zu ihnen hinabschwamm, um in die klaffende Öffnung zu blicken, den fleischigen, mit Lamellen besetzten Raum zwischen ihren Muschelhälften, klappten sie zu, und die Muschel bildete ein nahtloses Ganzes. Es war ein Akt der Verteidigung, aber ich empfand es auch als stumme Rüge: Du, ich lebe!

Das dumpfe Brummen eines Jetskimotors unterbrach meine Gedanken. Als ich aufblickte, sah ich einen weiteren Jetskifahrer, der gerade abgelegt hatte. Aus Angst vor dem Motor schwamm ich schnell zum Strand zurück. Die Seegrashalme, die auf der Wasseroberfläche regelrechte Flöße bildeten, kitzelten meinen Brustkorb. Ich streifte die Schwimmflossen ab und bewunderte den Jetskifahrer, der mit der Maschine verschmolzen schien und die Untiefen zum Schäumen brachte.

Plötzlich wurde mir klar, wie verletzlich diese Muscheln waren. Ihre Entwicklung vor Millionen von Jahren hatte menschliche Hände, Netze oder Maschinen nicht berücksichtigt. Unbeweglich und unübersehbar, konnten sie jederzeit den Propellern eines Motors zum Opfer fallen, von Fischern aus ihrer Verankerung im Meeresboden gerissen werden oder in Netze geraten. Ihre einzige Gegenwehr inmitten dieser veränderten Bedingungen bestand darin, dass sie vollkommen stumm im Wasser ruhten und in ihrem stillen Rhythmus das Wasser filterten, während über ihnen Motoren dröhnten.

Der Jetskifahrer kehrte zum Ufer zurück, parkte den Ski und legte sich auf einen Liegestuhl in die Sonne. Neugierig ging ich zu ihm hinüber und erkundigte mich, was er zu den Muscheln meinte. Er kenne ihre Position genau, erwiderte er, und mache immer einen weiten Bogen um sie. Da er sich auszukennen schien, konnte ich nicht widerstehen, ihm eine weitere Frage zu stellen, eine Frage, die mich einfach nicht losließ. Nein, antwortete er lachend, er habe keine Ahnung, wie *l'ultimo maestro di bisso* an ihren Byssus komme.

VIKUNJAFASER

Im Oktober 2016 wurde Chiara Vigo, um die italienische Presse zu zitieren, schließlich »sfrattata« (zwangsgeräumt); das Byssus-Museum wurde endgültig geschlossen und Chiaras Porträt entfernt.[1] Offenbar war der Bann gebrochen. In den darauffolgenden Monaten erzählten sich die Frauen von Sant'Antioco, Nachfahrinnen der Schülerinnen Italo Dianas, ihre eigenen Geschichten. Am faszinierendsten war, dass eine von Chiaras früheren Schülerinnen, eine ausgebildete Weberin namens Arianna Pintus, den ketzerischen Schritt vollzog, in ihrem eigenen Atelier Byssus zu verarbeiten, gegen Chiara Vigos Dogmen zu verstoßen und einige schöne Wandteppiche zu weben. Da die *Pinna nobilis* unter Naturschutz stand, bezog sie ihre Byssusfasern, wie sie mir erzählte, von einer anderen Muschelart, *Atrina pectinata*, die im gesamten Pazifik gefischt und gezüchtet wird.[2]

Ich beobachtete diese Entwicklungen in der Byssus-Saga mit einer gewissen Distanz. Einerseits fand ich es wunderbar, dass sich nun verschiedene Stimmen erhoben, die das eintönige Lied von der Muschelseide in ein polyphones Werk verwandelten, andererseits war mir klar, dass Chiaras jahrzehntelang präsentiertes und immer weiter verfeinertes Narrativ einfach zu mächtig war, um durch eine auf historischen Fakten und Bruchstücken basierende Version ersetzt zu werden. Man konnte nur hoffen, Historiker in hundert Jahren würden beim Durchforsten alter Server den Namen Italo Dianas und seiner Webschule finden.

In Sant'Antioco war das Monopol des Geschichtenerzählens mit dem Monopol der Byssusernte verknüpft. Die stummen Weberinnen von Sant'Antioco, auf alte Byssusfasern aus Italo Dianas Atelier oder auf Bezugsquellen außerhalb des Mittelmeerraums angewiesen, waren niemals in der Lage, solche Kunstwerke zu schaffen wie Chiara oder sie so großzügig zu verschenken. Ich fragte mich, was passieren würde, wenn die Byssusernte und der Byssushandel legalisiert würden. War das denkbar, eine legale, vernunftgemäße und gerechte Byssusernte, die nicht an eine einzige Blutlinie gebunden war? Ich dachte an die Versuche zurück, eine sinnvolle Byssusindustrie aufzubauen, an die Experimente des italienischen Biologen Attilio Cerruti, der in den 1930er-Jahren Steckmuscheln pflanzte, als wären es Setzlinge. Es entstanden dabei zwar exorbitante Kosten, aber immerhin hatte man entdeckt, dass sich die *Pinna nobilis* tatsächlich in einer Aquakultur züchten ließ.

Und doch machte es mir Sorgen, dass in einer Zeit, in der die Muscheln immer noch gefährdet waren, solche Aquakulturen entstehen könnten. Im Jahr 2017 gab es im spanischen Mittelmeer ein Massensterben der *Pinna nobilis*, das vermutlich auf einen Parasiten zurückging, und spanische Biologen schlugen Alarm.[3] Heiligenlegenden erfüllen eine nützliche Funktion selbst dann, wenn sie auf Erfindung beruhen. Es gibt keine Beweise dafür, dass der heilige Cuthbert jemals Eiderenten gezähmt hätte, aber zweifellos hat die Legende zum Schutz der Enten geführt. Ich hatte den Verdacht, dass Chiaras Geschichten eine ganz ähnliche Funktion erfüllten. Denn im Gegensatz zu Miesmuscheln, Venusmuscheln oder Jakobsmuscheln hätte Muschelseide ganz gewiss einen Marktwert, der zu leichtsinniger Spekulation oder zu einem ähnlichen Ausmaß an Plünderung führen könnte wie bei den Vogelnestern in den Höhlen Borneos. Fasziniert von diesem Gedanken, machte ich mich auf die Suche nach einem kostbaren Objekt, an dem ich die Folgen der Legalisierung erforschen konnte. Je mehr ich las, desto klarer wurde mir, dass darüber nicht etwa Miesmuscheln, Jakobs- oder Venusmuscheln – mit denen ja schon seit Langem legal gehandelt wird – Aufschluss geben konnten, sondern die Faser eines Tiers, das etwa achthundert Millionen Jahre Evolution von den Mollusken trennen.

Im Jahr 1958 gab es in den Vereinigten Staaten einen politischen Skandal, in dessen Strudel auch Präsident Eisenhowers Stabschef Sherman Adams und ein aus Neuengland stammender Textilmagnat namens Bernard

Goldfine gerieten.[4] Einige Jahre zuvor hatte die Bundeshandelskommission, die Federal Trade Commission (FTC), Goldfines Unternehmen vorgeworfen, Produkte falsch zu kennzeichnen, worauf Goldfine Adams, einen alten Freund, um Unterstützung bat. Adams war dazu pflichtschuldigst bereit, was an sich vielleicht noch kein Problem gewesen wäre, hätte Goldfine nicht gern üppige Geschenke verteilt. Im Rahmen voll besetzter Sitzungen des House Special Subcommittee on legislative Oversight enthüllte Adams, dass Goldfine seine Hotelrechnungen bezahlt und ihm verschiedene Gegenstände geschenkt hatte: einen »Orientteppich« und einen Mantel aus Vikunjawolle.

Goldfine schien nicht zu begreifen, wie problematisch es war, einem Politiker oder Beamten einen Vikunjamantel zu schenken. Die Hearings ergaben, dass er den Gouverneuren von achtundvierzig Staaten Geschenke aus Vikunjawolle überreicht hatte.[5] »Ich weiß keine andere Möglichkeit, meine Wertschätzung zum Ausdruck zu bringen«, erklärte er später. »Ich werde bis ans Ende der Zeiten Geschenke überreichen.«[6] Die Presse, die Republikaner und der Kongressausschuss sahen das anders. Adams trat schließlich wegen der »Vikunjamantel-Affäre« zurück und zog nach Lincoln, New Hampshire, wo er ein Ski-Resort leitete. »Wenn ich jetzt auf diese unselige Episode zurückblicke, liegen die Fehleinschätzungen klar zutage«, schrieb er in seinen 1961 erschienenen Memoiren.[7] Goldfine seinerseits wurde als der »Vikunja-Mann« bekannt.[8]

Man könnte Adams einen solchen Fehltritt vielleicht verzeihen. Wenn man selbst einmal mit der Hand über einen Vikunjamantel streicht, fühlt sich hinterher alles andere rau an: Lammwolle wie ein Topfkratzer, Byssus wie Draht. Die Vikunjafaser, aus der das Fell des wild lebenden, zur Familie der Kamele gehörenden Vikunjas besteht, wird oft »Wolle« genannt, aber ihr Durchmesser von 12,5 Mikron (1 Mikron = ein tausendstel Millimeter) steht Seide näher als Schafwolle.[9] In der Zeit des Goldfine-Skandals zählte die Vikunjafaser in Amerika zu den wertvollsten Materialien und war mit dem Glamour von Hollywood-Filmstars und -Musikern verknüpft – Marlene Dietrich, Groucho Marx, Nat King Cole und Greta Garbo trugen alle Mäntel aus Vikunjawolle.[10] »Wenn ein Nerz einem anderen Nerz einen hübschen Mantel schenken möchte, schenkt er ihm einen aus

Vikunja«, sagte ein Schneider im Jahr 1958 in der Tageszeitung *The Philadelphia Inqiurer*.[11]

Das Vikunja, mit seiner seltsamen Mähne, die ihm von Hals und Brust herabhängt, wirkt sehr elegant. Die Rehaugen des Tiers, seine Beweglichkeit und sein Herdenverhalten legen den Vergleich mit Antilopen und Rothirschen nahe. Betrachtet man die Tiere jedoch genauer, ihren langen Hals und die schwieligen Sohlen, erinnern sie beinahe an höckerlose Miniaturkamele. Und tatsächlich sind sie Verwandte des zweihöckrigen Kamels der Wüste Gobi und gehören zur Familie der Camelidae, die sich ursprünglich im Westen Nordamerikas entwickelten, bevor sie sich dann über Landbrücken nach Asien und Südamerika verbreiteten.[12] Und doch kann diese Verbindung zum Kamel nur eine ganz entfernte Verwandtschaft sein: Die Vikunjas wirken zarter als die robusten Wüstenlasttiere, ihre Hälse sind zu lang, die grazilen Beine zu dünn. Ich stellte mir vor, sie würden nach der Fellschur unsichtbar mit der Steppe verschmelzen.

Dass die Vikunjafaser so unglaublich fein ist, hat nicht wie bei der Eiderdaune mit der Nähe zum Polarkreis zu tun, sondern mit der Höhe, in der die Vikunjas leben. Vikunjas streifen durch die Anden-Puna, wo die Luft so dünn ist, dass man das Gefühl hat, sie sauge einem die Wärme aus dem Körper, kühle einen aus bis ins Mark. Wenn nachts die Temperaturen fallen, lassen sich die Vikunjas auf den Bauch nieder, und ihr langer Faserlatz liegt wie ein eleganter Rock um ihren Oberkörper, als Decke und Windschutz zugleich. Morgens verwandeln sich die Fasern dann in einen Sonnenschirm und schützen die Tiere vor den sengenden Strahlen, die erbarmungslos auf die Puna niederbrennen; um den isolierenden Eigenschaften gegenzusteuern, transpirieren die Tiere über ihre unbehaarten Bäuche.

Die Inka verehrten die Vikunjas als heilige Tiere. Ganz besonders kostbar war ihre Wolle, denn die Fasern gehörten zu den feinsten der Welt; nur der Inka-König selbst – und gewisse Priester – durften Kleidung aus Vikunjafaser tragen.[13] Bei den Inka gediehen die Vikunjas, doch als dann im sechzehnten Jahrhundert die Spanier kamen, erwiesen diese den Gesetzen und Traditionen der Inka wenig Respekt und schlachteten die Vikunjas wegen ihres Fleischs, ihres Fells und ihrer Wolle. Einem späteren

Bericht zufolge wurden in Peru und Nordchile jährlich achtzigtausend Tiere getötet, ein Gemetzel, das an das Bison-Massaker im Nordamerika des neunzehnten Jahrhunderts erinnert.[14] Garcilaso de la Vega, der uneheliche Sohn eines spanischen Aristokraten und einer Inka-Prinzessin, schrieb, dass »die Gewehre der *Spanier* solche Verwüstungen anrichteten, dass kaum noch ... Vikunjas zu finden sind, doch die wenigen, die es noch gibt, sind vor Angst und Schrecken in die Berge geflohen, wo kein Pfad oder Weg hinführt«.[15]

In all den Kolumnen, Interviews, Sendungen und Artikeln zu Sherman Adams' Niedergang erfahren wir kaum etwas über die Faser, aus der der Mantel gemacht ist. Im Unterschied zu dem Mann, der ihn trug, ist der Vikunjamantel nur eine Requisite, ein Symbol für verschwenderischen Luxus. Adams hätte auch dann seinen Job verloren, Washington verlassen und seine Tage in einem Ski-Resort in Hampshire verbracht, wenn es sich um einen Nerzmantel gehandelt hätte (im Jahr 1951 auch einmal Gegenstand eines politischen Skandals).[16] Dennoch spielte Adams' Vorliebe für Vikunjawolle durchaus eine Rolle. Als er Goldfines Geschenk annahm, geriet er, ohne sich dessen bewusst zu sein, in eine andere Geschichte, die mit Massentierhaltung, der FTC, parlamentarischen Unterausschüssen oder dem Weißen Haus nicht im Entferntesten zu tun hatte. In den 1950er-Jahren kamen Nerzmäntel von Nerzfarmen, wo die Tiere wie Hühner, Enten, Zibetkatzen oder Fleckenmusang in Batteriekäfigen gehalten wurden, doch Adams' Mantel war aus dem Fell eines wilden Tiers gemacht, das vom Aussterben bedroht war.

Es ist ja oft so, dass Naturmaterialien, die ihren tierischen Besitzern einen evolutionären Vorteil verschaffen, von uns Menschen in totes Gewicht verwandelt werden, was die vermehrte Tötung der Tiere bewirkt, ja sogar ihre Auslöschung als Spezies beschleunigt. Dass der Stoßzahn des Elefanten wegen der Härte und Schönheit des Elfenbeins so geschätzt wird, hat Wilderer schon immer magnetisch angezogen; dass der borneanische Eisenholzbaum eine so große Höhe erreicht, führte zu seiner Verwendung als Nutzholz; dass die *Pinna nobilis* so groß und schön ist und über eine transparente Schale verfügt, hat sie als Lampenschirm beliebt gemacht. Doch nirgends kam dieses Prinzip deutlicher zum Vorschein, als im Fall des Vikunjas und seiner Wolle. Im Jahr 1967 gab es noch etwa zehntausend Exemplare, nur noch einen Bruchteil der zwei Millionen Tiere, die wohl zur Zeit der Inka existierten.[17] »In den Vereinigten Staaten«, klagte der peruanische Umweltschützer Felipe Benavides in einem Interview mit der *New York Times*, »kennen viele Leute den Bison nur noch als Abbild auf dem Fünf-Cent-Stück. Ich frage mich, ob wir das Vikunja irgendwann auch nur noch von 1-Sol-Münzen kennen werden.«[18]

Als Benavides von den Vikunjas und anderen bedrohten Tierarten sprach, versagte ihm vor Ergriffenheit die Stimme. Anders als Politikjournalisten oder Ermittler des Repräsentantenhauses las er Adams' Geschichte nicht als Parabel auf politische Korruption oder einen Verfall der Ethik in Washington, sondern als ein anderes, viel größeres moralisches Versagen: der Tatsache, dass die Nachfrage nach Vikunjawolle in den USA und Europa, insbesondere Großbritannien, zur Ausrottung des Tieres führte. Seit den 1930er-Jahren hatte er den Handel mit der Vikunjafaser recherchiert, hatte verfolgt, wie die Wolle ihren Weg in die Londoner Regent Street und zu den Herrenausstattern in der Savile Row, in Exportlisten und Presseartikel fand.[19]

Empört schrieb er an Zeitungen, prangerte öffentlich Vikunjaimporteure an, engagierte sich für Perus gefährdete Tierarten und versuchte auf diese Weise zu erreichen, dass Vikunjawolle ähnlich geächtet würde wie Kokain. »Die verfolgte Mehrheit [der Tiere]«, sagte er einmal einem Journalisten, »hat weder Stimme noch Wahlrecht, wird von keiner Interessengemeinschaft oder Gewerkschaft vertreten. Jemand muss für sie sprechen und sie vor den Menschen schützen!«[20]

In den 1970er-Jahren beschrieb *The New Yorker* Benavides als einen »großen eleganten Mann von achtundfünfzig Jahren, mit ergrauendem Haar, einem kleinen Schnurrbart und geschwungenen Brauen; die dunklen Augen und die scharf geschnittene Nase schienen aus einem Porträt im Prado zu stammen.«[21] Benavides, Neffe eines ehemaligen peruanischen Präsidenten, verbrachte die ersten zwanzig Jahre seines Arbeitslebens in diplomatischen Zirkeln in Stockholm, New York und London. Er schien für einen hohen diplomatischen Posten prädestiniert, doch 1954 quittierte er plötzlich den Dienst und kehrte nach Lima zurück. Nach so vielen Jahren im Ausland war Benavides schockiert vom Ausmaß der Umweltzerstörung in seiner Heimat. Er erinnerte sich: »Ich fuhr durch mein Land und war schockiert. Da gab es Leute, die auf Kondore schossen und Meeresschildkröten töteten. Ich sah verletzte Seelöwen wie Babys weinen, Kondore im Sand verwesen. Grauenhaft! Grauenhaft! Vom Strand fuhr ich dann in die Anden. Ich fand kein einziges Vikunja mehr.«[22] In den 1950er-Jahren existierte in Peru keine Umweltschutzbewegung. »Was ist hier los?«, fragte Benavides im Jahr 1954. »Es gab im ganzen Land keinen einzigen Umweltschützer. Nicht *einen*! Ich musste etwas unternehmen.«[23] Im Jahr 1973 half er den Manú-Nationalpark aufzubauen, damals das größte Naturreservat Lateinamerikas, und das an der Küste gelegene Paracas-Nationalreservat. Er setzte sich auch für das Pampas-Galeras-Nationalreservat in den südlichen Anden ein, gegründet 1967 – eine sichere Heimat für die Vikunjas. Innerhalb dieses 5800 Hektar umfassenden Schutzgebiets konnten sich die Vikunjas in den frühen Jahren des Parks vermehren.[24] 1977 erklärte das Smithsonian, die Vikunjas seien vor dem Aussterben bewahrt worden.[25]

Auf einem Foto von Benavides in seinen späteren Jahren sieht man, wie er mit einem Vikunja schmust, als sei es sein Enkelkind, und wie sein großer drahtiger Schnurrbart das Tier an der Schnauze kitzelt.[26] Doch Benavides sorgte nicht nur dafür, dass sich die Vikunjas im Nationalpark vermehrten, sondern bewirkte auch eine Bewusstseinsänderung, eine andere Haltung zu diesen Tieren und ihrer Wolle, diesem Material, in das sich einst, ohne jede Rücksicht auf seinen Ursprung, Scheichs, Filmstars und mindestens ein Präsidentenberater hüllten. Ganz ähnlich wie in Chiaras Vision der Muschelseide wurde nun auch die Vikunjawolle als heilige Faser wahrgenommen, die man nicht kaufen oder verkaufen durfte, es sei denn, man riskierte eine Haftstrafe zwischen drei und fünf Jahren.[27] »Vikunjawolle«, erklärte Benavides damals, »sieht immer noch am besten an einem Vikunja aus.«[28]

Die märchenhafte Geschichte von Benavides und den Vikunjas verwandelte sich allerdings schon bald in einen Albtraum. Mitte der 1970er-Jahre herrschte in Pampas Galeras eine schlimme Dürre in Kombination mit Überweidung, was bei den Vikunjas zu erhöhter Sterblichkeit und reduzierten Schwangerschaftsraten führte.[29] Weil er einen Zusammenbruch der Population befürchtete, schlug Antonio Brack Egg, der im peruanischen Agrarministerium arbeitete, vor, überzählige männliche Tiere abzuschießen. »Die preisgünstigste und effektivste Methode ist die, sie mit Büchsenpatronen Kaliber .222 Remington zu töten«, erklärte er 1979.[30] Brack schlug pragmatisch vor, das Fleisch der überzähligen Tiere preiswert an die örtliche Bevölkerung zu verkaufen. War Benavides' Verhältnis zu den Vikunjas gefühlsbetont, so sprach Brack wie ein Metzger. »Das Fleisch ist mager, proteinreich und bestens zum Verzehr geeignet, als Dörrfleisch und als Farce«, schrieb er.[31]

In den 1930er-Jahren begann Neuseeland seine außer Kontrolle geratene Rotwildpopulation zu dezimieren.[32] Wegen ihres Fleischs und ihres Fells gejagt oder als Nutztier gehalten, wurden die Rothirsche zur Grundlage einer mächtigen Industrie, deren Wert sich im Jahr 2010 auf schätzungsweise 306 Millionen neuseeländische Dollar belief. Wie die Neuseeländer ihr Rotwild, wollte Brack die Vikunjas in eine hochwertige Wirtschaftsressource verwandeln. »Es wäre möglich«, argumentierte er 1987, »eine Population von drei Millionen Vikunjas zu erreichen, und ein vernünftiges Management würde alljährlich die Produktion von 225 Tonnen Fasern ermöglichen. Etwa sechshunderttausend Felle und circa 12 000 Tonnen Fleisch.«[33]

Obwohl sich Rothirsche und Vikunjas nicht nur physisch, sondern auch von den Sozialstrukturen her ähneln, könnte die Geschichte dieser Tiere unterschiedlicher nicht sein. Rothirsche aus britischen Rotwildparks wurden im neunzehnten Jahrhundert als invasive Spezies nach Neuseeland eingeführt, um das »Ödland« des Inselstaats in »ein Paradies für Rotwildjäger zu verwandeln«.[34] Im Gegensatz dazu gehören die Vikunjas zu Südamerikas großen Vierfüßern, die noch vor dem Menschen auf diesem Kontinent existierten.[35] Als Bracks Pläne für eine Vikunjaindustrie bekannt wurden, gab es einen öffentlichen Aufschrei, angeführt von Benavides und Perus Elitepresse. »Mit einem Wort: Vikunjakoteletts anzubieten war und ist so, als werbe man für Pandabraten«, argumentierte 1986 Perus angesehene Wochenzeitung *Caretas*.[36]

Im Lauf seiner Karriere hatte Benavides jeden verfolgt, der Perus Tierwelt bedrohte: Er attackierte Aristoteles Onassis, als dessen Walfangschiff in peruanische Hoheitsgewässer eindrang; er drohte Robbenjägern, sie ihrerseits mit Keulen niederzuknüppeln; er drohte Abdhul Reza Pahlavi, einem Halbbruder des persischen Schahs, ihn zu erschießen, falls er einen Brillenbären tötete; und er drohte, einen Poncho aus Vikunjafasern zu konfiszieren, den Fidel Castro als Geschenk erhalten hatte.[37] Doch seine Attacken auf Brack stellten alles andere in den Schatten. Benavides warf ihm vor, die Populationszahlen zu fälschen, um die kommerziellen Ziele des Projekts zu rechtfertigen.»Nicht einmal Karnickel erreichen die von der Regierung genannte Reproduktionsrate, und Vikunjas schon gleich gar nicht«, sagte er.[38] Er bat einen Biologen der Universität Cambridge, Dr. Keith Eltringham, eine Luftbildzählung durchzuführen, die ergab, dass die tatsächliche Anzahl der Vikunjas nur ein Drittel der Menge betrug, die Brack angegeben hatte.[39] Doch letztlich waren es Benavides' Kommentare über das Gemetzel, seine Beschwörung dantesker Bilder eines Blutbads, die schließlich den Umschwung in der öffentlichen Meinung herbeiführten.»Sie verwunden die Tiere durch die Lunge, da die Herzen zu teuren Preisen als lokale Delikatesse gehandelt werden«, sagte er.»Viele verwundete Vikunjas fliehen mit herausquellendem Gedärm und verenden unter Qualen.«[40]

»Die Vikunja-Saga«, wie man den Disput später nannte, zog sich durch die 1980er-Jahre und wurde immer persönlicher und verbitterter.[41] Vordergründig ging es um das Recht, ein Tier zu töten, doch ging der Disput von Anfang an weit darüber hinaus und spiegelte die Spaltungen innerhalb der peruanischen Gesellschaft wider. Benavides, der wohlhabend und streitlustig war und über gute Beziehungen verfügte, wurde von vielen Peruanern als abgehobener Aristokrat betrachtet, ein Mann, dem die Vikunjas wichtiger waren als die bitterarmen Campesinos, die ihr Land mit den Kameliden teilten.[42] Brack wiederum wurde in der Presse – ungerechterweise – als geldgieriger Schlächter dargestellt, der aus einem heiligen Tier Profit schlagen wollte. Letztlich trug Benavides den Sieg davon: In den 1980er-Jahren wurde der massenhafte Abschuss abrupt beendet und Bracks Organisation, das *Projekt für die sinnvolle Nutzung des Vikunjas* (Especial Utilización Racional de la Vicuña), aufgelöst.[43] Doch die

Auseinandersetzung zehrte an Benavides, entfremdete ihn von den Umweltschützern, und er fiel politisch in Ungnade.[44] 1991 entband ihn Präsident Alberto Fujimori von seinem Posten als Direktor des Zoos von Lima, des Parque de las Leyendas. Einen Monat später starb Benavides in London an Krebs. Sein Nachruf in der peruanischen Tageszeitung *El Expreso* trug die Überschrift »El día que las vicuñas lloraron« – »Der Tag, an dem die Vikunjas weinten«.[45]

Die Geschichte der Unterwerfung des Inkareichs durch weniger als zweihundert Spanier enthält ein Detail, das mich schon immer fasziniert hat. Einige Zeit vor der Hinrichtung des Inka-Herrschers Atahualpa fällt Pedro Pizarro dessen Kleidung auf, ein dunkelbrauner, seidenweicher Umhang. Fasziniert erkundigt sich Pizarro, damals noch in jugendlichem Alter, bei Atahualpa nach dem Material, aus dem dieser Umhang bestehe. Laut Pizarro soll Atahualpas Antwort gewesen sein, der Umhang sei aus der Haut von Vampirfledermäusen angefertigt worden, gefangen in Puerto Viejo und Tumbez, zwei nördlichen Provinzen seines Reichs. »Was haben diese Hunde in Tumbez und Puerto Viejo«, erwiderte Atahualpa angeblich, »schon anderes zu tun, als diese Tiere zu fangen, um daraus Kleidung für meinen Vater zu machen«?[46]

Als die Spanier auf das Territorium der Inka vordrangen, stießen sie auf riesige Lagerhäuser. Diese bargen kostbare und nützliche Dinge – Nahrung, Waffen, Schmuck und Werkzeuge –, doch am meisten verblüffte die Spanier, welch riesige Mengen an Wolle, Baumwolle, Stoffen und Kleidungsstücken dort lagerten. »Es gab so viele Stoffe aus Wolle und Baumwolle«, schrieb Francisco de Xerez angesichts eines Lagerhauses in der Cajamarca, »dass man wohl viele Schiffe hätte damit beladen können.«[47] Dieser Überfluss an Stoffen, die aufbewahrt wurden wie Schätze, verschlug den Spaniern die Sprache. »Ich könnte nichts sagen über die Lagerhäuser, die ich sah, voll mit Stoffen und allerlei Kleidungsstücken, die in diesem Königreich hergestellt und benutzt wurden, denn mir fehlte die Zeit, sie anzuschauen, und mein Verstand reichte nicht aus, um all das zu begreifen«, schrieb Pedro Pizarro.[48]

Man kann verstehen, warum dieser Überfluss an Stoffen Pizarro dermaßen verblüffte. Die Spanier waren nach Südamerika gekommen, um Gold zu suchen, Tempel und Festungen zu plündern, und sahen sich nun in einem Reich, das von Fasern zusammengehalten wurde. »Der Gebrauch von Prestigeobjekten ist an sich nicht ungewöhnlich«, schreibt der Historiker John Murra, »neu ist nur die Entdeckung, dass es sich in der Andenregion bei dem Artefakt mit dem größten Prestige, also dem größten Nutzen innerhalb von Machtbeziehungen, um Stoff handelte.«[49] Die Inka, talentierte Weber, nutzten Stoffe für vielerlei Gelegenheiten, vom Opferritual bis zum Begräbnis. Murra schreibt: »Bei keinem politischen, militärischen, gesellschaftlichen oder religiösen Ereignis durfte es fehlen, dass Textilien geschenkt oder gespendet, verbrannt, getauscht oder geopfert wurden.«[50]

Der Jesuit Bernabé Cobo berichtete, die Inka hätten zwei Arten von Stoff: *awasqa*, einen rauen, dicken Stoff für häusliche Zwecke, und *kumpi*, einen feineren Stoff, von dem es heißt, er sei seidenweich gewesen.[51] Doch am begehrtesten waren natürliche Materialien, die oft den Eliten vorbehalten blieben. Garcilaso de la Vega zufolge ernteten die Inka Vikunjafasern in einem *Chakku,* eine Methode, bei der die Tiere lebend geschoren werden.[52] Wie er schrieb, beteiligten sich bei den Inka zwanzig- bis dreißigtausend Menschen an der Jagd und bildeten einen riesigen Kreis um Tausende Wildtiere. Wenn sie sie umzingelt hatten, wurden die männlichen Vikunjas und Guanakos (der große Cousin des Vikunjas) getötet, die weiblichen Tiere jedoch geschoren und freigelassen. Diese Form der Jagd wurde nach einem Rotationsprinzip veranstaltet, sodass sich die Herden regenerieren und das Fell nachwachsen konnte. Als Benavides die Aufzeichnungen der Chronisten las, war er fasziniert. »Diese großen Umweltschützer, die Inka, gingen sehr klug vor, was die Nutzung wild lebender Tiere betrifft«, schrieb er.[53]

Inspiriert von diesen Schriften, plädierte er von nun an für die Lebendschur als eine Methode, bei der die Tiere weiterleben und sich vermehren konnten und dennoch gleichzeitig den lokalen Gemeinden ein Einkommen bescherten. Inmitten von über zweihundert Papageien, jungen Ozelots und einer Scharnierschildkröte pflegte er vor Journalisten über das Potenzial dieser Schurmethode zu referieren. »Die Bewohner der Anden können die Tiere scheren«, erklärte er 1975 in der *Los Angeles Times*. »Wir arbeiten an Möglichkeiten, die Vikunjas auf humane Weise, mit unsichtbaren Netzen, zu fangen, sie zu scheren und wieder freizulassen.«[54] Er nahm sogar Besucher mit in den Zoo von Lima und schor auf einem Feld hinter seinem Büro zahme Vikunjas.[55] »Ich gönne jedem seinen Vikunjamantel«, erklärte er 1978 gegenüber der *Los Angeles Times*. »Ich will nur nicht, dass die letzten Vikunjamännchen und -weibchen getötet werden.«[56]

In seinem Idealismus erinnerte Benavides' Plan an Gavin Maxwells Versuch, eine isländische Tradition auf einem anderen Kontinent neu aufleben zu lassen, wobei im Fall des Peruaners zwischen der alten und der neu belebten Tradition kein Ozean, sondern fünf Jahrhunderte lagen. In den 1980er-Jahren kämpfte Benavides mit großem Engagement für freien Handel und beantragte 1987 erfolgreich, dass ausgewählte peruanische Vikunjapopulationen in Anhang II des Washingtoner Artenschutzabkommens aufgenommen wurden.[57] 1991, in Benavides' Todesjahr, wurde eine der letzten Handelsbarrieren beseitigt, als Präsident Fujimori ein Dekret unterzeichnete, das den Campesino-Gemeinden des Landes das Nutzungsrecht an den Vikunjas zusprach.[58]

War Felipe Benavides der Idealist des *Chakku*, dann war Alfonso Martínez, ein in Lima ansässiger Anwalt, der Mann der praktischen Umsetzung. Als Sohn eines Viehhändlers hätte Martínez sich von dem peruanischen Aristokraten und Diplomatensohn, der von der Lebendschur träumte, kaum stärker unterscheiden können. In relativ ärmlichen Verhältnissen geboren, wuchs Martínez in Lucanas auf, damals ein kleines Dorf nahe Pampas Galeras, dessen Einwohner sich mühsam als Vieh- oder Schweinehirten durchschlugen. »Die meisten meiner Klassenkameraden [in der Elementarschule] waren fünf oder sechs Jahre älter als ich«, erinnerte er sich. »Ihre Eltern schickten sie erst zu einem späten Zeitpunkt in die Schule, weil sie auf dem Feld mithelfen mussten.« Da es in Lucanas keine weiterführende Schule gab, ging Martínez in Lima zur Schule und kehrte in den Ferien zurück, um seiner Familie zu helfen, bis er dann in der Hauptstadt sein Jurastudium begann.

Anders als bei Benavides entsprang Martínez' Engagement für die Vikunjas nicht einem besonderen Interesse am Naturschutz, sondern der Verbundenheit mit seinem Heimatort. Mitte der 1980er-Jahre, kurz bevor er sein Studium abschloss, wurde er Berater in seiner Heimatgemeinde Lucanas.»Ich erklärte mich bereit, weil ich die Einstellung hatte, der Gemeinschaft zu helfen. Ich gebe zu, dass ich damals politisch links war, äußerst links.« In jenem Jahrzehnt warben Martínez und andere Leute in Lucanas dafür, dass der Gemeinde die Verantwortung für die Vikunjas übertragen würde.»Wir werden uns um sie kümmern, [sie] verteidigen und von ihnen profitieren«, erklärte Martínez den Behörden.»Der Staat war sehr am Schutz der Natur und der Vikunjas interessiert, doch mit dem Vordringen des Leuchtenden Pfads waren die Vikunjas den Wilderern, der Armee und den Rebellen schutzlos ausgeliefert.«

Der Leuchtende Pfad (Sendero Luminoso) war eine maoistische Guerillaorganisation, die in den 1980er-Jahren große Teile des ländlichen Peru unter ihre Kontrolle brachte, einschließlich des nationalen Vikunja-Reservats Pampas Galeras. Gegründet Ende der 1960er-Jahre von einem Philosophieprofessor, tötete die Gruppe unterschiedslos Campesinos, politische Gegner und Vikunjas und versuchte, wie es der Schriftsteller Mario Vargas Llosa formulierte,»Perus Städte, insbesondere Lima, zu erdrosseln, indem keine Nahrung mehr dorthin gelangen konnte«.[59] Nach so vielen Jahren des Blutvergießens wurde Fujimoris Akt, der den Dorfgemeinschaften das Recht zusprach, die Vikunjas zu scheren, von vielen Campesinos dankbar angenommen. Allerdings konnte sich niemand so recht vorstellen, wie man die scheuen Vikunjas, die eine Laufgeschwindigkeit von bis zu 50 Stundenkilometern erreichen, scheren sollte.»Sie hatten keine Ahnung, wie man ein Vikunja fängt«, erzählte mir Martínez.»Als die Leute aus den Bergdörfern nach Lucanas kamen, sagten sie: ›Ihr seid verrückt. Wie um alles in der Welt können wir ein Vikunja fangen, das hundertmal schneller rennt als wir?‹«

In Pampas Galeras gibt es alte Steinfallen, die in Prä-Inka-Kulturen dazu gedient haben könnten, die Vikunjas zusammenzutreiben, zu scheren und zu töten. Ansonsten jedoch gibt es zum Inka-*Chakku* keine archäologischen Funde und kaum schriftliche Zeugnisse.[60] »Die einzigen

Hinweise finden sich in den Chroniken«, räumte Martínez ein. »Aber auch die sind sehr allgemein gehalten. Sie gehen nicht ins Detail. Wir mussten uns einige Aspekte überlegen, die an andische Traditionen anknüpften.« Er schlug vor, an einem langen Seil Wimpel zu befestigen und die Vikunjas mithilfe Hunderter Freiwilliger zusammenzutreiben; dann würde die Schur erfolgen, genau wie bei den Inka, nur mit modernen Elektroscheren.

Der Historiker Eric Hobsbawm definiert eine erfundene Tradition als »ein Bündel von Praktiken ritueller oder symbolischer Natur, die gewöhnlich von offen oder stillschweigend anerkannten Regeln bestimmt werden.[61] Sie zielt darauf ab, bestimmte Verhaltenswerte und -weisen durch Wiederholung zu festigen, was von sich aus die Kontinuität mit der Vergangenheit beinhaltet«.[62] Martínez' *Chakku* passte eindeutig zu dieser Definition, denn hier verschmolzen Inka-Tradition, andische Gebräuche, moderne Technologie und seine eigenen Ideen miteinander. Der *Chakku* erwies sich in Peru als äußerst erfolgreiches Modell; Hunderte von Campesino-Gemeinden organisierten sich in Kooperativen, um die Vikunjafasern zu gewinnen und an den internationalen Markt zu verkaufen.[63] »Auf dem Rücken eines jeden Vikunjas wachsen 100 Dollar«, sagte Martínez. »Wenn Sie einen Helikopter sehen und der Präsident der Republik sitzt drin und wirft ein Bündel Geldnoten herunter, das vom Wind weggeweht wird, was tun Sie dann? Sie rennen hinterher.«

Der erste *Chakku* wurde 1993 abgehalten, mit großem Trara. Es war ein Riesenereignis für die Gemeinde, das Reservat wimmelte von Regierungsbeamten, Reportern und Politikern, einschließlich Fujimori. »Es gab viel Idealismus, denn wir wollten dieses ganze Projekt mit andischer Identität verknüpfen«, erinnerte sich Martínez. Allerdings wurde der Enthusiasmus gedämpft, weil es sich in der Praxis als zu schwierig erwies, diese behänden Tiere einzufangen. Im ersten Jahr erwischte man nur sieben; in späteren Jahren war der *Chakku* sogar noch erfolgloser. »Es gab ein Jahr, da haben wir kein einziges Tier gefangen. Und das lag daran, dass jemand, der eine Schlüsselposition besetzte, einschlief.« Ich erlebte diese Schwierigkeiten später selbst, als ich das Reservat besuchte und mich an eine Herde Vikunjas anschleichen wollte. Ich war noch 20 Meter weit entfernt, da spitzte das männliche Tier, das die Gruppe führte, schon die Ohren, hob den Kopf, stieß einen schrillen Schrei aus, und alle rannten davon.

Im Gebiet nördlich des Polarkreises hatten die Samen ähnliche Probleme, wenn sie versuchten, Rentierherden zusammenzutreiben.[64] Das war eine solche Herausforderung, dass die Samen manchmal sogar ihr Nomadenleben aufgaben und über viele Meilen hinweg Zäune errichteten. Auf diese Weise konnten sie eine größere Zahl von Tieren zusammentreiben und töten und hatten Fleisch und Felle im Überfluss. Martínez erklärte mir, wie er den *Chakku* effizienter gestaltete, indem er ähnliche Methoden anwandte. 1996 ermutigten er und CONACS, das für die Kontrolle der Schur zuständige Organ,[65] die lokalen Gemeinden, Holzzäune um ihr Land zu errichten, um die Tiere einzupferchen.[66] Auf diese Weise ließen sich statt nur einiger weniger Tiere Hunderte von Vikunjas fangen. »Als ich anfing, bestand ein sehr hohes Risiko, nichts zu fangen«, erinnerte sich Martínez. »Heutzutage kann in Pampas Galeras sogar ein Blinder Vikunjas fangen.«

Hinter Chiara Vigos Museum in Sant'Antioco stand die Logik, dass ein Tier, das einen kostbaren Rohstoff liefert, höhere Überlebenschancen hat, wenn dieser Rohstoff als heilig gilt. Durch die Kommerzialisierung des Byssus würde man eine Büchse der Pandora öffnen: *Non si vende, non si compra*. Doch im Falle der Vikunjas schienen andere Regeln zu gelten: Je mehr Wolle geerntet wurde, desto mehr Vikunjas existierten, geschützt von den Gemeinden, die ein wirtschaftliches Interesse an ihrem Überleben hatten. Zwischen 1994 und 2012 stieg die Zahl der Vikunjas in Peru auf mehr als das Dreifache und betrug zum Zeitpunkt der letzten Erhebung im Jahr 2012 fast 210 000 Exemplare.[67]

Als die Zahl der Vikunjas in die Höhe schnellte, bemerkte ich, dass ihre Wolle eine fantastisch anmutende Qualität bekam und in marktfreundlichen Studien und Pressemitteilungen als Beweis für die Vorzüge der Kommerzialisierung bewertet wurde. Es müsste nur, so schien uns die Vikunjawolle zu versprechen, ein Markt für all die Rohstoffe gefunden werden, die von gefährdeten Arten stammen, dann würden die betreffenden Tiere überleben und den verarmten Gemeinden die dringend benötigten

Einnahmen bescheren. Nirgends wird dies offensichtlicher als bei den Auseinandersetzungen über die Legalisierung des Handels mit Rhinozeroshorn, einem illegalen Rohstoff, der oft mit der Vikunjafaser verglichen wird. Wie die Vikunjafaser wächst auch das Nashorn nach und kann abgesägt werden, ohne dass man das Tier tötet; auch hat die starke Nachfrage, größtenteils aus China, zu einer enormen Zunahme der Wilderei geführt. Vor ein paar Jahren hat ein südafrikanischer Geschäftsmann namens John Hume, der eintausendfünfhundert Nashörner hält und einen Vorrat an Rhinozeroshorn besitzt, lautstark für die Legalisierung des von lebenden Tieren abgesägten Horns geworben und sich auf das Beispiel der Vikunjas berufen. »Ich kürze das [Rhinozeros-]Horn so, dass es wieder nachwachsen kann«, erklärte er in der südafrikanischen Zeitung *The Mercury*. »Auf diese Weise bewahrt man [die Tiere] vor dem Aussterben.«[68]

Im Lauf der letzten Jahrzehnte war das Vikunja nicht das einzige wilde Tier, das in Einklang mit dem Washingtoner Artenschutzabkommen auf den Markt gelangte. Von Borneo bis Australien werden jetzt Krokodile gehalten, deren Haut man für Taschen und Kleidung verwendet; man züchtet Schmetterlinge und verkauft sie an private Sammler oder Zoos. Doch das Vikunja unterschied sich von diesen Beispielen insofern, dass hier ein wild lebendes Tier Profit ermöglicht, ohne allzu sehr leiden oder gar sterben zu müssen. Einst ein Symbol der Dekadenz, wurde die Vikunjafaser jetzt zu einem Talisman, dem sein Mantra schon eingeschrieben war: *Ein geschorenes Vikunja ist ein gerettetes Vikunja*. Ganz ähnlich wie Chiara Vigos Museum wurde Pampas Galeras zu einer Art Heiligtum, einer Pilgerstätte für Journalisten, Umweltschützer und Touristen; sie wollten mit eigenen Augen sehen, wie die Logik des *Chakku* funktioniert, und verbreiteten die Botschaft weiter. Und einmal war dann auch ich dabei.

In den 1960er- und 1970er-Jahren spielte das Reservat Pampas Galeras eine zentrale Rolle bei den Bemühungen, die Vikunjas vor der Ausrottung zu schützen.[69] Finanziell gefördert durch die deutsche Regierung, konnte das Reservat hochwertige Einrichtungen vorweisen, etwa eine Schule für die Kinder der Parkangestellten und ein Forschungszentrum, und verfügte über ungefähr sechzig Pferde und Fahrzeuge.« Wir hatten damals eine Menge Leute«, erinnerte sich Reino Joyo, ein pensionierter Parkwächter, der 1977 im Reservat zu arbeiten begann. »Jeden Tag gingen wir bewaffnet auf Patrouille.« Es sei ein erbitterter Kampf gegen die Wilderer gewesen, die mit Gewehren bewaffnet im Helikopter einflogen, die Vikunjas massakrierten und nach Bolivien, dem Tor zum illegalen Fellhandel, zurückflogen. Es kam des Öfteren vor, dass Parkwächter bei Feuergefechten verwundet oder getötet wurden; Reino versagte die Stimme, als er mir erzählte, dass in jenen Jahren zwölf Parkwächter bei der Verteidigung der Vikunjas ums Leben kamen.

Ich war erst kürzlich in Pampas Galeras eingetroffen, war von der Küstenstadt Nazca aus mit dem *Combi* oder Minibus gefahren. Auf der Hauptstraße zwischen Cuzco und Lima überwindet man in wenigen Stunden mehrere Tausend Höhenmeter, und die Umgebung verwandelt sich von einer Wüstenlandschaft zur Steppe. Da ich mich noch nicht akklimatisiert hatte, schlief ich fast die ganze Fahrt über und erwachte erst wieder, mit rasenden Kopfschmerzen, in 4000 Meter Höhe inmitten einer weiten, mit zimtbraunen Vikunjas übersäten Graslandfläche. Beim Gang durch die verfallenen Gebäude des Reservats vermochte ich mir nur mit Mühe vorzustellen, dass dies einst ein hochmodernes Naturschutzzentrum gewesen war. Nahe dem Eingang lag ein verrosteter, ausgebrannter Truck, dessen zersplitterte Fenster im Gras ein Mosaik aus Scherben bildeten.

Sie knirschten unter meinen Schuhen, als ich auf die Brücke des Reservats zuging, von der nur noch ein paar rudimentäre Holzplanken übrig waren. Die zerfallenen, zerschossenen Unterkünfte hatten keine Dächer mehr und dienten Viscachas (kaninchenartigen Nagetieren) und Vikunjas als Unterschlupf, wie man aus den säuberlich abgezirkelten Dunghaufen schließen konnte. Anders als in den 1970er-Jahren leben die Parkangestellten heutzutage in alten Schlafsälen mit knarrenden Holzböden, ohne Heizung und Strom; bis auf Langstreckenradler oder Truckfahrer sind Besucher eher selten. »Das Reservat war damals in hundertprozentig besserem Zustand«, sagte Reino. »Jetzt ist es tot. Absolut tot. Wenn jetzt die Deutschen kämen, was würden sie sagen?«

Man findet außer den Einschusslöchern auch noch andere Hinweise auf die gewalttätige Vergangenheit dieses Orts: Hammer und Sichel, in roter Farbe auf die Gebäude geschmiert, und in großen Lettern der Name GUZMÁN.[70] Im Oktober 1989 tauchten plötzlich Rebellen des Leuchtenden Pfads im Reservat auf und suchten nach dessen Leiter, Héctor Galván. Es war bereits der zweite Angriff (beim ersten, im März 1983, hatten sie zwei Beamte der Forstpolizei getötet), doch dieses Mal wollten sie den Leiter enthaupten. »Meist töteten sie die Chefs«, sagte mir Hernán Sosaya, ein anderer Wächter. »Sie ermordeten den Bürgermeister, Gemeindevorsteher, Präsidenten, Gouverneur; und hier war es genauso.« Da sie Galván, der sich als Campesino ausgab, nicht identifizieren konnten, befahlen die Rebellen den Reservatsangestellten, sämtliche Gebäude mit marxistischen Symbolen zu bemalen. »Wir haben alle gemalt«, sagte Reino. »Wir hatten etwa vierzig Dosen rote Farbe im Lagerhaus.«

Ende der 1980er-Jahre konnte man sich kaum an einem schlimmeren Ort befinden als in Pampas Galeras. Während jenes blutigen Jahrzehnts befand sich das Reservat im Zentrum des Konflikts zwischen dem Leuchtenden Pfad und der peruanischen Regierung, jenem Konflikt, der fast siebzigtausend Menschen das Leben kosten sollte.[71] Einst Schauplatz eines der erfolgreichsten Umweltschutzprojekte des zwanzigsten Jahrhunderts, wurde die Puna nun zu einem Friedhof, übersät mit Leichen und Munition. »Wenn der Leuchtende Pfad hier gewesen war, fand man Schädel in den Wassergräben«, sagte Hernán. »Die spielten mit Köpfen Fußball.« Warum die Wachen denn nicht früher von hier weggegangen seien, fragte ich. »Wir nennen die Leute, die mit den Vikunjas arbeiten, *Vicuñeros*«, erklärte Hernán. »Wer diesen Job erst mal angefangen hat, hört zeitlebens nicht mehr damit auf. Wir sprechen vom Zauber der Vikunjas.« Im Spanischen kann eine einfache Endung – *ero* – wiedergeben, dass ein Mensch ein Tier beherrscht: ein *cabrero* hütet Ziegen, *cabras*; ein *caballero* reitet Pferde, *caballos*. Doch der *vicuñero* beherrschte die Vikunjas nicht, sondern beschützte sie, wurde von den Kugeln der Wilderer getroffen und blieb selbst dann noch standhaft, als die Puna mit Blut getränkt war. »Wir waren Liebende – *amantes* – der Vikunjas«, erklärte mir Reino.

Einmal las ich von einem andischen Mythos, in dem es heißt, ein Inka-Herrscher habe ein Dorfmädchen kennenlernen wollen, das von allen

Männern begehrt wurde.⁷² Doch ihre Eltern wollten nicht, dass sie den Inka-Herrscher traf, und so verwandelten sie ihre Tochter in ein Vikunja. Bezaubert von dessen Schönheit, besuchte der Inka-Herrscher es nun jeden Tag, bis das Tier von seiner eifersüchtigen Gattin getötet wurde, die sich aus dem Fell ein Kleid nähen ließ. An diese Geschichte musste ich denken, als ich mit den *Vicuñeros* sprach, die die Vikunjas mit Worten beschrieben, die sonst eher Menschen vorbehalten sind. Vielleicht entsprang diese Liebe dem Wissen, dass Menschen ihr Leben geopfert hatten, um die Vikunjas zu schützen; oder sie hatte mit der unleugbaren Schönheit des Vikunjas zu tun – dessen Augen und dessen Anmut beim Menschen eine Reaktion auslösen wie sonst nur ein domestiziertes Tier –, dazu ausersehen, menschliches Begehren widerzuspiegeln.

Eine Woche nach der Attacke von 1989 gab es einen brutalen nächtlichen Angriff auf das Reservat; die Rebellen beschossen die Gebäude und brannten sie nieder. Jetzt harrte niemand mehr aus. Die Angestellten flohen in die Steppe, auch Galváns Ehefrau Marta, die damals mit dem dritten Kind im achten Monat schwanger war. »Ich floh mit meinen beiden kleinen Töchtern [...] und einem anderen Mädchen auf die Berge zu«, erzählte sie mir. »Es war dunkel, und ich fiel immer wieder hin.« Am folgenden Tag kamen die Sinchi, die Todesschwadronen der Regierung, um die Guerrillas in die Flucht zu schlagen, und sie folterten oder töteten jeden, den sie verdächtigten, in Verbindung zum Leuchtenden Pfad zu stehen.⁷³ »1987 brachten sie meine Mutter und meinen erst dreijährigen Bruder mit Dynamit um«, sagte Hernán. »Wir wissen nicht, wer es getan hat, aber vom Staat bekamen wir nur eine Entschädigung von zehntausend Sol [etwa 3000 Dollar], das war's.« Nach der Ankunft der Sinchis übernahmen Regierungssoldaten das Reservat und schlachteten seine Einrichtungen aus. »Die Vikunjas gerieten ins Visier von Wilderern, weil niemand mehr da war«, sagte Hernán. »Die Puna leerte sich.«

Bei meinem Besuch in Lima oder als ich entsprechende Berichte las, hielt ich den *Chakku* für ein idealistisches Experiment, um unsere Beziehungen zu diesen wild lebenden Tieren auszuloten. Doch je mehr Zeit ich in Pampas Galeras verbrachte, desto klarer wurde mir, dass der *Chakku* mit einer Mullbinde vergleichbar war, unter der die Wunden jener blutigen Jahre heilen konnten, jener Zeit, in der sämtliche Umweltschutzbemühungen früherer Jahrzehnte zum Erliegen gekommen waren. Der *Chakku* war kein utopischer Traum, sondern ein letzter verzweifelter Versuch, diesen wilden Geschöpfen, in denen die Einheimischen nur eine Plage sahen, einen Wert zu verleihen.

»Wer hat den Wilderern damals geholfen?«, fragte Manuel Cabrera, ein pensionierter *Vicuñero*. »Die *Comuneros*! ... Die Jäger haben einem zehn oder zwanzig Sol gegeben [3–6 Dollar dafür, dass man ihnen half]. Die haben damals alles mitgenommen, nur das Fleisch blieb da.«

Fast drei Jahrzehnte nach Guzmáns Gefangennahme ist der *Chakku* nun zum festen Bestandteil des Lebens in der Puna geworden. Als ich dorthin kam, war es vierundzwanzig Wochen her, dass den Campesino-Gemeinden die Verantwortung für die Tiere übertragen worden war, und in dem Reservat, in dem man sonst nur die Schreie der Vikunjas hörte, herrschte reges Treiben: Die Parkangestellten putzten Bäder und Toiletten, füllten Essensvorräte auf und öffneten den Gästen die Schlafsäle – Hunderten von Besuchern, zu denen Politiker, ein südkoreanisches Filmteam, Journalisten und Inka-Fans zählten sowie ein Engländer, der die ihm erwiesene Gastfreundschaft über Gebühr in Anspruch nahm.

Am Morgen des 24. Juni bildeten wir eine kilometerlange Reihe quer durch die Puna und spannten ein Seil mit bunten Plastikwimpeln aus, die in der sanften Brise leise raschelten. Der Tag war so sonnig, dass die Steppe, die ursprünglich so karg gewirkt hatte, plötzlich ihre vielfältigen Texturen offenbarte: die weißen bartartigen Büschel kleiner Kakteen, bekannt als *viejos* (alte Männer); die kreisrunden Kothaufen der Vikunjas. Auf das Kommando der Parkwächter hin setzten wir uns in Bewegung.

Als Junge habe ich in Schottland einmal eine der alljährlich stattfindenden Rotwildjagden miterlebt. Ich trug kratzige geborgte Tweedhosen und folgte zwei Wildhütern, die sich in den Highlands an eine große Herde Rotwild heranpirschten. Dies liegt jetzt über zwanzig Jahre zurück, und ich erinnere mich eigentlich nur noch an die Unannehmlichkeiten: dass man in dichtem Mückennebel durchs Heidekraut kroch und sich auf Kommando ganz still verhalten und mit der Landschaft verschmelzen musste. Hier jedoch streiften wir lärmend in knallbunten Goretex-Klamotten durch die Puna und glichen eher Festivalgästen als Jägern. Wie Betrunkene stolperten wir durch das Grasland und scheuchten seine Bewohner auf: Vikunjas, Viscachas, Füchse und flugunfähige junge Andengänse. Über uns stoben Scharen von Vögeln davon, als erstrecke sich vom Seil nach oben eine bis zu den Wolken reichende Sperre.

Das Vikunja ist für große Höhen wie geschaffen, sein Körper perfekt für den Transport der raren Sauerstoffmoleküle in 4000 Meter Höhe eingerichtet. Sein Herz, dessen Gewicht etwa 0,7 bis 0,9 Prozent des gesamten Körpergewichts ausmacht, ist ungefähr doppelt so groß wie das Herz von Säugetieren vergleichbarer Größe. Dieses kraftvolle Organ pumpt sauerstoffgesättigte elliptische Blutzellen durch ein dichtes Netz aus Kapillaren in die Gliedmaßen. Über solche Vorteile verfügten wir Menschen leider nicht. Je höher wir kamen, desto reizbarer wurden wir, desto mehr brannte die kalte Luft im Hals. Wir krächzten, keuchten und fluchten. Wir stolperten über bärtige Kakteen, Abfälle, Schädel und Wirbel von Kameliden und bekamen von der Landschaft kaum etwas mit. Doch plötzlich tauchte in der Ferne ein muskatnussgroßer Fleck auf, etwa dreißig Vikunjas, die auf uns zustürmten, um eine Lücke in der Seil-Absperrung zu finden. »Schütteln, Schütteln!«, schrien die Parkwärter.

Bei der Annäherung an einzelne Vikunjas war ich mir stets ihrer Fragilität bewusst gewesen, der Zartheit ihrer Glieder und des schlanken Halses, doch jetzt, als die Herde auf uns zurannte, fühlte ich mich selbst fragil. Wir schüttelten das Seil, und die Plastikfähnchen flatterten wie bei einer Politdemo. Das Kollektivum, das Vikunjas bezeichnet, lautet *tropilla*, Kolonne, doch in Pampas Galeras sprachen viele Leute von *olas* – Wellen von Vikunjas. Als ich die Herde jetzt beobachtete, verstand ich, wie gut das Wort passte. Die Tiere brandeten an uns vorbei auf das Gehege zu, und ihre geschmeidigen Leiber schienen zu wogen – während ihr Kopf absolut reglos blieb, bewegte sich ihr Rücken wellenförmig, als werde ein Impuls durch sie hindurchgeleitet. Zu meiner Erleichterung drehten sie rechts von uns ab, folgten dem Seil und liefen wieder auf einen Zaun zu, der in der Ferne ins Gehege führte.

Direkt bei Sardinien und Sant'Antioco, auf der anderen Seite der Lagune, liegt eine weitere kleine Insel, San Pietro, einst berühmt für die dort alljährlich stattfindende Thunfischjagd – die *Mattanza,* das Abschlachten. Bis vor Kurzem fuhren die dortigen Fischer in Booten aufs Meer, um die in Schwärmen vorbeiziehenden Thunfische einzufangen. Die Tiere werden in ein System aus Netzen getrieben, die oft über einen Kilometer lang sind und verschiedene Kammern, *camere,* bilden, dann werden die vollen Netze auf die Boote gezogen. Dieses Bild fällt mir ein, wenn ich daran zurückdenke, wie die Vikunjas sich in dem Gehege hin und her warfen und mit ihren langen Hälsen gegen die Netze stemmten. So wie die Fischer in San Pietro hatten auch wir den Tieren nicht nachgestellt, sie nicht gejagt, sondern sie in die Enge getrieben. Auch hier gab es bedauerlichen »Beifang« – an den Rändern des Geheges sah ich einen Fuchs und zwei Andengänse, die den zierlichen Vikunjabeinen auszuweichen versuchten. Binnen Minuten wirbelte eine kleine Staubwolke auf und verhüllte die Bewegungen der Vikunjas, nur ihr an Holzrauch erinnernder Geruch hing noch in der Luft.

Der spanische Chronist Pedro Cieza de León hatte nicht Garcilaso de la Vegas romantische Bilder vom umweltfreundlichen Verhalten der Inka im Kopf, sondern schrieb: Wenn die wilden Guanakos zusammengetrieben wurden, »betraten manche Indios das Gehege mit *Ayllos* [Lassos], die verwendet werden, um die Beine zu fesseln, und andere, mit Stöcken und Knüppeln bewaffnet, packten die Tiere und töteten sie ... sie [die Guanakos] versuchten zu entkommen, indem sie den Männern ins Gesicht spuckten und wild herumsprangen. Es heißt, es sei ein großartiges Spektakel gewesen – der Lärm, den die Indios beim Einfangen der Tiere machten, und der Anblick, wie die Tiere in alle Richtungen zu fliehen versuchten.«[74] Anders als die Indios, die Pedro Cieza beschreibt, vergießen die Vikunjascherer von Pampas Galeras kein Blut; ihre Aufgabe ist viel anspruchsvoller und differenzierter als bloßes Abschlachten. Das Scheren ist eine uralte Technik, die mindestens bis zur Eisenzeit zurückreicht; allerdings geht es dabei meist um bereits domestizierte Tiere, nicht um Wildtiere, die den Menschen fürchten; ein Vikunja zu scheren, sein Faserkleid zu entfernen, schien ungefähr so sinnvoll, als würde man ein Zebra reiten oder eine Bisonherde hüten.[75]

Fasziniert von der Absurdität dieser Vorstellung, traf ich mich am folgenden Morgen in aller Frühe mit den Männern, die die Schur durchführen würden, und kletterte in einen japanischen Truck. Er war mit Seilen, Metallpflöcken, Elektroscheren und den zwanzig Männern beladen, die sich hinten auf der Ladefläche drängten. Ihr Boss, Canchito, ein wortkarger Mann, ehemals Viehhirte, der eine blaue Baseballkappe und eine große goldene Uhr trug, wandte sich mir zu. »Was für Tiere fangt ihr in eurem Land?«, fragte er. »Hierher kommen von überall Touristen. Die fangen daheim Elefanten, Zebras, andere Kamele. Was fangt ihr?« Aus Sorge, meine Antwort könnte ihn enttäuschen, zog ich es vor zu schweigen.

Wir bogen auf den Pfad, der durch die Puna führt, wurden auf den Holzplanken des Trucks heftig durchgerüttelt und bereuten die Unmengen *Calentito* (der für die Gegend typische Grog aus heißem Wasser, Zitronensaft, Rum und Rohrzucker), die wir am Abend zuvor getrunken hatten. Bei unserer Ankunft wirkten die Vikunjas ruhiger als am Vortag und kreisten gemächlich um den Felsen im Zentrum des Geheges wie eine flüssige zimtbraune Masse. Ich war erleichtert, dass vom Beifang des Vortags, dem Fuchs und den Gänsen, nichts mehr zu sehen war, bemerkte jedoch einen riesigen Anden-Kondor, der über uns kreiste, wohl in der Hoffnung auf Aas.

Einer nach dem anderen betraten die Männer das Gehege und packten die Vikunjas an Schwanz und Hals. Die Tiere bissen um sich, stießen Klagelaute aus, bockten und sträubten sich und schlugen wild mit ihren schlanken Beinen aus. Manche der Männer wurden an den Genitalien getroffen und wälzten sich stöhnend und fluchend im Staub. Wenn Canchito den Tieren die Hand auf den Rücken legte, um die Faserlänge zu messen, hob sich seine goldene Uhr leuchtend vom dunkleren, gedämpften Braun des Vikunjafells ab. War ein Vikunja erst kürzlich geschoren worden oder handelte es sich um ein junges Tier, wurde es sofort freigelassen. Andere wurden an den Rand des Geheges geführt und gegen Räude behandelt, eine von Milben verursachte Hautkrankheit (die es als Krätze auch bei Menschen gibt). Diese Tiere boten einen traurigen Anblick, ihre Bäuche und Lenden waren fast reptilienartig ausgetrocknet und verkrustet. Die Männer drehten sie auf den Rücken und hielten sie fest, während

Norma Bujaico, der Tierarzt der Gemeinde, Bauch und Lenden der Tiere vorsichtig mit zähflüssigem schwarzem Motoröl bestrich, um die Parasiten abzutöten.

Canchitos Hand verschwand im Fell eines im Schwitzkasten fixierten Vikunjas. Reif für die Schur, wurde es von zwei Männern vorwärtsgezerrt und seine steif ausgestreckten Beine mit einem Seil an Metallpflöcke gefesselt. Nun lag das Tier, dessen Kopf durch die eigenen Beine fixiert wurde, wie ein Kadaver am Boden; die einzigen Lebenszeichen waren die blinzelnden Augen, die sich blähenden Nüstern und ein gelegentliches Ächzen. Auf ein Stichwort hin ertönte ein ratterndes Geräusch; der Vikunjascherer erschien und schwenkte ein elektrisches Schurgerät, um den letzten Akt zu vollführen.

Es wirkte eher, als stünde eine Opferung bevor, die rituelle Schlachtung eines wilden Tiers; es hätte mich nicht gewundert, wenn der Mann, der nun das Schurgerät ansetzte, dem Vikunja die Kehle aufgeschlitzt hätte, doch er fuhr nur zügig über den schlanken Körper des Tiers und schöpfte die hauchfeinen Fasern ab wie Schaum. Binnen zwanzig Sekunden war das Vikunja nackt, sein Fell lag in großen luftigen Knäueln aufgehäuft, und auf dem Körper des Tiers zeichneten sich die parallelen Schurlinien wie Trambahnspuren ab. Jetzt wurden die Fasern in eine Plastiktüte geschaufelt, die Seile gelöst, und schon sprang das verstörte Tier auf und lief davon.

Ich hob eine der Tüten auf, entnahm ihr ein Faserknäuel und genoss seinen süßen Duft. Es fühlte sich noch warm an, und ich hätte es am liebsten auseinandergezupft und mir um den Hals gelegt. Als ich die Wolle berührte, begriff ich, warum Europäer und Amerikaner so versessen auf die Vikunjafaser sind und sie mit fast magischen Worten beschreiben. »Sie ist dicht und buschig, extrem fein, seidenweich, wenn man sie berührt; und sie besitzt einen außergewöhnlichen Glanz«, schrieb der bolivianische Intellektuelle Vicente Pazos Kanki.[76] Während die Wolle meine Hände wärmte, überkam mich das Verlangen, das Knäuel heimlich in meinen Rucksack zu stecken, obwohl ich andererseits ein gewisses Unbehagen empfand. Denn im Gegensatz zu Eiderenten oder Caniden mausern beziehungsweise haaren Vikunjas sich ja nicht, sondern behalten ihr Fell das ganze Jahr über als Kälteschutz; fror das Tier jetzt, dessen Fell gerade meine Hand wärmte?

Man hat wissenschaftlich erforscht, was Vikunjas empfinden, wenn man sie zusammentreibt und schert; man hat ihre rektale Temperatur gemessen, Herz- und Atemfrequenz, Kreatinkinasewert und Cortisolkonzentration im Blutserum.[77] Laut Cristian Bonacic, einem chilenischen Ökologen, der in den 1990er-Jahren Richtlinien für die Lebendschur von Kameliden entwickelte, kann das Zusammentreiben und Scheren bei Vikunjas zwar akuten Stress auslösen, doch gibt es bislang kaum Beweise, dass der *Chakku* für eine deutlich höhere Mortalitätsrate verantwortlich wäre: Die Frage, ob der durch den *Chakku* verursachte Stress im akzeptablen Rahmen bleibt, ist eher eine Frage der persönlichen Ethik als eine Frage des Wildtiermanagements.

Ich sah die Vikunjas in der Ferne verschwinden, mit der Puna verschmelzen. Nach der Schur wirken sie hager, ihr angegrauter weißer Brustlatz hängt wie ein Bart herab. Eins der Tiere blieb plötzlich ruckartig stehen, weil es seine Familiengruppe nicht mehr fand. Es drehte sich auf den Hinterbeinen, sprang nach links und nach rechts und suchte den Horizont ab. Diesen stereotypen Bewegungsablauf vollführte es Dutzende Male, wie ein stotternder Sekundenzeiger, ein Aufzieh-Kamelid. Norma versicherte mir, dass die Tiere ihre Familiengruppen schließlich finden und zu ihnen zurückkehren, als sei nichts gewesen, ähnlich dem Verhalten der isländischen Eiderenten.

War der *Chakku* ein sinnvolles Modell? Konnte man Rhinozerossen die Hörner absägen und sie so vor der Ausrottung bewahren? Nach einigen Wochen in der Puna war ich mir da nicht mehr sicher. In einem Interview mit *National Geographic* führt Bonacic aus, dass sich – anders als bei den Rhinozerossen – die Vikunjapopulation in vielen Teilen Südamerikas größtenteils bereits erholt hatte, als der Handel mit ihren Fasern legalisiert wurde; dass der legale Handel mit der Vikunjafaser zu einer Zunahme der Wilderei geführt habe, nicht zu einem Rückgang, und dass es zwischen dem *Chakku* und dem Absägen der Hörner viele Unterschiede gebe, die Vergleiche erschwerten.[78] Als eine für die Fortpflanzung der Rhinozerosse wichtige Waffe dient das Horn einem ganz anderen Zweck als die Faser.

Während die Vikunjaschur ohne Betäubung stattfinden kann, müssen Rhinozerosse sediert werden, bevor man ihnen das Horn mit der Elektrosäge entfernt.

Jedenfalls bezweifeln einige Biologen, obwohl die Zahl der Vikunjas stark zugenommen hat, ob der *Chakku* für diese Tiere wirklich von Vorteil war. Jane Wheeler, eine amerikanische Archäo-Zoologin, die die Evolutionsgeschichte der Kameliden als Erste enträtselt hat, erzählte mir von ihrer Sorge bezüglich der gesundheitlichen und genetischen Folgen des *Chakku*. Jegliche Intervention, vom Zusammentreiben der Tiere bis hin zur obligatorischen Injektion von Antibiotika, gefährde die genetische Vielfalt der Vikunjas und mache sie anfälliger für Krankheiten und die Folgen des Klimawandels. Eine besondere Sorge sind die mittlerweile in Peru weitverbreiteten Zäune und ihre Auswirkungen auf die Sozialstrukturen der Tiere.»[Im Allgemeinen kommt in einer Vikunjagruppe] ein Männchen auf 5–7 Weibchen«, erklärte mir Jane.»Das Männchen vertreibt den Nachwuchs im Alter von 10–11 Monaten. Die männlichen Jungtiere schließen sich Junggesellengruppen an. Die Weibchen gesellen sich zu anderen Familiengruppen, die nicht genetisch verwandt sind. Idealerweise behindert diese Gesamtstruktur die Inzucht und stärkt die genetische Vielfalt, die wiederum die Überlebenschancen erhöht.«

In seinem Werk *Das Variiren der Tiere und Pflanzen im Zustande der Domestikation* spricht Charles Darwin von seiner Bewunderung für den *Chakku* der Inka und nennt ihn den»merkwürdigste[n] Fall von Zuchtwahl bei halbcivilisirten Völkern oder in der Tat bei allen Völkern, die ich aufgeführt gefunden habe«.[79] Wie gute Wildhüter sonderten die Inka, wenn sie die Vikunjas zusammentrieben, die schwächsten Tiere aus und verschonten die stärksten, zum Nutzen der Spezies. Der moderne *Chakku* könnte unterschiedlicher nicht sein. Die Vikunjas wurden zusammengetrieben, in einem Gehege gefangen, wie Schafe geschoren, sie erhielten Injektionen, wurden geölt wie Maschinen, gehandelt wie Vieh – man ging mit ihnen wie mit Nutztieren oder Schutzgütern um. Im Lauf dieser Entwicklung veränderten sich die Tiere allmählich: Schwächere Tiere überlebten, Tiere aus verschiedenen Gruppen wurden gemischt und gekreuzt, und Zäune verfälschten ihr normales Brutverhalten. In manchen Gemeinden explodieren jetzt die Vikunjapopulationen, was die ohnehin durch Versteppung und Klimawandel beanspruchten Habitate noch mehr belastet. »Der reinste Albtraum«, meinte Jane kopfschüttelnd.

Anfang des neunzehnten Jahrhunderts bat Kaiserin Joséphine, die Gemahlin Napoleons, den spanischen König Karl IV., ihr für ihre Residenz in Malmaison eine Kamelidenherde aus Südamerika zu schicken. Ihren Instruktionen gemäß verließen auf einer Fregatte mit dem Ziel Spanien sechsunddreißig Tiere Buenos Aires. Die Reise gestaltete sich von Anfang an schwierig. Während der Überfahrt wurde die Fregatte vermutlich von den Briten attackiert, und ein Teil der Nahrungs- und Futtervorräte ging verloren. »[Die Tiere] wurden dann mit Kartoffeln, löffelweise auch Mais, Heu und Kleie gefüttert«, berichtete Don Francisco de Theran, ein Spanier, der sich später um die Vikunjas kümmerte.[80] »Solange sie noch Kartoffeln hatten, ging es ihnen sehr gut; doch als dieses Futter zur Neige ging, wurden sie krank, und viele von ihnen starben.«

In den Jahrhunderten nach der Eroberung brachten die Spanier Schweine, Schafe und Pferde in die Neue Welt und verdrängten Herden von Kameliden, die sie für minderwertig hielten.[81] Es entzückte mich, dass die Kaiserin dies umgekehrt und diese seltsamen Tiere nach Europa geholt hatte, die sie als *ovejas peruanas* oder »peruanische Schafe« bezeichneten.[82] Als die Fregatte schließlich in Cádiz eintraf, hatten nur sieben der sechsunddreißig Kameliden überlebt, von denen mindestens zwei Vikunjas waren. Es kam noch schlimmer; nachdem die ausgehungerten Kameliden in Spanien angekommen waren, standen sie dort im Zentrum einer veritablen politischen Krise.

Wie der schottische Zoologe James Rennie berichtet, trafen sie genau zu Beginn der Erhebung des spanischen Volks ein, das sich gegen Manuel de Godoy wandte – den Mann, der die Ankunft der Kameliden ausgehandelt hatte. »Aus Hass gegen ihren früheren Minister«, schreibt Rennie, »stand die Bevölkerung kurz davor, die Lamas ins Meer zu werfen.«[83] Doch anscheinend wurde keines der Kameliden in den Atlantik gestoßen; stattdessen wurden sie durch den Gouverneur von Cádiz gerettet und Don Francisco de Theran anvertraut, dem Leiter eines Akklimatisationsgartens in der Stadt Sanlúcar de Barrameda. Theran, der sich für exotische Arten begeisterte, schloss die Tiere ins Herz, dokumentierte ihre Gewohnheiten und ließ sich sogar einen Hut aus Kamelidenfasern machen.[84] Von ihm versorgt, lebten die Tiere offenbar in dem Garten, bis sie später, während der französischen Besetzung Andalusiens, dem Schutz von Napoleons Generalmarschall Soult unterstellt wurden. Bedenkt man die raue Überfahrt, die politische Instabilität in Cádiz und die Unruhen der französischen Besatzung, nimmt es nicht wunder, dass Kaiserin Joséphines Experiment kein gutes Ende fand. Wie ein späterer Beobachter berichtet, verendeten die Kameliden binnen drei Jahren, ohne Nachwuchs zu hinterlassen.[85] Doch Theran glaubte, dass die Episode einen wichtigen Präzedenzfall darstellte. »Nach dem Experiment ...«, schrieb er, »bin ich überzeugt, dass die Aneignung des Vikunjas als Haustier zu den interessantesten Eroberungen zählen wird, die Fleiß und Geduld dem Tierreich abgerungen haben.«[86] Während des nächsten Jahrhunderts sollte die »Aneignung des Vikunjas«, wie Theran es formulierte, bei gewissen Europäern zur Obsession werden. Entzückt von der seidig weichen Wolle der Tiere, schrieben sie über diese Aneignung wie über einen Preis, den es zu erringen, einen Gipfel, den es zu erobern, oder einen Pol, den es zu erreichen galt. Solange die Vikunjas kontrolliert und in Gefangenschaft gezüchtet werden konnten, war man sich ihrer kostbaren Wolle gewiss. Der ehrgeizigste Befürworter der Domestizierung, war ein britischer Journalist namens William Walton. Anfang des achtzehnten Jahrhunderts schlug Walton folgenden Plan vor: Die »Indios« Südamerikas sollten die Vikunjas züchten und dafür von der *mita*, der spanischen Grundsteuer, verschont bleiben.[87] Walton stellte sich vor, die Vikunjas könnten nach Europa gebracht werden und hier eine neue Industrie begründen. »Die Berge von Wales«, schrieb er, »und die von Cumberland, wo es reichlich Moos gibt, würden ein passendes Klima darstellen, so gut wie fast alles unbewaldete Hügelland an unseren nördlichen Meeresküsten.«[88] Aus den Berichten von Männern wie Theran oder Walton spricht große Zuversicht, dass man die Vikunjas zähmen könnte. »Es ist eine Tatsache« schrieb Walton, »was durch uns selbst bewiesen wird, dass das Vikunja, wenn man es jung bekommt, gezähmt und domestiziert werden kann, dergestalt, dass es mit

Menschen in einem Cottage lebt und den Kindern als Spielgefährte dienen kann.«[89] Doch die von Walton imaginierten Szenen sollten nie Wirklichkeit werden; weder zähmten »Indios« in Peru das Vikunja; noch zogen Herden von Vikunjas durch die Alpen, Pyrenäen oder über englische Wiesen. Obwohl zumindest junge Vikunjas gezähmt werden können, ist es in den letzten Jahrhunderten niemandem gelungen, sie in Gefangenschaft zu züchten, es sei denn, sie wurden mit Alpakas gekreuzt.[90] In den 1950er-Jahren waren dann viele Forscher zu dem Schluss gelangt, dass den Vikunjas, wie auch den Zebras, ein Zustand »fortwährender Wildheit« bestimmt ist.[91]

Als ich Canchito und seinen Männern beim Einfangen der Vikunjas zusah, konnte ich nachvollziehen, warum so viele Leute glaubten, dass den Vikunjas ein anderer Weg als uns bestimmt sei und unsere Bahnen sich niemals kreuzen würden. Und doch erwies sich der Glaube, man könne Vikunjas nicht domestizieren, später als höchst fragwürdig.[92] In den 1980er-Jahren untersuchte Jane Wheeler etwa eine Tonne Knochen von Kameliden und Rothirschen aus der Telarmachay-Höhle in den Zentralanden, die achttausend Jahre lang von Menschen bewohnt worden war. Wheeler verglich diese Knochen mit heutigen Kameliden und schloss, dass die menschlichen Bewohner der Halbhöhle die Vikunjas vor sechs- bis siebentausend Jahren tatsächlich domestiziert hatten und dass dabei schließlich das heutige Alpaka entstand, eine der beiden domestizierten Kamelformen Südamerikas; Wheelers Befund wurde später durch eine DNA-Analyse bestätigt.[93]

Wheelers Forschung widerlegte die weitverbreitete Ansicht, präkolumbianische Völker seien zur Domestizierung der Vikunjas nicht imstande gewesen oder hätten kein Interesse daran gehabt: Wheeler bewies, dass die Männer und Frauen, die in der Telarmachay-Höhle gelebt hatten, bereits Tausende von Jahren vor der Ankunft der Spanier etwas erreicht hatten, was dem »modernen« Menschen versagt geblieben war. »Niemand wollte es glauben«, sagte Jane Wheeler. »Die Menschen neigen zu der Ansicht, Eingeborene, ›Indios‹, seien zur Domestizierung von Vikunjas oder Guanakos nicht fähig gewesen [...] Die denken also, wenn wir – moderne Menschen, mit unserem Kenntnisstand, unserer Wissenschaft – die Vikunjas nicht domestizieren können, wie sollen es dann diese ›dummen unwissenden Indios‹ geschafft haben.«

Ich fand Wheelers Forschung sehr schlüssig, ihre ernsten Fragen zum Thema Fortschritt und Technologie und unserer Vertrautheit mit der Natur. Anders als die Menschen, die heutzutage Vikunjas einfangen, waren die Männer und Frauen von Telarmachay den Vikunjas gefolgt, als die Gletscher zurückwichen, sie hatten die Tiere gejagt und von ihrem Fleisch gelebt. »Um erfolgreich jagen zu können«, erklärte mir Wheeler, »muss man sich genau mit einem Tier befassen, muss wissen, wie es sich anpasst; man muss alles über dieses Tier wissen: wo man es findet, wie viele männliche und weibliche Tiere es gibt und so weiter – das setzt sehr fundierte Kenntnisse voraus.«

Ich rechnete all die Ansprüche zusammen, die sich auf den Leibern dieser Vikunjas türmten: Die *comunidad* und die Textilfirmen wollten ihre Fasern, einen Rohstoff, aus dem sich Profit schlagen ließ; die Politiker brauchten sie als nationalistisches Requisit, um abgelegene Kommunen an den Staat zu binden; die Touristen suchten die Begegnung mit einem Wildtier. Und auch ich wollte etwas von den Vikunjas, nämlich meine Geschichte, ein weiteres Objekt. Wir waren wie Gläubiger, die Schlange standen und auf ihr »Pfund Fleisch« von diesen wilden Geschöpfen warteten, ihre Schulden eintrieben, den Preis für ihre Wildheit. Es floss kein Blut, sie wurden nicht geschlachtet, nicht erlegt, und doch hatte ich das Gefühl, als sei in Pampas Galeras etwas geopfert worden. Meine Sorge war, dass die Vikunjas – die uns ein Naturschauspiel bieten, als ein Nationalsymbol und Wolllieferanten herhalten mussten – unter dem Gewicht unserer konkurrierenden Begehrlichkeiten zusammenbrechen könnten. Und doch zeigten all diese Ansprüche auch, dass es den Vikunjas gelungen war, sich zu behaupten, obwohl diese Welt von einer Spezies beherrscht wird, die die Natur allmählich zerstört. Sich selbst überlassen, hätten sie vielleicht das Schicksal der Guanakos, ihrer wild lebenden Verwandten, geteilt, deren Bestand in Peru heutzutage akut gefährdet ist.[94]

Derlei Fragen spielten keine große Rolle im Leben der Vikunjascherer, die ganz in der Gegenwart lebten und nur die Bedürfnisse ihrer Familien im Blick hatten. Ich hatte viel von der Armut in Ayacucho, Perus ärmster Provinz, gehört, doch erst als ich die Schuhe der Vikunjascherer sah, nahmen die abstrakten Einkommenszahlen konkret Gestalt an. Die Männer trugen meist alte Turnschuhe und Armeestiefel, zerschlissen und voller Löcher. Nach der Schur setzen sie sich neben das Gehege, erschöpft nach zwei Arbeitstagen in dieser Höhe, und tranken Bier. Das Bieraroma mischte sich mit dem rauchigen Geruch der Wolle. Feierlich ließen die Männer einen Plastikbecher herumgehen, wie bei einer Zeremonie, während der Leiter des *Chakku*, ein ehemaliger Unteroffizier der peruanischen Armee, sie mit ein paar abgedroschenen Scherzen unterhielt. »Acht Weibchen auf jedes Männchen!«, grölte er. »Verdammt, ein Vikunja müsste man sein!«

Zwischen dem Reservat und dem Bestimmungsort der Wolle, dem Unternehmen Loro Piana im norditalienischen Roccapietra, liegt eine Reise von mehreren Tausend Kilometern. Zuerst werden die Fasern nach Lucanas gebracht, einer kleinen Stadt weiter nördlich an der kurvenreichen Straße nach Cuzco. In Lucanas wird die Wolle gereinigt, das lange Deckhaar vom Wollhaar getrennt, ein Arbeitsgang, der von einheimischen Frauen durchgeführt wird; dann wird die Wolle gewogen, schließlich unter bewaffneter Begleitung nach Lima in ein Lagerhaus gebracht und dann dem Modeunternehmen Loro Piana übergeben, exklusiver Abnehmer aller von der Gemeinde produzierten Fasern. Es heißt ja oft, dass die Konsumenten kaum etwas über die Ursprünge der gekauften Produkte wissen, dies trifft umgekehrt aber genauso zu: Die Vikunjascherer hatten keine Vorstellung vom Endpreis der verarbeiteten Faser und kannten nur den Veräußerungswert der Rohwolle. Bei jedem Fertigungsschritt verliert die Faser an Gewicht und gewinnt an Wert, sodass Fasern im Wert von ursprünglich 200 Dollar am Ende der Reise in Läden in New York, London und Mailand dann 10 000 Dollar wert sind.[95] Wenn die Faser in die Läden gelangt und Models statt Vikunjas schmückt, riecht sie nicht mehr nach Rauch und Tier und besteht nur noch aus dem feinen Unterhaar, ohne das Deckhaar; dessen grobe Beschaffenheit ist einer seidenweichen Textur gewichen, und das darf man angesichts des Preises auch erwarten: Loro Piana bietet einen Vikunjaparka für 26 495 Dollar an.[96] Ich begleitete die Faser auf der ersten Etappe ihrer Reise, indem ich mit dem *Combi* nach Lucanas fuhr. Mir graut immer davor, in diesen Kleintransportern zu sitzen, neben einen Campesino, ein Huhn oder ein Kind gezwängt. Hier, in über 4000 Meter Höhe, kriechen die *Combis* ächzend die steilen, gewundenen Straßen hinauf, winzig klein im Vergleich zu den 10-Tonnen-Trucks aus Cuzco und Lima, deren Fahrer (wie ich aus eigener Anschauung wusste), nur von ein paar Stunden Schlaf, Kokablättern und der melancholischen Musik Ayacuchos leben. Kein Wunder, dass die Einheimischen sich während der Fahrt bekreuzigen, immer wieder zum obligatorischen Rosenkranz hinblicken (der am Rückspiegel hängt und je nach Steigung in eine andere Schieflage gerät), und dass überall am Straßenrand niedergelegte Blumen und Bildstöcke an verunglückte Menschen erinnern.

Ich ließ meinen Blick lieber in die Ferne schweifen, in der Hoffnung, ein Guanako zu entdecken. Man erspäht diese scheuen Tiere nur selten, trotz ihrer Größe, denn im Gegensatz zu den Vikunjas gibt es in ganz Peru nur wenige Tausend Guanakos. Auf der Fahrt nach Lucanas sah ich jedenfalls kein einziges, aber wenigstens lenkte mich das Ausschauhalten von meiner Angst ab. Als es dann Richtung Lucanas endlich wieder bergab ging, ließen meine Kopfschmerzen nach, das Zittern legte sich, ich sah wieder Eukalyptusbäume und Vieh. Mitten in Lucanas stieg ich aus dem *Combi,* passierte *Comedores,* Lehmziegelhäuser, eine Kirche mit einem Wellblechdach, ein Museum mit Artefakten aus der Prä-Inka-Zeit und eine Schule und blieb schließlich vor einem Betonmonument stehen, dessen Inschrift teilweise abgeblättert war. Sie lautete: »Willkommen in der Hauptstadt des Vikunjas«.

Die Einwohner von Lucanas identifizieren sich mit dem Volk der Lucanas oder Rucanas, deren zerfallene Behausungen den Berg übersäen, von dem man auf die Stadt blickt.[97] Von den Einwohnern Lucanas', das von den Inka vermutlich Ende des fünfzehnten Jahrhunderts erobert wurde, heißt es in spanischen Chroniken, sie hätten dem Inka-Herrscher als Sänftenträger gedient und seien für ihre »gleichmäßige Gangart« und hellblaue Tracht bekannt gewesen. Als die Spanier kamen, wurden die Einwohner der Stadt wie alle Gruppen innerhalb des Inka-Reichs in *Encomiendas* aufgeteilt und gezwungen, Abgaben zu leisten. Es gilt dasselbe wie für den *Chakku*, dass nämlich die Geschichte dieses Orts kaum noch zu rekonstruieren ist, obwohl man in Pulapuco, den antiken Ruinen oberhalb der Stadt, die für die heutigen Bewohner große symbolische Bedeutung haben, etwas vom Leben der Lucanas erahnen kann.

Selbst die jüngere Geschichte des Orts Lucanas ist schwer zu rekonstruieren, wenn auch aus anderen Gründen. An Allerseelen 1987 fielen die Rebellen des Leuchtenden Pfads über Lucanas her, brannten Geschäfte nieder und ermordeten zahlreiche Einwohner. »Am Morgen sahen wir überall Leichen in Lucanas«, sagte José Héctor Quispe Mitma, der Bürgermeister der Stadt, der damals zwölf Jahre alt war. Kurz darauf, sagte er, habe die peruanische Regierung die Armee und die Todesschwadronen der Sinchis nach Lucanas gesandt, um Guzmáns Guerillatruppe zu vernichten. »Viele Menschen zogen nach Westen«, sagte Héctor. »Lucanas war praktisch ein Friedhof.« Es habe Jahre gedauert, sagte er, bis die ländlichen Gemeinden, die *Rondas Campesinas,* endlich die Rebellen vertrieben hatten.

Im Gegensatz zu Pampas Galeras sieht man in Lucanas weder Einschusslöcher noch die Umrisse marxistischer Symbole, aber die Wunden in diesem Ort wirken noch frisch, die Gräber wie eben erst ausgehoben. Bei meinem ersten Besuch saßen die Einwohner gebannt vor ihren alten Fernsehgeräten – auf den Bildschirmen flackerten Bilder, die die entsetzten Einwohner von Paris zeigten. Es war die Woche des Bataclan-Anschlags in Frankreich, und man sah Aufnahmen von der Schießerei in der Konzerthalle. In Lucanas wussten nur wenige Menschen, wo Frankreich liegt, und verstanden weder die Sprache der Opfer noch die Motive der Attentäter, aber sie begriffen die essenzielle Bedeutung von Terror. Trotz einer weitverbreiteten Untersuchung des peruanischen Konflikts 2003 warten in Lucanas bis heute viele Menschen auf staatliche Entschädigung und auf ein Standardschreiben, das die Ermordung oder Verstümmelung eines Familienmitglieds bestätigen würde.

Obwohl also die Zentralregierung noch nicht allen Ansprüchen gerecht geworden ist, bot sie der Gemeinde Lucanas etwas anderes an: das Nutzungsrecht an den Vikunjas. Vor 1991 hatte in Lucanas niemand die Vikunjas als natürliche Ressource betrachtet; die Kameliden waren höchstens lästig, weil sie mit dem Nutzvieh im Reservat konkurrierten. Doch jetzt, durch einen Federstrich Fujimoris, hatte sich unedles Metall in Gold verwandelt, und Pampas Galeras, Heimat einer riesigen Vikunjapopulation, barg die Verheißungen einer neu entdeckten Goldmine. In Goldrauschstädten findet man manchmal Hinweise auf den Reichtum, der aus der Erde geholt wurde: imposante Stadthäuser, gut besuchte Kneipen oder gut gekleidete Menschen. Doch als ich über Lucanas' Hauptplatz ging, deutete nichts auf Reichtum hin, auf die Banknotenbündel, die Fujimori 1991 aus einem Hubschrauber geworfen hatte. Die Häuser aus Betonschalsteinen, der staubige ungepflasterte Platz, die kleinen Lokale, wo man Truckern Hühnerfußsuppe servierte, die kleinen Läden, die alle die gleiche Auswahl einheimischer Waren anboten, all dies sprach eher von Armut als vom Überfluss einer Boomtown. Viele Einwohner leben immer noch ohne Elektrizität und fließendes Wasser, schlafen unter groben Ponchos aus Schafwolle, nicht aus Vikunjafaser.

»15–20 Jahre Produktion«, sagte mir Martínez, als wir uns in seinem Haus trafen, einem eleganten lindgrünen Gebäude direkt an der Hauptstraße. »Was gibt es schon in Lucanas? Also ganz konkret? Sie haben ja schon das Büro gesehen, die Schulhalle, den Traktor und zwei schwere Maschinen ... Das ist alles. Sonst gibt es hier nichts.« Seit dem Start des *Chaccu* 1990 ist Lucanas einer der größten Faserproduzenten Perus. Der Ertrag beläuft sich auf 200 bis 700 Kilo pro Jahr, mit Preisen zwischen 200 Dollar und 500 Dollar pro Kilo.[98] »Das Geld wurde nie an die *Comuneros* verteilt. Nur einmal vielleicht, vor sechs oder sieben Jahren. Da bekam jeder *Comunero* 100 Dollar, das war's. Geld erhielten die Gemeinden damals nur fürs Schlachten«, sagte Martínez mit Bezug auf Bracks Initiative in den 1980er-Jahren.

In meinem alten Job als Finanzermittler ging es darum herauszufinden, wohin bei großen Transaktionen Geld geflossen war. Ich habe E-Mails, Kontoauszüge und Befragungsniederschriften überprüft, auf der

Suche nach einem erhellenden Hinweis, einer Kontonummer oder einem Namen auf einem Dokument. Hatte ich die Lösung gefunden, überlief mich jedes Mal ein euphorischer Schauer. Doch in Lucanas fand ich keine solche Lösung. Jeder in der Stadt hatte seine eigene Vermutung darüber, wohin das Geld geflossen sein könnte und warum die Vikunjas dem Ort nicht zu Wohlstand verholfen hatten, jeder machte andere Faktoren dafür verantwortlich: die internationalen Modefirmen, die für die Wolle keine fairen Preise zahlten; die Wilderer, die die Vikunjas töteten; die hohen Investitionskosten für die Zäune; die Zwischenhändler in der Lieferkette; Zinszahlungen auf Kredite, die die Gemeinde aufgenommen hatte; Korruption oder einfach Diebstahl. Niemand, so schien es, wusste irgendetwas Konkretes, und eigentlich stand nur eines fest – dass der durch die goldene Faser verheißene Wohlstand sich als »*espejismo*«, Fata Morgana, erwiesen hatte.[99]

Seit Beginn des *Chakku* wurde der Verkauf der Faser durch eine Vereinigung namens Sociedad Nacional de la Vicuña (SNV) gemanagt, die nationale Vikunja-Gesellschaft.[100] Gegen eine Abgabe vonseiten der Faserproduzenten handelte die SNV den Verkauf der Faser an internationale Firmen wie Loro Piana aus. Theoretisch war diese Aufgabenverteilung für die Gemeinden sinnvoll, weil es ihre Verhandlungsposition auf dem internationalen Markt stärkte. Bei Handelswaren von Wolle bis Öl erfüllen Wirtschaftsverbände einen ganz ähnlichen Zweck.

Doch in der Praxis stand die SNV vor Problemen: Die Gemeinden beschwerten sich darüber, dass fällige Zahlungen ausblieben. Nachdem sich die SNV 2004 aufgelöst hatte, verhandelten die einzelnen Gemeinden jetzt direkt oder über Zwischenhändler mit internationalen Firmen.

Martínez gab den Gemeinden die Schuld. »Es existiert kein geeignetes Management«, sagte er. »Wenn Sie zu den Versammlungen in Lucanas gehen, werden Sie erleben, wie sich die Klingen kreuzen.« Auf seinen Vorschlag hin nahm ich ein paar Stunden an einem Meeting teil, bei dem die *Comuneros* über die Bedingungen eines Vertrags mit Loro Piana berieten. Anfangs herrschte noch eine recht freundliche Atmosphäre, doch binnen einer halben Stunde schrien sich alle an, es hagelte gegenseitige Vorwürfe, und das Vikunja wurde zum Blitzableiter für alle Missstände, Treulosigkeiten und Neidereien.»Früher habe ich mich als Kommunitarist gesehen«, erzählte mir Martínez.»Heute sage ich: ›Entweder ihr ändert euch, oder es wird euch irgendwann nicht mehr geben.‹ ... So wie die Kommunen jetzt sind, wäre es wirklich nicht schade um sie.«

Da Altiplano und Puna außer den Erzbauminen wirtschaftlich wenig Interessantes zu bieten haben, bleibt das Gebiet weitgehend vom Zugang zu den Märkten ausgeschlossen.[101] Martínez sah die Geschichte der Vikunjas als Teil dieser Geschichte der Isolation. Verwurzelt in der Vergangenheit, im Lebensrhythmus der rein auf Selbstversorgung ausgerichteten Subsistenzwirtschaft, hatten sich die Kommunen weder den mit dieser hochwertigen Ressource verknüpften Anforderungen noch dem Kapitalzufluss gewachsen gezeigt. Martínez, der auch im Meeting saß, klärte seine Nachbarn auf, welche Möglichkeiten internationalen Firmen zur Verfügung standen.»Die haben Steuerberater, die haben Rechtsanwälte!«, brüllte er sie wie Schüler an. Er drängte sie, die Strukturen der Comuneros aufzubrechen, private Firmen zu gründen und einheimische Produkte zu verkaufen, von Eukalyptus über Käse bis zur Vikunjafaser.»Ich sage ihnen [der Gemeinde], dass sie sich weiterentwickeln müssen oder untergehen werden.«

Martínez war der Ansicht, Geschichte verlaufe linear, sei eine Entwicklung vom Primitiven oder»Idiosynkratischen« hin zu den modernen Instrumenten des Kapitalismus. So wie man von Zäunen, Pferchen oder Elektroscheren spricht, sprach er vom Kapitalismus als einer Technologie, der einzigen Möglichkeit für Lucanas, sich zu entwickeln.»Ich muss zugeben, der Kapitalismus hat durchaus seine Instrumente – und genau die greifen hier ... Meine romantische Ader sagt mir, dass auf den Kapitalismus der Sozialismus folgt, aber erst dann, wenn die Menschheit sich verändert.« Ich hörte aber auch andere Geschichten. Für manche Einwohner von Lucanas war Martínez kein Prophet, sondern einfach nur ein Ingenieur, der die Gegebenheiten seinen eigenen kommerziellen Interessen angepasst und den Wohlstand seit den 1990er-Jahren – als er seinen Job bei dem staatlichen Regulierungsorgan CONACS verlor – eher konzentriert als verteilt hatte.

»Als ich CONACS verließ, war das eine sehr schlimme Zeit für mich«, erinnerte er sich. »Ich hatte einen kleinen Betrieb mit Jakobsmuscheln … im Paracas National Reserve. Eines Tages starben mir alle Muscheln weg; das gesamte investierte Kapital war verloren, ein großes Problem.« Er machte eine Scheidung durch und musste Alimente für seinen Sohn bezahlen, der damals noch zur Schule ging. »Ich kam nach Lucanas und bot [der Gemeinde] meine Dienste an. Ich hätte nicht mal besonders viel verlangt.« Doch die Gemeinde lehnte ab, und so gründete er seine eigene Firma, Almar, die zum größten Zwischenhändler auf dem Fasermarkt wurde und das Monopol der SNV aushöhlte, bevor diese sich dann endgültig auflöste. »Als ich wieder ein bisschen Kapital beisammenhatte, begann ich Fasern zu kaufen.« Heute zählt Martínez zu den größten Playern auf dem Fasermarkt. Seit der Gründung seiner Firma hat er seine Aktivitäten gestreut, repräsentiert Loro Piana in Peru, handelt Fasern auf eigene Rechnung und trifft mit lokalen Kommunen Production Sharing Agreements. Vielseitig, rastlos und flexibel schien er mit allen und jedem zusammenzuarbeiten – nur nicht mit der Gemeinde, in der er aufgewachsen war. Als ich ihn zu Hause besuchte, wirkte er erschöpft, hatte Tränensäcke unter den Augen. Er verteilte gerade Bargeld an seine Scherer, junge Männer aus Lucanas, die von Ort zu Ort fahren, um Vikunjas zu scheren. Wenn Martínez durch Lucanas ging – Blazer, elegante Schuhe, frisch gebügeltes weißes Hemd –, wirkte er in seinem vom Marxismus geprägten Heimatort wie ein Fremder. So unterschiedlich die Menschen hier über die Marktwirtschaft dachten, so geteilt waren auch die Meinungen über Martínez und reichten von Bewunderung bis hin zu Misstrauen. »Entweder man hasst mich oder man liebt mich«, meinte Martínez demonstrativ gleichgültig. Da er die Auseinandersetzungen leid ist, meidet er jetzt den *Chakku* der Gemeinde, das Ereignis, das er selbst mit ins Leben gerufen hat.

Es war nicht leicht, Martínez' Geschichte aufzudröseln, all die Behauptungen und Gegenbehauptungen, die endlosen Vorwürfe und Beleidigungen. Doch eines stand außer Frage: der freie Markt hatte im Vikunjahandel triumphiert und die alten genossenschaftlichen Strukturen, die das Leben in Lucanas einst geprägt hatten, infrage gestellt.[102] Während staatliche oder halbstaatliche Organe wie SNV und CONACS sich aufgelöst hatten, entwickelte sich Martínez' Firma so erfolgreich, dass sie inzwischen einen Großteil des Handels mit peruanischen Fasern kontrolliert. Im Jahr 2000 unterzeichnete die peruanische Regierung ein Gesetz, das Dekret 053, das es nun auch privaten Landbesitzern erlaubte, ihre Vikunjas zu scheren, so wie es die Campesino-Gemeinden taten. Die Schur ist längst keine Campesino-Tradition mehr, denn jetzt besitzt jeder das Schurrecht, der bereit ist, in Peru Land zu kaufen. Und tatsächlich erwarb die Firma Loro Piana im Jahr 2008 Grundbesitz und hat so das Recht, Vikunjas zu scheren, ganz ohne die Mithilfe der Gemeinden, auf die sie in der Vergangenheit einmal angewiesen war.

In seinem Essay über Inka-Kleidung erwähnt der Historiker John Murra, dass die Inka jedes Mal, wenn sie ein Volk bezwangen, die Besiegten mit Stoffen beschenkten. Die Chronisten sahen dies als Beweis für die Großzügigkeit der Inka, ihren »Feldzug der friedlichen Infiltration«, doch Murra beurteilte diese Geschenke anders: »Das obligatorische Verteilen begehrter Kulturgüter, in einer geldlosen Gesellschaft mit relativ kleinen Märkten, kann als erster Schritt zur Ankurbelung eines Abhängigkeitsverhältnisses gewertet werden, da die ›Großzügigkeit‹ des Eroberers zur Gegenleistung verpflichtete, also dazu, regelmäßig eigene handwerkliche Erzeugnisse an die Lagerhäuser in Cusco zu liefern.«[103] Vielleicht hatte Fujimoris Vikunjageschenk etwas mit dem Geschenk der Inka gemeinsam. Mit dem Schurrecht, anfangs als Akt der Großmut betrachtet, hielt heimlich der Neoliberalismus Einzug und höhlte unbemerkt die kommunalen oder genossenschaftlichen Strukturen aus.[104] »Ganz klar, das Vikunja wurde privatisiert«, sagte mir Martínez.

Eines Tages wird die Vikunjafaser womöglich jedem anderen Agrarrohstoff gleichen: Bereits jetzt produzieren private Großgrundbesitzer, die von Skaleneffekten profitieren, in Peru die meisten Fasern. Martínez prophezeit, der traditionelle *Chakku* werde vermutlich verschwinden und durch spezialisierte Scherer-Teams ersetzt werden, die eine viel größere Anzahl von Tieren bewältigen. Die einzige Barriere, die der Marktkonsolidierung noch im Wege steht, ist das Verbot des Handels mit Jungtieren, aber Martínez hofft, dass dieses Verbot aufgehoben wird, um die Produktionseffizienz zu steigern. Aber das kümmert in Lucanas ohnehin kaum noch jemanden. »Niemand lebt mehr für die Landwirtschaft; niemand lebt mehr für das Vikunja«, sagte mir der pensionierte *Vicunero* Manuel Cabrera. »Der Bergbau ist attraktiver. In fünfzehn Tagen kann man in der Mine so viel verdienen wie das, was die Gemeinde [durch den *Chakku*] verdient.«

Ich ging den Hügel hinauf, der über die Stadt blickt, und erreichte Pulapuco, die präkolumbianische Siedlung der Lucanas. Ich durchstreifte die Steinruinen, die Spuren dieser antiken Siedlung, die ins Inkareich integriert worden war. Es wurde Abend; die Sonne ging unter und tauchte die Wellblechdächer in glühendes Rot. Jetzt kamen die Vikunjas in den höheren Lagen von Pampas Galeras zur Ruhe. So wie sich die Stadt sichtlich verändert und ihre landwirtschaftlichen Strukturen nun von Marktstrukturen abgelöst werden, so verändern sich auch die Vikunjas, fast unbemerkt. Vielleicht werden ihre Fasern allmählich dicker, wie damals bei ihren domestizierten Verwandten in der Telarmachay-Höhle. Vielleicht werden auch wir eines Tages das Vikunja domestizieren und damit einen bereits vor Jahrtausenden vollzogenen Prozess wiederholen – nicht weil wir Wärme oder Nahrung brauchen, sondern wegen unserer seltsamen Beziehung zur Natur und den Stoffen, die sie uns schenkt.

TAGUA

Bevor ich Peru verließ, schenkte mir einer der Scherer ein winziges Büschel Vikunjafasern, etwa von der Größe einer Münze, nur einen Bruchteil so groß wie das Eiderdaunenknäuel des isländischen Pastors. Es wog nichts und lag doch schwer in meinem Rucksack. Denn ohne Genehmigung Rohfasern aus Peru auszuführen ist illegal; dies soll den Export der Wolle toter Tiere verhindern, galt für mein vom lebenden Tier stammendes Büschel aber ebenso wie für eine von Wildererkugeln durchsiebte Tierhaut.[1] Während ich mit dem Faserbüschel in meiner Hand spielte, überlegte ich hin und her, ob ich es in meinen Koffer legen sollte oder nicht, denn die Färbung und Textur der Wolle, die Assoziation mit den Vikunjas und ihrem *encanto*, ihrem Zauber, beeinträchtigten offenbar mein Denkvermögen.

Obwohl das Faserbüschel jetzt nicht hier in meiner Vitrine liegt, brauchte ich nach meiner Rückkehr nach Großbritannien kein Souvenir, um mich an die Vikunjas zu erinnern. Denn im April 2017 las ich in der Zeitung, Südafrikas Verfassungsgericht habe ein Moratorium für den Binnenhandel mit Rhinozeroshorn aufgehoben.[2] Innerhalb weniger Monate organisierte der südafrikanische Nashornzüchter John Hume die erste legale Auktion von Hörnern, die von seinen domestizierten Herden stammten. »Nie wieder muss ein Rhinozeros wegen seines Horns sterben«, erklärte er.[3] »Nie wieder wird das Angebot ausschließlich von toten Nashörnern stammen. Von diesem Tag an werden lebende Nashörner genauso wertvoll sein wie tote Tiere.« Es gab heftigen Widerspruch von Umweltschutzgruppen, die argumentierten, dass die Legalisierung eher noch eine Zunahme der Wilderei bewirken würde.

Nachdem ich so viel Zeit in der Puna verbracht hatte, bedrückte auch mich diese Entwicklung, und Chiara Vigos *Non si vende, non si compra* war mir lieber als *Ein geschorenes Vikunja ist ein gerettetes Vikunja*. Oder wie Felipe Benavides es in den 1950er-Jahren formuliert hätte: »Rhinozeroshorn sieht immer noch am besten an einem Rhinozeros aus.« Und doch faszinierte es mich irgendwie, dass dieses illegale Gut nun verfügbar war. Wann immer ich alte englische Landhäuser besuchte, fand ich auf Billardtischen Kugeln aus Elfenbein, deren Farbe im Lauf der Jahre verblasst war. Es hat etwas Obszönes, dass Billiard, ein belangloses Spiel, den Tod eines Elefanten erfordert, andererseits waren diese Elfenbeinkugeln unglaublich schön und fühlten sich gut an. Wie unter Zwang berührte ich sie heimlich, balancierte sie in meiner Hand und hatte hinterher ein schlechtes Gewissen. Irgendwie schämte ich mich, und so nahm ich Zuflucht zu einem anderen Rohstoff, der mein Verlangen nach der Textur von Elfenbein befriedigte.

Mitte des neunzehnten Jahrhunderts fand sich im Adressbuch der Stadt Portland, Maine, eine Anzeige, die mit folgenden Worten für besagten Rohstoff warb: »Größte Kuriosität des Jahrhunderts: Natur und Kunst vereint.«[4] Man hätte diese Kuriosität – allgemein als Taguanuss oder Steinnuss bekannt – aufgrund ihrer cremeweißen Farbe, ihrer Dichte und ihrer glatten Oberfläche für Knochen halten können, für ein Stück Elfenbein oder Geweih. Die in konzentrischen Kreisen angeordnete Zellulose ähnelte dem Elfenbein von Nilpferdzähnen. Im neunzehnten Jahrhundert hätte man die Taguanuss nur mithilfe eines Tropfens Schwefelsäure von Elfenbein unterscheiden können, denn bei Kontakt mit der Säure verfärbt sich die Zellulose der Steinnuss rosa, wohingegen Elfenbein weiß bleibt. Selbst heute noch ist es schwierig, beides zu unterscheiden. Die Fourier-Transformations-Infrarotspektroskopie, eine Art chemischer Analyse und Infrarotuntersuchung, ist der effektivste Test.[5] Die Werbung beschrieb die Kuriosität als »Elfenbein, das auf Bäumen wächst« – und eben nicht von einem Elefanten oder Nilpferd stammt. Tatsächlich ist die Taguanuss der Samen einer Palme – *Phytelephas* (altgriechisch wörtlich »Elefantenpflanze«) –, die vorwiegend im Nordwesten Südamerikas wächst.[6] Im Fall jener Kuriosität handelte es sich wahrscheinlich um eine bestimmte Spezies dieser Palme, *Phytelephas aequatorialis*, die im westlichen Ecuador vorkommt. Sie wird bis zu zehn Meter hoch, hat große gefiederte Blätter, ähnlich denen einer Kokosnusspalme, die direkt an dem dicken Stamm ansetzen. Die weiblichen Pflanzen produzieren jährlich etwa zwanzig mit dornenartigen Auswüchsen besetzte Fruchtballen, die direkt am Palmstamm hängen und die Größe eines menschlichen Kopfes erreichen. Sie sind in Kammern gegliedert und umschließen, in Fruchtfleisch eingebettet, zwischen zwanzig und vierzig Taguasamen. Nach der Ernte sind die Früchte noch weich und enthalten eine milchige Flüssigkeit, doch binnen eines Jahres entwickeln sie sich zu hühnereigroßen Kugeln und erreichen dann fast die Härte von Kupfer.[7] Wenn sie reif sind, fallen die Fruchtballen herab und zerbersten. Wildschweine, Eichhörnchen und andere Nagetiere fressen dann das dünne, ölig orangefarbene Fruchtfleisch, das die Nüsse bedeckt.

Als Mitte des neunzehnten Jahrhunderts europäische Gummisammler im nördlichen Ecuador zum ersten Mal diese Fruchtballen auf dem Boden liegen sahen, nannten sie sie »Negritos«, weil sie seltsamerweise fanden, dass sie »von Form und Farbe her dem Miniaturkopf eines Negers« ähnelten.[8] Anfangs muss große Ratlosigkeit geherrscht haben, denn die steinharten Nüsse konnte man weder essen noch als Brennmaterial benutzen. Wie ein Tagua-Produzent berichtet, verwendeten deutsche Händler die Nüsse anfangs auf ihren Reisen von Südamerika nach Europa als Schiffsballast, statt wie bis dahin Sand. Die Nüsse lagen dann in großen Haufen im Ankunftshafen, und wie es heißt, entdeckte irgendwann ein Hamburger Künstler, dass man aus ihnen gut Figürchen, kleine Spielsachen und Knöpfe schnitzen konnte. Schon bald erkannten deutsche Kaufleute das kommerzielle Potenzial der Steinnuss, und bereits 1895 gab es in Manta, an der ecuadorianischen Küste, die erste Handelsniederlassung und -kompanie, die *Tagua Handelsgesellschaft m. b. H.* Die Tagua-Ernte – oder auch ›Knopfernte‹ – wurde zu einem wichtigen Teil der ecuadorianischen Wirtschaft und machte den Exportartikeln Gummi und Kakao Konkurrenz.[9]

Knöpfe, Türklinken und andere kleine Objekte wurden im neunzehnten Jahrhundert hauptsächlich aus Elefanten-Elfenbein hergestellt. Der

Handel damit hatte bekanntlich desaströse Folgen. »Jeder Stoßzahn, jedes winzige Stückchen Elfenbein im Besitz eines arabischen Händlers ist von Menschenblut durchtränkt«, schrieb der Forschungsreisende Henry Morton Stanley gegen Ende des neunzehnten Jahrhunderts. »Jedes Pfund davon hat einen Mann, eine Frau oder ein Kind das Leben gekostet; für jeweils 5 Pfund wurde eine Hütte niedergebrannt; für jeweils zwei Stoßzähne ein ganzes Dorf zerstört; zwanzig Stoßzähne wurden um den Preis eines ganzen Bezirks mit all seinen Menschen, Dörfern und Plantagen beschafft. Es ist schier unglaublich, daß das reiche Herz Afrikas verwüstet werden soll, bloß weil man für Schmuck und zum Billardspiel Elfenbein benötigt.«[10] Mich sprach der Gedanke sehr an, dass die Taguanuss diese illegale Handelsware ersetzen konnte und eben dort, wo sich früher ein Gemetzel ereignet hatte, nun eine unblutige Ernte stattfand.

Es kam vor, dass beim Spiel Billardkugeln aus Elfenbein zerbrachen, und Gewehrkugeln oder durch Gewalteinwirkung bedingte Deformationen zum Vorschein kamen, wohingegen mit der Steinnuss keinerlei Blutvergießen verbunden war.[11]

Tausende Tonnen von Nüssen passierten auf ihrem Weg in die Vereinigten Staaten und nach Europa den Pazifikhafen Esmeraldas. Mitte der 1940er-Jahre gab es im Staat New York über fünfundzwanzig Fabriken, in denen die Taguanuss zu Knöpfen und Spielzeug verarbeitet wurde.[12] Die größte dieser Fabriken, die Rochester Button Company, beschäftigte in ihrer Blütezeit bis zu fünfhundert Menschen und produzierte alljährlich 3,6 Milliarden Knöpfe. »Wir mögen vielleicht nicht die Welt regieren«, verkündete die Firma Mitte des zwanzigsten Jahrhunderts, »aber wir knöpfen mehr Kleidungsstücke zu als weltweit jede andere Firma.« Tatsächlich lief das Geschäft mit der Taguanuss so gut, dass Misael Acosta Solís, einer der bekanntesten Naturforscher Ecuadors, im Jahr 1948 warnte, die Nuss sei von Raubbau bedroht: »Dem Schwarzen oder dem ›Montuvio‹ [die an der Küste lebenden Ecuadorianer] ist es egal, ob die Wälder zerstört werden oder nicht; ihm geht es nur darum, die Taguanuss zu ernten und Geld für seine Ausgaben und Laster zu erhalten.«[13] Seine Sorge sollte sich jedoch als unbegründet erweisen. Während des Zweiten Weltkriegs wurden natürliche Materialien wie Tagua und Gummi, die die steigende Nachfrage nicht mehr decken konnten, durch thermoplastische Kunststoffe ersetzt. Als der Handel mit Taguanüssen einbrach, wandten sich die Ecuadorianer Bananenplantagen zu – und später Öl –, um ihre Wirtschaft zu stabilisieren.[14] Ich dachte darüber nach, wie im zwanzigsten Jahrhundert in Tarent und Sant'Antioco die Muschelseide verschwunden war; ein stilles Verschwinden, von dem nur ein paar Weberinnen auf Sardinien und dem italienischen Festland betroffen waren. Genau wie die Muschelseide verschwand in der Nachkriegszeit auch die Taguanuss allmählich vom Markt und fand in der sich entwickelnden Landschaft verschiedenster Materialien keine Nische mehr. Allerdings verlief dies dramatischer als bei der Muschelseide, ja beinahe tragisch. Einst hatte die Taguanuss zahllose Arbeitsplätze geschaffen, sogar eine ganze Kultur, doch unversehens war sie auf eine bloße Kuriosität reduziert, ein Randprodukt, und der Grund dafür waren die neu entwickelten Kunststoffe. Mit Zustimmung der Ecuadorianer rodete die amerikanische Firma Standard Fruit einen Großteil der Regenwaldgebiete, in denen die Taguanuss-Palmen wuchsen, um Platz für Bananenplantagen zu schaffen.[15]

Die Geschichte der Materialien besteht letztlich darin, dass fortwährend ein Stoff durch den anderen ersetzt wurde: Leder durch Gummi, Wolle durch Polyester. Die Taguanuss hatte gleichfalls andere Materialien ersetzt, etwa Horn und Perlmutt, und so war es wohl unvermeidlich, dass auch sie den Rückzug antreten musste. Trotzdem unterschied sich der Vorgang, bei dem die Taguanuss durch Plastik ersetzt wurde, von früheren Akten kreativer Zerstörung. Das Wort *Plastik* leitet sich vom altgriechischen *plastikos* ab, was »formbar« bedeutet. Im Gegensatz zu anderen natürlichen Materialien, vom Byssus bis zur Frucht der Tagua-Palme, konnte Plastik ganz nach unseren Wünschen geformt werden und führte dazu, dass sich unsere Bindung an natürliche Strukturen auflöste. »Wir haben uns von den Materialien der Erde, des Felsens, des Holzes, des Eisenerzes verabschiedet,« schrieb Norman Mailer in den 1960er-Jahren, »wir suchten nach neuen Materialien, die in Fässern gekocht wurden, lange komplexe Harnsäure-Derivate, die wir Plastik nannten.«[16] Der Siegeszug des Plastiks setzte sich fort und signalisierte das Ende bisheriger Traditionen. So wie das westliche Demokratiemodell letztlich das Ende der Politikgeschichte ankündigte und alle Alternativen an den Rand drängte, so verdrängten die Kunststoffe alle übrigen Materialien.

Ich begegnete der Taguanuss zum ersten Mal, als ich mit knapp zwanzig über einen Markt in Quito, Ecuador, schlenderte. Ich sah geschnitzte Tiere und Schmuck aus Taguanuss und, am schönsten, cremeweiße kieselartige Gebilde, die wunderbar in der Hand lagen. Während einer dieser Kiesel in meinem Handteller lag, war ich verwirrt: Trotz all seiner Schönheit musste dieses Material von einem fernen oder fantastischen Tier stammen. Vor etwa drei Millionen Jahren tauchte aus dem Wasser eine Landbrücke auf, die Nord- und Südamerika verband, zwei Landmassen, die bis dahin seit dem Jura getrennt gewesen waren.[17] Eine ganze Reihe großer Tiere zog nach Süden: *Hemiauchenia,* die Vorfahren des heutigen Guanako und Vikunja, Pferde, Säbelzahntiger und das *Gomphotherium,* elefantenartige Riesen mit vier mächtigen Stoßzähnen. Heute gibt es kaum noch Spuren dieser gewaltigen Tiere: Sie sind alle vor etwa zehntausend Jahren verschwunden, durch Ausrottung oder durch klimatische Veränderungen, doch diese weißen Samen beschworen für mich die *Gomphotherien* herauf, die dort einst die Landschaft durchstreiften.

Wieder zurück in England, zog ich durch Secondhand-Läden und suchte nach Taguanuss-Knöpfen an alten Anzügen und sonstiger Kleidung aus der Zeit vor der Erfindung des Plastiks. Mittlerweile leicht verfärbt, waren sie wohl vor dem Zweiten Weltkrieg in Ecuador geerntet, nach New York verschifft, in einer Fabrik bearbeitet und später dann an einen Mantel angenäht worden. Wenn Science-Fiction-Autoren sich Zeitreisen vorstellen und eine Figur ins neunzehnte Jahrhundert versetzt wird, konzentrieren sie sich immer auf typische Sehenswürdigkeiten des viktorianischen Zeitalters: die ersten Autos, Dampfmaschinen, neugotische Architektur und Buntglasfenster nach historischem Vorbild. Doch hat sich die Welt damals auch anders angefühlt: ein Dachshaarpinsel, der beim Rasieren über die Haut gleitet; das Kratzen eines aus Tierblase oder Tierdarm gefertigten Kondoms; das Gefühl, sich die Schuhe mit Schnürsenkeln aus echtem Leder zu binden; die glatten Konturen eines aus einem Samen gemachten Knopfs. Wenn ich diese Taguanuss-Knöpfe berührte, empfand ich eine nostalgische Sehnsucht nach jener Welt, die ich nie erlebt hatte, nach jener Zeit, in der wir vielleicht noch durch die Berührung von Dingen mit der Natur verbunden waren. Eines Tages bestellte ich online ein paar Steinnuss-Knöpfe, die in einem kleinen Plastiktütchen kamen. Ich öffnete es und nahm die Knöpfe in die Hand, spielte damit, rieb ihre glatte Oberfläche und betrachtete ihre Maserung. Anders als die Tagua-Knöpfe in den Secondhand-Läden waren diese Knöpfe nicht verblasst, sondern noch cremeweiß, erst vor wenigen Monaten geerntet. Laut Etikett wurden die Knöpfe von der Firma Corozo produziert, einem der Unternehmen, die Taguanuss-Produkte wieder auf den Markt bringen wollten. Bei Ernte und Verarbeitung griff man auf Methoden des neunzehnten Jahrhunderts zurück und vertrieb die Knöpfe an Modefirmen in der Hoffnung, das Kunststoffmonopol zu brechen.

Mich faszinierte die Idee, ein Material aus dem Staubhaufen der Geschichte wieder auszugraben. Ich verglich die Knöpfe aus pflanzlichem Elfenbein mit den Plastikknöpfen an meinen Hemdärmeln. Das natürliche Material wirkte ganz anders als der Kunststoff, der allen Versuchen trotzt, seine Geschichte zu lesen, seine Vergangenheit oder Herkunft zu ergründen. Wir sind umgeben von Samen oder den aus ihnen hergestellten Produkten, wie Thor Hanson in seinem Buch *The Triumph of Seeds* ausführt: Lecithin aus Sojabohnen wird als Emulgator verwendet und findet sich in allen möglichen Produkten, von der Margarine bis zur Keramik; Guargummi aus der Guarbohne wird beim Fracking eingesetzt.[18] Aber es ist noch einmal etwas anderes, Knöpfe zu finden, die aus rohem Samen gefertigt wurden, deren harte Zellulose jetzt als ein Verschluss für Kleidungsstücke diente. Meine Taguanuss-Knöpfe hatten schlierige Muster, die davon zeugten, dass hier eine Flüssigkeit während des Reifungsprozesses ausgehärtet war.[19]

Immer wenn ich einen Plastikgegenstand in der Hand halte, beschleicht mich eine auf die Zukunft gerichtete Sorge, gespeist aus dem Wissen, dass dieses Objekt unweigerlich irgendwo auf einem Abfallhaufen enden wird oder in einem schwimmenden Müllteppich im Ozean. Diesbezüglich bereiten mir Steinnuss-Knöpfe keine Sorge. Anders als

Plastik – das sich, wenn überhaupt, erst im Lauf mehrerer Jahrhunderte zersetzt – ist die Taguanuss biologisch abbaubar, denn bei Kontakt mit Feuchtigkeit löst sich die Zellulose auf. Genau wie andere natürliche Materialien, von Bambus bis Hanf, ermöglicht uns auch die Steinnuss eine andere Beziehung zu unserer Umgebung: Wirft man Taguanuss-Knöpfe weg, sind sie irgendwann nicht mehr da. Wenn dies auf alle Materialien zuträfe, müssten wir nicht befürchten, zu einem Müllberg beizutragen oder statt eines Lebenswerks, statt Kindern und Büchern, die dünne Plastikschicht zu hinterlassen, die momentan jeder von uns produziert.

Auch was die Produktionsweise betrifft, hatte uns die Taguanuss etwas zu sagen. Die Plastikknöpfe an meiner Kleidung wurden aus Petrochemikalien produziert, die von Gott weiß woher stammen. Über meine Knöpfe konnte ich mit dem Teersand Kanadas, dem Safaniya-Ölfeld im Persischen Golf oder einer Ölquelle in Texas verbunden sein. Von den destruktiven ökologischen Folgen der Erdölgewinnung zu berichten ist fast schon so, als wiederhole man ein Mantra, eine vorhersehbare, tausendmal wiederholte Geschichte, wohingegen die Geschichte der Taguanuss alles andere als vorhersehbar ist. Im Gegensatz zum Palmenstamm oder Palmherzen kann die Taguanuss geerntet werden, ohne dass man dadurch den Baum, an dem sie wächst, schädigt. Zwar dient die Zellulose als Nährgewebe für eine künftige Palme, doch die Entfernung einiger Samen bedeutet nicht, dass keine weiteren Bäume mehr entstehen können: In den Fruchtballen sind immer noch so viele Nüsse übrig, dass die Fortpflanzung des Baums möglich bleibt. »Es ist ein Produkt mit einem großen Potenzial für nachhaltige Nutzung und Produktion, wenn man richtig damit umgeht«, sagte mir der dänische Botaniker Henrik Balslev. »Das gefällt uns Botanikern. Wir demonstrieren gern, dass die Natur etwas zu bieten hat und dass wir dies nutzen können, ohne etwas zu zerstören.«

Schon in den 1990er-Jahren war bei Botanikern und Experten für Entwicklungspolitik das Interesse an der Ernte von Nichtholzprodukten plötzlich gewachsen, woraus sich auch Henriks Begeisterung für die Taguanuss erklärt.[20] Wenn Einheimische aus der Ernte von Früchten, Samen, Blumen, Blättern, Wurzeln, Rinde, Gummi oder Harz Profit ziehen konnten, so das Argument, war dies vielleicht ein Anreiz, die Wälder zu bewahren. Statt Bäume als Nutzholz zu fällen, konnten Einheimische ja Waldprodukte sammeln, pflücken, abschneiden, ernten, ganz ähnlich wie die isländischen Eiderdaunenfarmer oder die peruanischen Vikunjascherer. Angeregt durch die Forschung über Nichtholzprodukte entwickelte die Nichtregierungsorganisation Conservation International Anfang der 1990er-Jahre ein Programm, um Ernte, Export und Vermarktung der Taguanuss zu fördern.[21] In einem Zeitraum von drei Jahren führte dieses Programm damals in Ecuador zu Verkäufen von 850 Tonnen Tagua und zum Export von 40 Tonnen in die Vereinigten Staaten und nach Japan, was Knopfverkäufen in Höhe von 1,5 Millionen Dollar entsprach. Um ihren Plastikverbrauch zu senken, begannen Firmen wie Patagonia und Smith & Hawken, für ihre Kleidungsstücke Tagua-Knöpfe zu verwenden.[22]

Dem World Wide Fund for Nature (WWF) zufolge bildet die Hauptursache des Artenrückgangs nicht der illegale Tierhandel (obwohl dies ein bedeutender Faktor ist), sondern der Habitatverlust: dass Wälder, Teiche, Sümpfe und Ebenen weichen müssen zugunsten von Landwirtschaft, Industrie, Pipelines, Wohnungsbau und Straßen.[23] Ich habe dies in den Höhlen von Borneo gesehen, in denen Kalkstein gebrochen wird, in Java, wo der Regenwald monotonen Kokospalmplantagen weichen musste, und in der Puna, wo riesige Trucks auf ihrem Weg nach Cuzco oder Lima regelmäßig Vikunjas niedermähen. Zu meinem Bedauern war im Zusammenhang mit keinem meiner Objekte diese elementare Frage erörtert worden: dass man zwar Anreize schaffen konnte, um Vikunjas oder Fleckenmusange zu schützen, dass ihr Überleben aber trotzdem gefährdet blieb, wenn ihr Habitat, dass Puna-Grasland oder die Hochlandwälder, erschlossen wurde. Im Unterschied zu den anderen Objekten schien die Taguanuss dieses Problem frontal anzugehen, und nicht mal nur zu ihrer eigenen Rettung; die Tagua-Palme bot vielen Arten Schutz und Nahrung, etwa Insekten, Rothirsche und Eichhörnchen.[24]

Je mehr ich über die Taguanuss las, desto mehr entzückte mich ihr Potenzial, und ich war ähnlich begeistert wie damals von der Eiderdaune. Ich betrachtete diesen marmorähnlichen Kiesel als mein eigenes Vogelnest, als Antidot gegen all unsere Missstände, von der Zerstörung der Wälder über die Elefanten-Wilderei bis hin zu der obszönen Anhäufung von Plastikmüll in Deponien und Ozeanen. Indem die Taguanuss diesen Zweck erfüllte, so hoffte ich, könnte sie vielleicht alle Erwartungen übertreffen und die geradlinige Vorstellung unserer Materialgeschichte untergraben: die Maxime, dass alle natürlichen Stoffe irgendwann durch den Monolithen Kunststoff ersetzt werden. Wenn wir von der Taguanuss lernten, konnten wir vielleicht zu anderen Materialien zurückkehren und auf diese Weise das Bewusstsein für Geschichte, Handwerk und unseren Platz in der Welt wiedererlangen.

Voller Enthusiasmus, nur die Taguanuss im Kopf, reiste ich nach Manta, einst Zentrum des Tagua-Handels, um dort den Gründer der Firma Corozo kennenzulernen, den ecuadorianischen Geschäftsmann Klaus Calderón.

Im Stadtzentrum von Manta befindet sich ein Rondell, in dessen Mitte ein Thunfischdenkmal steht: das Fiberglasmodell eines riesigen Gelbflossen-Thunfischs – *Thunnus albacares* –, und darunter die Nachbildung einer Konservendose. Das Modell ist ungefähr so groß wie die unter ihm kreisenden Autos. Für mich verkörpert das Monument sämtliche Vorteile synthetischer Materialien: Es fängt die mächtige Gestalt des Thunfischs, seine schiere Muskelmasse, sehr realistisch ein. Aber man sieht auch die Begrenzungen des Kunststoffs: Es gelingt ihm nicht, die wunderbar schillernden Farben des Thunfischs zu beschwören, das leuchtende Gelb seiner Flossen und den metallischen Schimmer seiner Schuppen, die unter der Wasseroberfläche glitzern.

Obwohl aus Glas und Kunststoff, steht der Thunfisch für das, was diese Stadt antreibt. Nach dem Krieg war es mit dem Tagua-Handel bergab gegangen, und Manta sollte zu einem Handelshafen werden, fand dann aber seine wahre Bestimmung als Umschlagplatz für die Thunfischfischerei.[25] Seit den 1990er-Jahren gehört Manta nun zu den größten Playern dieser Industrie und ist der Liegeplatz für die meisten der hundertsechzehn Fischereischiffe des Landes. Im Hafen schaukeln keine kleinen Fischerboote mehr, dort drängen sich dicht an dicht Wadenfischerei-Trawler für 100 bis 1200 Tonnen Fisch, gigantische Mähdrescher der Meere, die zum Aufspüren von Fischschwärmen Sonartechnik, ja sogar Helikopter einsetzen. Von den Docks wird der Fang dann in die Verarbeitungsfabriken der Stadt transportiert und dort von den Frauen und Töchtern der Fischer verarbeitet und in Konservendosen gepresst, die die Größe von Filmrollen erreichen.

Ich traf Klaus und seine Frau Fernanda in einem von Mantas Strandhotels, nur einen kurzen Spaziergang von der Thunfischskulptur entfernt. Das Hotel, während des Thunfisch-Booms erbaut, blickt auf einen der besseren Strände der Stadt, bevölkert von ecuadorianischen Touristen, ein paar Amerikanern und langen Reihen brauner Pelikane, die auf der Suche nach Fisch die Küste entlangpatrouillieren. Der Tag war bedeckt, der Sandstrand verschmolz mit Meer und Himmel zu einem trüben Braun, und selbst im klimatisierten Hotel herrschte drückende Hitze. Ich blickte auf die Speisekarte, die zwar allerlei Gerichte mit Meeresfrüchten enthielt, aber nur sehr wenig Thunfisch. Wie ich später erfuhr, verbleiben nur 20 Prozent des Thunfischs in Ecuador, der Rest wird exportiert, vor allem nach Europa.[26]

Klaus trug weiße Turnschuhe, Shorts und Polohemd und sprach Englisch mit amerikanischem Akzent. Wenn man ihm hier in der Hotelbar gegenübersaß, konnte man leicht vergessen, dass er Ecuadorianer war; man hätte ihn für einen amerikanischen Touristen aus Miami halten können. Und doch ist seine Geschichte eng mit dieser Küstenstadt und deren einst wichtigstem Exportartikel, der Taguanuss, verknüpft. Anfang des zwanzigsten Jahrhunderts verließ Klaus' Großvater Deutschland und bekam hier in Manta eine Stelle als Verwalter im Deutschen Tagua-Haus. Klaus, ein geborener Geschichtenerzähler, berichtete mit Vergnügen von den Rivalitäten, die damals in der Tagua-Branche zwischen Deutschen und Italienern herrschten.

Als italienische Knopfmacher zum ersten Mal vom Handel mit den Nüssen hörten, schickten sie einen jungen Mann namens Giovanni Zanchi auf die Reise. Er sollte herausfinden, woher die Nüsse stammten. Ursprünglich, so Klaus, hätten die Italiener vermutet, die Nüsse kämen aus Afrika. Also reiste Zanchi nach Afrika und verbrachte dort fünf Jahre mit der vergeblichen Suche nach der Nuss, bis eines Tages ein betrunkener Matrose den wahren Herkunftsort der Nüsse ausplauderte. Was auch immer an dieser Geschichte dran sein mag, die Italiener eröffneten jedenfalls schon bald in Manta ihr eigenes Handelshaus, La Casa Tagua Italiana, auf der anderen Seite des Hauptflusses der Stadt, des Tarqui, und dominierten schließlich den Taguanuss-Handel.

Eigentlich hatte Klaus nie geplant, in die Fußstapfen seines Großvaters zu treten und ins Tagua-Geschäft einzusteigen. Doch dann kehrte er als Student nach Guayaquil zurück, der größten Stadt Ecuadors, und lernte dort eine Frau namens Fernanda Zanchi kennen, die im gleichen Büro wie seine Mutter arbeitete. Was er damals nicht wusste: Sie war die Enkelin Giovanni Zanchis, des berühmten Taguanuss-Suchers. »Durch Zufall lernte ich Fernanda kennen, und nach einer Weile waren wir dann zusammen«, erzählte mir Klaus. »Eines Tages luden dann [die Zanchis] meine Mutter zu sich nach Manta ein, und als wir nach dem Mittagessen alle beisammensaßen ... kamen wir auf die Geschichte unserer Familien zu sprechen. Wir waren total überrascht [dass es diese Verbindung gab]. Es ist einfach unglaublich.« Klaus und Fernanda heirateten kurz darauf. »Angesichts unserer gemeinsamen Vergangenheit war es unmöglich, sich nicht zu verlieben«, sagte er. 1979 gründeten sie ihr eigenes Unternehmen, Co rozo Buttons, und verkauften Rohlinge – unfertige Knöpfe – an Knopfhersteller in Italien. Angesichts des wachsenden Umweltbewusstseins war es ein guter Zeitpunkt, um Tagua auf den Markt zu bringen; den Verbrauchern war klar, welche Nachteile unsere massive Abhängigkeit von Kunststoffen mit sich bringt, und so vergrößerte sich Corozos Kundenstamm immer mehr. Wenn Klaus über die Taguanuss sprach, wurde er lebendig, schwärmte von ihrer Textur und Maserung; bei der Erwähnung von Plastikknöpfen zuckte er angewidert zusammen. Er hatte historische Quellen durchforstet, um die Geschichte dieser Nuss zu rekonstruieren, hatte sie aus allen Blickwinkeln betrachtet und ihre Einsatzmöglichkeiten erkundet, sogar – da die Nüsse unmittelbar nach der Ernte eine trinkbare Flüssigkeit enthalten – als Energy-Drink. Seine Begeisterung wirkte ansteckend.

Im Hotel waren wir ringsum von Plastik umgeben: Tischdecken aus

Polyester, Stühle aus Polypropylen und meine eigenen Knöpfe, alles Zeichen für den Triumph synthetischer Materialien. Klaus wollte diesem Narrativ entgegenwirken durch die Markteinführung der Taguanuss, die dem Familienunternehmen neuen Schwung verleihen sollte.

Ende des achtzehnten Jahrhunderts reisten zwei spanische Botaniker, Hipólito Ruiz López und José Antonio Pavón Jiménez, nach Südamerika, um Proben zu sammeln. Auf ihrem Weg durch die Ostausläufer der Anden stießen sie auf Tagua-Palmen und nannten sie *Phytelephas*, in Kombination der griechischen Wörter für »Pflanze« und »Elefant«. »Sie argumentierten«, erklärt der dänische Botaniker Anders Barfod, »die *Phytelephas*-Arten seien Elfenbein tragende Pflanzen, so wie der Elefant ein Elfenbein tragendes Tier ist.«[27] Die botanische Familie der *Arecaceae*, oder Palmen, umfasst etwa 2500 Arten.[28] Vorwiegend in tropischen oder subtropischen Klimazonen zu finden, produzieren sie vielerlei Samen von unterschiedlicher Form, Textur und Größe, von der Kokosnuss bis zum Dattelkern; doch für mich war die seltsamste die Tagua-Palme, die Elfenbeinpalme.

Ich wollte den Ursprung dieses Elfenbeins finden – um ein Gefühl dafür zu entwickeln, es einem bestimmten Baum zuordnen zu können. In Manta erhielt ich den Namen eines Tagua-Händlers und fuhr mit dem Bus nach Jipijapa, etwa 50 Kilometer landeinwärts. Der Höhenunterschied ließ sich am Umfang der Bäume ablesen: Die großen, sukkulent angeschwollenen Ceibas der trockenen Küste Ecuadors wichen allmählich Guayacánbäumen und Akazien. Als ich den Händler in Jipijapa traf, nannte er noch die Namen einiger anderer Tagua-Händler in einem Dorf namens Pedro Pablo Gómez; diese Händler wiederum rieten mir, nach La Crucita zu fahren, einer kleinen Ansammlung von Holzhäusern mitten im Wald.

Meine Reise hatte etwas leicht Absurdes: Ein Name führte zum nächsten, und mich beschlich die Sorge, die Tagua-Lieferkette sei vielleicht ein Labyrinth oder ein Kreis, der in sich selbst zurückführt. Doch am späten Nachmittag erreichte ich dann erleichtert ihren Ausgangspunkt und lernte Franklin Pilay kennen, einen Campesino, der Taguanüsse erntete.

Franklin, ein stämmiger, muskulöser Mann in robusten Gummistiefeln, lebte mit seiner Familie in einer Holzhütte, die sein Vater erbaut hatte. Er mochte Mitte Sechzig sein, sprach, wenn er überhaupt sprach, recht leise und drückte seine Emotionen durch Lachen und Gesten aus. Franklin begrüßte mich sehr offen und wohlwollend, möglicherweise weil er mich mit USAID-Mitarbeitern in Verbindung brachte, die im Dorf gearbeitet hatten, um Einheimischen zu zeigen, wie sie Tagua-Figuren für Touristen schnitzen konnten.

Franklins *Tagual* oder Tagua-Hain lag nur ein paar Schritte von seinem Haus entfernt; man ging einen Feldweg entlang, den Avocado- und Graviolabäume säumten; deren große süße Früchte erinnerten mich an die Durian-Früchte, die ich aus Malaysia kannte. Wir passierten ein Feld mit etlichen Tagua-Palmen. Sie erhoben sich hoch über das Gras wie Eichen in einer englischen Landschaft. Ich staunte über die riesigen kolbenförmigen Blütenstände der männlichen Palmen, mächtige gelbe Zungen, die herabhingen und ihre Pollen zu den weiblichen Bäumen mit ihren kleineren Blütenständen hinüberwehten. Am Straßenrand lag eine entwurzelte Tagua-Palme, mit fußballgroßen Fruchtballen. So kraftvoll, wie man es dem untersetzten Mann gar nicht zugetraut hätte, hackte Franklin mit der Machete auf einen der Ballen ein und legte fünf unreife weiße Samen frei. Sie waren noch weich und ähnelten gekochten Eiern, leuchtend weiß im Kontrast zu der braunen Faserhülle des Ballens.

Man sagt, die Ritter Heinrichs II. hätten Thomas Becket, dem Erzbischof von Canterbury, mit einem Schwerthieb die Schädeldecke abgeschlagen, »sodass das Blut weiß vom Gehirn und das Gehirn rot von Blut war«.[29] Das Weiß der Samen war so intensiv, dass ich instinktiv zurückschreckte, als hätte die Machete einen Menschen verletzt und sein Gehirn, seine Knochen oder Zähne freigelegt. Doch als Franklin einen der Samen herauslöste, empfand ich einfach nur Freude und rollte die weiße Kugel zwischen meinen Handflächen. Ihre Glätte kontrastierte mit der faserigen Schale des Ballens. Auf Franklins Vorschlag hin biss ich in das Endosperm, doch meine Zähne gruben nur kleine Rillen in die Oberfläche. Es war ein süßer, milchiger Geschmack wie bei der Kokosnuss, deren Fleisch ich liebe, aber ich hatte keine Lust, mir am pflanzlichen Elfenbein die Zähne auszubeißen. Zu hart zum Verzehr, aber noch nicht hart genug für die Knopfherstellung, konnte dieser Samen einfach nur Freude bereiten, als ein Objekt, das von der Verwandlung der Taguanuss erzählt, vom Samen, der anfangs noch eine Flüssigkeit enthält, bis zur steinharten Nuss. Ich ließ den Samen in meine Tasche gleiten, als Neuzugang für meine Vitrine, und umschloss ihn mit der Hand.

Als wir Franklins eigenes Grundstück erreichten, sah ich an einem steilen Hang zwanzig Tagua-Palmen, deren Wedel sich nach unten ausbreiteten, riesige gefiederte Finger, die uns streiften, als wir vorbeigingen. Franklin erklärte mir, wie man männliche und weibliche Bäume auseinanderhält. Anders als die Leute, mit denen ich in Manta gesprochen hatte, nannte Franklin die Bäume nicht Tagua, sondern *cade* oder *cadi*, ein Quechua-Wort, dessen Bedeutung – »Dachstroh« – zeigt, welchen Platz diese Palmen im Leben der Menschen einnehmen, die in ihrer Nachbarschaft leben.

Am Fuß einer der Palmen entdeckte Franklin einen kleinen Tagua-Sämling, kaum höher als meine Stiefel. Franklin raffte die winzigen Blätter nach oben und hackte mit der Machete die Vegetation rings um den Sämling weg. Es könne zehn Jahre dauern, meinte Franklin, bevor der Baum Früchte tragen würde. Im Gegensatz zu Kokospalmen eignen sich Tagua-Palmen darum schlecht für die Landwirtschaft; ihre Samen können über lange Zeit hinweg ruhen und wachsen unglaublich langsam.[30] 1948, kurz bevor die Taguanuss eine Renaissance erlebte, zeigte sich der ecuadorianische Biologe Misael Acosta Solís besorgt, Taguasamen könnten aus Ecuador herausgeschmuggelt und woanders kultiviert werden, so wie Chinarinden- oder Kautschukbäume.[31] Doch seine Sorge sollte sich als unbegründet erweisen: Im Gegensatz zu Chinarinden- und Kautschukbäumen wurden selbst während des Taguabooms nie Taguanüsse aus Südamerika hinausgeschmuggelt, um anderswo große Plantagen anzulegen; die Palme taugte einfach nicht für die großflächige Kultivierung, eignete sich aber ideal für die wilde Ernte des Samens.

Wir streiften suchend zwischen den weiblichen Bäumen umher und erschreckten die Eichhörnchen, die sich das orangerote Fruchtfleisch der herabgefallenen Ballen schmecken ließen. Man stellt sich die Nahrungssuche in der Natur oft wie Pilzesammeln mit der Familie vor, doch Franklins Suche nach den Tagua war alles andere als romantisch; am Fuß der Palmen finden sich häufig Lanzenottern – *Bothrops atrox* – und es kommt immer wieder zu folgenschweren Bissen, durchaus auch mit tödlicher Wirkung. An jenem Tag fanden wir weder Schlangen noch Nüsse, nur die Reste von Knollen, Fasern, Fruchtfleisch. Frustriert versuchte es Franklin auf andere Weise. Behände wie ein Teenager erklomm er in seinen Gummistiefeln eine der weiblichen Tagua-Palmen, hielt sich mit seinen starken Händen an den Basen abgefallener Blätter fest. Er inspizierte die großen schwarzen Ballen und klopfte mit der Machete an die Faserhülle. Keine davon ist reif, sagte er, die äußere Hülle noch hart.

Während ich ihm zusah, wie er den Baum erklomm, dachte ich an die Sammler in Borneo, die beim Pfahlklettern ihr Leben riskierten, um die Salanganennester von den Höhlenwänden zu schaben. Und doch ist Tagua, so überlegte ich, eher einem befruchteten Ei vergleichbar. Wer Taguanüsse vom Waldboden aufsammelt oder vom Baum holt, raubt ja kein schützendes Nest, sondern den Samen, der Grundlage für Fortpflanzung und Verbreitung wäre.[32] Leichtfertig durchgeführt, kann die Tagua-Ernte deshalb zerstörerisch sein und die Vermehrung der Palmen gefährden; doch dieses Risiko schien hier gering.

Seinen Händen zuliebe hackte Franklin nicht die harten, unreifen Ballen ab, die er oben im Baum entdeckt hatte, sondern wollte noch zuwarten, bis sie weicher geworden wären. Enttäuscht kletterte er abwärts, hielt sich an einem der langen Blätter fest, sprang herunter und kam auf den Pfad zurückgestolpert. Fast schon hatte ich die Hoffnung aufgegeben, dass wir reife Taguanüsse finden würden, als Franklin auf dem Rückweg doch noch, weit oben in einem Baum, einen aufgesprungenen Fruchtballen erspähte, der noch nicht seine ganze Last entleert hatte. Prompt funktionierte er einen abgebrochenen langen Ast zu einer Stange um und stieß von unten gegen das orangerote Fruchtfleisch, bis die Nüsse herabpurzelten. Franklin jauchzte vor Freude.

Die in den 1990er-Jahren aufgeflammte Begeisterung für Nichtholz-Waldprodukte ist mittlerweile abgeflaut, und Forscher stehen der Kommerzialisierung der Wälder skeptischer gegenüber.[33] Es wurde argumentiert, die Ernte bestimmter Früchte oder Samen sei keine Garantie für das Überleben anderer Arten. Im Fall der Tagua-Palme trifft dies zweifellos zu, denn wo sie wächst, wurde jede andere Vegetation ausgemerzt.[34] Franklins Stück Land bildete da keine Ausnahme – das war Intensivbewirtschaftung, eher Plantage als Primärwald.

Ich dachte an all die anderen Gegenden, die ich gesehen hatte, von der Puna über die Westfjorde bis zu den Salanganenstädten. Hatte man nicht auch dort unrentable Arten ausgemerzt – Pumas, Guanakos, Moosnestsalanganen (die ihre Nester aus Gras bauen), genau wie hier auf den Tagua-Plantagen? Ja, all meine Objekte bargen die Aussicht auf Erlösung, eine begrenzte Erlösung allerdings, die sich an unseren eigenen Wünschen und Bedürfnissen orientierte. Selbst hier in Ecuador stand nicht fest, ob die Tagua-Palmen auch in Zukunft noch zu der vom Menschen gestalteten Landschaft gehören würden. Auf dem Rückweg bemerkte ich mehrere schwarz verkohlte Palmen. Es hatte sie nicht etwa der Blitz getroffen, sondern ihr Eigentümer hatte sie wie Unkraut verbrannt, weil der Preis für die Samen, 7–9 Dollar pro 50 Kilo, zu niedrig war, um davon leben zu können. Auch Franklin erntete nur selten Taguanüsse, sondern setzte auf andere Nutzpflanzen, zum Beispiel Getreide. Seit die amerikanischen Entwicklungshelfer, die die Einheimischen ins Taguaschnitzen eingeführt hatten, wieder abgereist waren, rosteten Franklins Geräte vor sich hin.

Doch meine Freude über den gefundenen Schatz, die sechs bis sieben Samen, die ich eifersüchtig in den Armen hielt, wurde durch solche Gedanken nicht gedämpft. Mir war es egal, dass die Tagua-Palme den Urwald nicht retten konnte, dass der Wert dieser Samen, die wir erst nach stundenlanger Suche gefunden hatten, nur wenige Cent betrug: In diesem Moment genügte mir einfach ihre Schönheit. Ich hatte in einem Video gesehen, wie auf John Humes Nashornfarm Angestellte eins der Tiere mit einem Pfeil betäubten und ihm mit einer Elektrosäge die Hörner bis auf zwei Stümpfe entfernten.[35] Ich hatte gesehen, wie das Tier sich taumelnd erhob und wieder zurück in das Gehege wankte. Ich hatte alles über die Geschichte der Elefantenjagd gelesen, die blutigen Berichte viktorianischer Abenteurer oder Zitate von Theodore Roosevelt. Und jetzt berührte ich hier pflanzliches Elfenbein, ohne all diese Aspekte. Wir gingen zu

Franklins Haus zurück, wo sich sein Neffe und seine Nichten gleich über das orangerote Fruchtfleisch hermachten, um an die Nüsse zu gelangen – der erste Schritt auf dem Weg zur Knopfproduktion.

Könnte man die Geschichte eines Plastikknopfs zurückverfolgen, begänne sie wohl nicht in Rochester im Bundesstaat New York. Denn die Rochester Button Company, einst größter Knopfproduzent der Vereinigten Staaten, schloss 1990, nach Jahrzehnten des Niedergangs, für immer ihre Pforten.[36] Nein, die Reise würde in der Stadt Qiaotou in der südchinesischen Provinz Zhejiang beginnen.[37] Qiaotou ist nur einer von mehreren industriellen Clustern in Zhejiang: Es gibt dort noch viele andere, die den unterschiedlichsten Produkten gewidmet sind – Feuerzeugen, Gläsern, Brillen, Schuhen, Pumpen, Ventilen und Stiften. In der Zeit vor Deng Xiaopings revolutionärem wirtschaftlichem Liberalisierungskurs war Qiaotou ein Bauerndorf, bis dann Ende der 1970er-Jahre zwei geschäftstüchtige Brüder, Ye Kelin und Ye Kuchun, erstmals Knöpfe an lokale Hersteller verkauften; in den 1980er-Jahren wurden in Qiaotou billige Plastikknöpfe für italienische Modefirmen produziert, und inzwischen stammen 60 Prozent der weltweit produzierten Knöpfe von dort.

Obwohl Qiaotou Knöpfe aus vielen verschiedenen Materialien herstellt, bestehen die meisten aus Kunststoff, produziert aus billigen Petrochemikalien. In Hunderten von Fabriken wird Kunststoff zu Knöpfen geformt oder aus Plastikplatten ausgestanzt, Tausende von Knöpfen pro Minute. Die Herstellung von Tagua-Knöpfen in Manta ist das krasse Gegenteil davon und erinnert eher an das neunzehnte Jahrhundert. Erst einmal werden Franklins an Avocadokerne erinnernde Nüsse von dem orangefarbenen Fleisch befreit. Dann gehen sie durch die endlose Reihe von Händen, die ich auf meinem Weg nach La Crucita geschüttelt habe, und gelangen schließlich nach Manta. Nun werden sie monatelang in der Sonne getrocknet und erreichen erst jetzt ihre elfenbeinartige Härte. Dann werden sie abgeschabt, gebürstet und in Scheiben gesägt, aus denen Arbeiter in einfachen Werkstätten überall in der Stadt kleine kreisförmige Rohlinge stanzen. Diese Rohlinge werden dann in verschiedene Länder exportiert und dort zu Knöpfen weiterverarbeitet.«Wenn Sie durch eins dieser Viertel [in Manta] fahren«, sagte Klaus, »machen Sie einfach mal die Fenster auf, dann hören Sie [aus den Werkstätten] das Geräusch der Sägen und anderen Maschinen.«

Seinem Vorschlag folgend, fuhr ich im Taxi mit herabgelassenen Scheiben durch Manta und über den Fluss, der einst die italienischen und deutschen Unternehmen getrennt hatte. Allerdings hörte ich keinen Lärm aus Tagua-Werkstätten, sondern nahm nur den Gestank der Fischverarbeitungsbetriebe wahr, dessen Penetranz die Gerüche in Nuars Reich damals auf Borneo sogar noch übertraf. Statt der deutschen und italienischen Tagua-Fabriken sah ich unterwegs das Thunfischmonument, diverse Einkaufszentren und riesige Hochhäuser mit Blick auf den Strand – all dies zeugte vom Reichtum durch den Thunfischhandel, manche sagen auch den Handel mit Kokain, das oft im Rumpf der Thunfischfänger geschmuggelt wird. Auf der gegenüberliegenden Flussseite empfing mich der ärmere Teil der Stadt; er sollte später dann größtenteils durch das Erdbeben zerstört werden, von dem 2016 Ecuadors Küste getroffen wurde. Das Ufer war mit Müll übersät, und seltsamerweise lag mitten auf dem Strand ein Sofa mit Blick auf die Meeresbrandung. Der Tarqui-Strand, viel weniger touristisch als der Murciélago-(Fledermaus-)Strand auf der Südseite des Flusses, wird vor allem von einheimischen Fischern genutzt, die hier ihren blutigen Fang, Marline und Haie, am Strand auslegen.

Da ich rein nach Gehör also keine Tagua-Werkstätten fand, kontaktierte ich Maritza Cárdenas, eine einheimische Knopfproduzentin und Chefin von Fedetagua, einer Vereinigung von Kleinerzeugern. Sie bot mir an, mir einige der Kleinbetriebe zu zeigen. Zuerst besuchten wir eine dunkle Werkstatt in Manta. Das Kreischen der Sägen, plärrende Radiomusik und das Quieken von Schweinen, die nebenan geschlachtet wurden, vermischte sich zu ohrenbetäubendem Lärm. Männer und Frauen saßen an ihrem Arbeitsplatz und schnitten mit Metallsägen Taguanüsse in Scheiben. Es waren nur fünf Personen im Raum, aber jede von ihnen hatte, wie Maritza erklärte, eine große Familie zu unterstützen, die sich durch die Taguanuss über Wasser hielt. »Allein schon zu seiner Familie«, sagte Maritza und deutete auf einen der Arbeiter, »gehören zehn Leute.«

Ich hatte Berichte über die Lederverarbeitung in der Gerberei meines Urgroßvaters in Runcorn gelesen, aus denen hervorging, wie mühselig und ungesund die Verarbeitung von Leder, dieses natürlichen Materials, damals war.[38] Zuerst mussten die Tierfelle in Bottiche mit gebranntem Kalk getaucht werden, damit sich die Haare lösten und die Haut aufquoll, dann wurden die Häute für längere Zeit in Gerbgruben gelegt, schließlich wieder herausgenommen und getrocknet. Die Tagua-Verarbeitung erforderte zwar keine so große Kraftanstrengung, war aber ebenso anspruchsvoll und gefährlich. Die meisten Angestellten trugen einen metallenen Fingerschutz gegen die Verletzungsgefahr, Ohrschützer gegen den Lärm und Mundtücher gegen den Sägestaub.

In den Ecken der Werkstätten standen oft Taschen und Beutel, die aussahen, als seien sie voller Mehl. Im Gegensatz zu Kunststoffen kann man Tagua nicht formen – und diese simple Tatsache bedeutet, dass sehr viel Zeit benötigt wird und sehr viel Abfall entsteht. Nach dem Stanzen der Rohlinge bleibt ein Ausschuss von 85–95 Prozent zurück, der meist zu einem weißen Pulver vermahlen wird, das als Viehfutter oder Brennstoff für die Thunfischverarbeitung Verwendung findet.[39]

Diese riesige Ausschussmenge hat Klaus so gestört, dass er versuchte, das flüssige Tagua-Endosperm in knopfförmige Formen zu gießen und hart werden zu lassen, doch war seinen fast alchemistisch anmutenden Experimenten bisher kein Erfolg beschieden.

Ich nahm eine der Tagua-Scheiben in die Hand, glitt mit den Fingerspitzen über die glatte, cremefarbene Oberfläche, das hart gewordene Endosperm der Palme. Zwar gefiel mir einerseits die Vorstellung, durch den Tagua-Knopf mit der Palme verbunden zu sein, von der er stammte, andererseits war mir klar, dass die Rückkehr zu diesem natürlichen Produkt auch die Rückkehr zu bestimmten Arbeitspraktiken bedeutete. Von ohrenbetäubendem Lärm umgeben, folgte ich mit glasigem Blick den monotonen Bewegungen der Arbeiter und Arbeiterinnen und fand hier wenig Romantik, nur die endlose Produktion von Scheiben und Rohlingen, von Tausenden cremefarbener Kreise, die an winzige Backgammon-Steine erinnerten.

Im Jahr 2010 kam Ai Weiweis Ausstellung *Sunflower Seeds* in die Tate

Modern in London. Ich weiß noch, wie ich sie als Student besuchte und auf hundert Millionen Sonnenblumenkerne hinunterzublicken glaubte, die auf dem Boden der Turbinenhalle ausgelegt waren. Aus der Ferne wirkten diese Sonnenblumensamen ganz natürlich, doch aus der Nähe erkannte ich, dass sie aus Keramik bestanden, handgefertigt von Hunderten von Arbeitern in Jingdezhen, einer chinesischen Stadt, die für ihre Porzellanproduktion bekannt ist. Ich spürte eine Mischung aus ehrfürchtigem Staunen und Schrecken, und hatte Mühe, mir vorzustellen, wie viele Hände diese Arbeit bewältigt hatten und wie viel Zeit zur Herstellung eines solchen Werks benötigt wurde. Als ich in Manta in der Werkstatt stand, beschlich mich angesichts der endlosen Zahl von Knopfrohlingen ein ähnliches Gefühl.

In Manta gibt es Hunderte dieser kleinen Werkstätten, die sozusagen am laufenden Band Rohlinge herstellen, doch ihre schiere Zahl verschleiert die Tatsache, dass sich die Tagua-Produktion in einer anhaltenden Krise befindet. Mantas Tagua-Knopffabriken, auch das von Klaus geleitete Unternehmen, konnten weder mit China noch mit diesen kleinen Werkstätten konkurrieren, weshalb die Firmen in den 1990er-Jahren dichtmachten und ihre Arbeiter in private Kooperativen schickten. Die ehemaligen Besitzer wurden Exporteure, doch selbst die haben teils inzwischen entmutigt aufgegeben: Klaus ging nach Panama, um dort eine neue Firma zu gründen, diesmal für die Produktion fertiger Tagua-Knöpfe unter Verwendung verschiedener Farben und Designs. Sah man den Taguaarbeitern, die wirklich hautnah mit der Verarbeitung der Nuss beschäftigt waren, bei ihrer Tätigkeit zu, dann dachte man nicht an epische Berichte von Entdeckungsfahrten oder den Rivalitäten zwischen deutschen und italienischen Unternehmen; sondern man dachte an die Strapazen, die es bedeutet, zu niedrigen Marktpreisen riesige Mengen handgefertigter Knöpfe herzustellen. Weil sie einfach nicht über die Runden kamen, gingen viele Menschen hier in Thunfischfabriken oder hofften auf einen Job im Ölgeschäft: Vonseiten der Regierung gab es das Versprechen, mit chinesischer Unterstützung außerhalb von Manta eine Ölraffinerie zu bauen.[40]

Für die Krise wurden verschiedene Verantwortliche ausgemacht: die Exporteure, die Zwischenhändler mit Zugriff auf die Märkte, verstärkte Regulierung und höhere Steuern unter Präsident Rafael Correa oder die globale Marktentwicklung. Doch der Kern des Problems ist das Material selbst, die Beschaffenheit des Samens. Nicht nur sind die Knöpfe teuer in der Herstellung, man muss sie auch noch vorsichtig behandeln; sind die Knöpfe nämlich zu fest an Kleidungsstücke angenäht, kann es passieren, dass, wenn sie beim Waschen aufquellen, der Zwirn reißt.[41] Kurz nachdem die Firma Patagonia in den 1990er-Jahren begonnen hatte, Kleidungsstücke mit Tagua-Knöpfen zu verkaufen, wurde von Bruchschäden berichtet, und Patagonia wechselte über eine Viertelmillion Knöpfe aus. Die kühne Idee, Tagua-Knöpfe zu verwenden, führte für die Firma schließlich zu »beträchtlichen Kosten«. Die Welt wollte Tagua nicht, scheute die damit verbundenen Unannehmlichkeiten, seine biologische Abbaubarkeit, und bevorzugte formbaren Kunststoff, dieses Material für die Ewigkeit.[42] Und letzten Endes bildete ich da keine Ausnahme; auch ich war ein Kunststoffmensch, ein wandelndes Gefäß für synthetische Materialien, von meinen Schuhsohlen bis zu den Kompositharzfüllungen in meinen Zähnen.

Nur ein einziges Tagua-Export-Geschäft schien zu florieren, was den Zorn vieler Taguaarbeiter auf sich zog. Es wurde selten beim Namen genannt; die Taguaschneider nannten es nur »The Big One«. The Big One war, wie ich später erfuhr, Trafino SA, Ecuadors größter Tagua-Exporteur, der inzwischen rund 80 Prozent des Marktes kontrolliert. Trafino kauft Rohlinge direkt von kleinen Produzenten und verkauft sie an chinesische, türkische, deutsche, italienische und spanische Knopfhersteller, die die Knöpfe an große Modehäuser verkaufen. Der Besitzer von Trafino ist Francisco Luna, ein untersetzter Mann mit überraschend tiefer Stimme. Er lebt in einem gläsernen Hochhaus am Strand von Barbasquillo, das von den angrenzenden Hotels kaum zu unterscheiden ist. Weit entfernt von den Tagua-Werkstätten und vom Gestank der Thunfischfabriken, verfügt das Gebäude über einen eigenen Whirlpool, ein Schwimmbad und einen Privatstrand. »In dieser Stadt riecht es nicht gut«, sagte er bei der Begrüßung in der mit Marmor ausgestatteten Lobby.

Francisco hatte kürzlich einen Dokumentarfilm über Tagua produziert.⁴³ Genau wie Harrissons Dokumentation führt auch Franciscos Film vom Rohmaterial zum fertigen Produkt; der Film beginnt im ecuadorianischen Regenwald und endet in türkischen und chinesischen Knopffabriken. Tagua wird in fast heroischen Begriffen präsentiert, als Material, das sich leicht schnitzen lässt, als Einkommensquelle für Campesinos und als Instrument im Kampf gegen die Zerstörung des Regenwaldes. In einer atemberaubenden Drohnenluftaufnahme sehen wir von oben das üppige Baumkronendach des Regenwalds in seiner ganzen chaotischen Schönheit; langsam überblendet mit dem Bild einer monotonen Palmölplantage, münden die unterschiedlichen Grüntöne und die lebendige Struktur des Waldes in den Farbton einer fremden ausländischen Palme. Es gibt nicht genügend Menschen, suggeriert diese Szene, die Tagua kaufen; niemand fühlt sich berufen, die Palmen zu schützen. »Ein Bauer zieht mit seinen Eseln los, sammelt 50 Kilo Taguanüsse und bekommt insgesamt sechs Dollar dafür. Das reicht nicht mal fürs Essen«, sagte Francisco. »Und ändern ließe sich das nur durch einen fairen Preis.«

Im Gegensatz zu vielen anderen Menschen, denen ich in Manta begegnete, hatte Francisco weder eine familiäre Beziehung zur Taguanuss noch eine Verbindung zu den italienischen oder deutschen Export-Unternehmen, die Anfang des zwanzigsten Jahrhunderts ihre Blütezeit erlebten.

Francisco, gelernter Ingenieur, hatte zunächst in Quito und Guayaquil mit der Konstruktion von Aluminiumtragwerken begonnen und sich dann auf die Abdeckungen der dortigen Sportstadien spezialisiert. »Diese Dächer setzen Weltmaßstäbe«, sagte er. »Und ich hab sie beide gebaut!« Nachdem er sich Ende der 1980er-Jahre mit seinem Geschäftspartner überworfen hatte, kam er nach Manta, wo er eine eigene Tagua-Fabrik gründete und Knopfrohlinge produzierte. Anfangs sei das Unternehmen erfolgreich gewesen, meinte er, mit sechzig Angestellten, aber irgendwann sei die Konkurrenz durch die Kleinbetriebe zu groß geworden. »Da die Herstellung des Produkts sehr einfach war, gab es immer mehr Heimarbeit«, sagte er. »Da wurde auf vier Bambusrohren ein Dach montiert, der Strom geklaut und los ging's.« Er schloss sein Unternehmen und stieg ins Exportgeschäft ein. »Wir exportieren fünfmal so viel wie der zweitgrößte Exporteur«, sagte er stolz.

Bei meinem Aufenthalt in Manta begegnete ich Enthusiasten, die die begrenzten Anwendungsmöglichkeiten der Taguanuss akzeptierten, fasziniert von ihrer Geschichte und ihrem Zauber. Francisco war da anders. Während ich im Vorraum seiner Wohnung auf ihn wartete, hörte ich ihn wütend mit einem Geschäftspartner telefonieren, und er kam mir vor wie die Karikatur eines hartgesottenen Unternehmers.

»Ich will Ergebnisse sehen!«, brüllte er und beendete das Telefonat. Er wirkte eher wie ein Baulöwe als wie ein Nuss-Enthusiast, redete viel über die Quadratmeterzahl seiner Aluminiumabdeckungen, über den Anteil von Trafino am Tagua-Markt und über seine, Franciscos, politische Verbindungen in Ecuadors Hauptstadt. Ich konfrontierte ihn mit den Kommentaren einiger kleiner Tagua-Produzenten, die ihm vorwarfen, er habe sie durch die niedrigen Einkaufspreise ruiniert, und fragte ihn nach seiner Meinung dazu. Bedächtig, als spreche er mit einem Kind, widerlegte Francisco die Argumente und führte die Weltmarktpreise an. »Dieses Jahr ging die Nachfrage zurück – also sanken die Preise«, erklärte er ruhig. »So funktioniert nun mal der Markt. Gegen die Gesetze des Marktes sind wir machtlos. Das Gesetz von Angebot und Nachfrage ist mächtiger als Gott.«

Seit ich als Teenager Tagua-Produkte zu sammeln begonnen hatte und alle möglichen Gegenstände meine Regale bevölkerten, ist Tagua für mich mit einem gewissen Zauber behaftet. Guten Freunden schenkte ich damals Tagua-Objekte – eine kleine Pfeife, einen Fingerhut, einen Salzstreuer – und erzählte ihnen etwas über die Geschichte dieser Dinge. Ich massierte Familienmitgliedern mit Taguanüssen den Rücken und erklärte ihnen, warum die Nüsse so glatt sind. Auch als Erwachsener wollte ich noch an das Versprechen glauben, das diese Nuss barg, ich wollte daran glauben, dass sie Probleme lösen konnte, doch je mehr Zeit ich nun in Manta verbrachte, desto mehr wurden mir ihre Grenzen bewusst. Wie so viele andere Stoffe, die uns begeistern, konnte die Taguanuss – hart gewordenes Endosperm – weder Elefanten retten noch den Einsatz von Kunststoffen verringern oder die Zerstörung des Regenwalds eindämmen. Sie bot nicht einmal den vielen Menschen, die von ihrer Verarbeitung lebten, einen ordentlichen Lebensstandard. Selbst wenn Francisco Lunas Wunsch in Erfüllung gehen und die Nachfrage nach Tagua eines Tages in die Höhe schnellen sollte, konnte ich mir kaum vorstellen, dass die Gewinne bei den Menschen ankommen würden, die die Nüsse ernteten und zu Rohlingen verarbeiteten; die zusätzlichen Einnahmen würden, wie bei jedem anderen Handelsgut, bei den Exporteuren hängen bleiben.

»Es ist traurig, wenn man die Leute gesehen hat, die die Nüsse ernten«, sagte mir Henrik Balslev. »Die haben das alles erfunden und sich abgerackert. Die haben damit überhaupt erst angefangen und stehen jetzt mit nichts da.« Ich dachte an die Eiderdaunen- und die Vogelnestsammler, an die Katzenkaffeebauern und Vikunjascherer, all die Gruppen, die in diesen Branchen ganz unten angesiedelt sind. Auch wenn Eideraunen, Salanganenspeichel und Palmensamen völlig unterschiedliche Funktionen hatten, blieben die menschlichen Beziehungen innerhalb dieser Handelsketten doch stets die gleichen, spiegelten einen ständigen Konflikt. Wie auch immer man diese Objekte arrangierte, sie bildeten das immer gleiche Muster: als folge man dem Weg einer Flüssigkeit, die bei der Ernte wie Öl hervorsprudelt, dann in verschiedenen Kanälen nach außen fließt und sich schließlich in fernen Sammelbecken konzentriert, in Form von Schwarzgeldkonten oder luxuriösen Landsitzen. »Ich habe keinen Produzenten kennengelernt, bei dem das anders gewesen wäre«, sagte Henrik.

Mehr als die Desillusionierung angesichts einer Nuss und ihrer potenziellen Möglichkeiten schmerzte es mich, dass ich mir nicht mehr vorzustellen vermochte, ein Objekt, ein Material, könne bestimmte Probleme lösen. Frustriert verbrachte ich immer mehr Zeit in dem kleinen Apartment, das ich mir in Manta gemietet hatte, und sah den zahlreichen Braunpelikanen zu, die im Gänsemarsch am Strand entlangpatrouillierten. Ich ging nur noch wenig aus, denn jetzt fehlte mir die manische Extraversion, die nötig ist, wenn man der Spur eines bestimmten Objekts folgt. Ich schaute mir Filme an, skypte mit Freunden und Botanikern, als würde ich Recherche betreiben, aber eigentlich mied ich nur die Stadt, deren Gestank und Hitze mich nun abstießen. Bei den seltenen Gelegenheiten, wo ich noch ausging, sah ich manchmal ein junges Paar, zwei amerikanische Zeugen Jehovas in perfekt gebügelter Kleidung, die einen Koffer voller Lesestoff hinter sich herzogen. Seltsamerweise empfand ich Neid auf ihr gelassenes Selbstvertrauen, wusste eigentlich nicht warum und versank allmählich in Apathie. Während ich die Schichten der Tagua-Ballen abschälte, ihre Faserfülle, ihr orangerotes Fleisch und ihre braune Haut wegriss, wurde ich immer melancholischer: Am Ende blieb nur die Schönheit dieses weißen Kieselsteins, ein kleines Stück des Elfenbeinbaums in meiner Hand.

GUANO

Nahe Bristol, nicht weit vom Ort meiner Kindheit entfernt, befindet sich ein viktorianischer Landsitz, Tyntesfield. Durch sein Labyrinth aus Korridoren und Schlafzimmern streifte ich auf der Suche nach Spuren von Eiderdaunen. Nachdem ich sechs anderen Objekten gefolgt war, bedeutete die Eiderdaunensuche mehr für mich als nur ein Hobby; sie war zu einer Notwendigkeit geworden. Zibetkaffee, Muschelseide und dann auch noch Tagua hatten die mit ihnen verknüpften Verheißungen nicht erfüllt, ihre Geschichte hatte sich der Idealisierung, gewissen Schablonen widersetzt; darum beruhigte mich der Gedanke, dass wenigstens die Eiderdaune noch die Möglichkeit eines Ausgleichs bot, obwohl ja auch hier, wenn man an die Fuchsjagd dachte, blutrünstige Kompromisse nötig waren. Im Katalog des National Trust hatte ich gelesen, in Tyntesfield gebe es noch mit Eiderdaunen gefüllte seidene Bettüberzüge. Doch als ich die Schlafzimmer betrat, merkte ich, dass es sich vom Volumen und Gewicht her nicht um Eiderdaunenbetten handeln konnte: Man hatte die Bettüberzüge einfach nur mit Federn toter Enten und Gänse gefüllt.

Als ich mir die etymologische Entwicklung des Worts *Eiderdaune* ansah, staunte ich nicht schlecht: Irgendwann im neunzehnten Jahrhundert war das Wort Eiderdaune von der Eiderente abgekoppelt worden; es bezog sich nun nicht mehr auf die Daunenfeder einer Eiderente, sondern stand sowohl für ein Federbett mit beliebiger Füllung als auch für einen dichten, schweren Stoff.[1] In einer Debatte des britischen Parlaments in den 1970er-Jahren verspottete der Labour-Politiker Stan Orme die Abgeordneten im Unterhaus und erklärte, sie seien »der Eiderdaunen-Bande beigetreten«.[2] Damit meinte er natürlich nicht, dass seine politischen Gegner es auf Entenfedern abgesehen hätten, sondern nur, dass sie, statt über Details der Gewerkschaftsgesetze zu diskutieren, faul im Bett gelegen hätten. Mich verwirrte die Ausweitung des Begriffs Eiderdaune im neunzehnten Jahrhundert – nicht zuletzt deshalb, weil es bedeutete, dass sämtliche Daunenplumeaus, von denen ich jemals in Reiseberichten gelesen hatte, womöglich gar nichts mit der Eiderente zu tun gehabt hatten; und dass folglich auch ich, wie all die Autoren, die über Muschelseide schrieben, womöglich zu Irrtümern, Mutmaßungen, Mythen und Unwahrheiten beigetragen hatte.

Vielleicht konnte man die Eiderdaunen, die ich entdeckt hatte, als Symbol für das Gebäude sehen, in dem ich mich befand.[3] Tyntesfield zeugt von außergewöhnlichem Reichtum und gleichzeitig von dem Versuch, diesen Reichtum mit der anglo-katholischen Frömmigkeit seines Besitzers zu versöhnen. Dessen Sammlung von Objekten konnte mit den großen Sammlungen des siebzehnten Jahrhunderts konkurrieren: Bei meinem Streifzug durch die zahllosen Räume sah ich kostbares Porzellan, »Eiderdaunen«-Betten und einen großen Billardtisch mit Elfenbeinkugeln. Ein Mitglied der Familie, der das Haus einst gehört hatte, war begeisterter Elfenbeindrechsler gewesen und hatte Hunderte kleiner Ziergegenstände hergestellt, deren Schönheit, wie ich leider zugeben musste, sämtliche mir bekannten Taguaobjekte in den Schatten stellte. Doch die hölzernen Wandtäfelungen, die Seidenvorhänge und die himmlischen Symbole in der Hauskapelle vermittelten mir keine Vorstellung von dem ausgesprochen irdischen Material, das den Bau dieses Hauses ermöglicht hatte.

Im Gegensatz zu Ole Worms Museum ist Tyntesfield kein Ort der Neugier, kein Ort des Lernens, des Intellekts, sondern ein Monument des Kapitals. Sein Besitzer, William Gibbs, leitete eines der großen Handelshäuser der viktorianischen Ära, Antony Gibbs & Sons. Williams Vater Antony, der Firmengründer, hatte mit den verschiedensten Waren gehandelt, Gibbs junior jedoch spezialisierte sich schließlich auf einen einzigen Rohstoff, der ihm fantastischen Reichtum bescheren sollte. Bei meinem Streifzug durch das Haus fand ich kaum einen Hinweis auf diesen Rohstoff. Die einzige Spur, die zum Rätsel seiner Herkunft führte, war ein Glasfenstermotiv.[4] Man sah dort Vögel in verschiedenen Posen, die sich aufrichteten oder sich putzten. Im Gegensatz zu den Salanganen hatten diese Vögel jedoch keine winzigen Klauen, sondern die plumpen Füße von Watvögeln oder Seevögeln. Ihre starken, kompakten Schnäbel ähnelten kleinen Dolchen, eher für den Fisch- als für den Insektenfang geeignet. Die Position dieser Vögel, die von ihrem Glasfenster auf den Besucher herabblickten, als solle man ihnen Reverenz erweisen, sprach von einer gewissen Ehrfurcht und erinnerte an die religiösen Symbole in der Kapelle von Tyntesfield. Möglicherweise stellt das Glasfenster die peruanischen Seevögel dar, denen Gibbs seinen immensen Reichtum verdankte.[5] Im neunzehnten Jahrhundert nisteten sie in riesigen Kolonien auf etwa achtzig Inseln vor der Küste Perus und ernährten sich vom Fisch, der in den planktonreichen Gewässern dort reichlich vorhanden war. Jahrhundertelang hatten sich die Vogelexkremente auf den Inseln abgelagert, eine reichhaltige Quelle für Stickstoff und Phosphat, die zentralen Bestandteile für das Pflanzenwachstum. Fast überall sonst auf der Welt ist Vogelkot Feuchtigkeit ausgesetzt, doch auf diesen Inseln vor der peruanischen Küste fällt kaum oder gar kein Regen. Von der heißen Sonne gedörrt, hatten sich im Lauf der Zeit gigantische Mengen dieser als Guano bekannten Exkremente angesammelt, eine schier unerschöpfliche Quelle organischen Düngers.

1842 schlossen Gibbs' Repräsentanten in Lima mit der peruanischen Regierung einen Vertrag über die Ausfuhr von Guano gegen Zahlung hoher Summen. Gibbs hatte zwar gewisse Zweifel, ob sich diese Entscheidung als klug erweisen würde, doch das Wagnis zahlte sich aus.[6] Überall auf der Welt, insbesondere in Europa und Nordamerika, klagten Landwirte und Plantagenbesitzer über ausgelaugte Böden aufgrund der gestiegenen Nachfrage durch die immer weiter wachsende Stadtbevölkerung.[7] Guano, allen anderen Düngern durch sein ideales chemisches Gleichgewicht überlegen, bot die perfekte Lösung für dieses Problem. Bereits in den 1850er-Jahren war Guano zum weltweit wichtigsten Dünger geworden. Dem amerikanischen Historiker Gregory T. Cushman zufolge exportierte Peru über einen Zeitraum von vierzig Jahren ungefähr 12,7 Mio. Tonnen Guano in alle Welt.[8] »Die sonnenlose Landschaft Großbritanniens, die Reisfelder Italiens, die Weinanbaugebiete Deutschlands, die ausgelaugten Kaffeeplantagen Brasiliens und die dürren Ebenen Perus, sie alle zeugen von den hervorragenden Eigenschaften dieses Düngers«, schwärmte 1855 die Zeitschrift *The Farmer's Magazine*.[9] Die Erfolgsgeschichte des peruanischen Guano führte weltweit zur hektischen Suche nach weiteren Guanolagerstätten. Abenteurer und Unternehmer erkundeten, um Guano zu finden, sämtliche Atolle und Koralleninseln, jedes Stückchen Land, von den Klippen Schottlands bis zu den Inseln vor der Küste Südwestafrikas. 1856 verabschiedete der US-Kongress auf Drängen amerikanischer Farmer den *Guano Islands Act*, der jeden amerikanischen Staatsbürger autorisierte, unbewohnte Inseln mit Guanovorkommen zu beschlagnahmen; so erhoben US-Bürger im Lauf der Zeit Anspruch auf sechsundsechzig Inseln in der Karibik, Ozeanien und im Pazifik.[10] Doch keine dieser Fundstätten war mit den regenlosen Inseln Perus vergleichbar. »Ich halte nicht viel von den neuen Entdeckungen«, schrieb Henry Gibbs, Williams Neffe, im Jahr 1855. »Ich habe von keiner [neu entdeckten Insel] gehört, auf der es nicht regnen würde. Ihr Regen bringt uns Segen. Möge es also noch lange bei ihnen regnen!«[11]

Der Guanohandel bescherte sowohl den Gibbsens als auch dem peruanischen Staat kolossalen Reichtum. »Dieser Zweig nationalen Reichtums ist von so großem Wert, dass sich ohne Übertreibung behaupten lässt: Von seiner Einschätzung und klugen Handhabung hängt das Bestehen des Staates, die Wahrung seines Ansehens, die Zukunft seines Wachstums und die Wahrung der öffentlichen Ordnung ab«, schrieb 1858 Perus Finanzminister Manuel Ortiz de Zevallos.[12] William Gibbs, an der Spitze des Guanohandels, wurde sagenhaft reich. Zwischen 1842 und 1875 verdiente die Firma Antony Gibbs & Sons bis zu 100 000 Pfund im Jahr. Davon erhielt William ab dem Jahr 1847 zwischen 50 Prozent und knapp 70 Prozent.[13] In London kursierte angeblich folgender Reim: »The House of Gibbs that made their dibs / By selling turds of foreign birds«.[14] (Die Firma Gibbs, die dadurch zu Geld kam, dass sie die Scheißhaufen ausländischer Vögel verkaufte.)

Dass man mit Vögeln ein Vermögen verdienen kann, sollte uns nicht überraschen. Wir brauchen nur an Boedis Haus in der bewachten Wohnanlage in Jakarta denken, bis unters Dach mit Schätzen vollgestopft; oder an den Börsenwert von Lebensmittelfirmen wie Tyson Foods oder Pilgrim's, die allwöchentlich Millionen von Hühnern aus Massentierhaltung schlachten. Das Ungewöhnliche an Tyntesfield ist nicht seine Beziehung zu Kormoranen, Tölpeln oder Pelikanen, sondern der Umstand, dass dieser viktorianisch-gotische Gebäudekomplex nicht aus dem Fleisch, den Federn, den Nestern oder Eiern der Vögel erbaut wurde, sondern aus ihren Exkrementen. Während ich durch die langen Korridore schlenderte, dachte ich nach über diesen extremen Akt der Alchemie, diese Verwandlung von Vogelmist in Ecktürmchen, Buntglasfenster und eine Kapelle. Wie war diese alchemistische Verwandlung vonstattengegangen? Wer waren die Menschen, die sie vollzogen hatten, und welche Beziehung hatten sie zu den Vögeln gehabt, die die goldenen Eier legten?

Viele der hier versammelten Objekte haben in der Natur eine notwendige Funktion. Byssus dient einer Molluske als Anker im Meeresboden; die Fasern schützen das Vikunja vor der Sonne und vor der extremen Kälte der Puna; das Endosperm einer Palme versorgt den Samen mit wertvollen Nährstoffen. Exkremente hingegen sind ein Abfallprodukt, das vom Organismus ausgeschieden wurde. Man hätte dieses Abfallprodukt entfernen können, ohne einen Ausgleich zu schaffen, ohne dass man einen Ersatz anbieten oder die Ernte auf eine bestimmte Menge beschränken musste. Und so bot Guano die Möglichkeit einer andersartigen, von jeder Verpflichtung entbundenen Beziehung; man konnte beliebig viel Guano sammeln ohne das Risiko der Zerstörung.

So schön ich Tyntesfield auch fand, es warf kaum Licht auf die Methode der Guanoernte, ihr System von Rechten und Pflichten. Abgesehen von den Vögeln auf dem Glasfenster fand ich sonst keinerlei Hinweis auf den Guanohandel. Das Gebäude roch nicht nach Fisch oder Ammoniak, sondern nach Staub, Reinigungsmitteln und war erfüllt von den angenehmen und weniger angenehmen Düften Tausender von Menschen, die Tyntesfield alljährlich besuchen. Geprägt waren die Räume nicht etwa vom Lebensrhythmus der Guanotölpel, sondern vom häuslichen Leben der Familie Gibbs. Man erfuhr allerlei über ihren Geschmack, über Williams Sohn Antony und seine Vorliebe für die Elfenbeindrechslerei oder über die Gestaltung der Voliere im Park. Kaum etwas erfuhr man jedoch über die Guanogewinnung. Diese riesigen Mengen von Exkrementen, Tausende von Meilen entfernt im Pazifik, hatten scheinbar nichts mit dem viktorianischen Landsitz zu tun, als sei das Haus ganz spontan aus der englischen Landschaft heraus entstanden.

In einem Sommer reiste ich auf die Chincha-Inseln, etwa 20 Kilometer vor der Küste Perus. Um drei Uhr morgens kam ich in der peruanischen Hafenstadt Pisco an. Beladen mit frischem Obst und Wasser, bat ich einen Fischer, mich auf die Inseln zu bringen. Er war es nicht gewohnt, Passagiere mitzunehmen, und zeigte sich überrascht. »Dort gibt es doch nichts«, sagte er. Es war dunkel im Hafen, bis auf die Lampen der Fischerboote, aber ich konnte erkennen, dass er einen dicken grauen, mit Oktopus-Tinte befleckten Wollpullover trug. Nach einer dreistündigen Reise, auf der uns Seelöwen und Guanokormorane in wunderbaren Formationen begleiteten, erspähte ich drei kleine Inselflecken. Die hatten sich allerdings schon vorher durch Guanogestank angekündigt, den man vielleicht als Mischung aus dem stechenden Geruch von Reinigungsflüssigkeiten und dem Gestank eines Fischmarkts am Ende eines heißen Tages beschreiben könnte.

Als Seefahrer im neunzehnten Jahrhundert die Chincha-Inseln besuchten, fanden sie dort gewaltige Berge von Exkrementen vor, etwa elf Stockwerke hoch.[15] Wie Sedimentgestein verdichtet sich Guano durch sein eigenes Gewicht zu dunklen, seifigen Schichten, die alles unter sich begraben[16]: Man hat in diesen Schichten Schmuckstücke, Artefakte und mindestens einen mumifizierten Pinguin gefunden. Als wir uns den Inseln näherten, sah ich, dass kaum noch etwas von diesen riesigen Guanohaufen übrig war, die nur durch Berichte von Landvermessern aus dem neunzehnten Jahrhundert oder seltene Schwarz-Weiß-Fotografien belegt sind. Stattdessen lag der dunkle Granit, aus dem die Inseln bestehen, flächendeckend unter einer dünnen weißen Guanoschicht; nur am Rand der Insel erkannte man seine Beschaffenheit – fleischroter Fels, sanft überspült vom guano-milchigen Wasser.

Seekrank und erschöpft kletterte ich, gehandicapt durch das mitgebrachte Frischobst, eine Strickleiter zum Bootssteg einer der Inseln hinauf. Ich wurde von einem untersetzten Mann begrüßt, der mehrere Goldzähne hatte. Flaviano war der Inselwächter und lebte hier in einer feuchten Holzhütte. Er murmelte etwas, nahm meinen Erlaubnisschein entgegen und lief zu seinem Büro, einem kleinen Raum mit Blick aufs Wasser. Während er einige Papiere ausfüllte, registrierte ich eine peruanische Flagge, eine Karte mit Vogelnistplätzen, den Kalender eines Zahnpastaherstellers und das Foto einer Frau, ausgeschnitten aus einem Pornomagazin und auf ein ramponiertes Klemmbrett geklebt, der erste von vielen solcher Ausschnitte, die ich auf der Insel noch zu Gesicht bekommen sollte. Flaviano bat mich, mich ins Gästebuch einzutragen, und ich schrieb meinen Namen in die erste Zeile. »Willkommen auf Chincha Norte«, sagte er, doch ich verstand ihn kaum, seine Stimme wurde vom Kreischen der Vögel übertönt.

Waren der Endpunkt des Guanohandels Landhäuser oder Vogelfleisch, als Delikatesse für die Stadtbewohner, dann waren die Chincha-Inseln die Quelle, der Ursprungsort. Einst gab es hier das größte Guanovorkommen der Welt, eine so gewaltige Menge an Vogelexkrementen, dass man glaubte, sie würde reichen, um Bauern weltweit tausend Jahre lang mit preiswertem Dünger zu versorgen.[17] In den 1840er- und 1850er-Jahren steuerten Hunderte und Aberhunderte von Schiffen die Chinchas und andere peruanische Guanoinseln an, um deren Schätze abzutransportieren. Wie Lagerstätten von Kohle vermessen werden, der Rohstoff, mit dem Guano am häufigsten verglichen wurde, wurden auch die Guanolagerstätten vermessen und der Guano abgebaut und verkauft.[18] Für die Guanogräber waren die Vögel einfach nur lästige Plagegeister, die sie verscheuchten oder aus Hunger auch aßen. Und so war die Vogelpopulation der Chincha-Inseln nach wenigen Jahrzehnten zusammengebrochen, eine unvergleichliche ökologische Katastrophe.

Ich dachte an die Plünderung der Niah-Höhlen, den Guanoabbau in der Großen Höhle, doch hier auf den Chinchas hatte eine noch viel grausamere Ausbeutung stattgefunden. Angesichts der gesundheitsschädlichen Bedingungen auf diesen Inseln waren nämlich nur wenige freie Männer bereit gewesen, hier zu arbeiten; und so begann der peruanische Geschäftsmann Domingo Elías ab 1849 »Kulis« aus China zu importieren, Vertragsarbeiter, die den Guano mühsam aufhacken und in Säcke schaufeln mussten. 1853 wurde berichtet, dass allein auf den Chincha-Inseln achthundert Chinesen sechs bis sieben Tage pro Woche in der sengenden Äquatorsonne schuften mussten, um ihre Schulden abzuarbeiten.[19] Augenzeugenberichten zufolge waren Auspeitschungen an der Tagesordnung, und viele Arbeiter starben durch Überlastung oder Suizid; Besucher berichteten, die Inseln seien mit Leichen übersät. »Dass sie sich zu Tode schuften müssen«, schrieb etwa George Washington Peck, ein amerikanischer Reisender, »ist ebenso offensichtlich, wie dass man in unseren Städten ausgemergelte Klepper zugrunde richtet.«[20]

Im juristischen Sinne galten die Vertragsarbeiter nicht als Sklaven, doch auf den Guanoinseln gab es da keinen Unterschied. »Einmal auf den Inseln angelangt«, schrieb ein Augenzeuge, »verlässt kaum [ein Guanogräber] sie jemals wieder, sondern bleibt dort als Sklave bis zu seinem Tod.«[21] Dem Historiker Watt Stewart zufolge ging die Entscheidung der Arbeiter, China zu verlassen, auf die politische Instabilität während des Taiping-Aufstands zurück.[22] Die Männer, alles Analphabeten, unterschrieben die Verträge, ohne ihren Inhalt zu kennen. Mehr als 10 000 Meilen von Peru entfernt, hatten sie keine Vorstellung von dem, was sie erwartete; Nötigung, Täuschung, Entführung und gewaltsame Anwerbung waren gang und gäbe. Schätzungen zufolge wurden innerhalb von siebenundzwanzig Jahren etwa zweiundneunzigtausend chinesische Vertragsarbeiter nach Peru transportiert, um auf den Plantagen und Guanoinseln zu schuften, wobei zehn Prozent dieser Männer bereits auf der Reise dorthin ums Leben kamen.[23]

Die Händler in Lima oder Callao waren vom Schauplatz der Guanogewinnung weit entfernt; für sie spiegelte sich das dortige Geschehen nur in Exportbriefen und Zahlen wider.[24] Kaum jemand verschwendete einen Gedanken an die gnadenlosen Arbeitsbedingungen. In Europa wurde der Guano als lebensspendende Substanz beworben. »Wenn jemals der Stein der Weisen, das Elixier des Lebens, das unfehlbare Katholikon, das universelle Lösungsmittel oder das Perpetuum mobile entdeckt wurden«, berichtet *The Farmer's Magazine* 1854, »so ist es die Verwendung von Guano in der Landwirtschaft.«[25] Doch je näher man den Inseln kam, dem Zentrum der Guanoproduktion, desto mehr zeigte sich, dass die wahre Bedeutung des Guano nicht Leben war, sondern Tod. »Die Inseln«, schrieb Peck, »kommen mir wie ein menschliches Schlachthaus vor, ja, ein Schlachthof für Menschen.«[26]

Als ich mit Flaviano über die Insel ging, fiel es mir schwer, diese Geschichte zu rekonstruieren, mir dieses Schlachthaus vorzustellen. Eidechsen huschten vor unseren Füßen davon, als glitten sie über den Guano. Wo sich einst die Bambushütten der Arbeiter drängten, sah ich jetzt nur noch die Nester der Kormorane und Guanotölpel. Statt eines Walds aus Hunderten von Schiffsmasten sah man in den Buchten jetzt nur noch ein paar kleine Fischerboote. Ich fragte Flaviano, ob es hier noch irgendwelche Spuren der Vergangenheit gebe, und er bot sich an, mir den *Cementerio* auf der anderen Seite der Insel zu zeigen. Jetzt, wo die Sonne höher am Himmel stand, wurden ihre Strahlen vom weißen Guano wie von Schnee reflektiert und verbrannten mir Kinn und Nase. Während der Guano unter meinen Lederstiefeln knirschte, fand ich es schwer, mich zu orientieren: Es gab keine Bäume, nur wenige Fixpunkte in diesem Meer aus Exkrementen. Guanoblind folgte ich Flaviano dicht auf den Fersen, abhängig von ihm wie vom Bergführer in einer Gletscherlandschaft. Nach ungefähr fünfzehn Minuten erreichten wir, was er mir zeigen wollte. Es war ein kleines Eisenkreuz, schief und verrostet, aus zwei Metallteilen zusammengefügt. »Hier ist er«, sagte er feierlich. »Das ist der chinesische Friedhof.«

Ich sah mich um, betrachtete diese scheinbar endlose Fläche aus Exkrementen. An einer Stelle wirkte der Guano etwas dunkler, wie von Feuer versengt. Doch vor uns waren keine Grabsteine, keine Markierungen außer diesem kleinen Kreuz, keinerlei menschliche Überreste. Der letzten Ruhestätte beraubt, waren die sterblichen Reste der Vertragsarbeiter verbrannt oder im Guano verscharrt worden, dann in Säcke verpackt und verschifft worden, Dünger für irgendein Feld in einem anderen Land. Auf dem Rückweg vom *Cementerio* beschloss ich schwimmen zu gehen, ging an Flavianos Hütte vorbei und an der Latrine, die oberhalb der Klippe hing, weiter hinab zum Strand. Als ich den Sandstrand entlanglief, bemerkte ich vor mir einen jungen Seelöwen, der keine Angst vor mir zu haben schien. Im Näherkommen sah ich, dass er zwar noch lebte, ihm aber der Schnabel eines Truthahngeiers den Leib aufgerissen hatte; das blutige Gedärm hob sich leuchtend rot von den Gelb- und Weißtönen des Guano und dem hellen Braun des Fells ab. Diese Farbexplosion erweckte die alte Geschichte der Insel zum Leben und kolorierte meine mitgebrachten Schwarz-Weiß-Fotografien. An jenem Tag bin ich dann nicht mehr schwimmen gegangen.

Wenn das erste Objekt in diesem Buch für eine utopische Vision stand, dann stand der Guano des neunzehnten Jahrhunderts für das exakte Gegenteil – der größtmögliche Kontrast zur Eiderdaune. Denke ich an die anderen Objekte zurück, könnte ich keine Stätte finden, nicht einmal die Niah-Höhlen oder die Käfige auf Bali, die dem Wahnsinn des Guanoabbaus auf den Chinchas vergleichbar wäre. Als Alexander Duffield, ein britischer Ingenieur, die Inseln in den 1870er-Jahren besuchte, berichtete er, dass »ebendiese Inseln wie Tiere wirkten, denen man den Kopf abgeschnitten hat, oder wie riesige Sarkophage – mit einem Wort wie etwas, das an Tod und Grab erinnert«.[27] 1870 waren die Guanovorkommen restlos erschöpft; Der geschäftstüchtige Gibbs zog einfach weiter und vermarktete stattdessen chilenisches Nitrat.[28]

Anfang der 1860er-Jahre besuchte der amerikanische Fotograf Henry Moulton die Chincha-Inseln.[29] Kurz vor seiner Ankunft hatten die Spanier die Inseln besetzt und schickten einen Trupp Marinesoldaten, um die Guanovorkommen zu beschlagnahmen und den peruanischen Staat zu lähmen.[30] Es war ein bedeutsamer historischer Moment, der letzte verzweifelte Versuch Spaniens, nach dem Verlust der Kolonien wieder an Einfluss in Südamerika zu gewinnen; und doch richtete sich Moultons Augenmerk vor allem auf die Guanohügel, deren verschiedene Formen, Schatten und Oberflächenstruktur.[31] Betrachtet man Moultons Fotos, sieht man einen Angriff auf einen Berg. Als kleine Pünktchen stehen die Arbeiter am Fuß des Guanohügels und fallen mit ihren Spitzhacken über seine Flanke her wie Fliegen über einen Kadaver.

Während der Große Haufen zerstückelt wurde, machte sich William Gibbs an die umfangreiche Renovierung Tyntesfields, für die er die Dienste des bekannten neugotischen Architekten John Norton in Anspruch nahm.[32] Er erweiterte das Haus auf die doppelte Größe, versah das Dach mit Türmen, Giebeln, Tourellen und Zinnen und vervielfachte die Zahl der Buntglasfenster. Nach einem Rom-Besuch beauftragte Gibbs den Bildhauer Lawrence Macdonald mit der Anfertigung einer weißen Marmorskulptur; sie sollte seine Tochter darstellen, wie sie gerade einen kleinen Vogel liebkost.[33] 1872 bat Gibbs dann den Architekten Arthur Blomfield, an der Nordseite des Hauses eine Kapelle zu bauen – nach dem Vorbild der Sainte-Chapelle in Paris –, in der er später zur Ruhe gebettet werden wollte.[34] »Das schöne Haus«, bemerkte die Schriftstellerin Charlotte Mary Yonge im selben Jahr, »glich von der Stimmung her einer Kirche.«[35]

Selbst als die gesamten Guanovorkommen Perus erschöpft waren, wuchs Tyntesfield weiter oder gewann zumindest an Wert. Im Jahr 2002, über hundert Jahre nach dem Ende der Guano-Epoche, erwarb der National Trust das Anwesen samt Mobiliar für 24 Millionen Pfund.[36] Ich dachte an meine eigene familiäre Verbindung zu den Gerbereien in Runcorn, mit denen es in den 1950er- und 1960er-Jahren zu Ende gegangen war. Selbst heute noch, Jahrzehnte nach der Entlassung ihrer Arbeiter, war meine Geschichte mit diesen Fabriken verbunden – mit den Tierhäuten, mit der zum Gerben verwendeten Eichenrinde und mit den schwer arbeitenden Männern, die die Häute in Bottiche tauchten. Die Gewinne aus Runcorns Gerbereien flossen nicht nur in Gerberei-Stipendien und eine Kathedrale im indischen Medak, sondern leisteten auch einen Beitrag zu meiner Ausbildung in einem englischen Provinzinternat. Verband sich also mit Tyntesfield der Gestank der Chincha-Inseln, trifft es vielleicht teilweise zu, dass dieses Buch nach Tierhaut und Fleisch riecht.

Als ich jetzt über die Insel Chincha Norte lief, fiel es mir schwer, diesen Ort mit Tyntesfield zu verknüpfen. Im Gegensatz zum Landsitz erhalten die Inseln kaum Besuch, bis auf ein paar Biologen, die hier die Vogelwelt studieren. Da es nicht regnet, gibt es hier keine Vegetation, keine üppigen Gärten, wo man im Schatten sitzen kann; Flaviano besaß nur eine Pflanze, eine *Maracuyá* oder Passionsfrucht, um die er sich hingebungsvoll kümmerte. Statt der Farbenvielfalt der Bleiglasfenster gab es hier nur eine einzige Farbe, das Marmorweiß des Guano, statt der Kapelle von Tyntesfield ein verrostetes Kreuz. Die einzige Parallele, die ich fand, waren Vogelabbildungen in den Fenstern. Auf einigen Inseln hatten die Wächter auf geniale Weise einen transparenten Plastiksack in eine Fensterscheibe verwandelt. Auf der Vorderseite prangte das Bild eines Guanokormorans, des wichtigsten Guano produzierenden Vogel Perus. Anders als in den stilisierten Glasmalereien von Guanotölpeln in Tyntesfield, ist hier die Form des Vogels exakt wiedergegeben, sein langer Hals, der dunkle Körper und die weiße Brust, was darauf hinweist, dass der Maler mit dem Tier, das er abbildete, vertraut war. Wie ein Buntglasfenster ließ auch der Sack etwas Licht in die Hütte, tauchte das feuchte Holz in einen gelblichen Schimmer, und man sah auf der Plastikfolie die aufgemalte Vogelsilhouette.

Auf meiner Reise durch Peru, vom Anden-Hochland bis hinab in die Küstengebiete, sah ich oft solche Säcke, allerdings noch voll, die für nur 50 Soles, etwa 15 Dollar, zum Verkauf angeboten wurden. Meist stand daneben ein großes Schild mit der Abbildung eines Kormorans. Die Säcke enthielten billigen organischen Dünger von den Inseln, ein Kontrapunkt zum Kunstdünger, der jetzt den Markt beherrscht. Beim Anblick des abgebildeten Guanokormorans zuckte ich instinktiv zurück, weil ich die Säcke mit den Chincha-Inseln assoziierte, diesem Schlachthaus für Menschen. Doch gewisse Anzeichen deuteten auf einen Bruch mit der Vergangenheit hin. Ich steckte die Hand in einen der Säcke, nahm etwas von dem Pulver auf und wollte daran schnuppern, aber das war nicht nötig: Der Geruch strömte mir schon entgegen. Niesend und würgend verschloss ich den Sack, aber der Geist war längst aus der Flasche.

Während der Guano-Ära bestand der abgebaute und verkaufte Guano aus verwitterten Ablagerungen, deren Konsistenz einige Beobachter zu der Annahme veranlasste, es handle sich um fossilienhaltige Ablagerungen, die »Anhäufung von Tier- und Pflanzenleichen«.[37] Doch eigentlich war keine Verwechslung möglich, dieses körnige Pulver ließ sich nicht mit einem Kohleflöz vergleichen. Es roch fischig-faulig und stammte eindeutig von Vögeln. Auf die Guanosäcke war in fetten roten Großbuchstaben ein Wort gestempelt – *artesanal* –, dessen Bedeutung irgendwie nicht zur Natur des Inhalts passte. Einem ganz ähnlichen Wort war ich auf Sardinien viele Male begegnet. Dort bezeichnete es hoch qualifizierte Weberinnen und Weber und ihre geduldige Arbeit, das Ernten der Fasern und ihre Verarbeitung zu komplexen Mustern. Wo lag die Kunst des Guano? Konnte jemand ein Maestro der Exkremente sein?

In Lima erklärte mir Carla Cepeda, eine peruanische Biologin, dann tatsächlich die Kunst der Guanogewinnung. Jedes Jahr küren sie und ihr Beamtenteam von Agro Rural, einem staatlichen Organ, eine der Guanoinseln zu dem Ort, an dem jeweils die Ernte stattfindet. »Wir wählen nur Inseln aus, auf denen mindestens fünf Jahre lang nicht geerntet wurde. Damit wir die Vögel nicht stören und sie in Ruhe ihre Nester bauen können; damit sich Guano ansammelt.« Ist die Wahl auf eine Insel gefallen, machen sich etwa vierhundert Männer an die Guanoernte und wohnen während dieser Zeit in Betonklötzen oder Zelten. Sie stehen in den frühen Morgenstunden auf, um die Zeit zu nutzen, bevor die Sonne vom Himmel brennt, stärken sich mit einem Haferflocken-Frühstück und beginnen dann die Exkrementschichten aufzuhacken und in Säcke zu schaufeln. »Für diesen Job muss man sehr tough sein«, sagte mir Carla. »Viele [dieser Männer] machen das seit Generationen. Ich habe Großväter, Väter und Söhne gesehen.«

Im neunzehnten Jahrhundert wurde auf die Inselvögel wenig Rücksicht genommen: Sie wurden gejagt, als Haustiere gehalten oder einfach von den Inseln vertrieben.[38] Bei dieser Ernte jedoch wird dem Leben auf der Insel, ganz anders als in jenen dunklen Zeiten, sehr viel Aufmerksamkeit geschenkt. »Wenn die Vögel brüten, darf man die Inseln keinesfalls betreten. Falls wir brütende Weibchen oder Eier finden, brechen wir die Ernte sofort ab und müssen eine andere Möglichkeit finden.« Die Arbeit kann sehr anstrengend und frustrierend sein. In dem Jahr, in dem ich Peru besuchte, hatte Carla eine Insel, Macabí, als Ernteort gewählt, blies die Aktion dann aber rasch wieder ab. »Es gab ein Dilemma mit unseren Freunden, den Pinguinen; die fielen eines Tages quasi auf der Insel ein und begannen sich zu paaren.«

Im Jahr 1907 reiste ein junger Ornithologe namens Robert Coker auf die Guanoinseln.[39] Kurz nach seiner Promotion an der Johns Hopkins University sollte er im Auftrag der peruanischen Regierung die dortigen Fischgründe erforschen. Im Lauf eines Jahres reiste er immer wieder auf die Inseln, per Dampfschiff oder Frachtschaluppe, beobachtete die Vögel und zeltete im Freien auf dem Guano.[40] »Wenn man nicht unbedingt sein Wannenbad braucht und andere »Annehmlichkeiten der Zivilisation«, schrieb er, »wird man die Erfahrung, auf einer peruanischen Insel zu zelten, nie bereuen.«[41] Wie ein Eiderentenbauer watete er mitten in die Kolonien hinein und verharrte dort, während die Vögel rings um ihn zurückwichen. »Wenn man reglos wartet und viel Geduld aufbringt, kehren die Vögel nach einer Weile in die Nester zurück, bis der Beobachter von ihnen umringt ist.«[42]

Zur Zeit von Cokers Besuch trugen die Inseln noch die Narben der Guano-Ära: Von den Ablagerungen des verwitterten Guano war quasi nichts mehr vorhanden, die Inseln waren mit den offenen Särgen chinesischer Arbeiter übersät, ihre Knochen lagen auf dem Guano verstreut. Doch Coker hielt sich nicht lange bei den Ungerechtigkeiten dieses Sklavenhandels, der Archäologie der Guanogewinnung oder des globalen Düngemittelmarktes auf. Er konzentrierte sich auf die Vögel, die auf den Inseln lebten: riesige Kolonien von Pelikanen und Guanokormoranen, eine kolossale lebende Fläche, die die ganzen Inseln bedeckt und ständig frischen Guano produziert. Auf der Insel Chincha Sud gab es seiner Schätzung nach 180 000 Guanokormoran-Paare, die jährlich 6400 Tonnen Exkremente erzeugten.[43] »Allein schon die Vögel auf der Insel Chincha Sud ...«, so lautete sein Kommentar, »könnten durchaus als ein Vermögenswert im Wert von mehreren Millionen Dollar gelten.«[44]

Wie Coker aufzeigte, war den Inka bewusst, dass lebendige Vögel große Mengen Guano produzieren. Laut Garcilaso de la Vega beschützten die Inka diese Guano erzeugenden Vögel; wer sie tötete, wurde streng bestraft.[45] Doch während der Guano-Ära missachtete man den Nutzen lebendiger Vögel, die Coker als »arglose Akteure bei der Schaffung der Bergwerke des Reichtums« bezeichnete.[46] Ein wütender und frustrierter Ton durchzieht seine Nacherzählung dieser Geschichte. Er verurteilte frühere Reisende wie Humboldt, die die Fähigkeit lebender Vögel, Guano zu produzieren, ignorierten oder unterschätzten. »Hätte Humboldt die richtige Information geliefert«, so klagte er, »hätte man vielleicht früher erkannt, dass es von kommerziellem Nutzen war, die Vögel so zu schützen, wie dies in der Zeit vor der Eroberung geschehen war.«[47]

Lassen Cokers Worte einerseits Ärger durchblicken, verraten sie andererseits doch auch großen Optimismus, vor allem im Hinblick darauf, dass sich frühere Fehler vermeiden ließen, wenn man sich klarmachte, welchen Wert die Exkremente der Vögel besaßen. Unter Hinweis auf den Wert der Vögel schlug Coker der peruanischen Regierung vor, die Guanoinseln zu verstaatlichen, eine turnusmäßige Ernte einzuführen und die Vögel zu schützen. »Die Vögel«, schrieb er, »dürfen nicht mehr wie wilde Tiere behandelt werden, deren Heimstätten die Menschen fast wie Raubtiere überfallen können, um das nützliche Produkt an sich zu reißen ohne Rücksicht auf die Vögel, die es erzeugen. Eine intelligentere Politik wird die Vögel wie Haustiere betrachten, die nützliche Arbeit verrichten und aus denen man umso größeren Nutzen zieht, je besser und klüger man für ihr Wohlergehen Sorge trägt.«[48]

Nachdem ich so viel über die Exzesse der Guano-Ära gelesen hatte, fühlte ich mich von Cokers Plänen, deren Kühnheit und Idealismus, sehr angezogen. Im Alter von nur dreißig Jahren hatte Coker den Auftrag erhalten, einen Bericht über die peruanischen Fischgründe zu verfassen, und herausgekommen war der Vorschlag für eine neue Industrie, die Naturschutz und Profit miteinander verband. Seine Vision, seine Hinweise auf den Naturschutz bei den Inka müssen damals lächerlich idealistisch, ja beinahe utopisch gewirkt haben. Man muss der peruanischen Regierung aber zugutehalten, dass sie seinen Rat befolgte und die meisten Guanoinseln verstaatlichte. Man gründete eine Aktiengesellschaft – die Compañía Administradora del Guano (CAG) –, die das ausschließliche Recht zur Ernte und zum Verkauf von Guano erhielt.[49] Um die Guanoernte zu maximieren, mussten die Vögel aber auch geschützt werden. Man stationierte Inselwächter wie Flaviano, die das Wohlergehen der Vögel überwachen sollten, und organisierte die Ernte turnusmäßig, was den Vögeln Zeit ließ, sich von der Störung wieder zu erholen. Und tatsächlich kehrten die Vögel allmählich zurück.

Über hundert Jahre nach Cokers Besuch wird immer noch auf zweiundzwanzig Inseln und elf Landzungen frischer Guano geerntet. Im Jahr meines Peru-Besuchs hatte Agro Rural – die moderne Reinkarnation der CAG – Mazorca zum Ort der Guanoernte bestimmt. Die Insel Mazorca, die etwa 80 Meter schroff aus dem Meer aufragt, ist spektakulärer als die drei Chinchas und erinnert beinahe an den Granitgipfel eines Alpengebirges.[50] Obwohl der Guano dort von denselben Vögeln produziert wird, riecht er anders, sieht anders aus und fühlt sich auch ganz anders an als auf den Chinchas. Vom Dunst des Meers und gelegentlichen Niederschlägen befeuchtet, ähnelt der Guano Mazorcas mehr der klebrigen, braunen Erde von Nuars Höhle als dem trockenen, ammoniakhaltigen Staub der drei viel weiter südlich gelegenen Chincha-Inseln.

Als ich in einem Motorboot auf Mazorca zufuhr, sah ich die Erzeuger des frischen Guano – Guanokormorane und Guanotölpel – wie große schwarz-weiße Kleckse auf den höher gelegenen Hängen der Insel. Die steilen Klippen und Hänge wimmelten nur so von ihnen, man sah überall nur noch Gefieder. Wir assoziieren derart große Ansammlungen von Vögeln oft mit Massentierhaltung, doch diese Seevögel hatten sich frei dafür entschieden, in einer riesigen, dicht gedrängten Gruppe zu nisten, und bildeten eine gigantische biologische Düngemittelfabrik. Täglich stürzten sie sich von der Klippe, um Fische zu verschlingen, kehrten zu ihren Nestern zurück und ließen ihre ammoniakreichen Exkremente fallen, die die konstante Äquatorhitze dörrte. Dies war ein nie endender Prozess, und hätte ein Monat sich in einen Augenblick verwandelt, wäre die Insel aufgegangen wie ein Brotlaib und hätte einen immer länger werdenden Schatten übers Wasser geworfen.

Abseits der Vögel entdeckte ich geisterhafte, mit gelbem Staub bedeckte Gestalten. Sie brachen mit Spaten eine Guanoschicht auf und schippten den Ertrag in Säcke, die sie zu ordentlichen Pyramiden aufschichteten. Auf ihrem Weg die Klippenwand hinauf wurde die braune verwitterte Guanoschicht allmählich vom strahlenden Weiß des mit frischem Guano bestäubten Granits abgelöst. Es wirkte, als würden sie die Insel säubern, diesen Felsbrocken hegen und pflegen, auf dem nie irgendetwas wachsen würde. Eine Bilderserie des namhaften brasilianischen Fotografen Sebāstiao Salgado zeigt die Serra-Pelada-Mine in Brasilien, 270 Meilen südlich der Amazonasmündung. 1979 fand dort ein einheimisches Mädchen in einem Fluß 6 Gramm Gold, was zu einem Goldrausch führte, wie es ihn in der Geschichte des Landes selten zuvor gegeben hatte. In der Hoffnung auf Reichtum stiegen Tausende in die Mine hinab und verwandelten sie in den reinsten Ameisenhaufen. »Niemand [von diesen Leuten] wird dort gewaltsam hingebracht«, erinnerte sich Salgado, »doch kaum sind sie angekommen, werden sie zu Sklaven ihres Traums vom Gold und des Überlebenskampfs. Wenn man einmal hineingeraten ist, schafft man es nicht mehr heraus.«[51] Wie diese Minenarbeiter in Brasilien waren auch die Guanogräber staubig und dreckig und schleppten schwere Lasten, doch hier endet der Vergleich auch schon. Jeder Guanogräber erhielt seinen Lohn, unabhängig vom Wert des Guanos, den er gegraben hatte. Die Hoffnung jedoch, dass einer der Goldgräber einen fast 6,8 Kilogramm schweren Goldklumpen finden würde, wie es in Serra Pelada geschehen war, und plötzlich zu Reichtum gelangte, diese Hoffnung gab es nicht. Die Insel hingegen, die mehr einer Baustelle als einer Goldmine glich, bot statt der Chance auf einen Glückstreffer feste Löhne.

Es hatte vor ein paar Tagen geregnet, und der feuchte, klebrige Guano roch penetrant nach frischem Fisch. Aus Sorge, dass er einem unter den Füßen wegrutschen könnte, hatten die Leute von Agro Rural entlang der Pfade große Mengen von Federn ausgelegt – ein Abfallprodukt bei der Guanoernte –, die nun ein weiß bepudertes Gitter bildeten. Als ich mit den Männern den Pfad zum Gipfel der Insel hinaufstieg, klebte der Guano in großen Batzen an unseren Stiefeln, zäh und schwer wie Lehm. Mühsam kämpften wir uns über die steile Flanke der Insel hinauf, und unsere Stiefel versanken knöcheltief im frischen Guano, instabil wie Vulkansand, der leicht unter den Füßen weggleiten kann. Während wir weiter bergauf stiegen, stürzten sich von oben Guanokormorane ins Meer, um Fische zu fangen, und kugelten fast den Hang hinab. Einen der Männer traf die volle Ladung eines Kormorans. »*Plata*«, sagte er und meinte damit »Silber«, als Verweis auf den einstigen Wert von Guano. Wenn man in der Stadt von Vogelkacke getroffen wird, soll das Glück bringen, als kleiner Trost für die Unannehmlichkeit. Auf den Guanoinseln jedoch sprach niemand von Glück; bei einer so gigantischen Zahl von Vögeln waren Volltreffer schlicht unvermeidlich.

Hoch oben auf der Klippe stand ein kleines, von samtgrünen Algen überzogenes automatisiertes Leuchtfeuer. Irgendwie zog es mich unwiderstehlich an, ohne dass ich wusste warum. Ich strich mit der Hand darüber. Dann wurde mir klar, dass dies, inmitten brauner Erde, das einzige Grün auf der gesamten Insel war, eine Erinnerung ans Festland. Wir sogen die Luft ein in der Hoffnung, etwas von der Meeresbrise zu erhaschen, aber da war nur der Gestank nach Ammoniak und faulem Fisch, freigesetzt durch die Feuchtigkeit der letzten Tage. Ich dachte an meine Zeit in Nuars Höhle zurück, Nuar, der inmitten der Vögel lebte. Genau wie die Männer hier, ertrug auch er die Gesellschaft der Vögel und nahm den Dung und die Insekten hin. Trotzdem wirkte die Insel viel rauer als seine Höhle, denn diese Insellandschaft schien fast darauf angelegt, den menschlichen Körper zu entwürdigen. »Es gibt hier kein Moos, keine Flechten, kein Gras, keinen Zweig, kein Unkraut, auch im Umkreis von über 100 Meilen nicht«, erklärte Alexander Duffield im neunzehnten Jahrhundert. »Selbst das Meer schwemmt kein Blatt an.«[52]

Da es keine Gemüsebeete oder Nutztiere gibt, müssen die Angestellten von Agro Rural tonnenweise Lebensmittel vom Festland nach Mazorca transportieren, wo sie von der Inselköchin, Marleni Ordóñez, zubereitet werden, die oft während der gesamten Saison hier auf der Insel die einzige Frau ist. In einem ruhigen Augenblick stahl ich mich davon, um sie zu treffen, und stieg die Stufen zur Inselküche hinunter. Marleni war um die fünfzig und rührte gerade in einem riesigen Metallbottich voller Kartoffeln. Sie trug ein Plastikhaarnetz, eine großartige Vorsichtsmaßnahme auf dieser mit Exkrementen und Zecken übersäten Insel. Die Guanogräber »essen eine ganze Menge«, erzählte sie mir und gönnte sich eine kurze Pause vom Rühren. »Die sind wie Bauarbeiter.« Ich hatte mir vorgestellt, dass es für eine einzelne Frau doch beängstigend sein könnte, mit so vielen Männern allein auf der Insel zu leben, aber Marleni wirkte alles andere als verängstigt. »Ich bin es gewohnt«, sagte sie lachend. »Die laufen hier ja dauernd in Unterwäsche um. Ich bin wie eine Schwester oder eine Mutter für sie.«

Genau wie Coker es einst vorgeschlagen hatte, lagen die Unterkünfte der Männer weit von den nistenden Vögeln entfernt. An der Nordspitze der Insel zusammengedrängt, schliefen sie in behelfsmäßigen Verschlägen, die aus Gestellen und blauen Zeltplanen errichtet waren, vom Guano weiß und braun verfleckt. Während die Vögel frei über die Insel streifen konnten, war der Bewegungsspielraum der Arbeiter eingeschränkt; unter beengten Bedingungen verrichteten sie ihre Notdurft in kleinen, über der Klippe schwebenden Latrinen, und während der kostbare Dung der Vögel gesammelt wurde, plumpsten ihre Exkremente ins Meer. Obwohl ich mich nicht mit ihnen verständigen konnte, sah ich, welche Belastung es für sie bedeutete, dass ihre eigenen Rechte durch die Bedürfnisse der Vögel eingeschränkt wurden. »Eine sehr hohe Zahl von Arbeitern springt leider ab«, erklärte ein Vertreter von Agro Rural im Jahr 2016, »trotz der Tatsache, dass wir ihnen in den letzten drei Jahren erstklassige Arbeitsbedingungen geboten haben. Auf mehr als der Hälfte der Inseln gibt es Kabelfernsehen und Fotovoltaikbeleuchtung. Aber wir dürfen den Vögeln keine Antennen oder Generatoren zumuten. Maschinen auch nicht. Denn das Allerwichtigste [für die Vögel] ist der Schutz ihrer Umwelt. Keine Vögel, kein Guano.«[53]

Ich dachte an die Männer und Frauen in Island, die Eiderdaunen sammelten. Zu Beginn des zwanzigsten Jahrhunderts hatte Robert Coker sich um eine neue Übereinkunft zwischen den Guanosammlern und den Vögeln bemüht, weil er die Logik von Tyntesfield durch die Logik der Eiderdaunen ersetzen wollte. Als ich hier durch den Guano watete, wurde mir klar, wie schwer es ist, diese Balance von Neuem herzustellen, die Übereinkunft mit diesen Vögeln, die die Präsenz des Menschen kaum tolerieren, ganz anders als die »Scheunentor«-Enten der Westfjorde. Auch die hüfttief im Dung stehenden Guanogräber schienen sich nicht groß um die Seevögel zu kümmern, den ungewohnten Anblick der Guanokormorane und Guanotölpel. Eher Lohnarbeiter als Bauern, bekamen sie 430 Dollar im Monat, ein Festgehalt statt des Gewinns aus dem Verkauf. In den Anfangsjahren trampelten die Guanogräber oft rücksichtslos über die Vögel hinweg und störten ihr Brutverhalten, ein Missstand, dem mittlerweile von Beobachtern von SERNANP, einer peruanischen Naturschutzorganisation, Einhalt geboten wurde.[54] Das ganze System basiert mehr auf Kontrolle und Regulierung als auf einem natürlichen Gleichgewicht.

Wie fragil der Pakt zwischen diesen Vögeln und den Guanogräbern auch immer sein mag, es ist kaum denkbar, dass er in absehbarer Zukunft wieder durch eine derart rücksichtslose Ausbeutung wie im neunzehnten Jahrhundert gebrochen wird. Anfang des zwanzigsten Jahrhunderts entwickelten die deutschen Wissenschaftler Fritz Haber und Carl Bosch ein technisches Verfahren für die Synthese von Ammoniak aus dem Stickstoff der Atmosphäre mithilfe von Elektrizität und einem Metallkatalysator.

Ähnlich wie Ölraffinerien gehören jetzt auch Düngemittelfabriken, die das Haber-Bosch-Verfahren nutzen, zu unserem Landschaftsbild. Wenn Sie mal in ein Gartencenter gehen und nach Düngemitteln suchen, werden Sie wahrscheinlich gar keinen Guano mehr finden; die allermeisten Früchte, Gemüse und Samen, die wir essen, wurden mit aus der Luft gezauberten Nitraten gedüngt, nicht mehr mit Vogelmist. Global gesehen spielt Guano als Dünger keine relevante Rolle mehr, er hat fast nur noch politische und symbolische Bedeutung.

Die bemerkenswerte Entdeckung der beiden Chemiker löste das drängende Problem, die rasch wachsende Weltbevölkerung zu ernähren, entfesselte aber auch eine ganze Reihe ungewollter Konsequenzen, von der Sprengstoffentwicklung bis hin zur weitverbreiteten Eutrophierung von Gewässern, die zu Algenblüte führt. Auch erfordert die Kunstdüngerherstellung enorme Mengen an Energie, die größtenteils aus der Verbrennung fossiler Energieträger, insbesondere Erdgas, stammt; einer Schätzung zufolge war im Jahr 2004 die Düngemittelfabrikation für bis zu 1,2 Prozent der gesamten vom Menschen verursachten Treibhausgasemissionen verantwortlich.[55]

Es wurde angedeutet, Guano könne womöglich irgendwann eine Lösung für diese Probleme bieten. Im frühen zwanzigsten Jahrhundert baute ein deutscher Zimmermann namens Adolf Winter in Walvis Bay vor Namibias Küste eine kleine Holzplattform, in der Hoffnung, damit Seevögel anzulocken und ihren Guano zu ernten.[56] Er erweiterte die Plattform im Lauf der Jahre, sodass sie 1938 die Größe von drei Fußballfeldern einnahm und einen konstanten Vorrat an Guano lieferte. Obwohl Perus Küstengewässer viel tiefer sind als die von Walvis Bay, ließe sich der Guanoertrag durch den Bau schwimmender Vogelplattformen theoretisch erhöhen, aber ich glaube trotzdem nicht, dass dies dem steigenden Druck durch das stetige Bevölkerungswachstum abhelfen würde. Gregory

T. Cushman verweist darauf, dass die gesamte im neunzehnten Jahrhundert in Peru durch Guano- und Nitratgewinnung abgebaute Stickstoffmenge im Jahr 2000 von Haber-Bosch-Fabriken in nur zehn Tagen synthetisch erzeugt werden konnte.[57]

Wie im Fall der Taguanuss konnte ich mir auch beim Guano nicht vorstellen, dass er die Uhr zurückdrehen und die synthetische Alternative ersetzen würde, die ihn in eine Nischenposition verbannt hat. Und doch verspürte ich im Fall des Guano keine so tiefe Enttäuschung wie damals, als mir klar wurde, dass der Traum, die von Kunststoffen verdrängte Taguanuss könnte eines Tages vielleicht ihrerseits wieder Kunststoffe ersetzen, vollkommen abwegig war. Was den Guano betraf, genügte es mir schon, dass auf Perus Guanoinseln eine Koexistenz von Vögeln und Menschen möglich war. Auch wenn die Guanogewinnung eine unschöne Angelegenheit ist und die Guanogräber ein schweres Leben haben, hat die peruanische Regierung doch immerhin einen Weg gefunden, dass Vögel, Männer und eine Frau auf so beengtem Raum zusammenleben können. Diese kleine Insel, eine Utopie – aus den Trümmern errichtet, die die Gewaltorgien der Guano-Ära hinterlassen hatten –, gab einem doch ein bisschen Hoffnung.

Als ich aufs Meer hinausblickte, zeugte die schiere Zahl der Vögel davon, dass diese Beziehung sich fortsetzen würde. Endlose Formationen fliegender Vögel – Kormorane, Pelikane und Tölpel – zerschnitten den strahlend blauen Himmel. In der Luft besaßen diese Seevögel eine Eleganz, die ihnen an Land völlig abging, als würde sie der Akt des Fliegens verwandeln. In langen Reihen flogen die Pelikane Patrouille, strichen mit ihren mächtigen Schwingen übers Wasser. Als ich sah, wie sie die Bewegung der Wellen unter sich genau verfolgten, begriff ich, warum das spanische Wort für »Pelikan«, *alcatraz*, vielleicht vom arabischen *al-ġattās* herstammt, das eine Seeadler-Art bezeichnet.[58] So dicht über der Wasseroberfläche zu fliegen wirkte wie eine Demonstration der eigenen Geschicklichkeit, ein spektakuläres Kunststück im Rahmen einer Flugshow, aber die Pelikane profitieren ungemein davon, so übers Wasser zu streichen – sie sparen Energie, weil sich die Luftströmungsmuster in so geringer Höhe kaum verändern.[59] Hoch über den Pelikanen zogen riesige

Schwärme von Guanokormoranen über den Himmel, die sich zum Fischfang aufmachten. Verglichen mit den Pelikanen wirkten sie chaotisch, ständig lösten sich ihre Reihen auf und formierten sich neu; zuweilen schoss ein Guanotölpel, der sich für einen Kormoran halten mochte, wie eine Rakete dazwischen. Kormorane sind auf der ganzen Welt so stark verbreitet, dass man oft gar nicht mehr über sie staunt, doch als ich jetzt zu ihnen aufblickte, wie sie in langen Reihen über den Himmel zogen, bewunderte ich ihre weiße Brust, die eher an Vögel der Antarktis erinnert. Die Intensität dieser Farbe faszinierte den Ornithologen Robert Cushman Murphy, der in den 1920er-Jahren lange Zeit mit dem Studium peruanischer Seevögel verbrachte.[60] Normalerweise, stellte er fest, hätten dieses weiße Brustgefieder Kormorane aus dem tiefen Süden; das Weiß der Guanokormorane, auf einem Breitengrad nahe dem Äquator, deute wohl auf die Auswirkungen des Humboldtstroms hin, dessen niedrige Temperaturen die gesamte Westküste Südamerikas abkühlen.

    Seit Ornithologen und Reisende im sechzehnten Jahrhundert zum ersten Mal die Küste Perus besuchten, haben sie sich bemüht, anderen Menschen eine Vorstellung von der ungeheuren Anzahl von Vögeln zu vermitteln, die es dort gibt; dabei greifen sie oft zu bildhaften Formulierungen, sprechen zum Beispiel davon, dass die Vögel die Inseln wie ein riesiger schwarzer Ölteppich bedecken oder wie mächtige Wolken stundenlang das Sonnenlicht aussperren. So groß war die Zahl der Vögel auf diesen Inseln, dass selbst der leidenschaftlichste Ornithologe oder Besucher irgendwann ermüdete und Erschöpfung oder gar Abscheu empfand. »Ich habe sie millionenfach am Himmel gesehen, das reinste Gewimmel, wie Insekten auf einem Blatt oder Ungeziefer in einem spanischen Bett«, schrieb Duffield. »Jetzt mache ich mir nichts mehr aus Vögeln.«[61] Nachdem ich sie mehrere Stunden lang beobachtet hatte, ermüdete auch ich, überwältigt von ihrer schieren Masse.

    Es sollten mehrere Monate vergehen, bis weiß glitzernder, guanobedeckter Granit die braune Erde ersetzte. Mehrere Monate, bis der ganze Guano in Säcke gefüllt war, die an Kabeln zu den wartenden Lastkähnen hinuntersausten, deren Ziel Callao war. Nach getaner Arbeit würden die Guanogräber ins Hochland der Anden, die Vertreter von Agro Rural nach Lima zurückkehren, und allen würde immer noch der Guanogeruch anhaften. Nur die Inselwächter würden bleiben und die Vögel und ihre Exkremente hüten.

Der Vogelschutz, der die Guanoernte maximieren sollte, war auf diesen Inseln einmal sehr aktiv.[62] Man setzte regelmäßig Eidechsen aus, die die Zecken fressen sollten, von denen man glaubte, sie bereiteten den Vögeln gesundheitliche Probleme; Raubvögel wurden in großer Zahl gejagt; die Inseln wurden sogar gesäubert, um mehr Niststätten zu ermöglichen. Heute jedoch besteht die Verantwortung der Wächter hauptsächlich darin, den Guano und die Vögel vor Dieben und Jägern zu schützen. Ein klösterlicheres Dasein kann man sich kaum vorstellen: Sie arbeiten zu zweit, stehen um sechs Uhr auf, ziehen mit einer weißen Karte über die Insel, tragen mit einem schwarzen Stift Markierungen ein, um die Nistplätze der Vögel zu bezeichnen, säubern ihre alten, durchnässten Hütten, messen die Wassertemperatur, fischen und bereiten Mahlzeiten zu.»Wir Inselwächter arbeiten immer schweigend«, erzählte mir Ricardo Moreno, der älteste Wächter.

Jetzt, wo ich dies schreibe, denke ich an Flaviano zurück, den Inselwächter auf Chincha Norte. Einige Jahre vor unserer Begegnung hatte er seinen Job als Guanogräber an den Nagel gehängt, war Wächter geworden und hatte sein ganzes Einkommen in Goldzähne investiert. Er war nur drei Tage vor mir geboren, wirkte aber wesentlich älter. Die sengende Sonne, vom Guano reflektiert, hatte seine Haut ledrig werden lassen. An Unterhaltungen nicht gewöhnt, sprach er leise, manchmal unhörbar, längere Gesprächspausen fand er nicht unangenehm. Wie ein Mönch hielt er sich an seinen immer gleichen Tagesablauf, ans Kochen und Saubermachen, fast bis zur Pedanterie. Dies lag nicht nur an seiner Tüchtigkeit und Professionalität, sondern es schien sich darin auch eine gewisse Besorgnis zu verraten, das Wissen, dass ein einziger verschobener Takt seinen Tagesrhythmus durcheinanderbringen konnte.

In Dino Buzzatis Roman *Die Tatarenwüste* wird ein junger Leutnant der Armee zu einem entlegenen Stützpunkt geschickt. Von hier aus überblickt man eine gewaltige Wüste, hinter der ein feindlicher Verband der

Tataren liegen soll. Wie der Autor Tim Parks bemerkt, wirkt der Protagonist des Romans, Giovanni Drogo, anfangs, als er zu diesem weit entfernten Fort aufbricht, wie ein mittlelalterlicher Ritter.[63] Doch als Drogo dort ankommt, stellt er fest, dass die Wachen die meiste Zeit in monotonen Aufgaben gefangen sind und die Wüste Tag und Nacht nach Anzeichen einer drohenden Invasion absuchen. Die Existenz des Feindes, der zwar laufend erwähnt wird, aber nie zu sehen ist, erschließt sich aus einer Reihe ominöser Zwischenfälle: Vor den Mauern des Forts taucht ein reiterloses Pferd auf, oder man erspäht weit hinten in der Wüste einen Fleck, vermeintlich eine Versorgungslinie per Eisenbahn.

Buzzati schrieb den Roman während seiner Nachschicht bei der italienischen Tageszeitung *Corriere della Sera* und hatte das Gefühl, die Zeit gleite ihm durch die Finger. »Mir kam oft in den Sinn«, sagte er, »dass diese Routine nie enden und mein ganzes Leben sinnlos auffressen würde.«[64] In seinem Roman wird Drogos Leben langsam von der monotonen Routine von Wachehalten und Kontrollgängen aufgezehrt. Obwohl er eigentlich nicht die Absicht hegt, lange in dem Fort zu bleiben, und sich verächtlich über den monotonen Tagesrhythmus äußert, gelingt es ihm nicht, sich dessen Bann zu entziehen. Quälend und unaufhaltsam vergeht die Zeit. Drogo kommt ins mittlere und dann ins hohe Alter und sinniert wehmütig über seine verlorenen Jahre. Als er auf Urlaub nach Hause kommt, stellt er fest, dass seine Freunde ihrer Wege gegangen sind und seine Abwesenheit kaum bemerkt haben.

Bei der Lektüre von Buzzatis Roman dachte ich oft an die Inselwächter. Das spanische Wort *tiempo* – abgeleitet vom Lateinischen *tempus* – bedeutet beides ›Wasser‹ und ›Zeit‹, eines das Maß des anderen. Wir messen die Zeit ja oft anhand des Jahreszeitenwechsels: Aprilschauer, das Fallen der Blätter. Doch hier auf den Guanoinseln herrschte das immer gleiche Wetter, unveränderlich: Die Vögel kamen und gingen, jeder Tag maß dieselbe Länge, und es regnete so gut wie nie. Das Gedächtnis braucht Orientierungspunkte, wenn es funktionieren soll, doch die Inseln boten eine monotone Landschaft ohne die geringste Abwechslung. Wie ein surrealer Kontrapunkt zu Tyntesfield, das ähnlich wie die Guanoinseln einer Zeitkapsel glich, konnten die Tage auf der Insel gewissermaßen ineinanderfließen; ein vier Tage und ein vier Monate zurückliegendes Ereignis schienen gleich weit entfernt.

Die einzige echte Abwechslung erlebten die Inselwächter etwa alle drei Wochen, wenn sie nach Hause fuhren, um ihre Familie zu besuchen. Dies war eine willkommene Zäsur im ewig gleichen Inselrhythmus, doch die Rückkehr aufs Festland konnte für die Wächter auch schwierig sein, eine schmerzliche Erinnerung an das parallele Leben ihrer Familie und Freunde. Während die Zeit auf den Inseln stillzustehen schien, zäh wie der Guano, floss sie auf dem Festland ungehindert dahin: Regierungen stürzten, Familienmitglieder fanden Jobs, heirateten und betrogen einander. Flaviano sagte, als er eines Tages von den Inseln zurückgekommen sei, habe er gemerkt, dass seine Frau etwas mit einem anderen angefangen hatte. Als verheirateter Mann war er zu den Inseln aufgebrochen und als lediger zurückgekehrt, verwandelt; jetzt gab es niemanden mehr, zu dem er zurückkehren konnte.

Wie in der Tatarenwüste schienen die Wächter auf den Guanoinseln ständig darauf zu warten, dass etwas passierte, irgendein so bedeutendes Ereignis wie 1864 die Besetzung der Chincha-Inseln durch die Spanier. Man konnte im Vogelgeschnatter leicht menschliche Stimmen hören, etwa die von Guanodieben oder von Geistern längst verstorbener chinesischer Guanogräber. Aber in der Realität bestand kaum die Gefahr eines Angriffs, Überfalls oder Guanodiebstahls. Es gab kein Ungeheuer, keinen Riesen, die man erschlagen musste; die größte Herausforderung bestand darin, im Land der Vögel geistig gesund zu bleiben, die Disziplin zu wahren und die Stille zu ertragen, die Abwesenheit menschlicher Stimmen.

Besteht für die Vögel irgendeine Bedrohung, können die Wächter wenig dagegen tun. Seit den 1950er-Jahren ist Perus Fischereiindustrie exponentiell gewachsen und zu einer der profitabelsten Industrien des Landes geworden. Zahllose Wadenfischerei-Trawler patrouillieren in den Gewässern rund um die Guanoinseln und ernten die Nahrung der Vögel, die *anchoveta*, die größtenteils zu Fischmehl verarbeitet werden, das als Viehfutter dient.[65] Gegen die Ringwadenfischerei kommen die Vögel nicht an, ihre Schnäbel und Füße verfangen sich in diesen Netzen. Bei meinen Ausflügen auf die Inseln habe ich diesen Konflikt zwischen den Vögeln und den Trawlern immer wieder beobachtet. Manchmal klang es wie prasselnder Hagel, wenn Abertausende von Guanotölpeln gleichzeitig herabstürzen und ins Meer tauchten, um *anchoveta* zu fischen, und den Ozean brodelnd aufschäumen ließen. Doch ich wusste natürlich, dass ihr Fang nur einen Bruchteil des Fangs der Trawler ausmachte, die in der Ferne mit ihren Hunderte von Metern langen Ringnetzen stumm das Wasser durchkämmten. Ihre Aktivitäten sah man nur zum Teil, wie die Masse eines Eisbergs. »Die Natur erlaubt Tieren nicht, dass sie zu viele ihrer Beutetiere fressen, aber der Fang von Anchoveta zur Fischmehlproduktion ist nicht auf solche Weise reguliert«, schrieb Robert Cushman Murphy schon in den 1950er-Jahren.[66]

Doch Perus Seevögel müssen sich nicht nur mühsam gegen Wadenfischerei-Trawler behaupten, sondern haben auch noch mit der El Niño-Southern Oscillation (ENSO) zu kämpfen, einer zyklischen Störung, die den Humboldtstrom unterbricht, den Aufstieg kühlen Wassers aus den Tiefen des Ozeans, der hilfreich ist für die Meeresorganismen vor der Küste Südamerikas. Guanokormorane haben sich als besonders anfällig gegen Schwankungen in der Nahrungsversorgung gezeigt und verlassen während der El-Niño-Zyklen scharenweise ihre Nester. Selbst wenn die Nachfrage nach Fischmehl deutlich sinken würde und die Ringwadenfischerei dadurch zurückginge, stünden diese Vögel weiter unter großem Druck; es gibt Vorhersagen, dass El-Niño-Ereignisse[67] im Verlauf der Erderwärmung immer häufiger auftreten werden.[68]

An dem Abend auf Chincha Norte kochte mir Flaviano, dankbar für meine Gesellschaft, ein Gericht aus Kartoffeln und Nudeln. Er redete wenig, kargte so sehr mit Worten, als handele es sich um die Süßwasservorräte der Insel. Danach, als die Sonne unterging, schlug er vor, gemeinsam in seinem Zimmer, das auf die Klippen ging, fernzusehen. Sein Lieblingsprogramm, sagte er, sei *La voz Perú*, die peruanische Entsprechung zu *The Voice*. Das Format der Show, bei der unglückliche Kandidaten um die Aufmerksamkeit von Juroren aus der Musikbranche buhlen, war bekannt, ja abgedroschen. Doch als wir auf seinem Bett saßen und auf den alten Fernseher starrten, herrschte eine ganz seltsame Atmosphäre: Die menschlichen Stimmen übertönte nicht menschlicher Radau: Vogelgeschnatter, Seelöwengebrüll und das Schnarren der Humboldt-Pinguine, laut wie Eselsgeschrei auf irgendeinem verrückten Bauernhof. Eingelullt vom Gesang der Kandidaten schlief Flaviano binnen Kurzem ein und schnarchte leise vor sich hin.

Als ich so neben ihm saß, sein Gesicht vom flimmernden Bildschirm beleuchtet, packte mich eine Ahnung von der schrecklichen Einsamkeit dieser Inselwächter. Robert Coker schrieb, es sei notwendig, die Guanovögel so zu behandeln, als wären sie domestiziert, doch in Wahrheit waren diese Männer verwildert, weil sie unter den Vögeln lebten. Der Guano ernährte zwar ihre Familien, beraubte gleichzeitig aber die Inselwächter selbst jeden Familienkontakts und verlangte eine andere Form der Hausgemeinschaft. Anstelle ihrer Frauen blieben all diesen Wächtern nur Tausende von Vögeln, tonnenweise Guano, Funkübertragungen menschlicher Stimmen und Hunderte von Pin-up-Girls, Symbole des Mangels. Um die Batterie der Solaranlage zu schonen, wollte ich den Fernseher abschalten, hielt aber im letzten Moment inne und ließ ihn weiterplärren, während ich in mein eigenes Zimmer ging.

EPILOG

Nachdem ich meinen Job in Canary Wharf aufgegeben hatte, frästen sich gigantische Tunnelbohrmaschinen durch Londons Lehm und Kalk und umgingen dabei unterirdische Starkstromleitungen, Tunnels, Kanalisationsröhren und stillgelegte U-Bahnhöfe.[1] Sie arbeiteten vierundzwanzig Stunden täglich, sieben Tage die Woche und gruben einen 26 Meilen langen Tunnel, um Platz für die neue Crossrail Line zu schaffen. Während ich meine Objekte sammelte, förderten Archäologen auf der geplanten Strecke Artefakte zutage und klassifizierten sie: prähistorische Feuersteine, eine Kegelkugel aus der Tudorzeit, römische Hufeisen, mittelalterliche, aus Tierknochen gefertigte Schlittschuhe, Ingwer- und Marmeladengefäße aus dem neunzehnten Jahrhundert und einen Überrest vom Kieferknochen eines Mammuts, den man direkt in Canary Wharf gefunden hat, nicht weit von meinem Schreibtisch entfernt.[2]

Im Pleistozän durchstreiften Mammuts zusammen mit anderen urzeitlichen Säugetieren die Britischen Inseln. Damals gehörte die Isle of Dogs nicht der London Docklands Development Corporation, sondern dem Mammut, dem Höhlenbären und der Hyäne. Anders als ihre heutigen Cousins und Cousinen schützte diese Säugetiere eine dicke Faserschicht vor den extremen Bedingungen der Eiszeit. Heute müssen wir auf komplexe wissenschaftliche Methoden zurückgreifen, um ihr Aussehen, ihren Gang und ihre Stimme nachzubilden, doch das war nicht immer so. Erhalten gebliebene Höhlenmalereien legen die Vermutung nahe, dass unsere Vorfahren gründliche Kenntnisse über urzeitliche Säugetiere besaßen, so vertraut mit ihnen waren, wie wir es heute nur mit domestizierten Tieren sind.

Der Fund des Kieferknochenfragments löste allgemein große Begeisterung aus, aber ich war irgendwie beunruhigt, denn es erinnerte mich an die erbitterte Diskussion über die Gründe, warum Mammuts und andere große Arten der Megafauna heute nicht mehr über unsere Erde streifen. Während sich für das Aussterben der Dinosaurier Erklärungen finden, lässt sich das Verschwinden jener Tiere nicht mit einem Meteoriteneinschlag oder einer Kette von Vulkanausbrüchen in Verbindung bringen. Bislang fehlt zwar der schlüssige Nachweis, warum sie in Europa und anderswo verschwunden sind, doch betrachten einige Wissenschaftler es nicht als Zufall, dass viele von ihnen ihren Untergang kurz nach dem Auftreten des modernen Menschen erlebten.»Obwohl die Vorstellung verlockend ist, dass es einmal eine Zeit gab, als der Mensch in Harmonie mit der Natur lebte, steht nicht eindeutig fest, dass dies jemals der Fall war«, schreibt Elizabeth Kolbert.[3]

Nach der Rückkehr von meinen Reisen legte ich meine Objekte in eine kleine Vitrine. Manchmal nahm ich sie heraus, gruppierte sie neu und verglich sie miteinander, so wie es vielleicht auch Ole Worm mit seiner Sammlung tat. Wenn ich sie in die Hand nahm, stellte ich mir dann immer den Weg vor, der hinter ihnen lag, all die Hände, durch die sie gegangen waren, bis ich schließlich irgendwann zur Ernte gelangte, wo man nicht mehr die Sprache des Geldes hörte, sondern die Stimmen der Fuchsjäger, der Sammler von Vogelnestern und Schleichkatzenkot, der Byssusweber, Vikunjascherer, der Taguanuss-Sammler und Guanogräber. Während ich diesen Stimmen lauschte, wünschte ich mir, sie würden eine andere Geschichte erzählen als das Kieferknochenfragment des Mammuts; ich wünschte sie mir als Beweis dafür, dass unsere Ausbreitung auf dem Planeten Erde nicht zwangsläufig bedeutet, dass andere Äste vom Baum des Lebens abgeschnitten wurden.

Im Mittelalter betrachtete man die Natur oder Naturobjekte oft als Geheimnisse, die es zu entschlüsseln galt. Indem man in der Welt der Natur wie in einem Buch las, konnte man Lektionen oder Parabeln entdecken und auf diese Weise vielleicht zu einem tieferen Verständnis von Gottes Willen gelangen. Bestaunte ich jedoch meine eigenen Objekte, dann entdeckte ich keine Gebote, Prophezeiungen oder Befehle. Im Gegensatz zur Muschelseide, so wie sie im Byssus-Museum präsentiert wurde, ließen sich diese Objekte nicht so arrangieren, dass sich in ihnen heilige Gebote offenbarten. Sie wie eine Karte lesen zu wollen hieß zu viel zu fordern, und doch konnten sie vielleicht als Kompass, als Orientierungshilfe dienen.

Gavin Maxwell bescheinigte den Eiderdaunenbauern beim Umgang mit ihren Enten und ihrem Land einen grünen Daumen. Und damit rührte er vielleicht, trotz seiner verzerrten Sichtweise der Ernte, trotz seiner Romantisierung der Eiderdaune, an die Wahrheit. Gärten, schreibt Michael Pollan, lehren uns, »dass Natur und Kultur zu einem Kompromiss gelangen können, dass es eventuell einen Mittelweg gibt zwischen Rasen und Wald«.[4] In den günstigsten Fällen haben uns die Menschen, die die in meinem Buch versammelten Objekte ernten und sammeln, eine ganz ähnliche Lektion erteilt, indem sie gaben und nahmen, bebauten und beschnitten und ihr eigenes Interesse mit dem ihrer Umwelt gleichsetzten. Manchmal hatte ich diesen Mittelweg an unerwarteten Orten gefunden – in einer Höhle, auf einer mit Exkrementen übersäten Insel –, doch mir gefiel auch, wie fragil, wie sehr vom Zufall bestimmt er war. Heutzutage ist die Ernte keine private Initiative mehr, kein kleiner, von seinem Besitzer gehegter Garten; die Ernte wird jetzt durch die Wünsche weit entfernt lebender Menschen bestimmt, durch deren kleine Entscheidungen, vom Öffnen eines Knopfs bis zum Kaffeegenuss. Rohstoffe reisen jetzt nicht mehr auf einer einzigen Strecke; sie bilden, um Calvino zu zitieren, »Spinngewebe verwickelter Beziehungen, die eine Form suchen.«[5]

Wir müssen lernen, einen Schritt zurückzutreten und diese natürlichen Rohstoffe zu betrachten, ihre Stränge wie taufeuchte Spinnfäden zu verfolgen, um unser eigenes Leben darin widergespiegelt zu finden. Erst dann können wir entscheiden, ob wir sie behalten oder an Ort und Stelle lassen wollen. Mit diesem Gedanken legte ich meine Objekte dann in die Vitrine zurück, und jedes Mal sah ich in der Glasscheibe einen Moment lang mein eigenes Spiegelbild.

DANK

Ich danke meinem Agenten, Patrick Walsh, dem als Erster die Idee kam, aus einem kurzen Essay über das Gefieder einer Meerente ein ganzes Buch zu machen. Es ist größtenteils seinem Urteil, seinem unerschütterlichen Enthusiasmus und seiner Ermutigung zu verdanken, dass sich der Essay dann tatsächlich als ein Fragment in einem ganzen Mosaik von Geschichten entpuppte. Nachdem Patrick mir beim Verfassen des Exposés geholfen hatte, fand er zwei erstklassige Lektoren, Paul Slovak bei Viking und Stuart Williams bei The Bodley Head. Die meisten Autoren dürfen sich glücklich schätzen, wenn es *einen* hervorragenden Lektor gibt: Ich aber hatte das Glück, gleich zwei Lektoren zu haben. Gemeinsam halfen mir Paul und Stuart, eine Sammlung von Objektbiografien in einen komplexen Text zu verwandeln. In einer Zeit, in der Verlage unter großem Druck stehen (von welchem Schriftsteller oft gar nichts ahnen), behandelten Paul und Stuart mich mit großer Freundlichkeit, tolerierten überzogene Termine und fragwürdige Entwürfe. Als jemand, der sich zum ersten Mal als Autor versuchte, werde ich ihnen für immer dankbar sein.

Ich bin in der glücklichen Lage, dass Freunde und Familie mich zu diesem Projekt ermutigten. Auch wenn ihre Namen nicht in den Anmerkungen auftauchen, haben vor allem drei Freunde dieses Buch geprägt, oft während langer Wanderungen auf der Isle of Skye, der Isle of Jura, den Norfolk Broads und Brecon Beacons. Nach meiner Rückkehr aus Island drängte mich Matt Lloyd-Rose, meine Notizen über den Eiderdaunenhandel in Textform zu bringen, und prophezeite, dass eines Tages vielleicht ein Buch daraus entstehen werde. Von da an hat er zahllose Entwürfe redigiert, mir immer ein kluges Feedback gegeben. Henry Eliot las einige der frühen Entwürfe und inspirierte mich mit seiner ansteckenden

Literatur- und Sammelleidenschaft. War ich mal wieder an einem Tiefpunkt angelangt, rief ich mir immer ins Gedächtnis, wie sehr Henry an den Wert des *Exzentrischen* glaubte (wörtlich *das, was außerhalb des Zentrums liegt*). Andy Wimbush, selbst ein erfahrener Kritiker, hat mein Exposé regelrecht zerpflückt; sein Engagement für einen klaren, anschaulichen Stil hat auch für mich Maßstäbe gesetzt.

Dank an meine Familie, meine Stieffamilie und die Verwandten meiner Frau, die mir auf vielerlei Weise geholfen haben – sie boten mir Unterkunft in London und Somerset, waren mir bei Recherchen zur Familiengeschichte behilflich, begleiteten mich, wenn ich in Dover im eiskalten Wasser schwimmen ging, und sorgten für nie versiegenden Nachschub an Haferkeksen; Dank auch an Mel Akhurst, deren stille Unterstützung über mehr als drei Jahrzehnte hinweg mir bei diesem Projekt sehr zugutekam. Dank an Bill Higgins, Tom Hodgson, Tobie Mathew, John McManus und Rick Sowerby, denen die Herausforderungen des Schreibens selbst vertraut sind und die mir halfen, bei der mühsamen Arbeit an dem Buch nicht die Bodenhaftung zu verlieren. In London und anderenorts bedanke ich mich für die Freundschaft und Unterstützung von Charles Arrowsmith, Gill Barnes, Martina Caldana, Jack Castle, Alessandra Chessa, Alessandro Chiozzi, Piero Cornice, Una Dimitrijevic, Ferdinand Eibl, Katharina Franz, Charlie Gammell, Alexander Goldsmith, Ally Goldsmith, Georgie Gould, Alice Hamlett, Evelyn Heathcoat Amory, Mary Henes, Tom Kingsley, Lydia Lloyd-Rose, Chris Moses, Cecily Motley, Laura Pitel, Nick Plested, Sarah Ramsey, Philip Rosenbaum, Brett Scott, Belinda Sherlock und Ollie Watts.

Dank an meine ehemaligen Kollegen in London, deren Rotstift mir zu einem konziseren Stil verhalf; das mühsame Abfassen von Berichten war eine Lehre, die mir beim Schreiben dieses Buchs zugutekam. Die *Financial Times* hat nicht nur den Preis gesponsert, der den Impuls zu diesem Projekt lieferte, sondern hat mich auch ermutigt und mir redaktionellen Rat erteilt; ich danke Isabel Berwick und Alice Fishburn, die klug und umsichtig meine ersten journalistischen Versuche redigierten. Jason Gathorne-Hardy bot mir freundlicherweise an, Writer-in-Residence beim Alde Valley Spring Festival zu werden, eine willkommene Förderung zu einem

Zeitpunkt, als ich noch kaum etwas geschrieben hatte. Stephanie Cronin, Carrie Donald, Victoria Glendinning, Eugene Rogan und Xan Smiley halfen mir mit dringend benötigten Ratschlägen zur Veröffentlichung und Recherche. Ihnen allen bin ich sehr dankbar.

Während der Arbeit an diesem Buch zog ich nach Philadelphia, eine Stadt, die mich und meine Frau herzlich und offen empfing. Dank an all unsere neuen Freunde, die uns so viel über das Leben in den Vereinigten Staaten erzählten; Dank an die Angestellten vom Christian Street YMCA, die mir eine willkommene Atempause gewährten, wenn mir das Schreiben zu einsam wurde; und an das Penn Museum, insbesondere Adria Katz, Kuratorin der Ozeanischen Abteilung, die mir Furness' Sammlung von Objekten zeigte. Ganz besonderen Dank schulde ich den Mitarbeitern der Firestone- und Marquand-Bibliothek der Princeton University, wo ein Großteil dieses Buchs entstand. Vielen Dank auch an Irena Grudzinska Gross, die uns in Princeton und New York so herzlich willkommen hieß.

Bei der Recherche für dieses Buch sprach ich mit Hunderten von Menschen, die bereit waren, mich an ihrer Lebensgeschichte und ihrer beruflichen Erfahrung teilhaben zu lassen. Mein Dank gilt den Männern und Frauen, die all diese Rohstoffe sammeln und ernten; auch wenn sie vielleicht am wenigsten von den Gesprächen mit mir profitierten, wird dieses Buch doch von ihren Geschichten getragen. Zu Dank verpflichtet bin ich auch den Experten, die sich die Zeit nahmen, mich über alle möglichen Themen zu informieren, von der Echoortung bis zur Domestizierung. Besonderen Dank an alle, die oft ganz kurzfristig bereit waren, einzelne Kapitel zu lesen: Henrik Balslev, Grischa Brokamp, Alessandra Chessa, Lord Cranbrook, Lesley Kinsley, Kjell Larsson, Gabriela Lichtenstein, Felicitas Maeder, Andri Snær Magnason, Jonathan Morris, Robert O'Hagan, Gigliola Sulis, Julie Velásquez Runk und Jane Wheeler. Falls sich Irrtümer eingeschlichen haben sollten, bin ich allein dafür verantwortlich und bitte alle Leserinnen und Leser um Verzeihung.

EIDERDAUNE. Ich bedanke mich bei den isländischen Eiderdaunensammmlern: Fjölnir Ásbjörnsson; Salvar Baldursson und Familie; Björn Baldursson, Ingunn Sturludóttir und Baldur Björnsson; Erla Friðriksdóttir; Katrín Sigríður Alexíusdóttir, Alexíus Jónasson, Magnús Jónasson und Familie; Guðrún Gauksdóttir; Valdimar Gíslason und Edda Arnholtz; Andri Snær Magnason; Björgvin Sveinsson; Jón Sveinsson und Ólína Jónsdóttir sowie Zófonías Þorvaldsson. Besonderen Dank an Jón für sein unerschöpfliches Wissen über die Eiderdaune und an Andri, der selbst über natürliche Rohstoffe schreibt und dessen Texte mich zu vielen Ideen inspirierten. Mein Dank geht auch an Petr Glazov, Alexandra Goryashko, Alexander Kondratyev, Helmut Kruckenberg, Kjell Larsson und Ivan Mizin, die ihr Wissen über Wasservögel bzw. die Arktis mit mir teilten. Besonderen Dank schulde ich Alexandra, die so viel dafür getan hat, uns die Geschichte der Daunenernte näherzubringen.

ESSBARE VOGELNESTER. Ich bin Lord Cranbrook sehr dankbar dafür, dass er mir Zugang zur Welt der Nesternte ermöglicht hat. Ohne seine Kontakte, seinen Rat und Elan hätte ich niemals einen Blick hinter die Kulissen dieses intransparenten Gewerbes werfen können. In Sarawak gilt mein Dank Hasbullah Abdulrahman, Haidar Ali und dem Forest Department Sarawak, Lucy Bulan, Nuar bin Haji Jaya und Lim Chan Koon. Dank auch an meine Expeditionsgefährten in Sabah und Java: Saleh Amin, Sarah Ball, Chiwon Chin, Jamie Curtis Hayward und Alan Speck; und an Aida Rahman und Mohd Salleh bin Sabti für ihre Assistenz während meines Aufenthalts auf Mantanani. In Java danke ich Anton Hoo, Boedi Mranata, Ariani Mranata, Harry Mranata und Johannes Siegfried. In Johor Bahru gilt mein Dank Tan Boon Siong und Siah Ching Hoon, die mir die Vogelhäuser der Stadt zeigten und mir erklärten, wie die Nester gereinigt werden. Während meines Aufenthalts in Kuala Lumpur profitierte ich von Gesprächen mit Harry ›Swiftlet‹ und Dato Tan Chee Hong. Dank an Will und Sal Addington, die mich in Kuala Lumpur so freundlich aufgenommen haben, obwohl mir der Geruch des Fledermausguanos noch in den Kleidern hing. Craig Thorburn stand mir mit seinem Rat zur Seite; seine Forschung zu den Themen Salanganen, Politik und Domestizierung ebnete mir den Weg für dieses Kapitel.

KATZENKAFFEE. Hier gilt mein Dank Tony Wild, der mich an seinem komplexen Wissen über Katzenkaffee und Fleckenmusange teilhaben ließ; und Anna Nekaris, die mich großzügig nach Cipaganti eingeladen hat, als Gast des Project Little Fireface (nocturama.org); Dank an alle Mitarbeiter und Ehrenamtlichen des Projekts, insbesondere Robert O'Hagan, der sich um mich kümmerte, als ich mir einen schlimmen Infekt zugezogen hatte. Chris Shepherd und Peter Roberts beantworteten freundlich meine Fragen zum Schleichkatzenhandel. In Bali profitierte ich von den Diskussionen mit Kerry Negara, deren Dokumentarfilm *Done Bali* auch nach zwei Jahrzehnten immer noch eine hervorragende Einführung für Bali darstellt. Mein Dank an Anton Muhajir, der mich mit Agung Alit, Degung Santikarma und Taman 65 bekannt machte, die mich alle herzlich in Bali willkommen hießen. Matthew Ross erläuterte mir freundlicherweise seine Erntemethoden, während Jonathan Morris ausführlich meine Fragen zur Geschichte des Kaffees beantwortete. Ihnen allen bin ich zu Dank verpflichtet.

MUSCHELSEIDE. Mein Dank gilt Karl Logge, Giuseppe Mongiello, Fabrizio Steri und Chiara Vigo vom Byssus-Museum und seiner Unterstützergruppe. Zu Dank verpflichtet bin ich auch den anderen Muschelseideweberinnen Sant'Antiocos, unter ihnen Giuseppina und Assuntina Pes, und ich danke allen, die sich nach Kräften bemühten, Licht in die vergessene Geschichte dieses Rohstoffs zu bringen: Ignazio Marrocu und die Mitarbeiter des Ethnografischen Museums von Sant'Antioco, Claudio Moica und Antonella Senis. Felicitas Maeder war eine unschätzbare, geduldige Gesprächspartnerin, die mir Informationen und Unterstützung bot, und der sardische Archäologe Rubens D'Oriano gab mir wichtige Hinweise zu der Frage, wo sich auf Sardinien Archäologie und Fantasie überschneiden. Ich habe von den Gesprächen mit Sarah Caronni, Glenda Giampaoli und Arianna Pintus profitiert und danke Emma Diana, die mich zu sich einlud und mir viel über ihren Vater erzählte. Und schließlich danke ich meinen sardischen Freunden, die mich stets warmherzig auf ihrer Insel willkommen hießen: Massimo Aresu, Giuseppe Littera, Pablo Sole und Gigliola Sulis.

VIKUNJAFASER. Mein Dank an Romina Chullen und José Salvador Palacios für ihre Gastfreundschaft in Lima. In Ayacucho gilt mein Dank allen *Vicuñeros*, die mir ihre Geschichten erzählten: Manuel Cabrera, Héctor Galván, Reino Joyo, José Sarmiento und Hernán Sosaya; und dem Team von Vikunjascherern, geleitet von Abraham Yarihuamán Huamaní (Canchito). Zu Dank verpflichtet bin ich Allan Flores Ramos sowie den Mitarbeitern und Freiwilligen von SERNANP für ihre Gastfreundschaft in Pampas Galeras. Mein ganz besonderer Dank gilt der Gemeinde Lucanas, insbesondere Norma Bujaico, José Héctor Quispe Mitma, Corina Rojas Escajadillo, Francisco Yarihuamán Huamaní und Marco Zúñiga. Ich profitierte von Gesprächen bzw. der Korrespondenz mit etlichen Experten und Geschäftsleuten: Adolfo Bottari, Amy Cox Hall, Barbara Fraser, John Hemming, Nils Jacobsen, Gabriela Lichtenstein, Saxon Logan, Gustavo Lozada, Alfonso Martínez, Wilfredo Pérez Ruiz, Catherine Sahley, Omar Siguas, Beatriz Torres und Jane Wheeler. Mein Dank gilt ihnen allen, besonders Jane, die sich so viel Zeit nahm, um mir Evolution, Genetik und Morphologie der Kameliden zu erklären; und Alfonso, der sehr offen über den Handel mit der Vikunjafaser sprach.

TAGUA. Dank an Catherine Ankerson und Lucio Arevalo, die mich in Quito freundlich bei sich aufgenommen haben und mir während meiner Recherche eine Oase des Halts und der Stabilität boten. In Manabí bin ich Franklin Pilay und seiner Familie zu Dank verpflichtet, die mich in La Crucita willkommen hießen und mir ihre Tagua-Palmen zeigten. In Manta und Jipijapa wurde ich von Maritza Cárdenas, Mario Cedeño, Fredy Heredia, Pedro Loaiza, Alan Posliga und Isaac Saenz unterstützt, die mich über die Tagua-Schnitzerei und den Tagua-Handel informierten. In Manta waren mir Klaus Calderón, Fernanda Zanchi und Francisco Luna freundlich mit Informationen zur Geschichte der Taguanuss behilflich, während ich von Tatiana Hidrovo Quiñónez und José Elías Sánchez Ramos wertvolle Informationen über die Geschichte der Stadt erhielt. Henrik Balslev, Grischa Brokamp und Julie Velásquez Runk halfen mir freundlicherweise bei botanischen Fragen.

GUANO. Mein Dank gilt den Inselwächtern: Jesús Pérez (Islas Ballestas) und Flaviano Huanri Cochachin und Jorge Tarazona Paredes (Chincha Norte) sowie Manuel Díaz und Ricardo Moreno (mittlerweile im Ruhestand). Während der Guanoernte auf Mazorca waren mir Ivan Balbín, Melchor Llica, Jack Robinson, Victor Ropón und Leonela Valdivia behilflich. Ohne die Unterstützung und Erlaubnis peruanischer Beamter hätte ich die Insel nicht besuchen können: Mein Dank gilt Tomás Cedamanos, Carla Cepeda und Cinthia Irigoin von Agro Rural; und Mariano Valverde, Luis Cortez und Jorge Vásquez López von SERNANP. Ich danke den Fischern Richard und Fito, die mich auf die Inseln mitnahmen und mich nicht anders behandelten als die Inselwächter, die sie normalerweise übersetzen; Dank an Susana Cárdenas-Alayza und Marco Cardeña, die mir das Reservat Punta San Juan zeigten; und Dank an folgende Vogel- und/ oder Guano-ExpertInnen: Irma Franke, Lesley Kinsley, Daniela Lainez del Pozo und Carlos Zavalaga. Gaelle Fisher half mir bei der Übersetzung deutscher Texte ins Englische, während die Wissenschaftliche Gesellschaft Swakopmund und Sue Ogterop dankenswerterweise historische Dokumente recherchierten.

In New York ein großes Dankeschön an Andrea Schulz vom Viking Verlag, die dieses Projekt von Anfang an unterstützt hat. Unter Paul Slovaks geduldigem Blick, hat Viking mein Manuskript in ein professionelles Buch verwandelt. Zu Dank verpflichtet bin ich auch der Produktionsredakteurin Anna Jardine, die den guten Einfall hatte, Angelina Krahn mit der redaktionellen Bearbeitung zu betrauen; Anna und Angelina haben eine erschreckende Menge von Fehlern beseitigt, von der zoologischen Nomenklatur bis hin zu meinem rätselhaften Beharren auf dem Wort »Zimt«. Sie sind Meisterinnen ihres Fachs. Ich danke Elizabeth Yaffe und Gretchen Achilles, die den eleganten Einband und die Ausstattung des Buches entwarfen; Dank an Allie Merola, Paul Slovaks Assistentin, die viel Arbeit hinter den Kulissen leistete; und an Carolyn Coleburn, Vikings Pressereferentin. An Bridget Gilleran, die sich um die Nebenrechte kümmerte; und an Roy McMillan von Penguin Random House Audio.

In Großbritannien bekam ich jede Menge Unterstützung von den wunderbaren Mitarbeitern von The Bodley Head und Vintage; ich danke Anna-Sophia Watts, Emmeline Francis und Lauren Howard für ihre geduldige Hilfe; Julia Connolly und Lily Richards für ihren ausdrucksvollen, lebendigen Cover-Entwurf; Dank an Aidan O'Neill für die Öffentlichkeitsarbeit und an Monique Corless für die Hilfe bei den Auslandslizenzen. Dank an Penny Liechti, die sich um die Nebenrechte kümmerte; und an Lily Buckmaster, Kundenbetreuerin bei Vintage. Besonderen Dank schulde ich Stuart Williams, Verlagsleiter von The Bodley Head, dessen Entscheidung, einen jährlich zu verleihenden Essay-Preis zu stiften, mich letztlich dazu brachte, ganz überraschend diesen interessanten Weg einzuschlagen. Und schließlich gilt mein Dank allen – auch früheren – Mitarbeitern von Conville & Walsh, besonders Carrie Plitt, die mir unschätzbare Hilfe bei meinem Exposé leistete; und an John Ash, Patrick Walshs fähigen Assistenten bei PEW Literary Ltd.

In Deutschland Dank an alle, die das Buch begleitet haben: Christian Koth, Annika Domainko, Christine Reisach und Martina Arendt; und an meine Übersetzerin Sabine Hübner.

Üblicherweise erwähnt man, dass ein Buch ohne den Partner oder die Partnerin niemals zu Ende geschrieben worden wäre. Dieses Buch jedoch hätte ich ohne meine Frau Gabriella gar nicht erst begonnen, geschweige denn vollendet. Lange bevor ich überhaupt Interesse daran bekundete, über die Natur zu schreiben, drängte Gabriella mich sanft, nach Island zu gehen, um die Geschichte der Eiderdaune zu recherchieren, und vermittelte mir, dass mein Interesse kein Irrweg sei, sondern dass sich da eine wichtige innere Stimme zu Wort meldete. Seit damals agierte sie als unbezahlte Rechercheurin, Lektorin und Übersetzerin und trug so viel zu dem Buch bei, dass es sich oft wie ein Gemeinschaftsprojekt anfühlte. Auch wenn Dein Name eigentlich auf dem Cover stehen sollte – Dir widme ich dieses Buch in tiefer Liebe.

ANMERKUNGEN

EINLEITUNG

1 Für Informationen zur Geschichte des Sammelns stützte ich mich auf Paula Findlen, *Possessing Nature: Museums, Collecting, and Scientific Culture in Early Modern Italy* (Berkeley: University of California Press, 1996).
2 Mark A. Meadow, »Hans Jacob Fugger and the Origins of the Wunderkammer«, in *Merchants & Marvels: Commerce, Science, and Art in Early Modern Europe*, hg. v. Pamela H. Smith und Paula Findlen (New York: Routledge, 2002), S. 185.
3 Der Katalog zu Worms Sammlung, *Musei Wormiani historia* (Leiden: Ex Officina Elseviriorum, 1655), kann auf der Website der Biodiversity Heritage Library und im Internet-Archiv eingesehen werden.
4 Ole Worm an Arngrímur Jónsson, 20. Juni 1639, in H. D. Schepelern und Holger Friis Johansen (Hgg.), *Breve fra og til Ole Worm* (Copenhagen: Munksgaard, 1967), Band 2, S. 132, übersetzt und zitiert in Valdimar Tr. Hafstein, »Bodies of Knowledge: Ole Worm & Collecting in Late Renaissance Scandinavia«, *Ethnologia Europea* 33, Nr. 1 (Januar 2003): S. 9. Außer bei Hafstein informierte ich mich auch noch bei H. D. Schepelern, *Museum Wormianum: Dets forudsatninger og tilblivelse* (Copenhagen: Wormianum, 1971); Jole Shackelford, »Documenting the Factual and the Artifactual: Ole Worm and Public Knowledge«, *Endeavour* 23, Nr. 2 (1999): S. 65–71.
5 Siehe Findlen, *Possessing Nature*.
6 Shackelford, »Documenting the Factual and the Artifactual«, S. 65.
7 Worm, *Musei Wormiani historia*, übersetzt und zitiert in H. D. Schepelern, »The Museum Wormianum Reconstructed: A Note on the Illustration of 1655«, *Journal of the History of Collections* 2, Nr. 1 (Januar 1990): S. 84.
8 Hafstein, »Bodies of Knowledge«: S. 8, 10.
9 Italo Calvino, *Die unsichtbaren Städte*, Fischer Verlag Frankfurt 2013, S. 82, übersetzt von Burkhart Kroeber. Ich bin Mark Meadow zu Dank dafür verpflichtet, dass er die Parallele zwischen dem Kuriositätenkabinett und Calvinos Geschichte aufzeigt. Siehe »Hans Jacob Fugger and the Origins of the Wunderkammer«, S. 185.

EIDERDAUNEN

1 Zur Geschichte der Eiderdaune als Handelsware siehe Birgitta Berglund, »*Fugela Federum* in Archaeological Perspective – Eider Down as a Trade Commodity in Prehistoric Northern Europe«, *Acta Borealia*, 26, Nr. 2 (2009): S. 125–128
2 Carla J. Dove und Stephen Wickler, »Identification of Bird Species Used to Make a Viking Age Feather Pillow«, *Arctic* 69, Nr. 1 (März 2016): S. 29–36.
3 Während ihres Aufenthalts in Russland im Jahr 1888 schrieb Emma Blackstock, eine amerikanische Reisende, die Sofas und Sessel des Zaren seien »mit Eiderdaunen gestopft« gewesen. Siehe Emma Moulton Frazer Blackstock, *The Land of the Viking and the Empire of the Tsar* (New York und London: G. P. Putnam's Sons, 1889), S. 112. Auch wenn Reisende von »Eiderdaunen« in den Palästen der Romanovs sprachen, lässt sich schwer sagen, ob es sich wirklich um Daunen der Eiderente handelte; im neunzehnten Jahrhundert wurde das Wort »Eiderdaune« oft für jede Art von Füllung mit Enten- oder Gänsedaunen verwendet. (Über die Verwendung des Worts, siehe Blackstock, S. 245.)
4 Siehe etwa FAQs, International Down and Feather Bureau (IDFB), aufgerufen am 4. November 2018, https://idfb.net/faqs/
5 Oliver Milman, »›Ethical Down‹: Is the Lining of Your Winter Coat Nothing but Fluff?«, *The Guardian*, 14. January 2016.
6 Ásthildur Elva Bernhardsdóttir: *Learning from Past Experiences:The 1995 Avalanches In Iceland* (Stockholm: Försvarshögskolan, 2001), 432 001), S. 45.
7 Chris Waltho und John Coulson, *The Common Eider* (London: T & A D Poyser, 2015), S. 36.
8 Johan Beetz, »Notes on the Eider«, übers. v. Charles W. Townsend, *The Auk* 33, Nr. 3 (Juli 1916): S. 287.
Der englische Naturschriftsteller Gavin Maxwell beschrieb den Geruch der Flüssigkeit weniger geringschätzig: »Es ist ein eigenartiger Geruch, sehr stechend, und er ähnelt dem Geruch von Leber beim Braten. Für die wenigen, die vielleicht einmal erlebt haben, wie die Leber eines nach der Brunftzeit erlegten Hirschs beim Braten riecht – genau damit ist der Geruch vergleichbar. Er ist intensiv, manchmal zu intensiv, und erinnert an das satte Dunkelbraun [der von der Eiderente über das Nest verspritzten Flüssigkeit]; die meisten Menschen finden ihn zwar nicht unangenehm, haben aber das Gefühl, dass er, würde er auch nur im Geringsten stärker, ekelerregend wäre.« Siehe Gavin Maxwell, *Raven Seek Thy Brother*, in *Ring of Bright Water: A Trilogy* (Boston: Nonpareil Books, 2011), S. 272.
9 C. W. Shepherd, *The North-West Peninsula of Iceland: Being a Journal of a Tour in Iceland in the Spring and Summer of 1862* (London: Longmans,Green, 1867), S. 104, zitiert in S. F. Baird, T. M. Brewer und R. Ridgway, *The Water Birds of North America*

(Boston: Little, Brown, 1884), Band 2, 74, zitiert in Charles W. Townsend, »A Plea for the Conservation of the Eider«, *The Auk* 31, Nr. 1 (Januar 1914): S. 17.

10 Townsend, »A Plea for the Conservation of the Eider«, S. 20.

11 Gesetze zum Schutz der Eiderenten gab es schon in den ersten Jahrhunderten nach der Besiedlung Islands. Laut Robin Doughty finden sich »erste Gesetze zu ihrem Schutz« im *Jónsbók*, einem historischen isländischen Gesetzbuch (c. 1281); der vollständige Schutz wurde ihnen später durch die Dänen im Jahr 1847 gewährt. Siehe Doughty, »Eider Husbandry in the North Atlantic: Trends and Prospects«, *Polar Record* 19, Nr. 122 (Mai 1979): S. 447–59.

12 Obwohl die Gewinnung von Eiderdaunen in Norwegen kaum verbreitet ist, wird sie doch immer noch auf dem Vega-Archipel, einer Inselgruppe vor der Küste Norwegens, praktiziert. Zur Geschichte der Daunenernte in Norwegen siehe Berglund, »Fugela Feđerum«; Bente Sundsvold, »Stedets herligheter – Amenities of Place: Eider Down Harvesting through Changing Times«, *Acta Borealia* 27, Nr. 1 (2010): S. 91–115.

13 Laut Landsvirkjun, Islands staatlichem Energiekonzern, gab es bereits vor sechzig Jahren Überlegungen, ein Seekabel zu verlegen. Im Jahr 2016 veröffentlichte ein britisch-isländischer Arbeitskreis diesbezüglich eine Machbarkeitsstudie, doch zum damaligen Zeitpunkt hat sich keine der beiden Regierungen zu dem Projekt bekannt; siehe »Overview of IceLink«, auf der Website von Landsvirkjun, aufgerufen am 6. Januar 2019, www.landsvirkjun.com/researchdevelopment/research/submarinecabletoeurope

14 Für einen kritischen Blick auf Islands Energiepolitik siehe Andri Snær Magnason, *Dreamland: A Self-Help Manual for a Frightened Nation* (London: Citizen Press, 2012).

15 Rebecca Solnit, »News from Nowhere: Iceland's Polite Dystopia«, *Harper's Magazine*, 5. Oktober 2008.

16 Magnason, *Dreamland*, S. 67.

17 E-Mail von Jón Sveinsson, 14. Juli 2014. Aus Gründen der Lesbarkeit wurde dieser Text leicht bearbeitet.

18 Für weitere Details über die Beziehung des Heiligen zu Eiderenten siehe Mark Cocker und Richard Mabey, *Birds Britannica* (London: Chatto & Windus, 2005), S. 103.

19 Laut Antone Minard begann die Assoziation des heiligen Cuthbert mit Eiderenten fast fünf Jahrhunderte nach seinem Tod »als Folklorismus des zwölften Jahrhunderts«. Siehe Minard, »The Mystery of St Cuthbert's Ducks: An Adventure in Hagiography«, *Folklore* 127, Nr. 3 (Dezember 2016): S. 325–43.

20 Richard F. Burton, *Ultima Thule: Or, A Summer in Iceland* (London, William P. Nimmo, 1875), Band 2, S. 46 und 112.

21 Ebd. S. 45.
22 Richard Frere, *Maxwell's Ghost: An Epilogue to Gavin Maxwell's Camusfearna* (London: Victor Gollancz, 1976), S. 99, 101; Douglas Botting, *Gavin Maxwell: A Life* (London: Eland, 2017), S. 449–50.
23 Maxwell, *Raven Seek Thy Brother*, S. 270.
24 Maxwells Memoir berührt sein Eiderenten-Projekt nur flüchtig, seine privaten Aufzeichnungen jedoch legen seine Pläne sehr detailliert dar. Siehe Korrespondenz-Akte, die sich auf das geplante Projekt einer Eiderenten Kolonie bezieht, 1965–69, schriftlicher Nachlass von Gavin Maxwell, National Library of Scotland.
25 Robert Macfarlane, »Shark Attack: Gavin Maxwell's Harpoon at a Venture«, *The Guardian*, 19. Juli 2014.
26 Maxwell, *Raven Seek Thy Brother*, S. 272.
27 Gavin Maxwell, »Eider Duck Colonies«, undatierte Notiz, Nachlass Gavin Maxwell.
28 Burton, *Ultima Thule*, Bd. 1, ix–x.
29 Páll Hersteinsson et al., »Elstu þekktu leifar melrakka á Íslandi«, *Náttúrufræðingurinn* 76 (2007), S. 13–21 (englische Kurzversion S. 20).
30 Siehe William Hooker, *Journal of a Tour in Iceland in the Summer of 1809* (Yarmouth, UK: J. Keymer, 1811), S. 42–43.
31 Páll Hersteinsson et al., »The Arctic Fox in Fennoscandia and Iceland: Management Problems«, *Biological Conservation* 49, Nr. 1 (1989): S. 67–81.
32 Der Fuchsjäger Valdimar und seine Kollegen sind Gegenstand des kurzen Dokumentarfilms des isländischen Filmemachers Haukur Sigurðsson, »Skolliales« (2012).
33 Kristinn H. Skarphéðinsson et al., »Breeding Biology, Movements, and S. H. Persecution of Ravens in Iceland«, *Acta Naturalia Islandica* 33 (1990): S. 1. Skarphéðinsson warnte kürzlich, dass das Töten der Raben zu einem gravierenden Rückgang geführt hat; siehe Jóhann Bjarni Kolbeinsson, »3000 hrafnar veiddir á hverju ári á Íslandi'« *RÚV*, 6. September 2017, aufgerufen am 6. Januar 2019, http://www.ruv.is/frett/3000-hrafnar-veiddir-a-hverju-ari-a-islandi
34 Staff, »The Icelandic Sea Eagle Population Larger Than Any Time Since 19th Century«, *Iceland Magazine*, 23. Oktober 2017, aufgerufen am 6. Januar 2019, https://icelandmag.is/article/icelandic-sea-eagle-population-larger-any-time-19th-century
35 E-Mail von Andri Snær Magnason, 18. November 2018.
36 Informationen über die Siedlungsperiode fand ich bei Jesse Byock, *Viking Age Iceland* (London: Penguin, 2001).
37 Siehe u. a. Vicki Szabos Studie *Monstrous Fishes and the Mead-Dark Sea: Whaling in the Medieval North Atlantic* (Leiden: Brill, 2008), S. 243–75.
38 *Grettir's Saga*, übersetzt von Denton Fox and Hermann Pálsson (Toronto: University of Toronto Press, 1974), S. 20.

39 Harry Milne an Gavin Maxwell, November 2, 1965, Papers of Gavin Maxwell.
40 Gavin Maxwell an George Waterston, 7. Oktober 1965, Nachlass von Gavin Maxwell.
41 Nachlass von Gavin Maxwell.
42 Frere, *Maxwell's Ghost*, S. 230.
43 Ebd. S. 231.
44 Ebd. S 230.
45 Obwohl Frere das Zuchtprogramm als Fehlschlag bezeichnet, gelang es Maxwell offensichtlich, seine Eiderentenpopulation im Jahr 1968 zu erhöhen. Laut Douglas Botting, der ihn im Oktober jenes Jahres besuchte, behauptete Maxwell, es seien zweihundert Nester auf der Insel, eine beachtliche Zunahme seit seiner ursprünglichen Schätzung von dreißig brütenden Paaren. Siehe Botting, *Gavin Maxwell*, S. 530.
46 Ebd. S. 230.
47 Maxwell, *Raven Seek Thy Brother*, S. 290.
48 Shepherd, *The North-West Peninsula of Iceland*, S. 102, zitiert in Baird, *Brewer and Ridgway, The Water Birds of North America*, Bd. 2, S. 74, zitiert in Townsend, »Conservation of the Eider«, S. 17.
49 Staff, »66 North Makes 8,000 Dollar Eiderdown Jackets to Order«, *Iceland Magazine*, 14. Juli 2016, aufgerufen am 6. Januar 2019, https://icelandmag.is/article/66-north-makes-8000-dollar-eiderdown-jackets-order
50 Georges-Louis Leclerc, *Histoire naturelle des oiseaux* (Paris: Imprimerie Royale, 1783), Bd. 9, S. 109, zitiert in James Rennie, *The Architecture of Birds* (London: Charles Knight, 1831), S. 75.
51 Michael Pollan, *Die Botanik der Begierde*, Claassen Verlag 2002, übersetzt v. Christiane Buchner und Martina Tichy, S. 12.
52 Richard F. Tomasson, *Iceland: The First New Society* (Minneapolis: University of Minnesota Press, 1980), S. 18.
53 Die Geschichte der Eiderdaune in Russland lässt sich aufgrund der raren, bruchstückhaften Quellen nur schwer rekonstruieren. Mein Dank gilt Dr. Alexandra Goryashko, einer russischen Eiderenten-Expertin, die mich an ihrem Wissen über die Eiderdaunengewinnung in Russland teilhaben ließ, ein Thema, über das es in englischer Sprache kaum Informationen gibt. Über die Geschichte der Eiderdaune in Russland siehe z. B. ihre Artikel »Obyknovennaya istoriya gagi obyknovennoi« [Eine allgemeine Geschichte der gemeinen Eiderente] in *Khimiya i zhizn* [Chemie und Leben] Nr. 5 (2002): S. 32–35; »Gagachii pukh, znakomy i neznakomy« [Die Eiderdaune, Bekanntes und Unbekanntes], GoArctic.ru, aufgerufen am 6. Januar 2019, https://goarctic.ru/live/gagachiy-pukh-znakomyy-i-neznakomyy
54 Franz Ul'rikh, *Kemskii uezd i rybnye promysly na Murmanskom beregu* [Die Pro-

vinz Kemskii und die Fischereiindustrie an der Küste von Murmansk] (Sankt Petersburg: V. Kirshbaum Press, 1877), zitiert in Goryashko, »Gagachii pukh«.

55 Über die Eiderdaunengewinnung in Sowjetrussland siehe Alexandra Goryashko, »Versuche, in der UDSSR Eiderentenfarmen zu etablieren, und warum sie scheiterten«, *Environment & Society, Arcadia* 14 (Sommer 2017), aufgerufen am 6. Januar 2019, http://www.environmentandsociety.org/arcadia/attempts-establish-eider-farms-ussr-and-why-these-failed

56 Zitiert aus einem Entwurf von Alexandra Goryashkos Arbeit über Eiderdaunenfarmen in der UdSSR, den sie mir am 18. November 2016 zeigte.

57 E-Mail von Jón Sveinsson, 22. Februar 2018. Für bessere Lesbarkeit habe ich diesen Text leicht bearbeitet.

ESSBARE VOGELNESTER

1 Apsley Cherry-Garrard, *Die schlimmste Reise der Welt* (Malik) E-Book, Pos. 5312.
2 Sara Wheeler, *Cherry: A Life of Apsley Cherry-Garrard* (London: Jonathan Cape, 2001), S. 118.
3 Cherry-Garrard, *Die schlimmste Reise der Welt*, (Malik), E-Book, Pos. 11785–11792.
4 Robert Fraser, *Victorian Quest Romance: Stevenson, Haggard, Kipling and Conan Doyle* (Plymouth, UK: Northcote House, 1998), S. 5.
5 Cherry-Garrard, *Die schlimmste Reise der Welt*, (Malik) E-Book, Pos. 5305–5312. Zu Dank verpflichtet bin ich Elizabeth Leanes Analyse von *The Worst Journey in the World* und der Studie »Eggs, Emperors and Empire: Apsley Cherry-Garrard's ›Worst Journey‹ as Imperial Quest Romance«, *Kunapipi*, 31, Nr. 2 (Januar 2009): S. 18–34.
6 J. R. Green, »The Edible Bird's-Nest, or Nest of the Java Swift (Collocalia nidifica)«, *Journal of Physiology* 6, Nr. 1–2 (April 1865): S. 40–45.
7 Sir George Staunton, *An Authentic Account of an Embassy from the King of Great Britain to the Emperor of China* (London: W. Bulmer, 1797), Band 1, S. 287, zitiert in James Rennie, *Architecture of Birds* (London: Charles Knight, 1831), S. 293.
8 Ebd., S. 288–306.
9 Um über die Furness-Hiller-Expedition zu berichten, habe ich mich auf folgende Autoren gestützt: William Henry Furness *The Home-Life of Borneo Head-Hunters: Its Festivals and Folk-Lore* (Philadelphia: J. B. Lippincott, 1902); Adria H. Katz, »Borneo to Philadelphia: The Furness-Hiller-Harrison Collections«, *Expedition* 30, Nr. 1 (1988): S. 5–72; und Matthew Schauer, »A Beautiful Savage Picture: Adventure Travel, Ethnology, and Imperialism in Nineteenth-Century Borneo«, in *Exploring*

Travel and Tourism: Essays on Journeys and Destinations, hrsg. v. Jennifer Erica Sweda (Newcastle upon Tyne: Cambridge Scholars, 2012), S. 7–28.

10 Ungenannte, in Honolulu erschienene Zeitung, Ausgabe vom 28. Oktober 1895, zitiert in Katz, »Borneo to Philadelphia«, S. 66.

11 Über die Geschichte Sarawaks siehe Steven Runciman, *The White Rajahs: A History of Sarawak from 1841 to 1946* (Cambridge, UK: Cambridge University Press, 1960).

12 Charles Hose, *Fifty Years of Romance and Research; Or, A Jungle-Wallah at Large* (London: Hutchinson, 1927), S. 39.

13 Katz, »Borneo to Philadelphia«, S. 67; Furness, *The Home-Life of Borneo Head-Hunters*, S. 69–70.

14 Earl of Cranbrook, »The ›Everett Collection‹ from Borneo Caves im Natural History Museum, London: Its Origin, Composition and Potential for Research«, *Journal of the Malaysian Branch of the Royal Asiatic Society* 86, Nr. 304 (Juni 2013): S. 79–112.

15 Furness, *The Home-Life of Borneo Head-Hunters*, S. 181.

16 Ebd., S. 173.

17 Ebd., S. 174.

18 Ebd., S. 181.

19 Ebd., S. 182.

20 Ebd., S. 182.

21 Bezüglich der Ökologie und Biologie der Salangane stützte ich mich auf Lim Chan Koon und Earl of Cranbrook, *Swiftlets of Borneo: Builders of Edible Nests* (Kota Kinabalu, Malaysia: Natural History Publications [Borneo], 2002).

22 Pierre Poivre an Georges-Louis Leclerc, in Georges-Louis Leclerc, *The Natural History of Birds* (London: A. Strahan et al., 1793), Band 6, S. 572, zitiert in Rennie, *The Architecture of Birds*, S. 291.

23 Sir Everard Home, »Some Account of the Nests of the Java Swallow, and of the Glands that Secrete the Mucus of Which They Are Composed«, *Philosophical Transactions of the Royal Society of London* (London: W. Bulmer, 1817), S. 335, zitiert in Rennie, *The Architecture of Birds*, S. 297.

24 Furness, *The Home-Life of Borneo Head-Hunters*, S. 182.

25 Bezüglich der Geschichte des menschlichen Gebrauchs der Nester stützte ich mich auf Lim und Cranbrook, *Swiftlets of Borneo*, S. 61–63; Bien Chiang, »Market Price, Labor Input, and Relation of Production in Sarawak's Edible Birds' Nest Trade«, in *Chinese Circulation: Capital, Commodities, and Networks in Southeast Asia*, hrsg. v. Eric Tagliacozzo und Wen-Chin Chang (Durham, NC: Duke University Press), S. 407–31; Leonard Blussé, »In Praise of Commodities: An Essay on the Cross-Cultural Trade in Edible Bird's-Nests«, in *Emporia, Commodities, and Entrepreneurs in Asian Maritime Trade c. 1400–1750*, hrsg. v. Roderich Ptak und Dietmar Rothermund (Stuttgart: Franz Steiner Verlag, 1991), S. 317–35.

26 Lim und Cranbrook zufolge findet man diese in der Publikation *Yin-shih hsü-chih* (Was wir über Essen und Trinken wissen sollten), siehe *Swiftlets of Borneo*, S. 62.
27 Ebd., S. 62.
28 Chiang, »Market Price, Labor Input, and Relation of Production«, S. 411.
29 Amy Lau und David Melville, *International Trade in Swiftlet Nests* (Cambridge, UK: TRAFFIC International, 2004), S. 5.
30 Blussé, »In Praise of Commodities«, S. 323.
31 Tom Harrisson, »Birds and Men in Borneo«, in Bertram Smythies, *The Birds of Borneo* (Edinburgh: Oliver and Boyd, 1960), S. 32.
32 Massimo Marcone, »Characterization of the Edible Bird's Nest ›Caviar of the East‹«, *Food Research International* 38, Nr. 10 (Dezember 2005): S. 1125–34.
33 Francesco Redi, *Experimenta circa res diversas naturales, speciatim illas, quae ex Indiis adfernatur* (Amsterdam: Sumptibus Andreae Frisii, 1675), S. 166, zitiert in James Rennie, *The Architecture of Birds*, S. 289–90.
34 Albert M. Reese, »Unusual Human Foods«, *Scientific Monthly* 14, Nr. 5 (Mai 1922): S. 477.
35 William Furness, »Observations on the Mentality of Chimpanzees and Orangutans«, *Proceedings of the American Philosophical Society* 55, Nr. 3 (1916): S. 281.
36 Furness hält seine Experimente in seiner Präsentation vor der American Philosophical Society fest; ebd., S. 281–90.
37 Chinesische Communities in Städten der Westküste in den Vereinigten Staaten und Kanada sind für 2 Prozent des Vogelnestmarkts verantwortlich, laut einer E-Mail von Lord Cranbrook an mich am 20. November 2018.
38 Für Hintergrundinformationen zur Bodennutzung im Niah National Park siehe Tina Hansen, »Spatio-Temporal Aspects of Land Use and Land Cover Changes in the Niah Catchment, Sarawak, Malaysia«, *Singapore Journal of Tropical Geography* 26, Nr. 2 (Juli 2005): S. 170–90.
39 Tom Harrisson, *World Within: A Borneo Story* (London: Cresset Press, 1959), S. 3.
40 G. H. R. von Koenigswald, *Meeting Prehistoric Man* (London: Thames & Hudson, 1956), S. 78, zitiert in Tom Harrisson, »The Great Cave of Niah: A Preliminary Report on Bornean Prehistory«, *Man* 57 (November 1957): S. 166.
41 Harrisson, »The Great Cave of Niah«, S. 161.
42 Barbara Harrisson, »Tom Harrissons Unpublished Legacy on Niah«, *Journal of the Malaysian Branch of the Royal Asiatic Society* 50, Nr. 1 (1977): S. 44.
43 Alfred Russel Wallace, *The Malay Archipelago: The Land of the Orang-Utan and the Bird of Paradise* (London: Macmillan, 1922), S. 58.
44 Harrisson, Tom, »Birds and Men in Borneo«, S. 31.
45 »Malaysia«, Staffel 2, Folge 3 von *Gordon's Great Escape*, Regie Tom Coveney et al., in der Hauptrolle Gordon Ramsay, Ausstrahlung Channel 4, 23. Mai 2011.

46 Siehe Judith M. Heimann, *The Most Offending Soul Alive: Tom Harrisson and His Remarkable Life* (Honolulu: University of Hawai'i Press, 1998), S. 314; »Birds' Nest Soup«, Folge 4 von *The Borneo Story*, Regie Hugh Gibb, erzählt von Tom Harrisson, Ausstrahlung BBC Television, am 20. Oktober 1957.
47 Sir David Attenboroughs Worte entstammen dem ausgezeichneten Dokumentarfilm »Tom Harrisson: The Barefoot Anthropologist«, produziert von Icon Films, präsentiert von Sir David Attenborough, Ausstrahlung BBC 4, 18. Januar 2007.
48 *Who's Who 1975* (London: A. and C. Black, 1975), zitiert in Heimann, *The Most Offending Soul Alive*, 1. Details aus Harrissons Biografie stammen auch von Judith Heimann.
49 *Savage Civilization* (New York: Alfred A. Knopf, 1937). In seiner Einleitung schreibt Harrisson: »Man hatte mir gesagt, Kannibalen seien schrecklich und uns vollkommen unterlegen. Und doch identifiziere ich mich mittlerweile, was die Geisteshaltung betrifft, eher mit den Kannibalen als mit den Weißen, die versucht haben, sie zu ›zivilisieren‹.«
50 Gene Kritsky, *The Quest for the Perfect Hive: A History of Innovation in Bee Culture* (Oxford: Oxford University Press, 2010), S. 11–12.
51 Bee Wilson, *The Hive: The Story of the Honeybee and Us* (London: John Murray, 2004), S. 5.
52 Zur Geschichte der Verwaltung der Niah-Höhlen siehe Lim und Cranbrook, *Swiftlets of Borneo*, S. 106.
53 Ich bedanke mich bei Lim Chan Koon, der mir Einsicht in seinen noch unveröffentlichten Verwaltungsplan gewährte. »Mini Co-Management Model: A Proposal to Manage Small to Moderate Size Black-Nest Swiftlet Caves Scattered at Subis and Sekaloh Areas«, undatiert.
54 Harrisson, »Birds and Men in Borneo«, S. 21.
55 Ebd., S. 31–32. Benedict Sandin erzählt in »Some Niah Folklore and Origins« eine andere Version, *Sarawak Museum Journal* 8, Nr. 12 (1958): S. 646–62, zusammengefasst in Chiang, »Market Price, Labor Input, and Relation of Production«, S. 417–18.
56 Earl of Cranbrook, »Report on the Birds' Nest Industry in the Baram District and at Niah, Sarawak«, *Sarawak Museum Journal* 33, Nr. 54 (Januar 1984): S. 145–70, zitiert in Quentin Gausset, »Chronicle of a Foreseeable Tragedy: Birds' Nests Management in the Niah Caves (Sarawak)«, *Human Ecology* 32, Nr. 4 (August 2004): S. 488.
57 Harrisson, »Birds and Men in Borneo«, S. 30.
58 Siehe Heimann, *The Most Offending Soul Alive*, S. 321–25.
59 Informationen über den tief im Guano der Niah-Höhlen gefundenen Schädel, siehe Chris Hunt und Graeme Barker, »Missing Links, Cultural Modernity and the Dead: Anatomically Modern Humans in the Great Cave of Niah (Sarawak, Borneo)«, in *Southern Asia, Australia, and the Search for Human Origins*, hrsg. v. Robin

Dennell und Martin Porr (Cambridge, UK: Cambridge University Press, 2014), S. 90–107.
60 Lord Medway (jetzt Lord Cranbrook), »Cave Swiftlets«, in Smythies, *The Birds of Borneo*, S. 63.
61 David Jordan, »Globalisation and Bird's Nest Soup«, *International Development Planning Review*, 26, Nr. 1 (2004): S. 98. Jordan nennt keine Quelle für diese Behauptung, obwohl die Vorstellung, dass Mao Vogelnester verzehrt, ungefähr so wahrscheinlich klingt wie die, dass Lenin sich in eine Eiderdaunen-Decke kuschelt.
62 Deng, zitiert in Bin Zhao, »Consumerism, Confucianism, Communism: Making Sense of China Today«, *New Left Review*, Nr. 222 (März–April 1997): S. 43–44.
63 Siehe zum Beispiel John Crawfurd, *History of the Indian Archipelago: Containing an Account of the Manners, Arts, Languages, Religions, Institutions, and Commerce of Its Inhabitants* (Edinburgh: Archibald Constable, 1820), Band 3, S. 434, zitiert in Rennie, *The Architecture of Birds*, S. 304–5.
64 Lim und Cranbrook, *Swiftlets of Borneo*, 97. Die genauen Preisspannen, die sie für die Kosten eines Kilos schwarzer Nester angeben, sind RM 5300 bis RM 7100 (RM = Malaysischer Ringgit) ($ 1378 bis $ 1846) und RM 23 500 bis RM 26 000 ($ 6110 bis $ 6670) für ein Kilo weiße Nester. Die Dollarbeträge habe ich auf der Basis des Umrechnungskurses vom 1. Januar 1999 berechnet, gefunden unter XE.com.
65 Lim und Cranbrook, *Swiftlets of Borneo*, S. 97.
66 Über die Zerstörung in Niah siehe Gausset, »Chronicle of a Foreseeable Tragedy«, S. 487–507; Joseph Hobbs, »Problems in the Harvest of Edible Birds' Nests in Sarawak and Sabah, Malaysian Borneo«, *Biodiversity & Conservation* 13, Nr. 12 (November 2004): S. 2209–26.
67 E-Mail von Andri Snær Magnason, 9. August 2016.
68 Crawfurd, *History of the Indian Archipelago*, S. 437, zitiert in James Rennie, *The Architecture of Birds*, S. 306.
69 Kritsky, *The Quest for the Perfect Hive*, S. 11–13.
70 Amihai Mazar und Nava Panitz-Cohen, »It Is the Land of Honey: Beekeeping at Tel Rehov«, *Near Eastern Archaeology* 70, Nr. 4 (Dezember 2007): S. 202–19.
71 Zur Geschichte der Salanganenzucht siehe Lim und Cranbrook, *Swiftlets of Borneo*, S. 142–49; Craig Thorburn, »›The Edible Birds‹ Nest Boom in Indonesia and South-East Asia«, *Food, Culture & Society* 17, Nr. 4 (2014): S. 535–53; Craig Thorburn, »The Edible Nest Swiftlet Industry in Southeast Asia: Capitalism Meets Commensalism«, *Human Ecology* 3, Nr. 1 (2015): S. 179–84.
72 Colin Barras, »Why Cities Are Unleashing Birds of Prey into Their Skies«, BBC Earth, 4. Oktober 2016, aufgerufen am 6. Januar 2019, http://www.bbc.com/earth/

story/20161003-why-cities-are-unleashing-birds-of-prey-into-their-skies; »Feeding Trafalgar's Pigeons Illegal«, BBC News, 17. November 2003, aufgerufen am 6. Januar 2019, http://news.bbc.co.uk/2/hi/uk_news/england/london/3275233.stm; Hugh Muir, »Hawks Do Their Worst but Cost of Pigeon War Is Problem for Mayor«, *The Guardian*, 29. September 2006.

73 Für einen Überblick über Cranbrooks Karriere siehe Geoffrey W. H. Davison, Hoi Sen Yong und David R. Wells, »Cranbrook at Eighty: His Contributions So Far. Ornithologist, Mammalogist, Zooarchaeologist, Chartered Biologist and Naturalist«, *Raffles Bulletin of Zoology*, supplement, *Cranbrook at Eighty: His Contributions So Far*, 29 (2013): S. 1–7.

74 »›Our Founder‹, Our Stories, Pristine Farms Premium Bird Nest«, aufgerufen am 6. Januar 2019, http://pristine-farms.com/en/our-stories

75 Siehe zum Beispiel »›VSH – Italian Queen Bees‹, Wildflower Meadows«, aufgerufen am 6. Januar 6, 2019, https://wildflowermeadows.com/queen-bees-for-sale

76 Einen Eindruck von den Techniken, wie man Vögel anlockt, vermittelt die Website des Beraters für die Salanganenzucht »Harry Swiftlet«, aufgerufen am 6. Januar 2019, http://swiftletfarming.blogspot.com

77 Wilson, *The Hive*, S. 238.

78 Siehe Thorburn, »The Edible Birds' Nest Boom«, S. 538, und »The Edible Nest Swiftlet Industry«, S. 182.

79 Thorburn, »The Edible Birds' Nest Boom«, S. 536, und »The Edible Nest Swiftlet Industry«, S. 179.

80 Lorenzo Langstroth, *A Practical Treatise on the Hive and the Honey-Bee* (New York: C. M. Saxton, 1857), S. 15. Siehe Wilson, *The Hive*, S. 224–25; und Kritsky, *The Quest for the Perfect Hive*, S. 110–19.

81 Zu den ökologischen Bedrohungen der Salanganepopulationen siehe Lim und Cranbrook, *Swiftlets of Borneo*, S. 135–36, sowie Thorburn, »The Edible Birds' Nest Boom«, S. 543–44, und »The Edible Nest Swiftlet Industry«, S. 181.

82 George Orwell, »Gedanken über die gemeine Kröte«. In *Rache ist sauer*, Diogenes, 1975, übersetzt v. Felix Gasbarra, S. 99.

83 Ruth Bollongino et al., »Modern Taurine Cattle Descended from Small Number of Near-Eastern Founders«, *Molecular Biology and Evolution* 29, Nr. 9 (September 2012): S. 2101–4.

84 Charleen Gaunitz et al., »Ancient Genomes Revisit the Ancestry of Domestic and Przewalski's Horses«, *Science*, 22. Februar 2018.

85 Über die Genetik der Salangane siehe Thorburn, »The Edible Birds' Nest Boom«, S. 546; und Earl of Cranbrook et al., »The Species of White-Nest Swiftlets (Apodidae, Collocaliini) of Malaysia and the Origins of House-Farm Birds: Morphometric and Genetic Evidence«, *Forktail* 29 (2013): S. 78–90.

86 Earl of Cranbrook, »Genomics of Edible-Nest Swiftlets: A 20th Century Domestication«, unveröffentlichter Entwurf für ein multinationales Forschungsprojekt.
87 Saul Mallinson et al., »A Brief Account of the Present State of Sabah's Birds' Nest Caves and the Conservation Status of Edible-Nest Swiftlets in Sabah«, *Sabah Society Journal* 32 (2015), S. 77.
88 Ebd., S. 74.
89 Dank an Craig Thorburn für seine Überlegungen zu den Parallelen zwischen Salanganenzucht und Aquakulturen. Siehe Thorburn, »The Edible Birds' Nest Boom«, S. 546–47.

KATZENKAFFEE

1 Theodore Newton, »The Civet-Cats of Newington Green: New Light on Defoe«, *Review of English Studies* 13, Nr. 49 (Januar 1937): S. 10–19; Maximillian E. Novak, *Daniel Defoe: Master of Fictions: His Life and Ideas* (New York: Oxford University Press, 2001), S. 93–96; und Robert Kuttner, *Debtors' Prison: The Politics of Austerity Versus Possibility* (New York: Alfred A. Knopf, 2013), S. 173–207.
2 Edward Topsell, *The Historie of Foure-Footed Beastes* (London: William Iaggard, 1607), S. 756–57; Übersetzung von Michael Walter.
Auch zitiert in Karl H. Dannenfeldt, »Europe Discovers Civet Cats and Civet«, *Journal of the History of Biology* 18, Nr. 3 (Herbst 1985): S. 414. Topsell wiederum zitierte den englischen Arzt John Caius in einem Brief an den Naturforscher Conrad Gesner (auch als Konrad Gessner bekannt).
3 John Hill, *An History of Animals* (London: Thomas Osborne, 1752), S. 556, zitiert in Dannenfeldt, »Europe Discovers Civet Cats and Civet«, S. 423.
4 John Edward Gray, »On the Natural Arrangement of Vertebrose Animals«, *London Medical Repository* 15 (1821): S. 301.
5 *Mammal Species of the World: A Taxonomic and Geographic Reference*, hrsg. v. Don Wilson und DeeAnn Reeder (Baltimore: Johns Hopkins University Press, 2005), Band 1, S. 548–58.
6 Die Beschreibungen des Zibetgeruchs variieren stark. Einem Parfümliebhaber zufolge hat er »Noten von Honig, Leder, nassem Lehm, Butter, einem edel gereiften Parmesan oder Asiago ... Eigentlich nicht abstoßend, nur sehr, sehr reif, erdig und rund ... Wie der Geruch von Brie mit Honig vermischt, oder wie seit Wochen verfaulte Früchte (haben Sie jemals einen Eimer Küchenabfälle an Schweine verfüttert?) ...«. Siehe rasputin (Zentral-Texas), 11. Januar 2013, Antwort an Sanzio, »Zibetgeruch, Basisnoten«, aufgerufen am 6. Januar 2019, http://www.basenotes.net/threads/175128-Civet-smell

7 William Fordyce Mavor, *Natural History for the Use of Schools* (London: Phillips, 1800), S. 89, gefunden auch in bearbeiteter Form in Christopher Plumb, *The Georgian Menagerie: Exotic Animals in Eighteenth-Century London* (London: I. B. Tauris, 2015), S. 72. Zur Geschichte von Zibet im georgianischen England siehe Plumb, S. 72–79.
8 *Shakespeare's dramatische Werke, Sechster Theil, König Lear*, 4. Akt, 6. Szene, übersetzt von Heinrich Voss, Stuttgart 1829.
9 Pier Mattioli, *Commentarii in libros sex Pedacii Dioscoridis Anazarbei De medica materia* (Venedig: In Officina Erasmiana, apud Vincentium Valgrisium, 1554), S. 43, zitiert in Dannenfeldt, »Europe Discovers Civet Cats and Civet«, S. 424–25.
10 Zur Geschichte von Zibet im georgianischen England siehe Plumb, *The Georgian Menagerie*, S. 72–79.
11 Newton, »The Civet-Cats of Newington Green«, S. 12.
12 Ebd. S. 13.
13 Zu den Methoden der Zibet-Gewinnung siehe Plumb, *The Georgian Menagerie*, S. 74–75.
14 Pietro Castelli, *De hyaena odorifera zibethum gignente quae civetto vulga appelatur* (Messina: Vidua Jo. Franci. Bianco, 1638), zitiert in Übersetzung in John Jonston, *A Description of the Nature of Four-Footed Beasts* (Amsterdam: Gedruckt für die Witwe von John Jacobsen Schipper und für Stephen Swart, 1678), S. 117, zitiert in Dannenfeldt, »Europe Discovers Civet Cats and Civet«, S. 420.
15 Alexander Pope, *The Works of Alexander Pope Esq.* (London, Dodsley, 1738), zitiert in Plumb, *The Georgian Menagerie*, S. 77.
16 Mavor, *Natural History*, S. 89, zitiert in Plumb, *The Georgian Menagerie*, S. 77.
17 Schwer zu sagen, wie oft Zibet heutzutage noch bei der Parfümherstellung verwendet wird. Obwohl Chanel angeblich seit 1998 darauf verzichtet, wird Zibet immer noch in Äthiopien geerntet, vorwiegend für den Export nach Frankreich, wo es immer noch bei der Parfümherstellung verwendet wird. Siehe Emmanuel Do Linh San et al., »*Civettictis civetta* [afrikanisches Zibet]«, *The IUCN Red List of Threatened Species*, 2015; und Patrick House, »The Scent of a Cat Woman: Is the Secret to Chanel Nr. 5's Success a Parasite?«, *Slate*, 3. Juli 2012, aufgerufen am 6. Januar 2019, https:// slate.com/technology/2012/07/chanel-no-5-a-brain-parasite-may-be-the-secret-to-the-famous-perfume.html
18 Siehe Jonathan Morris, *Coffee: A Global History* (London: Reaktion Books, 2019), S. 86–87.
19 Siehe Colin Cahill, *Feral Natures and Excremental Commodities: Purity, Scale, and the More-than-Human in Indonesia* (Dissertation, University of California, Irvine, 2017), S. 25–26. Cahills Arbeit ist meines Wissens die einzige umfassende Studie zum Thema Katzenkaffee; sie lieferte mir für dieses Kapitel wichtige Grundlagen.

20 Thomas Horsfield, *Zoological Researches in Java, and the Neighbouring Islands* (London: Kingsbury, Parbury & Allen, 1824), zitiert in Cahill, *Feral Natures and Excremental Commodities*, S. 46.
21 Siehe Morris, *Coffee*, 25–27.
22 Antony Wild, *Coffee: A Dark History* (ebook, Wild Books, 2013); Morris, *Coffee*, S. 28.
23 Cahill hat in *Feral Natures and Excremental Commodities* die historischen Aufzeichnungen nach Hinweisen auf Zibet- oder Exkrementbohnen (S. 45–49) durchsucht. Obwohl er in Reiseberichten und zoologischen Studien ein paar knappe Hinweise gefunden hat, fällt auf, dass Katzenkaffee in den wichtigen Kaffee-Texten des neunzehnten und zwanzigsten Jahrhunderts nicht auftaucht, etwa in William Ukers 1935 veröffentlichter Studie *All About Coffee* (E-Mail von Jonathan Morris, 14. Dezember 2018). Genau wie beim Handel mit Vogelnestern ist es schwierig zu ermitteln, wann der Katzenkaffee zum ersten Mal auftauchte und ob er vor Ort von Einheimischen konsumiert wurde oder für den Export bestimmt war.
24 Paul Watson, »Coffee at a Price Difficult to Digest«, *Los Angeles Times*, 13. Juli 2007.
25 Morris, *Coffee*, S. 29.
26 Es wurde vielfach berichtet, dass Prinz Philip diese Bemerkung 1986 bei einer Konferenz des World Wildlife Fund (WWF) machte. Siehe ungenannter Autor, »Long Line of Princely Gaffes«, BBC News, 1. März 2002, aufgerufen am 6. Januar 2019, http://news.bbc.co.uk/2/hi/uk/1848553.stm.
27 So werden Fleckenmusange zwar meist beschrieben, aber die Wahrheit ist komplexer. Siehe Cahill, *Feral Natures and Excremental Commodities*, S. 44.
28 Ebd., S. 30.
29 Worm, *Musei Wormiani historia*, S. 310–11 und 189.
30 Schepelern, *Museum Wormianum*, S. 145; siehe auch Wild, *Coffee: Dark History*, S. 165.
31 Steven Topik, »Coffee as a Social Drug«, *Cultural Critique* 71 (Winter 2009): S. 81–106; und Wild, *Coffee: A Dark History*, S. 143–44.
32 Morris, *Coffee*, S. 7.
33 Topik, »Coffee as a Social Drug«, S. 98.
34 Es ist schwierig, aktuelle Daten über den Handel mit grünem Kaffee zu finden. 2013 berichtete Fairtrade International, eine NGO, dass drei Firmen beinahe die Hälfte des europäischen Kaffeehandels kontrollieren. Siehe »Powering Up Smallholder Farmers to Make Food Fair: A Five Point Agenda«, *Fairtrade International*, Mai 2013.
35 Wild, *Coffee: A Dark History*, S. 78–81.
36 Adrian Vickers, *Bali – ein Paradies wird erfunden* (Reise Know-How Verlag, 1996).
37 Über die jüngste Geschichte des Katzenkaffees siehe Wild, *Coffee A Dark History*,

S. 11–32; und Wild, »Civet Coffee: Why It's Time to Cut the Crap«, *The Guardian*, 13. September 2013. Obwohl Tony Wild den Anspruch darauf erhebt, in den 1990er-Jahren das Interesse am Katzenkaffee geweckt zu haben, war er nicht der Einzige, der sich damals in der Branche versuchte; siehe Cahill, *Feral Natures and Excremental Commodities*, S. 44–45.

38 Wild, *Coffee: A Dark History*, S. 24–25.

39 Es lässt sich nicht genau sagen, wann der Handel mit der isländischen Eiderdaune begonnen hat. Burton schreibt, dass englische Kaufleute bereits im fünfzehnten und sechzehnten Jahrhundert mit Eiderdaunen gehandelt hätten (*Ultima Thule*, Band 1, S. 202), obwohl der früheste englischsprachige Hinweis auf die Eiderdaune auf das Jahr 1774 zurückgeht (*Oxford English Dictionary Online*, »eider-down«, aufgerufen am 5. Januar 2019, http://www.oed.com). Reiseschriftsteller des neunzehnten Jahrhunderts erwähnen den Handel mit der isländischen Eiderdaune regelmäßig.

40 2016 veröffentlichten Forscher von World Animal Protection und der Universität Oxford einen Artikel, der die Lebensbedingungen in Käfigen gefangener Fleckenmusange in Bali behandelt, entsprechend den Richtlinien der World Association of Zoos and Aquariums. Nachdem sie sechzehn Plantagen besucht und achtundvierzig wild gefangene Fleckenmusange in Augenschein genommen hatten, kamen die Forscher auf Grundlage von acht Variablen zu dem Schluss, dass die Tiere »unzulänglichen Haltungsbedingungen« ausgesetzt seien. Besonders unzulänglich war die Haltung in Bezug auf Ernährung, die Verfügbarkeit von Wasser und soziale Interaktion; siehe Gemma Carder et al., »The Animal Welfare Implications of Civet Coffee Tourism in Bali«, *Animal Welfare* 25 (Mai 2016): S. 199–205. Wild beschrieb es mit diesen Worten: »Die von Natur aus scheuen und einzelgängerischen nachtaktiven Tiere leiden extrem unter dem Stress, in engen Käfigen in unmittelbarer Nähe anderer Fleckenmusange eingepfercht zu sein. Und dass sie widernatürlicherweise fast ausschließlich von Kaffeekirschen ernährt werden, bewirkt weitere Gesundheitsprobleme; sie kämpfen gegeneinander, nagen ihre eigenen Beine ab, bekommen blutigen Stuhlgang und sterben oft«; siehe Wild, »Civet Coffee.«

41 Wild, »Civet Coffee«.

42 »Coffee's Cruel Secret«, Folge von *Our World*, präsentiert von Chris Rogers, mit Tony Wild, produziert von Guy Lynn, Ausstrahlung BBC World News, 13. September 2013.

43 Siehe auch Cahill, *Feral Natures and Excremental Commodities*, S. 40–41.

44 Newton, »The Civet-Cats of Newington Green«, S. 18.

45 Siehe Cahill, *Feral Natures and Excremental Commodities*, S. 44.

MUSCHELSEIDE

1 Alastair Sooke, »The Man Who Destroyed All His Belongings«, BBC Culture, 14. Juli 2016, aufgerufen am 6. Januar 2019, http://www.bbc.com/culture/story/20160713-michael-landy-the-man-who-destroyed-all-his-belongings
2 Siehe Terry L. Underson und Donald R. Leal, *Free Market Environmentalism* (Boulder: Westview Press, 1991); und *Enviro-Capitalists: Doing Good While Doing Well* (Lanham, MD: Rowman & Littlefield, 1997).
3 Für dieses Kapitel habe ich mich vor allem auf das Projekt Muschelseide gestützt (http://www.muschelseide.ch/en/projekt.html), ein am Naturhistorischen Museum Basel angesiedeltes Forschungsprojekt der Schweizer Wissenschaftlerin Felicitas Maeder. Sie gewährte mir großzügig Zugang zu vielen Primärquellen, die mir sonst verschlossen geblieben wären. Zu Dank verpflichtet bin ich auch der britischen Meeresbiologin Helen Scales, die 2015 als erste Autorin differenziert die Geschichte der Muschelseide in Sant'Antioco darlegte; siehe ihr exzellentes Buch *Spirals in Time: The Secret Life an Curious Afterlife of Seashells* (London: Bloomsbury Sigma, 2015). Ich habe mich daran orientiert.
4 Conrad Malte-Brun, »Sur la pinne-marine et sur les tissus fabriqués avec la laine de ce coquillage«, *Journal de l'Empire*, 1806, zitiert und übersetzt in »National Fairs und World Exhibitions«, Project Sea-silk, aufgerufen am 6. Januar 2019, http://www.muschelseide.ch/en/geschichte/neuzeit/ausstellungen.html
5 Henry Swinburne, *Travels in the Two Sicilies: In the Years 1777, 1778, 1779, und 1780* (London: T. Cadell und P. Elmsly, 1790), Bd. 2, S. 79.
6 Tertullian, *De pallio* (III, 6) zitiert in »Ancient World«, Project Sea-silk, aufgerufen am 6. Januar 2019, http://www.muschelseide.ch/en/geschichte/antike.html
7 Tertullian, *Über das Pallium oder den Philosophenmantel* [Übersetzt von Dr. K. A. Heinrich Kellner 1912/1915].
8 René Antoine Ferchault de Réaumur, »Observations sur le coquillage appellé ›pinne marine‹ ou ›nacre de perle‹ à l'occasion duquel on explique la formation des perles«, *Mémoires de l'Académie Royale des Sciences*, Paris (1717), S. 177.
9 René Antoine Ferchault de Réaumur, »Des differentes manières dont plusieurs espèces d'animaux de mer s'attachent au sable, aux pierres, et les uns aux autres«, *Mémoires de l'Académie Royale des Sciences*, Paris (1711), S. 108. Für eine englische Zusammenfassung von Réaumurs Untersuchungen siehe Clinton G. Gilroy, *The History of Silk, Cotton, Linen, Wool, und Other Fibrous Substances* (New York: C. M. Saxton, 1853), S. 174–84.
10 Für eine detaillierte Erörterung von Réaumurs ausgeklügelten Methoden siehe Mary Terrall, *Catching Nature in the Act: Réaumur und the Practice of Natural History in the Eighteenth Century* (Chicago: University of Chicago Press, 2014).

11 Réaumur schildert diese Phase seines Experiments in *Des differentes manières*, S. 115-18.
12 Réaumur, »Des differentes manières«, S. 123.
13 Diesen Vergleich verdanke ich Helen Scales; siehe *Spirals in Time*, S. 147.
14 Der Biochemiker Herbert Waite, UC Santa Barbara, hat die Eigenschaften von Muschelseide sorgfältig untersucht. Siehe etwa Kathryn Coyne, Xiao-Xia Qin und Herbert Waite, »Extensible Collagen in Mussel Byssus: A Natural Block Copolymer«, *Science* 277, Nr. 5333 (September 1997): S. 830-32.
15 Über die Biologie der *Pinna nobilis* siehe »Biology«, Project Sea-silk, aufgerufen am 6. Januar 2019, http://www.muschelseide.ch/en/biologie.html
16 Aristoteles, *Complete Works of Aristoteles: The Revised Oxford Translation*, hrsg. v. Jonathan Barnes (Princeton, NJ: Princeton University Press, 1995), Bd. 1, S. 864.
17 Aristoteles, *Complete Works of Aristoteles*, S. 922.
18 Über Poli siehe Ilya Tëmkin, »The Art und Science of *Testacea utriusque Siciliae* von Giuseppe Saverio Poli«, in *Atti del Bicentenario: Museo Zoologico 1813-2013*, hrsg. v. Maria del Re, Rosanna del Monte und Maria Ghiara (Neapel: Centro Musei delle Scienze Naturali e Fisiche, 2015), S. 147-68.
19 Für Primärzitate siehe »Ancient World«, Project Sea-silk, aufgerufen am 6. Januar 2019, http://www.muschelseide.ch/en/geschichte/antike.html
20 Handgeschriebener Brief, signiert von Lord Nelson an Emma Hamilton, 18. März 1804, in *The Hamilton und Nelson Papers, 1798-1815*, hrsg. v. Alfred Morrison (Gedruckt für die private Verbreitung, 1894), Bd. 2, S. 226.
21 Jules Verne, *20 000 Meilen unter dem Meer* (A. Hartleben's Verlag, 1870).
22 Lucia D'Ippolito, »Fra antiche tradizioni e ambizioni industriali: La produzione di bisso marino a Taranto«, in *Bisso marino – Fili d'oro dal fondo del mare*, hrsg. v. Felicitas Maeder, Ambros Hänggi und Dominik Wunderlin (Milan: 5 Continents Editions, 2004), S. 73-113. Cerruti veröffentlichte seine Erkenntnisse in zwei Artikeln: »Primi esperimenti di allevamento della Pinna ›Pinna nobilis L.‹ nel Mar Piccolo di Taranto«, *La Ricerca Scientifica* 1, Nr. 16 (1938): S. 339-47; und »Ulteriori notizie sull'allevamento della ›Pinna nobilis L.‹ nel Mar Piccolo di Taranto«, *La Ricerca Scientifica* 18 (1939): S. 1110-24.
23 Über die Produktion von Muschelseide siehe »Verarbeitung von Muschelseide«, Projekt Muschelseide, aufgerufen am 6. Januar 2019, http://www.muschelseide.ch/en/verarbeitung.html
24 Giuseppe Basso-Arnoux, *Sulla pesca ed utilizzazione della »Pinna nobilis« e del relativo bisso* (Rome: Ministero dell'Industria, del Commercio e del Lavoro, 1916), S. 5.
25 Felicitas Maeder, »Landscape of Sea-Silk: Traces of Traditional Production Around the Mediterranean Sea«, in *Museums und Cultural Lundscapes: Proceedings of the*

ICOM Costume Committee Annual Meeting, hrsg. v. Johannes Pietsch, Milan, 3. bis 7. Juli 2016.
26 Harrisson, »Birds und Men in Borneo«, S. 33.
27 Basso-Arnoux, *Sulla pesca ed utilizzazione*, S. 6.
28 Tito Siddi, »Sfogliundo negli archivi della memoria di Sant'Antioco: Margherita Sitzia ed Efisia Murroni, due indimenticabili tessitrici di bisso«, *Tottus in Pari*, 17. Juli 2016.
29 Alle Zitate stammen aus dem Nachruf von Marjorie Courtenay-Latimer in *The Daily Telegraph*, 19. Mai 2004. Über den Quastenflosser siehe Samantha Weinberg, *A Fish Caught in Time: The Search for the Coelacanth* (New York: Harper Collins, 2000).
30 Ebd.
31 Siehe u. a. Max Paradiso, »Chiara Vigo: The Last Woman Who Makes Sea Silk«, BBC News Magazine, 2. September 2015, aufgerufen am 6. Januar 2019, https://www.bbc.com/news/magazine-3369178; und Susanna Lavazza, *From Darkness to Light: Marine Byssus und Chiara Vigo* (Bologna: Cartabianca, 2012).
32 John Berger, *About Looking* (New York: Vintage International, 1991), S. 3.
33 Für eine Zergliederung dieser Geschichten siehe Daniel McKinley, »Pinna und Her Silken Beard: A Foray into Historical Misappropriations«, *Ars Textrina* 29 (Juni 1998): S. 9–223.
34 Ebd., S. 67–75.
Ebd., S. 75–94.
35 Siehe Redazione *Fame di Sud*, »Chiara Vigo, ultima sacerdotessa della millenaria arte del bisso: Viaggio nell'universo della seta marina«, *Fame di Sud*, April 3, 2014, aufgerufen am 6. Januar 2019, http://www.famedisud.it/chiara-vigo-ultima-sacerdotessa-della-millenaria-arte-del-bisso-viaggio-nelluniverso-delle-seta-marina
36 Angela Corrias, »Weaving Sea Silk in Sardinia: Preserving an Ancient Art«, *GoNOMAD*, 2010 (genaues Datum unbekannt), aufgerufen am 6. Januar 2019, https://www.gonomad.com/3046-weaving-the-silk-of-the-sea-in-byssus
37 Stefania Parisi, »Byssus: Weaving of Sea Silk«, *Fashion World*, 19. Oktober 2014, aufgerufen am 6. Januar 2019, http://www.technofashionworld.com/byssus-weaving-of-sea-silk
38 Über die physikalischen Eigenschaften von Byssus siehe »Fibre Analysis of the Byssus of *Pinna nobilis* L.«, Project Sea-silk, aufgerufen am 6. Januar 2019, http://www.muschelseide.ch/en/biologie/byssus/faseranalyse.html
39 Johann Chemnitz, »Abhandlung von der Steckmuschel und ihrer Seide, wie auch vom Pinnenwächter«, *Der Naturforscher* 10 (1777): S. 2
40 EU-Richtlinie 92/43/EEC, *Pinna nobilis*.

41 Fiona Ehlers und Christian Wüst, »Salvaging the ›Costa Concordia‹: Doomed Cruise Ship Prepares for Final Voyage«, *Der Spiegel International Online*, September 26, 2012, aufgerufen am 6. Januar 2019, http://www.spiegel.de/international/europe/how-the-costa-concordia-will-be-salvaged-a-857683.html
42 Swinburne, *Travels in the Two Sicilies*, S. 79.
43 »Sant'Antioco, intervista a Vigo Chiara«, *Sardegna Digital Library*, 27. November 2008, aufgerufen am 6. Januar 2019, http://www.sardegnadigitallibrary.it/index.php?xsl=2436&id=198665
44 Bachisio Bundinu und Salvatore Cubeddu, *Il quinto moro: Soru e il sorismo* (Selargius, Sardinia: Domus de Janas, 2007), S. 70.
45 Siehe *Immaterielles Kulturerbe:* https://de.wikipedia.org/wiki/Immaterielles_Kulturerbe
46 Über Seidenraupenzucht in Byzantium siehe Heleanor B. Feltham, »Justinian and the International Silk Trade«, *Sino-Platonic Papers* 194 (November 2009).
47 Über diese Schlüsselfigur in der Geschichte der Muschelseide siehe »Giuseppe Capecelatro, Archbishop of Taranto«, Project Sea-silk, aufgerufen am 6. Januar 2019, http://www.muschelseide.ch/en/geschichte/neuzeit/giuseppe-capecelatro.html
48 Siehe u. a. Carlotta Lombarda, »Basilia, lo stemma e una »sacerdotessa««, *Corriere della Sera*, 25. Mai 2010.
49 Siehe McKinley, »Pinna and Her Silken Beard«, S. 9–223.
50 Für detaillierte Informationen über Gazas Irrtum siehe Pieter van der Feen, »Byssus«, *Basteria* 13, Nr. 4 (1949): S. 66–71; und Felicitas Maeder, »Irritating Byssus: Etymological Problems, Material Facts, and the Impact of Mass Media«, in *Textile Terminologies from the Orient to the Mediterranean and Europe, 1000 BC–1000 AD*, hrsg. v. Salvatore Gaspa, Cécile Michel und Marie-Louise Nosch (Lincoln, NE: Zea Books, 2017), S. 500–19.
51 Siehe Antonio Taramelli, »Scoperte di antichità nell'antica Sulcis,« *Notizie degli scavi di antichità* 5 (1908): S. 151–52.
52 Obwohl es hieß, er sei Professor für hebräische Handschriftenkunde an der École Pratique des Hautes Études (EPHE) – siehe Paradiso, »Chiara Vigo« –, informierte mich die EPHE, Gabriel Hagai habe »weder Anspruch auf den Professorentitel noch irgendeine berufliche Verbindung zur EPHE« (E-Mail vom 1. Juni 2016).
53 Giuseppe Saverio Poli, *Testacea utriusque Siciliae, eorumque historia et anatome tabulis aeneis illustrata* (Parma: Ex Regio Typographeio, 1795), Bd. 2, S. 231, zitiert und übersetzt in Gilroy, *The History of Silk*, S. 181.
54 Helen Scales, *Spirals in Time*, S. 164–66.
55 Die Quellen dieser Zitate sind in diesen Endnoten angegeben; Zitate ohne entsprechende Endnoten entstammen meinen eigenen Gesprächen mit ihr.

56 Claudio Moica, »Si scoprono nuovi maestri della tessitura: Il bisso a Sant'Antioco«, *Gazzetta del Sulcis-Iglesiente*, 10. Juli 2014.

57 Über die Geschichte von Italo Dianas Studio siehe Ginevra Zanetti, »Un'antica industria sarda: Il tessuto d'arte per i paramenti sacri«, *Archivio Storico Sardo* 29 (1964): S. 261; Sergio Flore, »L'isola di Sardegna … l'ultimo filo del *panno del mare*«, in *Bisso marino – Fili d'oro dal fondo del mare*, S. 59–60; Gerolama Carta Mantiglia, »Il bisso marino in Sardegna«, in *Bisso marino – Fili d'oro dal fondo del mare*, S. 53–54; Claudio Moica, »Italo Diana: Il misterioso maestro del bisso di Sant'-Antioco«, *Gazzetta del Sulcis-Iglesiente*, 31. Juli 2014; und Claudio Moica, »Italo Diana ricordato dai figli di Jolunda Sitzia: L'allieva e la rievocazione del maestro«, *Gazzetta del Sulcis-Iglesiente*, 9. Oktober 2014; Claudio Moica, »Emma Diana racconta il padre Italo Diana maestro del bisso«, *Gazzetta del Sulcis-Iglesiente*, 16. April 2015.

58 Bilder des Wandteppichs, bevor und nachdem er verändert wurde, findet man in »Inventory: Objects«, Project Sea-silk, aufgerufen am 6. Januar 2019, http://www.muschelseide.ch/en/inventar/Objekte/wandteppich.html

59 Die Zitate von Mussolini sind von Atzeni, »Il discorso di Carbonia«.

60 Über Seide und Faschismus siehe Rita del Bene, »Tessuti di bisso: Lana-pinna o Lana pesce«, 1a *Mostra Jonica d'Arte Sacra*, *S. 2–31 maggio 1937–XV* (Taranto: A. Scrimieri, 1937), 1–7; und Lucia D'Ippolito, »Fra antiche tradizioni e ambizioni industriali: La produzione di bisso marino a Taranto«, in *Bisso marino – Fili d'oro dal fondo del mare*, S. 73–113.

61 Über Orbace-Stoff und Faschismus siehe Eugenia Paulicelli, *Fashion Under Fascism: Beyond the Black Shirt* (Oxford: Berg, 2004), S. 108; und Perry Wilson, »The Nation in Uniform? Fascist Italy, 1919–43«, *Past und Present* 221, Nr. 1 (November 2013): S. 249–72; Pier Gavino Vacca, »Dai vecchi telai al museo della lana, la storia dell'Alas: L'antico stabilimento sara riadattato per iniziativa dell'amministrazione di Macomer«, *La Nuova Sardegna*, 21. Mai 2002.

62 Simonetta Fiori, »Mise l'Italia in orbace e fini sui muri: Starace chi legge«, *La Repubblica*, 26. Juli 2000.

63 Ungenannter Autor, »Nessuno l'aiuta: Una lunga guerra contro la burocrazia«, *La Nuova Sardegna*, 6. Februar 2000. Originaltext: »L'ho imparata da mia nonna Maria Maddalena Mereu, che a sua volta era stata allieva di Italo Diana«.

64 Metello Vene, »Seguendo il filo di Chiara«, *Airone* (Supplement zu Nr. 157), Mai 1994.

65 Wie zu erwarten, gibt es von dieser Geschichte zahlreiche volkstümliche Variationen. Siehe u. a. den Eintrag zum heiligen Antiochus im Online-Heiligenlexikon *Santi beati e testimoni*, aufgerufen am 6. Januar 2019, http://www.santiebeati.it/dettaglio/90511

66 Claudio Moica, »Efisia Murroni: L'ultima allieva sul bisso del poliedrico maestro Italo Diana«, *Gazzetta del Sulcis-Iglesiente*, 18. September 2014; und »Le sorelle Pes maestre di tessitura e di bisso: La passione di Assuntina e Giuseppina«, *Gazzetta del Sulcis-Iglesiente*, 23. Oktober 2014.

67 *The Travels of Sir John Mandeville*, übers. v. C. W. R. D. Moseley (Harmondsworth, UK: Penguin Books, 1983), S. 65, zitiert in Florike Egmond und Peter Mason, »Report on a Wild Goose Chase«, *Journal of the History of Collections* 7, Nr. 1 (1995): S. 30.

68 Sir Robert Moray, »A Relation Concerning Barnacles«, *Philosophical Transactions* 12 (1677): S. 926.

69 Es gab sogar den Glauben an einen Baum, an dem große, muschelförmige Früchte wuchsen, aus denen schließlich Gänse schlüpften: der Bernikel-Baum *(orig.: Barnacle Tree)*. Im Englischen bedeutet *barnacle* Entenmuschel oder auch Ringelgans, weshalb der Baum im deutschen Sprachraum auch Gänse- oder Muschelbaum genannt wurde. Laut Überlieferung gedieh er in wildwüchsigen Gegenden wie etwa auf den Shetland-Inseln, im Süden Tasmaniens, in einigen Gebieten Neuseelands und im Norden von Norwegen. http://www.marrak.de/aurora/krypt_2.html

70 Was Moray vermutlich sah, war ein Rankenfußkrebs, dessen Inneres an einen winzigen Gans-Embryo erinnert. https://www.nationalgeographic.com/science/phenomena/2008/07/03/geese-from-barnacles/

71 Henry Lee, *Sea Fables Explained* (London: William Clowes und Sons, 1883), S. 122.

72 E-Mail von Chiara Vigo an den Bürgermeister von Sant'Antioco und andere Funktionäre, 26. April 2013.

73 Siehe u. a. *I maestri del bisso, della seta, del lino: The Masters of Byssus, Silk und Linen*, hrsg. v. Małgorzata Biniecka (Rome: Sapienza Universita Editrice, 2017), S. 3.

74 »La vera storia del bisso marino a Sant'Antioco«, aufgerufen am 6. Januar 2019, https://www.facebook.com/groups/332760296881499/about/

75 Monica Magro, »Chiara Vigo pronta ad undare via: Porterò all'estero l'arte del bisso«, *Sardinia Post*, 20. März 2016, https://www.sardiniapost.it/cronaca/il-caso-chiara-vigo-pronta-a-lasciare-lisola-io-tradita-portero-allestero-larte-del-bisso/

76 Mitarbeiter der italienischen Nachrichtenagentur ANSA, »Flash mob per Museo Bisso a S. Antioco«, ANSA, 24. Januar 2016, aufgerufen am 6. Januar 2019, http://www.ansa.it/sardegna/notizie/2016/01/24/flash-mob-per-museo-bisso-a-s.antioco_b967f059-0b9b-4c01-b8a8-4fa5f3cd8522.html; ungenannter Autor, »Museo del Bisso, Pigliaru e Firino: »Necessario trovare una soluzione«, *Sardinia Post*, 26. Januar 2016, aufgerufen am 6. Januar 2019, https://www.sardiniapost.it/politica/museo-del-bisso-pigliaru-e-firino-necessario-trovare-una-soluzione/; Ilenia Mura, »Sindaci alla corte del bisso«, *L'Unione Sarda*, 12. Oktober 2016.

77 Siehe Kathryn Sullivan Kruger, *Weaving the Word: The Metaphysics of Weaving und Female Textile Production* (Selinsgrove, PA: Susquehanna University Press, 2001), S. 144.

78 »Salviamo l'ultimo maestro di bisso: Chiara Vigo«, Petition an den Präsidenten der Autonomen Region Sardinien Francesco Pigliaru, aufgerufen am 6. Januar 2019, https://www.change.org/p/sardegna-salviamo-l-ultimo-maestro-di-bisso-marino-chiara-vigo-quirinalestampa-f-pigliaru-comunesantioco

79 Fabrizio Steri, Kommentar zu »Nessuno tocchi Il Museo del Bisso«, Facebook, 14. Oktober 2016, aufgerufen am 6. Januar 2019, https://www.facebook.com/groups/274249602779746/about/

80 Brigaglia, *Il carbone sbagliato*.

81 Siehe Russell King, »Recent Industrialisation in Sardinia: Rebirth or Neo-Colonialism?«, *Erdkunde* 31, Nr. 2 (Juni 1977): 99; Guy Dinmore und Giulia Segreti, »Sun Sets on Sardinia's Mineral Industries«, *Financial Times*, 2. September 2012; und Ugo Rossi, »There's No Hope: The Global Economic Crisis and the Politics of Resistance in Southern Europe«, *Belgeo* 1–2 (März 2012): S. 1–18.

82 Sebastién Duperron et al., »Symbioses Between Deep-Sea Mussels (Mytilidae: Bathymodiolinae) und Chemosynthetic Bacteria: Diversity, Function and Evolution«, *Comptes Rendus: Biologies*, 332, Nr. 2–3 (Februar–März 2009): S. 298–310.

VIKUNJAFASER

1 ANSA-Mitarbeiter, »Chiude tra le polemiche Museo del Bisso«, ANSA, Oktober 4, 2016, aufgerufen am 6. Januar 2019, http://www.ansa.it/sardegna/notizie/2016/10/04/chiude-tra-l e-p olemiche-m useo-d el-b isso_499f0676-3 f73-4 810-8 3bf-9 171eca9ff11.html; und »Il Comune di Sant'Antioco ha sfrattato Chiara Vigo dal Montegranatico: Chiude il Museodel Bisso«, *La Provincia del Sulcis Iglesiente*, 1. Oktober 2016, aufgerufen am 6. Januar 2019, http://www.laprovinciadelsulcisigle siente.com/wordpress/2016/10/il-comune-di-santantioco-ha-sfrattato-chiara-vigo-dal-montegranatico-chiude-il-museo-del-bisso/

2 Siehe auch Claudio Moica, »Arianna Pintus, la jana del bisso«, *Tottus in Pari*, 11. März 2018.

3 Maite Vázquez-Luis et al., »S.O.S. *Pinna nobilis*: A Mass Mortality Event in Western Mediterranean Sea«, *Frontiers in Marine Science*, 17. Juli 2017.

4 James Brooke, »Sherman Adams Is Dead at 87: Eisenhower Aide Left Under Fire«, *The New York Times*, 28. Oktober 1986; und »The Adams Case«, *Newsweek*, 23. Juni 1958.

5 *Investigation of Regulatory Commissions and Agencies: Hearings Before a Subcom-

mittee of the Committee on Interstate and Foreign Commerce, Repräsentantenhaus 85. Kongress, zweite Sitzung, Teil 10, 17. Juni 1958, S. 3717.

6 Ungenannter Autor, »The Vicuña Man«, *Newsweek*, 2. Oktober 1967.

7 Sherman Adams, *Firsthand Report: The Story of the Eisenhower Administration* (New York: Harper & Brothers, 1961), zitiert in Brooke, »Sherman Adams Is Dead at 87«.

8 Ungenannter Autor, »The Vicuña Man«.

9 Jane Wheeler, »South American Camelids – Past, Present and Future«, *Journal of Camelid Science* 5 (2012): S. 6.

10 Meg Lukens Noonan, The Coat Route: Craft, Luxury & Obsession on the Trail of a $50,000 Coat (New York: Spiegel & Grau, 2013), S. 47.

11 »The Education of Sherman Adams«, *The Philadelphia Inquirer*, 22. Juni 1958.

12 Informationen über das Vikunja fand ich bei Wheeler, »South American Camelids«; Carl Koford, »The Vicuña and the Puna«, *Ecological Monographs* 27, Nr. 2 (April 1957), S. 153–219; William Franklin, »High, Wild World of the Vicuña«, *National Geographic* 143 (1973), S. 76–91.

13 Garcilaso de la Vega, *The Royal Commentaries of Peru in Two Parts*, übersetzt von Sir Paul Rycaut (London: Miles Flesher, 1688), Bd. 1, S. 195.

14 Unbekannter Autor »des frühen neunzehnten Jahrhunderts«, zitiert in A. Cabrera und J. Yepes, *Mamíferos sud-americanos* (Buenos Aires: Compañía Argentina de Editores, 1940), zitiert in Koford, »The Vicuña and the Puna«, S. 213.

15 Vega, *The Royal Commentaries*, Bd. 1, S. 195, zitiert in Noonan, *The Coat Route*, S. 45–46.

16 Im Jahr 1951 enthüllte ein Unterausschuss des Senats, dass E. Merl Young, ehemaliger Revisionsbeamter der Reconstruction Finance Corporation (RFC), ein Geschenk in Form eines $ 9450 teuren Nerzmantels von einem Washingtoner Anwalt erhalten hatte; dieser Anwalt arbeitete für eine Firma, die vom RFC einen Kredit erhalten hatte. Siehe »Merl Young of R. F. C.; Was Named in Scandal«, *The New York Times*, 22. August 1981.

17 Jane Wheeler und Domingo Hoces, »Community Participation, Sustainable Use, und Vicuña Conservation in Peru«, *Mountain Research and Development* 17, Nr. 3 (August 1997), S. 284.

18 Joseph Novitski, »Legislation by Bolivia« und »Peru Fails to Halt Threat to Vicuna«, *The New York Times*, 1. März 1970.

19 Zu Benavides' Nachforschungen und Kampagnen siehe Wilfredo Pérez Ruiz, *La saga de la vicuña* (Lima: CONCYTEC, 1994), S. 49–50; Felipe Benavides, Brief an den Herausgeber, *The Guardian*, 9. November 1967; »Dwindling Vicuna«, *South China Morning Post*, 11. Dezember 1967; Dennis Barker, »Vicuna Man Spots British Loophole«, *The Guardian*, 14. Februar 1975; Marlene Simons, »The Agitator of the

Andes«, *Los Angeles Times*, 24. Februar 1975; Karen DeYoung, »Peruvian Wages Battle to Save Baby Seals«, *Los Angeles Times*, 21. Juni 1978; Michael Reid, »Obituary: Felipe Benavides, Saviour of the Vicuna«, *The Guardian*, 27 Februar 1991; und Alex Emery, »Peruvian Ecologist Felipe Benavides Dies in London«, Associated Press, 22. Februar 1991.

20 *Christian Science Monitor Dispatch*, »Wildlife Champion Savior of People«, Orlando, Florida, *Sentinel Star*, 13. April 1975.
21 Faith McNulty, »Peruvian Conservationist«, *The New Yorker*, 4. Oktober 1976.
22 Ebd.
23 Ebd.
24 Wheeler und Hoces, »Community Participation«, S. 284.
25 Stephen Banker, »And Now, Good News: Endangered Species Is Saved«, *Smithsonian*, Januar 1977, S. 60–64.
26 Pérez, *La saga de la vicuña*, Widmung.
27 Novitski, »Legislation by Bolivia and Peru«, *The New York Times*, March 1, 1970.
28 Felipe Benavides, »Vanishing Vicunas«, Brief an den Herausgeber, *The Guardian*, 9. November 1967.
29 Wheeler und Hoces, »Community Participation«, S. 284.
30 Brack in *Lima Times*, zitiert in Jorge Castro de los Ríos, »Masacre en la Puna«, *Caretas*, 4. Juni 1979.
31 Antonio Brack Egg, »Historia del manejo de la vicuña en el Perú«, *Boletín de Lima* 50 (März 1987): S. 74.
32 Guil Figgins und Peter Holland, »Red Deer in New Zealand: Game Animal, Economic Resource or Environmental Pest?«, *New Zealand Geographer* 68 (2012): S. 36–48.
33 Brack, »Historia del manejo«, S. 74.
34 R. A. Loughnan, *New Zealand: Notes on Its Geography, Statistics, Land System, Scenery, Sport and the Maori Race* (Wellington: J. Mackay, 1902), S. 28, zitiert in Figgins and Holland, »Red Deer in New Zealand«, S. 38.
35 Wheeler, »South American Camelids«, S. 2
36 »La saca funesta«, *Caretas*, 17. November 1986.
37 Simons, »The Agitator of the Andes«; und DeYoung, »Peruvian Wages Battle«.
38 Peter Gwynne und Larry Rohter, »Open Season on Vicuñas«, *Newsweek*, 12. November 1979.
39 Wheeler und Hoces, »Community Participation«, S. 284.
40 Smyth et al., »Vicuna Hunt«, *The Observer*, 27. Mai 1979.
41 Vielleicht wenig überraschend, gibt es ganz gegensätzliche Ansichten zu diesem Disput. Für eine kritische Betrachtung der Auswahl und zu Brack siehe Castro de los Ríos, »Masacre en la Puna«; »El cuento de la vicuña«, *Caretas*, 5. Mai 1980;

Pablo Grimberg, »Disparos sin reserva,« *Caretas*, 14. Juli 1980; »Confirmando denuncias: Una comisión parlamentaria comprueba la debacle de la vicuña«, *Caretas*, 28. Dezember 1981; »La saca funesta«; and Pérez, *La saga de la vicuña*. Für eine Verteidigung der Auswahl, siehe Brack, »Historia del manejo«; und Marc Dourojeanni, »Reserva Nacional de Pampa Galeras: La primera década«, unveröffentlichter Bericht, Derecho, Ambiente y Recursos Naturales (DAR), Lima Agenda, 2014. Für eine ausgewogene Meinung siehe Wheeler und Hoces, »Community Participation«.

42 Diese Ansicht herrscht auch heute noch in Pampas Galeras und der Campesino-Gemeinde Lucanas. Obwohl die internationale Presse Benavides als »Retter der Vikunjas« heroisierte, spürte ich, dass sein Name im ländlichen Ayacucho sehr negative Reaktionen hervorrief.

43 Brack, »Historia del manejo«, S. 73.

44 Emery, »Peruvian Ecologist«; David Nicholson-Lord, »World Wildlife Fund Negotiated Purchase of Guns to Hunt Rare Animal«, *The Independent on Sunday*, 13. Januar 1991.

45 Fernando Ramírez Alfaro, »El día que las vicuñas lloraron«, *El Expreso*, 31. Januar 1991, zitiert in Wilfredo Pérez Ruiz, »Felipe Benavides: Un amigo del Partido del Pueblo«, *La Tribuna*, 24. Juni 2005.

46 Pedro Pizarro, *Relation of the Discovery and Conquest of the Kingdoms of Peru*, übers. v. Philip Ainsworth Means (New York: Cortes Society, 1921), Bd. 1, S. 224. Diese Episode wird von John Hemming elegant wiedergegeben, *The Conquest of the Incas* (New York: Harcourt Brace Jovanovich, 1970), S. 50–51.

47 John Murra, »Cloth and Its Functions in the Inca State«, *American Anthropologist* 64, Nr. 4 (August 1962): S 117.

48 Pedro Pizarro, »Relación del descubrimiento y conquista de los reinos del Perú«, in *Colección de documentos inéditos para la historia de España* (Madrid, 1844), Bd. 5, 272, zitiert und übesetzt in Murra, »Cloth and Its Functions«, S. 717.

49 Murra, »Cloth and Its Functions«, S. 721.

50 Ebd., S. 722.

51 Bernabé Cobo, »Historia del nuevo mundo«, in *Biblioteca de autores españoles* (Madrid: Ediciones Atlas, 1956), Bd. 91–92, S. 258–59, zitiert in Murra, »Cloth and Its Functions«, S. 711.

52 In den Chroniken gibt es große Abweichungen bei der Beschreibung des *Chakku*. Siehe Helen Cowie, *Llama* (London: Reaktion Books, 2017), S. 38–39; und Hugo Yacobaccio, »The Historical Relationship Between People and the Vicuña«, in *The Vicuña: The Theory and Practice of Community-Based Wildlife Management*, hrsg. v. Iain Gordon (New York: Springer, 2009), S. 11–12.

53 Felipe Benavides, »From the Incas to C.I.T.E.S.«, Studie, präsentiert beim dritten

World Wilderness Congress, Scotland, 8. bis 15. Oktober 1983, 3. Ich bin Wilfredo Pérez Ruiz dafür dankbar, dieses Dokument verwenden zu dürfen.
54 Simons, »The Agitator of the Andes«.
55 Reid, »Obituary: Felipe Benavides«.
56 DeYoung, »Peruvian Wages«; siehe auch McNulty, »Peruvian Conservationist«.
57 Wheeler und Hoces, »Community Participation«, S. 285. Über Benavides' Rolle siehe Pérez, *La saga de la vicuña*.
58 Wheeler und Hoces, »Community Participation«, S. 285-86.
59 Mario Vargas Llosa, *A Fish in the Water: A Memoir*, übers. v. Helen Lane (New York: Farrar, Straus and Giroux, 1994), S. 215.
60 Zu den Ursprüngen des *Chakku* siehe Tetsuya Inamura, »Chacu Collective Hunting of Camelids and Pastoralism in the Peruvian Andes«, *Global Environmental Research* 10 (2006): S. 39-48.
61 Eric Hobsbawm, »Introduction: Inventing Traditions«, in *The Invention of Tradition*, ed. Eric Hobsbawm and Terence Ranger (Cambridge, UK: Cambridge University Press, 2004), S 1.
62 https://de.wikipedia.org/wiki/Erfundene_Tradition
63 Wheeler und Hoces, »Community Participation«, S. 286.
64 Siehe Gudrun Norstedt, Anna-Maria Rautio and Lars Östlund, »Fencing the Forest: Early Use of Barrier Fences in Sami Reindeer Husbandry«, *Rangifer* 37, Nr. 1 (2017): S. 69-92.
65 Consejo Nacional de Camélidos Sudamericanos (National Council for South American Camelids).
66 Über die Verwendung von Zäunen siehe Gabriela Lichtenstein et al., *Manejo comunitario de vicuñas en Perú: Estudio de caso del manejo comunitario de vida silvestre* (London: IIED, 2002).
67 Für Zahlen zu Vikunjapopulationen siehe *Censo poblacional de vicuñas* 2012, Dirección General Forestal y de Fauna Silvestre (DGFFS); Gabriela Lichtenstein et al., »*Vicugna vicugna* [Vicuña]«, *The IUCN Red List of Threatened Species*, 2008, und P. Acebes et al., »*Vicugna vicugna*« für das Update 2018.
68 Tony Carnie, »Meet the World's Largest Rhino Breeder«, *The Mercury*, 6. September 2016; Jani Actman, »Can You Save Rhinos by Selling Their Horns?«, *National Geographic*, 20. August 2017.
69 Über die Geschichte von Pampas Galeras siehe Wheeler und Hoces, »Community Participation«, S. 284.
70 Abimael Guzmán (auch *Presidente Gonzalo*; * 3. Dezember 1934 in Mollendo) ist der ehemalige Anführer der maoistischen Terrororganisation »Leuchtender Pfad« in Peru.
71 »¿Cuántos peruanos murieron? Estimación del total de víctimas causadas por el

conflicto armado interno entre 1980 y el 2001«, Informe Final de la CVR Anexo 2, Comisión de la Verdad y Reconciliación, 28. August 2003, S. 13.

72 »Q'olla myth«, zitiert in Amy Cox, »Politics of Conservation and Consumption: The Vicuña Trade in Peru« (master's thesis, University of Florida, 2003), S. 17. Den Ursprung dieser Geschichte konnte ich nicht verifizieren.

73 Über die Sinchis siehe Lewis Taylor, »Counter-Insurgency Strategy, the PCP-Sendero Luminoso and the Civil War in Peru, 1980–1986«, *Bulletin of Latin American Research* 17, Nr. 1 (1998): S. 35–58.

74 Pedro Cieza de León, *The Second Part of the Chronicle of Peru*, hrsg. und übersetzt v. Clements R. Markham (London: Hakluyt Society, 1883), S. 46.

75 Robert Jacobus Forbes, *Studies in Ancient Technology* (Leiden: E. J. Brill, 1987), Bd. 4, S. 7.

76 Don Vincente Pazos, *Letters on the United Provinces of South America Addressed to the Hon. Henry Clay*, übers. v. Platt H. Crosby (New York: J. Seymour, 1819), S. 226.

77 Über die Auswirkungen des *Chakku* siehe Catherine Sahley, Jorge Torres Vargas und Jesús Sánchez Valdivia, »Biological Sustainability of Live Shearing of Vicuña in Peru«, *Conservation Biology* 21, Nr. 1 (Februar 2007): S. 98–105; Cristian Bonacic, David Macdonald und Ruth Feber, »Capture of the Vicuña *(Vicugna vicugna)* for Sustainable Use: Animal Welfare Implications«, *Biological Conservation* 129 (2006): S. 543–50; Yanina Arzamendia und Cristian Bonacic, »Behavioural and Physiological Consequences of Capture for Shearing of Vicuñas in Argentina«, *Applied Animal Behaviour Science* 125 (2010): S. 163–70.

78 Katarzyna Nowak, »Legalizing Rhino Horn Won't Save Species, Ecologist Argues«, *National Geographic*, 8. Januar, 2015.

79 Charles Darwin, *Das Variiren der Thiere und Pflanzen im Zustande der Domestication*. Aus dem Englischen übersetzt von J. Victor Carus, Stuttgart, E. Schweizerbart'sche Verlagshandlung, 1868.

80 M. F. de Theran, »An Account of the First Attempt Made in Spain to Naturalise and Domesticate the Vicuna (Camelus Vicugna;) the Alpaco (Camelus Paco) and the Lama (Camelus Glama) to which Are Added, Some Observations on the Wool of These Animals«, *London Journal of Arts and Sciences* 4, Nr. 12 (1822), S. 189. Dieser Artikel ist eine Übersetzung von Therans »Notice sur un premier essai fait en Espagne pour acclimater et réduire à l'état de domesticité les vigognes, les alpacos et les lamas, et sur la laine de ces animaux«, in *Revue encyclopédique ou analyse raisoneé des productions les plus remarquables dans la literature, les sciences et les arts* 15, Nr. 43 (Juli 1822): S. 221–27. Wahrscheinlich ist »Theran« die französische Wiedergabe seines eigentlichen spanischen Namens Terán.

81 Über die Vertreibung der Kamelidenherden durch die Spanier siehe Jane Wheeler,

Angus Russel und Helen Stanley, »A Measure of Loss: Prehispanic Llama and Alpaca Breeds«, *Archivos de zootecnia* 41, Nr. 154 (extra) (1992), S. 467–75.

82 Daniel W. Gade, »Llamas and Alpacas as ›Sheep‹ in the Colonial Andes: Zoogeography Meets Eurocentrism«, *Journal of Latin American Geography* 12, Nr. 2 (2013): S. 221–43.

83 James Rennie, *The Menageries: Quadrupeds, Described and Drawn from Living Subjects* (London: Charles Knight, 1829), S. 325.

84 Theran, »An Account of the First Attempt«, S. 192.

85 Juan Colón, zitiert in Antonio Cabral Chamorro, »El jardín botánico Príncipe de la Paz de Sanlúcar de Barrameda: Una institución ilustrada al servicio de la producción agraria y forestal«, *Revista de estudios andaluces*, Nr. 21 (1995): S. 180. Es gibt widersprüchliche Berichte über das Schicksal der Kameliden; siehe Cowie, *Llama*, S. 89–90.

86 Theran, »An Account of the First Attempt«, S. 192–93.

87 William Walton, *An Historical and Descriptive Account of the Peruvian Sheep, Called Carneros de la Tierra* (London: J. Harding, 1811), S. 137. Walton verachtete »den Indio«, und schrieb, dass dieser »keine Ahnung von der Kreuzung der Rassen« habe (S. 13) und »ein Feind jeder Neuerung« sei (S. 137).

88 Walton, *An Historical and Descriptive Account of the Peruvian Sheep*, S. 151.

89 Ebd., S. 130.

90 Tiere, die durch die Kreuzung von Alpacas mit Vikunjas entstanden sind, heißen Paco-Vicuñas und sind größer und »weniger grazil« als ihre wilden Vorfahren. Siehe Wheeler, »South American Camelids«, S. 14.

91 Diese Formulierung stammt aus Francis Galtons Essay über Domestizierung »The First Steps Toward the Domestication of Animals«, *Transactions of the Ethnological Society of London* 3 (1865): S. 122–38. Über das Resümee der Forscher, dass die Vikunjas nie domestiziert wurden, siehe Jane Wheeler, »Evolution and Present Situation of the South American Camelidae«, *Biological Journal of the Linnean Society* 54, Nr. 3 (März 1995): S. 281–84.

92 Wheeler, »Evolution and Present Situation«, S. 283–84.

93 Miranda Kadwell et al., »Genetic Analysis Reveals the Wild Ancestors of the Llama and the Alpaca«, *Proceedings: Biological Sciences* 268, Nr. 1485 (Dezember 2001): S. 2575–84.

94 Ricardo Baldi et al., »*Lama guanicoe* [Guanako]«, *The IUCN Red List of Threatened Species*, 2016. Heutzutage glauben etliche Umweltforscher, dass der *Chakku*, auch wenn er nur eine Notlösung ist, immer noch die »beste zur Verfügung stehende Option« für die Vikunjas darstellt. E-Mail von Gabriela Lichtenstein, 12. Dezember 2018; Dr. Lichtenstein, eine argentinische Umweltforscherin, hat jahrzehntelang *Chakkus* in ganz Südamerika erforscht.

95 Alexander Kasterine und Gabriela Lichtenstein zufolge beträgt der Preis für die Rohfaser, aus der eine Loro-Piana-Stola hergestellt wird, 2 Prozent des Endwerts dieser Stola. Siehe »Trade in Vicuña: The Implications for Conservation and Rural Livelihoods«, ITC Genf 2018.
96 »Parka Vicuña: Vicuña Storm System«, Loro Piana, aufgerufen am 31. Oktober 2018, https://us.loropiana.com/en/p/Men/Vicuña/Outerwear-Jackets/Parka-Vicuña-FAG4074
97 Informationen zum historischen Hintergrund über Lucanas erhielt ich bei Sarah Jane Abraham, *Provincial Life in the Inca Empire: Continuity and Change at Pulapuco, Peru* (Dissertation, University of California, Santa Barbara, 2010).
98 Die Preise für die Faser waren seit dem Beginn des *Chakku* heftigen Schwankungen unterworfen. Siehe Gabriela Lichtenstein, »Vicuña Conservation and Poverty Alleviation? Andean Communities and International Fibre Markets«, *International Journal of the Commons* 4, Nr. 1 (Februar 2010): S. 108.
99 Zur Frage, wie profitabel die Vikunjafaser für lokale Gemeinden ist, siehe Lichtenstein et al., »Manejo comunitario de vicuñas en Perú«; Lichtenstein, »Vicuña Conservation and Poverty Alleviation?«; Kasterine und Lichtenstein, »Trade in Vicuña«; und Oscar Franco, »Un espejismo llamado vicuña«, *La Revista Agraria* 137 (Februar 2012).
100 Informationen zum Fasermarkt fand ich bei Catherine Sahley, Jorge Torres Vargas und Jesús Sánchez Valdivia, »Neoliberalism Meets Pre-Columbian Tradition: Campesino Communities and Vicuña Management in Andean Peru«, *Culture & Agriculture* 26, Nr. 1–2 (März 2004): S. 60–68; und Cox, »Politics of Conservation and Consumption«.
101 Informationen über den Altiplano fand ich bei Nils Jacobsen, *Mirages of Transition: The Peruvian Altiplano, 1780–1930* (Berkeley: University of California Press, 1993). Lucanas, das sich ca. 250 Meilen nordwestlich des Titikaka-Sees befindet, liegt zwar nicht auf dem Altiplano, doch die abgelegene, hohe Lage des Orts bedeuten ähnliche Herausforderungen wie auf dem eigentlichen Altiplano.
102 Siehe Sahley, Torres und Sánchez, »Neoliberalism Meets Pre-Columbian Tradition«.
103 Murra, »Cloth and Its Functions«, S. 721.
104 Diese Beobachtung verdanke ich Sahley, Torres und Sánchez in »Neoliberalism Meets Pre-Columbian Tradition«.

TAGUA

1 E-Mail von Alfonso Martínez, 26. November 2018.
2 Rachael Bale, »Breaking: Rhino Horn Trade to Return in South Africa«, *National Geographic*, 5. April 2017; und Russell Goldman, »South African Court Ends Ban on Sale of Rhinoceros Horns«, *The New York Times*, 5. April 2017.
3 Tony Carnie, »Rhino Baron Shifts Blame for ›Disappointing‹ First Horn Auction«, *Sunday Times* (South Africa), 26. August 2017.
4 Ebenezer Bowman, »The Greatest Curiosity of the Age«, *The Portland Directory and Reference Book* (Portland, ME: Brown Thurston, zwischen 1852 und 1863).
5 Edgard O. Espinoza und Mary-Jacque Mann, *Identification Guide for Ivory and Ivory Substitutes* (Baltimore: WWF, 1992), S. 24.
6 Naturgeschichtliche Informationen zur Taguanuss siehe Misael Acosta Solís, »Tagua or Vegetable Ivory: A Forest Product of Ecuador«, *Economic Botany* 2, Nr. 1 (Januar bis März 1948): S. 46–57; und Anders S. Barfod, »A Monographic Study of the Subfamily Phytelephantoideae (Arecaceae)«, *Opera Botanica* 105 (1991): S. 1–73.
7 Dem Botaniker Wayne P. Armstrong zufolge erreicht die Taguanuss etwa 2,5 auf der Moh'schen Härteskala, eine Kupfermünze hingegen 3,5. Siehe »Vegetable Ivory: Saving Elephants & the Rain Forest«, Wayne P. Armstrong, 12. Juli 2010, aufgerufen am 6. Januar 2019, https://www2.palomar.edu/users/warmstrong/pljan99.htm
8 Edward Albes, »Tagua – Vegetable Ivory«, *Bulletin of the Pan American Union* 37, Nr. 2 (August 1913): S. 194.
9 Über Tagua als Handelsware siehe Acosta Solís, »Tagua or Vegetable Ivory«; Albes, »Tagua – Vegetable Ivory«; Tatiana Hidrovo Quiñónez, *Historia de Manta en la región de Manabí* (Manta und Quito: Editorial Mar Abierto and Eskeletra Editorial, 2005), Band 2, S. 202–4; Anders Barfod, »The Rise and Fall of Vegetable Ivory«, *Principes* 53, Nr. 4 (1989): S. 181–90; Anders Barfod, Brigitte Bergmann und Henrik Pedersen, »The Vegetable Ivory Industry: Surviving and Doing Well in Ecuador«, *Economic Botany*, 44, Nr. 3 (1990): S. 293–300. Ich habe auch behutsam auf Klaus Calderóns Geschichte des pflanzlichen Elfenbeins zurückgegriffen, auf der Website von Corozo Buttons, aufgerufen am 6. Januar 2019, http://www.corozobuttons.com/2014/07 evolution-corozo-buttons-tagua-nuts/
10 Henry Morton Stanley, *In Darkest Africa* (New York: Charles Scribner's Sons, 1891), Bd. 1, S. 240.
11 In einem so faszinierenden wie deprimierenden Artikel von 1910 berichtete der britische Chirurg John Bland-Sutton über Objektfunde in Elefantenstoßzähnen. »Elfenbein-Drechsler«, schreibt er, »wissen seit über hundert Jahren, dass in den Massivteilen von Elefantenstoßzähnen gelegentlich Fremdkörper wie Kugeln und Speerspitzen gefunden werden, ohne dass dies an der Oberfläche erkennbare

Spuren hinterlassen hat.« Laut Bland-Sutton befand sich im Besitz des Royal College of Surgeons einst eine Billardkugel, in der eine Gewehrkugel gefunden wurde. Siehe »The Diseases of Elephants' Tusks in Relation to Billiard Balls«, *The Lancet* 176, Nr. 4552 (November 1910): S. 1534–37.

12 Über die Geschichte der Knopfproduktion im Bundesstaat New York siehe Jeff Ludwig, »Retrofitting Rochester: Rochester Button Company«, Rochester, New York, *Democrat & Chronicle* (gemeinsam mit dem Büro des Stadthistorikers), 2. September 2013; Paul Grebinger, »The Button: Not a Simple Notion«, in *Reflecting on America: Anthropological Views of U. S. Culture*, hrsg. Clare L. Boulanger (New York: Routledge, 2016), S. 41–50; Acosta Solís, »Tagua or Vegetable Ivory«, S. 52–53.

13 Acosta Solís, »Tagua or Vegetable Ivory«, S. 57. Diese Äußerung von Acosta Solís, dem ehemaligen Direktor des Naturwissenschaftlichen Instituts von Ecuador, zur Rücksichtslosigkeit der »*Montuvios*« reflektiert tiefe Konflikte zwischen den urbanen Eliten des Landes und seinen Küstenbewohnern. Siehe Daniel Bauer, »Identities on the Periphery: Mestizaje in the Lowlands of South America«, *Delaware Review of Latin American Studies* 15, Nr. 2 (Dezember 2014).

14 Barfod, »The Rise and Fall of Vegetable Ivory«, S. 188.

15 Ebd., S. 188.

16 Norman Mailer, »The Big Bite«, *Esquire*, April 1963, in Norman Mailer, *The Presidential Papers* (New York: G. P. Putnam's Sons, 1963), S. 159, zitiert in Jeffrey Meikle, *American Plastic: A Cultural History* (New Brunswick, NJ: Rutgers University Press, 1995), S. 244.

17 Für Informationen über die südamerikanische Megafauna stützte ich mich auf Donald R. Prothero, *The Princeton Field Guide to Prehistoric Mammals* (Princeton, NJ: Princeton University Press 2017).

18 Thor Hanson, *The Triumph of Seeds: How Grains, Nuts, Kernels, Pulses & Pips Conquered the Plant Kingdom and Shaped Human History* (New York: Basic Books, 2015), S. 19–52.

19 Die Botaniker Allan Witztum und Randy Wayne haben einen alten Taguaknopf unter dem Mikroskop untersucht und seine Zellstruktur in einer Reihe wunderschöner Bilder festgehalten. Siehe »Button Botany: Plasmodesmata in Vegetable Ivory«, *Protoplasma* 249, Nr. 3 (Juli 2012): S. 721–24.

20 Dieses Interesse wird meist auf die Publikation einer kurzen Arbeit von Charles Peters, Alwyn Gentry and Robert Mendelsohn datiert, in der sie zu dem Schluss kamen, dass der Wert von Nichtholzprodukten auf einem ein Hektar großen Stück Land im peruanischen Amazonasgebiet den Wert des Holzes übertraf. Siehe »Valuation of an Amazonian Rainforest«, *Nature* 339 (Juni 1989): S. 55–56.

21 Laura Tangley, *The Tagua Initiative: Marketing Biodiversity Products* (Washington,

DC: Conservation International, 1993), 6. Siehe auch Susan Katz Miller, »Palm Nuts to Help Crack Poverty Problem«, *New Scientist*, 13. November 1993.
22 »2 Companies Agree to Use Product from Rain Forest«, *The New York Times*, 12. September 1990.
23 Siehe »Habitat Loss«, World Wildlife Fund, aufgerufen am 1. November 2018, http://wwf.panda.org/our_work/wildlife/problems/habitat_loss_degradation/
24 Grischa Brokamp et al., »Productivity and Management of *Phytelephas aequatorialis* (Arecaceae) in Ecuador«, *Annals of Applied Biology* 164 (2014): S. 259.
25 Zu Mantas Geschichte siehe DeWight R. Middleton, »Migration and Urbanization in Ecuador: A View from the Coast«, *Urban Anthropology* 8, Nr. 3–4 (Winter 1979): S. 313–32; and »Development and Multiple Use: Conflict on an Ecuadorian Beach«, *Urban Anthropology and Studies of Cultural Systems and World Economic Development* 17, no. 4 (Winter 1988): S. 351–64. Zu Mantas Thunfischindustrie siehe Nathan H. Bellinger, »Globalization and Neoliberalism in Ecuador: The Expansion and Effects of the Commercial Tuna Fishing Industry« (Magisterarbeit, Universität Oregon, 2011). Zahlen zur Thunfischindustrie siehe *Report of the Ecuadorian Tuna Sector*, Ministerio del Comercio Exterior, August 2017; Mónica Mendoza, »Ecuador es el segundo productor de atún en el mundo, después de Tailandia«, *El Comercio*, 2. April 2018.
26 Mendoza, »Ecuador es el segundo productor de atún«.
27 Barfod, »A Monographic Study of the Subfamily Phytelephantoideae (Arecaceae)«, S. 8.
28 Informationen über Palmen fand ich bei Grischa Brokamp, *Relevance and Sustainability of Wild Plant Collection in NW South America: Insights from the Plant Families Arecaceae and Krameriaceae* (Wiesbaden, Springer Spektrum 2015).
29 Edward Grim, »The Murder of Beckett« (1870), in *English Historical Documents*, ed. David C. Douglas, Bd. 2, S. 768, zitiert in *Portraits and Documents: England in the Early Middle Ages*, hrsg. Derek Baker (Dallas: Academia, 1993), S. 200.
30 Barfod, »A Monographic Study of the Subfamily Phytelephantoideae (Arecaceae)«, S. 31–32. Acosta Solís schreibt: »Selbst noch im Alter von vierzehn oder fünfzehn Jahren, wenn der Baum zu blühen und Frucht zu tragen beginnt, steckt der untere Teil der Blätter noch in der Erde, sodass es aussieht, als wachse die Frucht wie eine riesige Knolle aus dem Boden«. Siehe »Tagua or Vegetable Ivory«, S. 49.
31 Acosta Solís, »Tagua or Vegetable Ivory«, S. 57.
32 Zur Frage der Nachhaltigkeit der Taguanuss-Ernte siehe Julie Velásquez Runk, »Productivity and Sustainability of a Vegetable Ivory Palm *(Phytelephas aequatorialis, Arecaceae)* Under Three Management Regimes in Northwestern Ecuador«, *Economic Botany* 52, Nr. 2 (April–Juni 1998): S. 168–82; und Brokamp et al., »Productivity and Management«.

33 Es existiert reichlich Literatur, die Kritik an der Ernte von Nichtholzprodukten zum Thema hat. Siehe etwa John Browder, »The Limits of Extractivism«, *BioScience* 42, Nr. 3 (März 1992): S. 174–82; und Douglas Southgate, Marc Coles-Ritchie und Pablo Salazar-Canelos, »Can Tropical Forests Be Saved by Harvesting Non-Timber Products?«, CSERGE Arbeitspapier GEC 96-02 (1996). Die Forschung zu Nichtholzprodukten findet man übersichtlich dargestellt in Roderick P. Neumann und Erik Hirsch, *Commercialisation of Non-Timber Forest Products: Review and Analysis of Research* (Bogor, Indonesia: Center for International Forestry Research, 2000).

34 Douglas Southgate, *Tropical Forest Conservation: An Economic Assessment of the Alternatives in Latin America* (New York: Oxford University Press), 1998, S. 56. Siehe Brokamp et al., »Productivity and Management«, S. 258–59.

35 Siehe »Rhino Sedation and Horn Removal«, *Trophy*, geleitet von Christina Clusiau und Shaul Schwarz, 2017.

36 Über den Rückgang der Knopfproduktion im Bundesstaat New York siehe Ludwig, »Retrofitting Rochester«; und Grebinger, »The Button«, S. 41–50.

37 Informationen zu Qiaotou fand ich bei Jonathan Watts, »The Tiger's Teeth«, *The Guardian*, 24. Mai 2005; Seth Doane, »A Look at China's ›Button Town‹«, CBS News, 8. Oktober 2015, aufgerufen am 7. Februar 2019, https://www.cbsnews.com/news/welcome-to-button-town-china/; und Rajah Rasiah, Xin-Xin Kong and Jebamalai Vinanchiarachi, »Moving Up in the Global Value Chain in Button Manufacturing in China«, *Asia Pacific Business Review* 17, Nr. 2 (2011): S. 161–74.

38 »Some Notes on The Highfield Tanning Co., Runcorn« und »Notes on Leather Tanning, History and Method«, *Runcorn Historical Society*, c. 1967; Katherine Norbury, *The Fish Ladder: A Journey Upstream* (London: Bloomsbury, 2015), S. 218–19.

39 E-Mail von Klaus Calderón, 16. November 2018.

40 Zum Zeitpunkt der Niederschrift gibt es kaum Anzeichen, dass die Pacific Refinery an Realisierung denkt, trotz wiederholter Versprechen.

41 E-Mail von Klaus Calderón, 26. November 2018.

42 Harvey Hartman und Erika J. Haas, »Patagonia Struggles to Reduce Its Impact on the Environment«, *Total Quality Environmental Management* 5, Nr. 1 (Autumn 1995): S. 1–7.

43 *Nuez de marfil*, Regie: Florencia Luna, unbekanntes Datum.

GUANO

1. *Oxford English Dictionary Online*, s. v. »eider-down,« aufgerufen am 5. Januar 2019, http://www.oed.com
2. Stan Orme, *Parl. Deb.* (1971), Band 811, col. 1616.
3. Über die Geschichte von Tyntesfield siehe James Miller, *Fertile Fortune: The Story of Tyntesfield* (London: National Trust, 2003).
4. Dank an Lesley Kinsley für diesen Hinweis. Siehe ihre Artikel »From Textile to Guano Merchants: Antony Gibbs & Sons and Their Coastal Trade Links«, National Trust, *Views* 52 (Herbst 2015): S. 80; »Guano, Science and Victorian High Farming: An Agro-Ecological Perspective«, in *Victorian Sustainability in Literature and Culture*, hrsg. Wendy Perkins (Abingdon, UK: Routledge, 2018).
5. Für Hintergrundinformationen über Guano stützte ich mich größtenteils auf Gregory T. Cushman, *The Lords of Guano: Science and the Management of Peru's Marine Environment, 1800–1973* (Dissertation, Universität Texas, Austin 2003); und auf *Guano and the Opening of the Pacific World: A Global Ecological History* (Cambridge, UK: Cambridge University Press, 2013).
6. Gibbs bezeichnete das Vorgehen der Repräsentanten in Lima als »Akt des Wahnsinns«. Siehe William M. Mathew, *The House of Gibbs and the Peruvian Guano Monopoly* (London: Royal Historical Society, 1981), S. 39.
7. Über Bodenauslaugung und ihre Folgen siehe Brett Clark und John Bellamy Foster, »Guano: The Global Metabolic Rift and the Fertilizer Trade«, in *Ecology and Power: Struggles over Land and Material Resources in the Past, Present, and Future*, hrsg. Alf Hornborg, Brett Clark, und Kenneth Hermele (Abingdon, UK: Routledge, 2012), S. 68–82.
8. Cushman, »The Lords of Guano«, S. 62.
9. »The Guano Trade«, *The Farmer's Magazine*, Februar 1855.
10. Siehe Cushman, »The Lords of Guano«, S. 68–69.
11. Henry Gibbs an William Gibbs, 9. Februar 1855, Antony Gibbs & Sons, Ltd. Copybook of in-letters addressed to William Gibbs, 1854–1855, London, zitiert in Mathew, *The House of Gibbs*, S. 176.
12. Manuel Ortiz de Zevallos, 1858, zitiert in Mathew, *The House of Gibbs*, S. 1.
13. Miller, *Fertile Fortune*, S. 34.
14. Lord Aldenham, zitiert in Mathew, *The House of Gibbs*, S. 226. Beim genannten Lord Aldenham handelt es sich um Antony Durant Gibbs, das fünfte Mitglied der Familie Gibbs, das diesen Titel trug.
15. Der amerikanische Reisende George Washington Peck, der 1853 die Chincha-Inseln besuchte, schilderte den Guano auf Chincha Norte als 150 Fuß tief (45,72 m); siehe *Melbourne and the Chincha Islands* (New York: Charles Scribner, 1854), S. 198.

Anhand alter Fotografien schätzte George Evelyn Hutchinson die Höhe der Guanoablagerungen auf Chincha Central auf 47,4 Meter (155,5 Fuß). Siehe George Kubler, »Towards Absolute Time: Guano Archaeology«, *Memoirs of the Society for American Anthropology* 4 (1948): S. 30.

16 Für plastische Beschreibungen des Guano siehe Peck, *Melbourne and the Chincha Islands*, S. 169, 197–99. George Kubler beschreibt einige der Objekte, die man in Perus Guanoablagerungen gefunden hat, ausführlich in »Towards Absolute Time«, S. 30.

17 Wie ein Besucher der Chincha-Inseln im Jahr 1847 schrieb: »Wenn jährlich 50 000 Tonnen exportiert werden, reicht es für tausend Jahre!« George Peacock, »Stores of Guano on the Chincha Islands«, *Nautical Magazine and Naval Chronicle*, März 1847. Wie Cushman berichtet, waren die anfänglichen Zahlen, auf den Chincha-Inseln befänden sich 117 Millionen Tonnen Guano, äußerst ungenau; siehe »The Lords of Guano«, S. 73–74.

18 Für eine detaillierte Darstellung der Methoden, mit denen auf den Inseln Guano abgebaut wurde, siehe William Mathew, »A Primitive Export Sector: Guano Production in Mid-Nineteenth-Century Peru«, *Journal of Latin American Studies* 9, Nr. 1 (Mai 1977): S. 35–57.

19 Mathew, »A Primitive Export Sector«, S. 41.

20 Peck, *Melbourne and the Chincha Islands*, S. 215.

21 Alanson Nash, zitiert in Clark und Foster, »Guano: The Global Metabolic Rift and the Fertilizer Trade«, S. 78.

22 Watt Stewart, *Chinese Bondage in Peru* (Durham, NC: Duke University Press, 1951). Ich stützte mich auf Mathews Zusammenfassung von Stewarts Werk in »A Primitive Export Sector«, S. 42–43.

23 Cushman, »The Lords of Guano«, S. 71.

24 Mathew, »A Primitive Export Sector«, S. 36–37. Gibbs und Co. übernahmen 1854 kurzzeitig die Verantwortung für die Verladung von Guano und ersetzten Domingo Elías. Laut Mathew stiegen in dieser Zeit die Löhne der Arbeiter, und es wurde über eine Verbesserung der Lebensbedingungen berichtet (S. 45–46). Dennoch gab es in den 1850er-Jahren weiterhin Berichte über die fürchterlichen Arbeitsbedingungen (siehe zum Beispiel »The Chincha Islands«, *Nautical Magazine and Naval Chronicle*, April 1856).

25 »Guano«, *The Farmer's Magazine*, Januar–Juni 1854.

26 Peck, *Melbourne and the Chincha Islands*, S. 204.

27 Alexander James Duffield, *Peru in the Guano Age* (London: Richard Bentley and Son, 1877), S. 89.

28 Kinsley, »From Textile to Guano Merchants«, S. 81.

29 Zu Moultons Karriere siehe Keith McElroy, »Henry De Witt Moulton:

Rays of Sunlight from South America«, *History of Photography*, 8, no. 1 (1984): S. 7–21.
30 Zur Besetzung der Guanoinseln, siehe Cushman, »Guano and the Opening of the Pacific World«, S. 56–57.
31 Moultons außergewöhnliche Bilder wurden kollationiert und veröffentlicht von Alexander Gardner in *Rays of Sunlight from South America* (Washington, DC: Philp & Solomons, 1865). Man kann sie online auf der Website der Library of Congress betrachten unter https://www.loc.gov/resource/rbc0001.2012gen13000/?st=gallery
32 Siehe Miller, *Fertile Fortune*, S. 59–88.
33 Ebd., S. 73–75.
34 Ebd., S. 99–107.
35 Ethel Romanes, *Charlotte Mary Yonge: An Appreciation* (Oxford: A. R. Mowbray, 1908), S. 158, zitiert in Miller, *Fertile Fortune*, S. 98–99.
36 Will Bennett, »›Magical‹ Victorian Mansion Saved for Nation in £24m Deal«, *The Daily Telegraph*, 19. Juni 2002.
37 Diese Ansicht vertrat zum Beispiel auch Arthur Mead Edwards, ein New Yorker Chemieprofessor. Zu der nicht nur von ihm vertretenen Argumentation, beim Guano handle es sich nicht um Vogelexkremente, siehe 1. Mai, 1871, Gesprächsnotizen, *Proceedings of the Lyceum of Natural History in the City of New York*, S. 224–34 (Edwards' Kommentar auf S. 233).
38 Peck, *Melbourne and the Chincha Islands*, S. 78–79.
39 Zu Cokers Karriere und seiner Arbeit auf den Guanoinseln siehe Cushman, »The Lords of Guano«, S. 37.
40 Robert E. Coker, »Habits and Economic Relations of the Guano Birds of Peru«, *Proceedings of the U. S. Natural History Museum* 56 (1919): S. 449–50.
41 Coker, »Peru's Wealth-Producing Birds: Vast Riches in the Guano Deposits of Cormorants, Pelicans, and Petrels Which Nest on Their Barren, Rainless Coast«, *National Geographic*, Juni 1920, S. 546.
42 Coker, »Peru's Wealth-Producing Birds«, S. 561.
43 Robert Coker, »The Fisheries and the Guano Industry of Peru«, *Bulletin of the Bureau of Fisheries* 28, Nr. 1 (1910), S. 359.
44 Coker, »Habits and Economic Relations«, S. 484–85.
45 Ebd., S. 506.
46 Coker, »Peru's Wealth-Producing Birds«, S. 543.
47 Coker, »Habits and Economic Relations«, S. 506.
48 Robert E. Coker, »Regarding the Future of the Guano Industry and the Guano-Producing Birds of Peru«, *Science* 28, Nr. 706 (Juli 1908): S. 59.
49 Zur Geschichte der CAG siehe Cushman, »Lords of Guano«.

50 Allgemeine Informationen über Mazorca fand ich bei Judith Figueroa et al., *Línea Base Biológica de la Reserva Nacional Sistema de Islas, Islotes y Puntas Guaneras: Punta Salinas, Islas Huampanú y Mazorca (Lima)* (Lima: SERNANP, 2017).
51 Sebastião Salgado, *Workers: An Archaeology of the Industrial Age* (New York: Aperture, 1993), S. 16.
52 Duffield, *Peru in the Guano Age*, S. 91.
53 Miguel Ángel Márquez, zitiert in José Vadillo Vila, »Potencia de la islas«, *El Peruano*, 20. Juli 2016.
54 Cushman, »Lords of Guano«, S. 171–72.
55 Sam Wood und Annette Cowie, *A Review of Greenhouse Gas Emission Factors for Fertiliser Production* (Paris: IEA Bioenergy, 2004), zitiert in Jeremy Woods et al., »Energy and the Food System«, *Philosophical Transactions* of the Royal Society B: Biological Sciences 365, Nr. 1554 (September 2010), S. 2997.
56 Winters bemerkenswerte Geschichte ist dokumentiert in Anita C. Gossow, *Die Guanoinsel auf Bird Rock: Das Lebenswerk Adolf Winters* (Windhoek: Namibia Wissenschaftliche Gesellschaft, 1995).
57 Cushman, »Lords of Guano«, S. 161.
58 In Ergänzung zum arabischen *al-ġattās* schlägt das *Oxford English Dictionary* (OED) eine mögliche Assoziation von *alcatraz* mit *al-qadūs*, arabisch für »Wassereimer eines Noria [Wasserschöpfrad]«. Angesichts des mächtigen Schnabels des Pelikans wirkt es passend, auch wenn Pelikane kein Wasser im Schnabel tragen. Siehe OED-Eintrag für *alcatras* (ein Wort, das im Englischen einst zur Bezeichnung eines Pelikans verwendet wurde): *Oxford English Dictionary Online*, s. v. »alcatras«, aufgerufen am 4. Januar 2019, http://www.oed.com. Wohingegen der Eintrag für *alcatraz* im Wörterbuch der Real Academia Española weniger charmant ist. Ihm zufolge könnte *alcatraz* vom andalusisch-arabischen *qaṭrás*, abgeleitet sein, was »el andares ufanos« bedeutet, oder »eine überhebliche oder selbstzufriedene Person«. Siehe *Diccionario de la lengua espanola*, s. v. »alcatraz«, aufgerufen am 4. Januar 2019, http://dle.rae.es/?id=1dBGlf9|1dC3cpC. I prefer *al-ġattās*
59 Siehe Paul R. Ehrlich, David S. Dobkin und Darryl Wheye, *The Birder's Handbook: A Field Guide to the Natural History of North American Birds* (New York: Simon & Schuster, 1988), S. 195.
60 Robert Cushman Murphy, *Bird Islands of Peru: The Record of a Sojourn on the West Coast* (New York und London: G. P. Putnam's Sons, 1925), S. 75–76.
61 Duffield, *Peru in the Guano Age*, S. 93–94.
62 Siehe Cushman, »Lords of Guano«, S. 174–78.
63 Tim Parks, »Throwing Down a Gauntlet«, *The Threepenny Review*, Winter 2001.
64 Dino Buzzati, zitiert in Parks, »Throwing Down a Gauntlet«.

65 Zu Perus Fischereiindustrie und ihren ökologischen Folgen siehe Cushman, »Lords of Guano«, S. 430–89.
66 Robert Cushman Murphy, »Peru Profits from Sea Fowl«, *National Geographic*, März 1959, S. 413.
67 Axel Timmermann et al., »Increased El Niño Frequency in a Climate Model Forced by Future Greenhouse Warming«, *Nature* 398 (April 1999): S. 694–96.
68 Zu genaueren Informationen über die dem Guanokormoran drohenden Gefahren siehe BirdLife International 2018, »*Leucocarbo bougainvilliorum* [Guanokormoran], *The IUCN Red List of Threatened Species*, 2018.

EPILOG

1 Jon Excell, »Crossrail: The Monster Tunnelling Under London Streets«, BBC Future, 3. Juni 2015, aufgerufen am 7. Januar 2019, http://www.bbc.com/future/story/20150602-crossrail-the-monster-tunnelling-under-london-streets; und »Meet Our Giant Tunnelling Machines«, Crossrail, aufgerufen am 7. Januar 2019, http://www.crossrail.co.uk/construction/tunnelling/meet-our-giant-tunnelling-machines/
2 Josephine McDermott, »The Archaeological Legacy of the Crossrail Excavations«, BBC News, 10. Februar 2017, aufgerufen am 7. Januar 2019, https://www.bbc.com/news/uk-england-london-38919314
3 Elizabeth Kolbert, *The Sixth Extinction: An Unnatural History* (New York: Picador, 2015), S. 235.
4 Michael Pollan, *Second Nature: A Gardener's Education* (New York: Grove Press, 1991), S. 64.
5 Italo Calvino, *Die unsichtbaren Städte* (Frankfurt: Fischer Verlag, 2013), S. 82, übersetzt von Burkhart Kroeber. Michael Pollan, *Second Nature: A Gardener's Education* (New York: Grove Press, 1991), S. 64.

BILDNACHWEISE

Seite 17: Lydia Lloyd-Rose
Seite 49: Edward Posnett
Seite 103: Edward Posnett
Seite 127: Project Sea Silk
Seite 175: Edward Posnett
Seite 217: Edward Posnett
Seite 245: Edward Posnett

REGISTER

Æðey 39–41, 43

Adams, Sherman 178 f., 181 f.
Agerbaumharz 53
Ägypten 81
Ai Weiwei 238
Aldrovandi, Ulisse 11
Alpaka 205
Ambra 107
American Philosophical Society 61
Ammoniak 53, 89, 264, 266
Anchoveta 272
Andaman-Inseln 96
Andengans 197–199
Anden-Puna 180
Antiochus, hl. 161, 169
Aquincum 134
Aristoteles 11, 133, 146, 149
Arsen 58
Artangel 129
Atahualpa 186
Atrina pectinata 177
Attenborough, David 67

Balambangan 96
Bali 115, 117, 256
Ball, Sarah 96, 100
Balslev, Henrik 226, 243
Bandinu, Bachisio 143
Bärengallenblase 23

Barfod, Anders 231
Barnum, P. T. 148
Basso-Arnoux, Giuseppe 135, 145
BBC 67–70, 119
Becket, Thomas 232
Benavides, Felipe 182–185, 187–189, 220
Bene, Rita del 145, 153
Bengalkatze 122 f.
Berenike 142 f., 146, 157, 159, 161, 165
Berger, John 138
Berlusconi, Silvio 139
Bernikel-Baum 164
Bet Sche'an 81
Biber 107
Bibergeil 107
Biene 71, 81, 88 f., 92, 95
Bienenwachs 58
Bird's Nest Soup 68
Blomfield, Arthur 257
Blussé, Leonard 59
Boedi Mranata 85–93, 250
Bonacic, Cristian 201
Borges, Jorge Luis 9
Borneo 53, 68, 72, 80, 83, 90, 92 f., 96, 145,
    178, 192, 227, 234, 237
Borneo-Taubwaran 56
Bosch, Carl 266
Botai-Kultur 95
Bowers, Henry 51
Brack Egg, Antonio 184 f., 210

Brasilien 262
Brigaglia, Manlio 170
Brillenbär 185
Brooke, Charles 54
Brooke, James 54, 83
Buckelwal 41
Budapest 134
Burton, Richard 27, 31
Buzzati, Dino 269 f.
Byssus 53, 131 f., 135–140, 142–150, 153, 155–157, 159–168, 170 f., 173, 177, 179, 191, 223, 251, 276

Cagliari 130
Cahill, Colin 121
Calderón, Klaus 228–231, 237–239
Calvino, Italo 13
Canary Wharf 9, 11–13, 79, 275
Capecelatro, Giuseppe 144
Carbonia 151, 153, 169, 170
Cárdenas, Maritza 237
Castelli, Pietro 108
Castro, Fidel 185
Cepeda, Carla 259
Cerruti, Attilio 135, 178
Chakku 187–190, 192, 195, 201 f., 207, 209, 211, 213–215
Charles IV. 203
Chemnitz, Johann Hieronymus 140
Cherry-Garrard, Apsley 51, 61
China 58 f., 61 f., 70, 72, 77, 85, 87, 119, 135, 143, 192, 239, 253 f.
Chincha-Inseln 252–254, 256–258, 262, 269, 271
Clinton, Bill 144
Cobo, Bernabé 187
Coffea arabica 116
Coker, Robert 259–261, 264 f., 273
Compañía Administradora del Guano 261

Conservation International 227
Correa, Rafael 240
Courtenay-Latimer, Marjorie 137
Crawfurd, John 81
Cubeddu, Salvatore 143
Cucinotta, Maria Grazia 167 f.
cultuurstelsel 109
Cushman, Gregory T. 249, 267
Cuthbert, hl. 26, 178

Dachs 106
Darwin, Charles 66, 202
Daunenernte 24 f., 27, 30 f., 33, 38, 40–43, 136
Dayak 54
Defoe, Daniel 105–107, 109, 114–116, 119 f.
Demme, Nina 45
Deng Xiaoping 77, 236
Diana, Italo 149 f., 153–166, 177
Dietrich, Marlene 179
Dinosaurier 276
Domestizierung 38, 83, 86, 94 f., 198, 204 f., 215, 219
Doyle, Conan 52, 112
Duffield, Alexander 256, 264, 268
Durian-Frucht 66, 80, 232
Dutch East India Company 109, 112

Echoortung 57, 84
Ecuador 221, 224, 230 f., 235, 237, 242
Edle Steckmuschel 135, 140, 147, 157, 171. Siehe Pinna nobilis
Eichhörnchen 227, 233
Eidechse 269
Eiderdaune 14 f., 19–28, 30 f., 33, 36, 39, 41–47, 52, 59 f., 72, 79, 112, 114 f., 118, 130, 154, 158, 180, 219, 227, 243, 247 f., 265, 277

Eiderente 13, 20–23, 26–39, 42–47, 90, 119, 124, 130, 178, 200 f., 247, 277
Eisbär 46
Eisenholzbaum 181
Eisenhower, Dwight D. 178
Elefant 220 f., 228, 231, 242
Elfenbein 23, 109, 181, 220–222, 225, 231 f., 235, 248
Elías, Domingo 253
El Niño-Southern Oscillation (ENSO) 272
Eltringham, Keith 185
Empurau 93
Entenmuschel 163
enviro capitalism 130
epidermaler Wachstumsfaktor 91
Epikureismus 60
Estcourt, Thomas 120
Eule 90

Farne-Inseln 26
Faschismus 154 f.
Federal Trade Commission 179
Felstaube 82, 94
Ferchault de Réaumur, René-Antoine 131–133
Ferdinand IV. 144
Feuerfliege 75
Fischindustrie 26
Fischleim 53
Fischotter 30, 38
Flateyri 28
Fleckenmusang 109, 113, 115–117, 119–126, 130, 145, 181, 227
Fledermaus 57, 68, 75, 83 f., 237
Flugfuchs 83
Fraser, Robert 52
Frere, Richard 37
Friðriksdóttir, Erla 40
Fuchs 21, 33–36, 197–199, 247, 276

Fujimori, Alberto 186, 188–190, 210, 214
Furness, Horace Howard 53
Furness, William Henry III. 53–58, 60–63, 69, 73, 77, 112, 281
Furufjörður 46

Galván, Héctor 194 f.
Gandhi, Mahatma 168
Gans 163 f.
Garbo, Greta 179
Gates, Bill 79
Gathorne-Hardy, Gathorne (Lord Cranbrook) 77 f., 81–86, 91, 94–101
Gaza, Theodorus 146
Gecko 56, 62
Gelbflossen-Thunfisch 228
Gelidium 53
Gemeine Flussmuschel 133
Geographical Society of Philadelphia 61
Gibb, Hugh 67 f.
Gibbon 55, 75
Gibbs, Henry 250
Gibbs, William 248–251, 256 f.
Gíslason, Valdimar 33–36, 38
Godoy, Manuel de 203
Goldfine, Bernard 179, 181
Gomphotherium 224
Goryashko, Alexandra 45
Governor's Cave 97 f.
Guanako 187, 198, 205, 208, 224, 235
Guano 64–66, 68 f., 71, 74 f., 78, 84, 89, 100, 249–269, 271, 273, 276
Guano-Ernte 251, 259, 261, 263
Guano Islands Act 250
Guarbohne 225
Guðmundsson, Finnur 30
Gunung Subis 75
Guzmán, Abimael 194, 196, 209

Haber-Bosch-Verfahren 266 f.
Haber, Fritz 266
Hadrian 161, 169
Haggard, H. Rider 52, 112
Hai 237
Haidar Ali 62
Hamilton, Emma 134
Hammerkopfwurm 63
Han-Dynastie 134
Hanson, Thor 225
Harrisson, Barbara 65
Harrisson, Tom 59, 63, 65, 67–75, 77 f., 83 f., 110, 135 f., 241
Haubentaucher 68
Hayward, Jamie Curtis 96, 98 f.
Heinrich II. 232
Heinrichs VIII. 146
Hemiauchenia 224
Herodes Agrippa I. 142
Hiller, Hiram 53, 55
Hill, John 106
Hobsbawm, Eric 190
Höhlenbär 275
Höhlenkrebs 56
Höhlen-Salanganen 94, 101
Holozän 32
Home, Everard 57
Honig 71, 81, 88 f., 92, 95
Hornstrandir-Reservat 38, 46
Horsfield, Thomas 110
Hose, Charles 54
Hou Hanshu 134
Humboldt, Alexander von 144, 260
Humboldtstrom 268, 272
Humboldt, Wilhelm von 144
Hume, John 192, 219, 235
Hyäne 275

Iban 83 f.
Imperato, Ferrante 11
Indonesian Bird's Nest Traders and Farmers Association 87
Indonesien 85, 87, 92, 94, 119, 157
Inka 180, 182, 186 f., 189 f., 194–196, 198, 202, 208 f., 214 f., 260 f.
Irland 95
Ísafjörður 19 f., 27 f., 32, 40
Island 22–24, 26, 31 f., 44, 72, 79, 118, 157
Isle of Dogs 275

Jakobsmuschel 131, 178
Jason 146
Java 57, 81, 85, 87, 92, 109, 112, 115, 122, 227
Johannes Paul II. 144
Johns Hopkins University 259
Johor Bahru 92, 101
Jónasson, Alexíus 39–42
Joséphine, Kaiserin 203 f.
Justinian I. 134, 143

Kaffee 114–116
Kaffeekirsche 109 f., 121 f., 124
Käfighaltung 120, 130, 181
Kaiserpinguin 51 f., 61
Kalimantan 85, 90, 93, 100
Kampfer 58
Kanki, Vicente Pazos 200
Kap Crozier 51
Kartoffelfäule 95
Kasachstan 95
Kipling, Rudyard 52
Kircher, Athanasius 11
Kleinkatschil 122
Koenigswald, Ralph von 64
Kolbert, Elizabeth 276
Kondor 183, 199

kopi luwak (Katzenkaffee) 110 f., 115–119, 121, 130, 243
Kormoran 251 f., 258, 260, 262 f., 265, 267 f., 272
Krokodil 15
Kuching 55, 67, 83, 93

Landy, Michael 129
Langstroth, Lorenzo 92
Lanzenotter 234
Lebendrupf 20
Leclerc, Georges-Louis 41
Lee, Henry 164
Lenin, Wladimir Iljitsch 44
León, Pedro Cieza de 198
Leuchtender Pfad 189, 194 f., 209
Lim Chan Koon 72, 77 f., 93
Little Fireface Project 122
Llosa, Mario Vargas 189
London Wetland Centre 13
López, Hipólito Ruiz 231
Lubang Perintah 78
Luna, Francisco 240–242

Macdonald, Lawrence 257
Macfarlane, Robert 31
Maeder, Felicitas 134 f.
Magnason, Andri Snær 26, 34, 79
Mailer, Norman 223
Malaien 54
Malaiischer Archipel 54
Malayen-Uhu 63
Malaysia 92, 94, 96, 157, 232
Malaysia-Tiger 83
Mammut 275 f.
Mandeville, John 163
Mantanani Besar 96, 132
Manú-Nationalpark 183
Mao Tse-tung 77

Marlin 237
Martínez, Alfonso 188–191, 210–214
Marx, Groucho 179
Massentierhaltung 23, 47, 113, 117, 181, 251, 262
Mass-Observation 68
Mattioli, Pier Andrea 107
Mauritiussalangane 96
Mavor, William Fordyce 106, 108
Maxwell, Gavin 30 f., 34, 36–39, 42, 78, 188, 277
McKinley, Daniel 146
Meadow, Mark 10
Meerseide 137, 141, 145
Melibong 74
Mereu, Maria Maddalena 142, 157, 162
Mesopotamien 95
Miesmuschel 131, 178
Milne, Harry 37
Mingperiode 58
Mirabilien 11
Missing Link 52, 55, 79
Moica, Claudio 155–157, 167
Molluske 133, 141, 147 f., 150 f., 160, 167, 170 f., 178, 251
Moosnestsalangane 235
Moray, Robert 164
Morris, Jonathan 110
Moulton, Henry 256
Mount Papandayan 122
Mungo 63
Murphy, Robert Cushman 268, 272
Murra, John 187, 214
Muschelseide 134–136, 139, 144, 146, 149 f., 154 f., 160, 162 f., 166, 170, 177, 183, 223, 276
Muschelwächterkrabbe 172
Muschelwächter-Krebs 15
Mussolini, Benito 151–155, 169 f.

Nacktfledermaus 56
Namibia 266
Napoleon 203
Nashorn 192, 235
Nashornvogel 62, 64
National Trust for Scotland 37
Nat King Cole 179
Nature Conservancy 36
Naturhistorisches Museum Basel 134
Nelson, Horatio 134, 151
Nerz 21, 42, 125
Nestbau 58
Netzpython 56
Neue Hebriden 68 f.
Neuseeland 184
Ne-user-re 81
Newton, Theodore 120
Niah-Höhlen 55 f., 62 f., 65–67, 70, 72–79, 83, 90, 99 f., 256
Niah National Park 62, 73
North Borneo Chartered Company 101
Norton, John 256
Notre-Dame 55
Nowaja Semlja 45
Nuar bin Haji Jaya 63–67, 70–74, 78, 80, 86, 90, 94, 237, 262, 264

O'Hagan, Robert 123–125
Öl 24
Olm 56
Ölpalme 62, 65, 92 f., 241
Onassis, Aristoteles 185
Önundarfjörður 27
Orang-Utan 55, 61, 66
Orbace 154 f.
Orme, Stan 247
Orwell, George 94

Pahlavi, Abdul Rheza 185
Paludanus, Bernhard 114
Pampas-Galeras-Nationalreservat 183, 188 f., 191–195, 197 f., 206, 209 f., 215
Panama-Krankheit 95
Papageientaucher 23, 41 f.
Paracas-Nationalreservat 183
Parker, George 120
Parks, Tim 270
Peck, George Washington 254 f.
Pelikan 21, 251, 260, 267
Penan 56, 58, 60, 63, 74, 78, 83
Penn Museum 52 f., 80, 101
Peru 181–184, 189–191, 202, 205 f., 208–210, 214, 219, 249 f., 252, 254, 257 f., 266, 268, 271
Philip, Duke of Edinburgh 110
Phytelephas aequatorialis 221, 231
Piano di Rinascita 143
Pilz 74
Pinguin 252, 259, 273
Pinna nobilis 133, 135, 138–141, 145 f., 148, 160, 163, 166, 171 f., 177 f., 181
Pizarro, Pedro 186
Plastik 223 f., 226–228, 230, 236
Pleistozän 275
Plinius 11
Plumb, Christopher 107
Plumplori 122–124
Poe, Edgar Allan 25
Polarfuchs 32, 38 f., 46
Poli, Giuseppe Saverio 133, 147
Pollan, Michael 42, 277
Pope, Alexander 108
Posnett, Robert 14
Project for the Rational Use of the Vicuña 185
Prokopios von Caesarea 134, 143
Przewalski-Pferd 95

Puma 235
Putzerfisch 15
Python 99

Qiaotou 236
Quastenflosser 137 f., 148, 151

Rabe 34
Raffles, Stamford 83
Ramsay, Gordon 67
Rauwolf, Leonhard 114
Redi, Francesco 60
Reese, Albert M. 60
Regenpfeifer 13, 15
Rennie, James 203
Rentier 191
Rhinozeros 122, 201 f., 219
Rhinozeroshorn 23, 58, 192, 219
Rhodes University 137
Riesenhai 31
Riffbarsch 15
Rochester 236
Romanows 20
Roosevelt, Theodore 235
Ross, Matthew 111–116, 119–121, 124
Ross-Schelfeis 51
Rothirsch 184, 205, 227
Royal Society for the Protection of Birds 36
Russland 44 f.

Sabah 67, 96, 101
Säbelzahntiger 224
Salanganennest 58–62, 65–68, 70–72, 74, 77–92, 94, 100 f., 106, 114 f., 130, 132, 145, 234, 276
Salgado, Sebāstiao 262 f.
Salomo 140
Samen 191

San Pietro 197 f.
Sant'Antioco 136–138, 142, 147–149, 151–157, 159–161, 164–171, 177, 191, 197, 223
Sarawak 53–56, 62 f., 66 f., 72, 74, 80, 83, 93, 96
Sarawak Museum 78, 83 f.
Sardinien 130, 134 f., 138, 142 f., 146, 151, 154 f., 161, 166, 169 f., 197, 223, 258
Scales, Helen 147
Schaf 41 f., 45
Schepelern, Henrik 114
Schleichkatzen 106, 109, 111, 113, 117, 123, 276
Schraubenbaum 99
Schwarznestsalangane 51, 57 f., 68, 70, 72–78, 96
Schwefelsäure 220
Scottish Council for Development and Industry 36
Scottish Wildlife Trust 36
Scott, Peter 36
Scott, Robert Falcon 51
Sedayu 81
Seeadler 34, 267
Seegras 172
Seelöwe 183, 252, 273
Seemöwe 21, 37
Seeschwalbe 41
Seide 131
Seidenmuscheln 131
Seidenraupe 131 f., 135, 143
Senis, Antonella 165 f.
Serra-Pelada-Mine 262 f.
Shepherd, C. W. 22, 39
Sialinsäure 90
Sinchi 195, 209
Sloane, Hans 10
Smith, James 137

Smithsonian Institution 183
Sociedad Nacional de la Vicuña 211
Sojabohne 225
Solís, Misael Acosta 222 f.
Solnit, Rebecca 25
Sonnenblumenkern 239
Sonnendachs 123
Sooke, Alastair 129
Soult, Nicolas Jean-de-Dieu 204
Sowjetherrschaft 44 f.
Stachelschwein 56
Stadt-Salanganen 94 f.
Stadttaube 82, 94
Stanley, Henry Morton 222
Starace, Achille 155
Steckmuschel 15, 131, 150, 178
Stevenson, Robert Louis 52
Stewart, Watt 254
Stör 53
St.-Pauls-Kathedrale 55
Sumatra 112 f., 117, 119
Sung-Dynastie 58
Sveinsson, Jón 24–26, 44, 46 f.
Swinburne, Henry 131, 141
Syrinx 57

Tagua-Ernte 221, 234
Tagua-Knöpfe 221 f., 225, 227, 236, 239–241, 277
Taguanuss 220–227, 229–231, 233–235, 237 f., 241–243, 248, 267, 276
Tagua-Palme 231–235, 238, 251
Taiping-Aufstand 254
Tan Boon Siong 101
Tang-Dynastie 58
Taranto 136
Tarent 145, 153, 156
Tate Modern 239
Tausendfüßler 63 f.

Telarmachay-Höhle 205, 215
Tel Rechov 81
Tertullian 131, 134
Theran, Francisco de 203 f.
Thunfisch 228 f., 237
Thunfischjagd 198
Tierdung 109
Tölpel 251, 255, 258, 262, 265, 267 f., 272
Tomasson, Richard 44
Topik, Steven 114
Topsell, Edward 105 f.
Townsend, Charles Wendell 23
Tradescant, John 10
Treibhausgasemissionen 266
Truthahngeier 256
Tuffley, Joan 120
Tweedie, Michael 74

Ul'rikh, Franz 44
UNESCO 143
Universität Aberdeen 37

Valencia 71
Vega, Garcilaso de la 181, 187, 198, 260
Venusmuschel 131, 178
Verne, Jules 134
Vickers, Adrian 117
Vigo, Chiara 136–149, 154, 156–162, 164–170, 177 f., 183, 191 f., 220
Vigur 22 f., 39
Vikunja 179 f., 182–185, 187–208, 210–212, 214 f., 219, 224, 227, 243, 251, 276
Vikunja-Wolle 134, 179–183, 191, 200, 204, 207, 211, 219
Viscacha 193, 197
Vogelhäuser 82, 85–95, 101, 108
Vogelnest-Ernte 67–72, 74, 78, 86, 88 f. 91, 108, 136
Vogelnestsuppe 71, 101, 110, 135

Wadenfischerei 228, 271 f.
Wal 36, 46 f., 53, 107, 185
Walfang 46
Wallace, Alfred Russel 54, 65 f., 83
Walton, William 204 f.
Walvis Bay 266
Washingtoner Artenschutzabkommen 188, 192
Washington, George 168
Watvogel 249
Weißnestsalangane 81 f., 84, 88 f., 96, 243
Westfjorde 19, 21 f., 25, 27, 33, 38–40, 42, 46, 158, 235, 265
Wheeler, Jane 202 f., 205 f.
Wheeler, Sara 51
Wikinger 20, 39
Wildlachs 101
Wildschwein 83
Wild, Tony 118 f., 121
William III. 120

Wilson, Bee 71
Wilson, Bill 51
Winter, Adolf 266
World Wide Fund for Nature 227
Worm, Ole 10–12, 15, 114, 248, 276
Wüstenbussard 82

Xerez, Francisco de 186

Yonge, Charlotte May 257

Zebra 205
Zecke 269
Zevallos, Manuel Ortiz de 250
Zheng He 59
Zibet 106–109
Zibetkaffee 247, 277
Zibetkatze 105–109, 113, 120–122, 126, 181
Zuchtlachs 95, 101

EDWARD POSNETT arbeitete im Finanzsektor in London, als er von der isländischen Tradition der Eiderdaunen-Ernte erfuhr: Die Farmer bieten wilden Eiderenten einen geschützten Lebensraum, um im Gegenzug die wertvollen Daunen aus deren Nestern »ernten« zu können. Der Essay, der aus seinen Recherchen über diese Symbiose hervorging, wurde mit dem Financial Times Essay Preis ausgezeichnet – und ist die Grundlage seines Sachbuchdebüts. Posnett lebt in Philadelphia.

SABINE HÜBNER übersetzt seit 1989 Sachbücher, Literatur und Lyrik, unter anderem von Walker Percy, Aldous Huxley, Michael Frayn, Mark Haddon und Heather Christle.